CHEN HEQIN'S
THEORY OF
EARLY CHILDHOOD
EDUCATION

陈鹤琴现代儿童教育学说

柯小卫 著

南京师范大学出版社

图书在版编目（CIP）数据

陈鹤琴现代儿童教育学说/柯小卫著．— 南京：南京师范大学出版社，2019.4（2022.5重印）
ISBN 978-7-5651-3922-2

Ⅰ.①陈… Ⅱ.①柯… Ⅲ.①儿童教育 Ⅳ.①G61

中国版本图书馆CIP数据核字（2018）第267838号

书　　名	陈鹤琴现代儿童教育学说
作　　者	柯小卫
策划编辑	万　斌
责任编辑	王　瑾　彭艳梅
出版发行	南京师范大学出版社
地　　址	江苏省南京市玄武区后宰门西村9号（邮编：210016）
电　　话	（025）83598919（总编办）　83598412（营销部）　83598312（邮购部）
网　　址	http://press.njnu.edu.cn
电子信箱	nspzbb@njnu.edu.cn
照　　排	南京凯建图文制作有限公司
印　　刷	盐城市华光印刷厂
开　　本	787毫米×1092毫米　1/16
印　　张	35.5
字　　数	543千
版　　次	2019年4月第1版　2022年5月第2次印刷
书　　号	ISBN 978-7-5651-3922-2
定　　价	88.00元
出 版 人	张志刚

南京师大版图书若有印装问题请与销售商调换
版权所有　侵犯必究

目录

序言

陈鹤琴先生对中国近代教育科学化的贡献　金林祥 / 1

绪论 / 1

引子 / 1

第一章　儿童心理研究

第一节　"儿童研究"与"儿童学" / 11

第二节　中国首例儿童个案研究
　　　　　——808天连续观察试验 / 17

第三节　一个儿童发展的程序 / 22

第四节　儿童生长分期学说 / 32

第五节　"儿童期"的价值 / 36

第六节　"模仿"与"暗示" / 39

第七节　儿童情绪情感的发展 / 43

第八节　儿童的道德训练方法 / 49

第九节　儿童美感与绘画 / 52

第十节　儿童游戏研究 / 57

第十一节　儿童的学习过程 / 61

第十二节　儿童的言语与思想 / 65

第十三节　特殊儿童——耳聋和口吃 / 67

第二章 家庭教育

第一节 家庭教育原理 / 72

第二节 做父母的艺术 / 79

第三节 儿童应该养成良好习惯 / 86

第四节 儿童游戏与教育 / 91

第五节 父母以身作则 / 95

第六节 从小教起，从小教好 / 102

第七节 怎样责罚儿童 / 108

第八节 怎样指导儿童学习 / 114

第三章 教育测验

第一节 教育测验"中国化"开端 / 122

第二节 科学教育工具——智力测验法 / 126

第三节 测验概要 / 133

第四节 教育改进工具——"测验" / 138

第五节 陈鹤琴"教育测验" / 141

第四章 鼓楼幼稚园

第一节 幼稚园发展历程 / 146

第二节 鼓楼幼稚园创办过程 / 153

第三节 鼓楼幼稚园教学试验 / 158

第四节 "我们的主张" / 166

第五节 幼稚教育研究会与《幼稚教育》月刊 / 172

第六节 "平民化""大众化"幼稚园 / 177

第五章 现代幼稚园学说

第一节 儿童教育的价值与意义 / 184

第二节 培养现代小公民 / 189

第三节 福禄贝尔与蒙台梭利 / 196

第四节 幼稚教育新趋势 / 200

第五节 影响儿童教育三大因素
　　　　——经验、环境、活动 / 204

第六节 直观性教学与"活的教育" / 211

第七节 整个的教育 / 214

第八节 教师是儿童的朋友 / 218

第六章 幼稚园课程与教学法

第一节 幼稚生应有的习惯和技能 / 227

第二节 单元教学法 / 239

第三节 生活历、日课表 / 252

第四节 幼稚园教材——《幼稚生工作簿》/ 259

第五节 游戏式教学法 / 266

第六节 读法教学法 / 269

第七节 幼稚园的故事 / 278

第八节 儿童美术教育 / 284

第九节 儿童音乐教育 / 292

第十节 幼稚园环境与设施 / 298

第七章　现代小学教育学说

第一节　陈鹤琴心目中的理想学校 / 307

第二节　爱国、爱人、爱学问 / 310

第三节　训育难于教育，人格重于知识 / 319

第四节　将学校教育与现代生活打成一片 / 325

第五节　小学课程与教学法研究 / 333

第六节　儿童画——创造的艺术 / 339

第七节　图文并茂——儿童教科书基本特点 / 346

第八节　谁是成功的教师——小学教师基本修养 / 349

第八章　师范教育

第一节　教育情怀与信仰 / 359

第二节　中国师范教育改造 / 365

第三节　"师范教育下乡"与"艺友制" / 369

第四节　新实习 / 373

第五节　师范教育"中国化"试验 / 384

第九章　特殊儿童教育

第一节　特殊儿童教育是社会文明标志 / 391

第二节　特殊儿童"可教性" / 394

第三节　低能儿童之研究 / 397

第四节　特殊儿童教师需具备的条件 / 402

第五节　创办特殊儿童学校 / 405

第十章 "活教育"历程

第一节 "新教育"困惑 / 410

第二节 "中国化"教育改造 / 415

第三节 杜威、德可乐利、陶行知 / 420

第四节 "死教育"与"活教育" / 426

第五节 "活教育"理论体系 / 433

第十一章 "活教育"教学理论

第一节 "做人"——教育的首要目标 / 440

第二节 大自然、大社会都是活教材 / 444

第三节 "活教育"教学组织 / 447

第四节 五指活动 / 450

第五节 "活教育"教学原则 / 455

第六节 "活教育"教学过程 / 460

第七节 "活教育"教师 / 463

尾声 / 466

陈鹤琴的著作和主编的刊物、丛书目录（1919—1982） / 478

后记 / 518

序 言
陈鹤琴先生对中国近代教育科学化的贡献

20世纪初的中国，科学思潮席卷各个领域，科学几乎成为当时最为时髦、最为权威的话语，具有"无上尊严的地位"[1]。在科学思潮的裹挟下，中国教育也开始了科学化的进程。正如蒋梦麟在《高等学术为教育学之基础》一文中所言："至今日一切学问，不能与科学脱离关系；教育学亦然。故今日之教育，科学的教育也。"[2] 杜威、孟禄、推士、麦柯尔、克伯屈等人的先后来华，亦促进了中国教育的科学化。陈鹤琴先生等一大批留美学生的陆续归国，使中国教育科学化得以实际启动，并逐渐展开和深入。

所谓教育科学化，其核心要素就是将教育学建立在心理学的基础之上，通过智力测验、教育测验和教育实验等对教育存在进行分析、研究，使教育成为客观的、可以量化的科学。其内容主要体现在教育研究方法科学化、教育教学活动科学化等方面。

陈鹤琴先生曾就读于美国哥伦比亚大学师范学院，师从教育学、心理学大师克伯屈、孟禄、桑代克等，打下了深厚的教育学、心理学基础。他回国受聘于南京高等师范学校后，即投身于教育科学化运动，通过教育实验和教育研究，为中国近代教育科学化做出了开拓性贡献。其荦荦

---

[1] 胡适：《人生有何意义》，北京理工大学出版社2016年版，第10页。
[2] 蒋梦麟：《蒋梦麟学术文化随笔》，中国青年出版社2001年版，第29页。

大者，主要有以下数端。

一、开展和推动智力测验、教育测验

智力测验和教育测验是进行科学教育教学的基础和依据。1905年，法国的比奈和西蒙合作制定了世界上第一份智力量表，它使对学生成绩优劣的判定有了一定的、客观的、精确的解释，为教育科学化提供了可能。此后桑代克等人的教育成就测验把教育科学化推向高潮。

陈鹤琴先生等承接西方教育科学化思潮，致力于中国教育的科学化。1920年，他和廖世承二人合译《比奈-西蒙智力测验说明书》和《比奈-西蒙智力测验法》，并在南京高等师范学校的入学考试中用智力测验测试投考的学生，来甄别学生的优劣，决定学生的去留。

1921年，他和廖世承合著《智力测验法》一书，作为高等师范学校丛书中的一本，由商务印书馆出版。《智力测验法》是我国测验运动萌芽期第一本系统而全面地介绍智力测验的著作，全书共14章，分为三部分。第1到第7章是第一部分，阐述智力测验的性质、功用、标准和用法；第8到第11章是第二部分，也是主体部分，分门别类地介绍了35种测验，每种测验后附有测验的做法说明和测验的性质；第三部分是第12到第14章，介绍智力测验的核算方法，提供了35种测验量表标准答案和计分标准及其自编测验施用情况的说明。"这35种测验中有23种是采取人家的（有的是直译，有的是意译；有的完全没有更动；有的略有更动；书内都载明），12种是自己造的。"[1] 这本智力测验著作，一方面把国外智力测验量表介绍到国内，另一方面也自编了本土化的智力测验量表，直接推动了国内智力测验的发展。

---

[1] 陈鹤琴：《陈鹤琴全集》第五卷，江苏教育出版社1991年版，第385页。

陈鹤琴先生直言编写这本书的目的是出于教育科学化的需要，"用科学的方法，去解决教育上一部分的困难，如升级留级，入学考试，分组教授等等"，智力测验不是单单为了区别学生的智愚，而是作为学生升学、分组教学、升留级的依据，以便做到真正的因材施教、分层教学。智力测验使教育行为建立在较为精确的量化数据基础之上，使教育教学变得科学。

1925年，陈鹤琴先生和廖世承又合作编写了《测验概要》一书，该书仍然由商务印书馆作为师范丛书之一出版。该书包括绪论、智力测验、教育测验、测验实施方法、普通统计及列表法和编造测验方法5编，共21章，"对于测验的性质、效用、种类，智力测验与教育测验的材料，实施的手续，统计的手法，图表的样式，编造测验的原理与经验，均详述无遗"[1]。与《智力测验法》一书相比，该书除了增加教育测验的内容外，更加注意本土化。"书中所举测验材料，大都专为适应我国儿童的。"[2]

中国的教育测验发端于1918年，从美国考察归国后的俞子夷借鉴桑代克的书法量表编制了小学国文书法量表四种，这是我国第一份自编的教育测量表。不过，正如有学者所说，真正推动我国测验运动开展的是陈鹤琴、廖世承等人[3]。陈鹤琴、廖世承合著的《测验概要》的教育测验部分几乎涵盖了中小学的所有科目：国文、算术、英文、常识、地理、历史、物理、化学、生物等，而且，有详尽的、可操作性非常强的实施测验的方法和统计方法介绍，使用便利，直接推动了教育测验和心理测验在中小学的开展。

《测验概要》比《智力测验法》更加明确测验对教育教学科学化的意义，不仅指向因材施教，而且指向教育教学改革。因为有了精确的、客

---

[1] 陈鹤琴：《陈鹤琴全集》第五卷，江苏教育出版社1991年版，第652页。
[2] 陈鹤琴：《陈鹤琴全集》第五卷，江苏教育出版社1991年版，第653页。
[3] 王伦信：《教育家陈鹤琴研究》，山东人民出版社2016年版，第56页。

观的测量工具,不仅可以分辨学生的智愚、学业专长、成绩优劣,实行因材施教,而且还可以比较不同教法的优劣。教育测验直接推动教学改革,使教学改革有了科学依据,有了客观的、精确的数据支撑。

尽管测验的精确化追求,有忽略学生作为人的社会属性的复杂性和不确定性之嫌,然而,测验毕竟使教育教学从原来的靠常识进行的摸索变得有理有据,教学改革有了客观数据支撑,通过客观数据来鉴别教学方法的优劣,使教育教学成为一种可以探究的科学。可以说,教育和心理测量奠定了教育科学化的基础,促成了教育的科学化。陈鹤琴先生等通过实施、宣传、编制量表和介绍方法,把智力和教育测量推广到中小学,把测量运动推向高潮,使我国的教育科学化得以开展。

二、从事个案研究和教育实验

教育研究方法的科学化,是陈鹤琴先生对中国近代教育科学化的另一开拓性贡献。其突出表现为在我国率先开展儿童心理个案研究和学前教育的实验研究。

1920年12月26日,陈鹤琴先生的长子陈一鸣诞生,从他出生的第一天开始,陈鹤琴进行了为期808天的观察和记录。"把我的小儿一鸣从生后所表现的心理详细观察,详细记录。间亦用许多实验方法去研究。"[1]基于对儿子的个案追踪研究,陈鹤琴先生于1925年完成《儿童心理之研究》和《家庭教育》两部著作,两者皆作为东南大学教育科学丛书,由商务印书馆出版。

《儿童心理之研究》共24章,内容涉及儿童身心发展的各个方面,揭示了感知、记忆、言语、美感、绘画、思维、道德等发展的基本状况

---

[1] 陈鹤琴:《陈鹤琴全集》第一卷,江苏教育出版社1991年版,第518页。

和学习的一般规律。该书一方面系统介绍了欧美的儿童心理学理论，另一方面又对照中国儿童的实际状况对有关理论进行辨析，更多的是基于对一鸣的观察进行分析和研究。该书是中国第一本系统介绍欧美心理学的著作，也是第一部运用个案研究方法进行长期追踪研究写成的心理学著作。在中国心理学史上，陈鹤琴是第一位开展长期观察、实验和个案追踪研究的中国心理学者。

作为《儿童心理之研究》姊妹篇的《家庭教育》，被陶行知先生誉为"近今中国出版教育专著中最有价值之著作"[1]。陈鹤琴先生指出："家庭教育必须根据儿童的心理始能行之得当。若不明儿童的心理而妄施以教育，那教育必定没有成效可言的。"[2]因此，该书首先介绍儿童的心理，然后基于儿童的心理提出家庭教育的101条原则。其目的是指导父母科学养育子女，追求家庭教育的科学化。该书是基于其子陈一鸣的个案研究而写成的家庭教育著作，论据多为教育一鸣的具体事例，没有艰涩难解的学术词汇，没有抽象概念编织的深奥理论，而是用生活化的语言告诉家长如何养育儿童，通俗易懂，深受广大家长欢迎，迄今已印十多版。在中国教育史上，该书是第一本采用个案追踪研究方法写成的家庭教育著作，也是第一本具有现代科学意义的家庭教育著作。它的出现，极大地推动了中国家庭教育科学化的进程。从这个意义上来说，称陈鹤琴先生为中国现代家庭教育的开创者，实不为过。

1923年秋，陈鹤琴先生利用自己家的客厅和院子，创办了南京鼓楼幼稚园，开创了中国学前教育实验研究的先河。该园以东南大学教育科实验幼稚园的名义设立，实际上是陈鹤琴先生为了顺应世界教育发展的潮流，本着实验研究的科学精神而创办的。他明确指出："最近的教育思

---

[1] 陈鹤琴：《陈鹤琴全集》第二卷，江苏教育出版社1991年版，第670页。
[2] 陈鹤琴：《陈鹤琴全集》第二卷，江苏教育出版社1991年版，第686页。

潮是注重实验，这是从美国实验主义派的哲学来的……从实验所得的结果来看，实验主义确实比较来得适用。幼稚教育是各种教育中之一种，当然也应该依着实验的精神去研究。"[1]他自任园长，张宗麟为助手，对幼稚园课程、教材、教法、玩具、设备、儿童习惯、幼儿园日常管理等进行了全方位的实验研究。陈鹤琴先生一边进行实验，一边进行理论总结，先后刊发和出版《幼稚生应有的习惯和技能表》《鼓楼幼稚园1926年9月至12月的第三期课程实验报告》《一年中幼稚园教学单元》等文章和书籍，1927年又出版《幼稚教育》月刊，推动学前教育实验研究的展开和深入。南京鼓楼幼稚园很快成为全国知名的幼稚园，成为当时众多幼稚园效法的榜样。其实验研究成果对我国，尤其是长江流域地区学前教育的发展，长期起着引领和示范作用。陈鹤琴先生创办南京鼓楼幼稚园的实践，既开创了我国学前教育研究方法的科学化，又推动了我国学前教育理论和实践科学化的发展进程。

三、创建系统、科学的教育理论

在长期实验研究和吸收、消化国内外教育思想精华的基础上，陈鹤琴先生创立了"活教育"理论，这是陈鹤琴先生对中国近代教育理论科学化的又一开拓性贡献。"活教育"理论包括教育目的、课程、教材、教学法等丰富的内容，是在中国现代教育的发端期，由中国教育家自己创立的、为数不多的、具有中国特色的、比较成熟的科学教育理论。它是在批判传统"死教育"的基础上提出的，具有反传统的特点。"活教育"理论反对传统的以书本为中心的教育，认为"大自然、大社会都是活教材"，教学是在"做中学，做中教，做中求进步"，教育的目的是"做人，做中

---

[1] 陈鹤琴：《陈鹤琴全集》第二卷，江苏教育出版社1991年版，第29页。

国人，做现代中国人"。它以儿童为教育教学的中心，注重儿童直接经验的获取，注重儿童人格的培养。"一切为儿童"，既是"活教育"理论的逻辑起点，也是它的逻辑终点。

尤为可贵的是，陈鹤琴先生在提出"活教育"理论后，并没有停留在理论的探讨层面，而是积极进行再实验，通过教育实验修正、完善"活教育"理论。在创建江西实验幼师和上海市立幼稚师范学校的过程中，他秉承了一贯的做法，通过教育实验总结提炼出教育理论，然后用教育理论推动教育改革，通过教育改革实践又进一步发展、丰富、完善教育理论。教育理论和教育实践互为促进，共生共荣。他遵循实验—理论—再实验—再理论的路径，进行着理论建构和教育实验，最终目的是用教育理论指导教育实践，不断推进教育教学实践活动的科学化。

"活教育"理论是建立在实验基础上的，是在实验基础上的抽象，不是凭空之论，是基于教育事实的发现，是基于教育事实的提炼、概括、总结，是一种有根的教育理论。而且，它的目的是致力于改善教育事实，促进教育改革和发展。因此，"活教育"理论不是一副端着架子做学问的姿态，着力于抽象概念的编织和高深理论的建构，而是着力于实际应用，有很强的实用性，通俗易懂，自它问世以来，便深受广大教育工作者和学生家长的欢迎，至今依然有很强的现实指导意义。

在我国新旧教育交替之际，在传统教育向现代教育的转型中，陈鹤琴先生怀着对祖国和儿童的"赤子之心"，积极顺应世界教育发展的潮流，努力结合中国教育实际，在长期坚持不懈的实验和探索中，为中国教育的科学化做出了卓越贡献。他是中国近代教育科学化的倡导者、开拓者和奠基人。

柯小卫先生长期致力于陈鹤琴理论研究和实践推广。他笔耕不辍，硕果累累。他是陈鹤琴先生的亲外孙，又是颇有建树的作家，这双重优势，使得他的陈鹤琴研究特色鲜明。《陈鹤琴现代儿童教育学说》是他新近推出的又一部佳作。该书系统梳理了陈鹤琴先生"活教育"理论的发展进程，全面阐述了陈鹤琴先生的现代儿童教育学说，深刻揭示了陈鹤琴先生教育思想的历史意义和当代价值，提出了许多发人深省的创新性的学术见解。承蒙小卫先生的厚爱，我有幸成为该书的第一批读者。上述文字，便是读了该书以后所受到的启发，与读者诸君分享。

金林祥
写于 2018 年元旦

绪　论

陈鹤琴（1892—1982）被誉为"中国现代儿童教育之父"，其教育思想、学说与实践不仅反映出中国早期现代教育家对于儿童教育性质、目标、发展路径的理解、认识（其中包含了他们对于儿童真挚的情感与对于国家、民族承担的责任），而且，还说明了中国现代教育与世界进步教育潮流之间存在密切联系。

应该说，中国现代儿童教育作为中国现代教育的组成部分，其发展历程始终与国家、民族命运和社会发展进程息息相关，因而中国现代儿童教育一方面从起步初期就将儿童的"解放"与培养"现代人"作为基本目标；另一方面，通过大量吸收西方进步教育思想、观念与科学研究精神、技术，结合中国国情（包括社会文化特质）进行"中国化"实验、改造，逐步建立起包括现代学校（幼稚园）制度、教学体系、师范教育、儿童研究、儿童教玩具制造、特殊儿童教育、家庭教育等在内的基础教育完整体系，提出一整套着眼于社会进步与儿童发展、富有建设性的教育解决方案，建立起"生活教育""活教育"等教育理论框架，从而清晰地勾勒出中国现代儿童教育成长、成熟的过程与路径。在这一进程中，以陈鹤琴、陶行知、张雪门、张宗麟等为代表的现代儿童教育家群体始终站在教育第一线，通过大量实验、实践，不断修正、总结，指引了一条具有鲜明"中国化""科学化""大众化"特色的现代儿童教育发展道路。

无论对于回顾中国现代儿童教育发展历程、总结早期现代教育家研究成果而言，还是对于建构具有国际视野与"本土化"特征相融合，并与世界进步教育潮流接轨的现代儿童教育体系而言，陈鹤琴现代儿童教育思想、学说与实践无疑都是一笔宝贵的精神财富。长期以来，由于各种原因，许多人对于中国早期现代教育家在儿童教育研究与实践方面付出的努力及取得的成就，尤其对于他们的教育情怀、教育审美与"科学化"贡献缺乏充分、全面的了解，这也是导致近一二十年在国际化环境中，各种"洋风"频吹，时而西洋、时而东洋，在"适宜性"与"本土化"方面出现严重"失血"现象的原因之一。与此同时，现代儿童教育实质是儿童"天性"和由此而产生的"自动性""自主性"与生活环境，以及由此而产生的"社会性"相互融合、共生共长的过程，其发展始终沿着人类文明进步方向。正如美国进步主义教育家约翰·杜威（John Dewey，1859—1952）指出："惟一的真正教育是通过对儿童能力的刺激而来，这种刺激是儿童自己感觉到所在的社会情境及各种要求所引起的。这些要求刺激他，使他以集体的一个成员去行动……""所以，教育最根本的基础是在于儿童活动的能力，这种能力正沿着现代文明所由来的同一的、总的建设路线而活动的。"[1]或许，这也是陈鹤琴倡导"活教育"学说所追求的境界、目标与基本精神所在。

一、新教育时代潮流

20世纪20年代前后，中国社会处于急剧变革时期，作为新文化运

---

[1] 参见《我的教育信条》，见赵祥麟、王承绪编译：《杜威教育名篇》，教育科学出版社2006年版，第1、6页。

动的组成部分，以蔡元培、梁启超、范源濂、黄炎培、郭秉文、张伯苓、胡适、陶行知等教育家为代表的新教育力量，发动了一场批判、改革以"三纲五常"为核心的传统儒学道德与压抑儿童个性与发展的传统教育制度的运动，倡导以"民主""科学"为主要标志的"新教育"思想，试图以教育的力量实现改造社会、富国强民的抱负与理想。他们深信："教育是国家万年根本大计"与"共和国的保障"，所谓"民为邦本"（陶行知语）。从集权、专制、封闭的封建制社会向倡导自由、平等、民权的共和制社会转变，必须要解决两大问题：一是教育问题，二是生计问题。如果教育发展，国民程度提高，人民的生计，包括生活意识与生活质量也会逐渐改善，由此，他们希望通过教育改造，包括普及教育、实业教育、学校制度及课程改革等，逐步实现唤起全社会觉悟，以实现社会进步及社会改革的最终目标。然而，"新教育"思想、观念与一系列改革制度、措施在推广过程中受到许多传统势力的干扰与责难。正如教育家陶行知形容："中国教育在万难中奋斗：有的禁不起过分的压迫，归于破裂；有的禁不起世俗的诱惑，归于萎靡；有的愈败愈战，愈见其卓越之精神。不知者以腐败两字抹杀中国一切教育，那以耳代目之教育行政者亦跟在后面附和，实在有点冤屈。……"[1]

当时的中国教育家认识到，中国旧式教育与世界进步教育潮流的差距主要体现为"民主"与"科学"两大方面，前者表现在教育观念、目的与教育内容方面；后者表现为科学的态度与技术、方法。在教育观念方面，中国旧式教育以社会为中心而忽略儿童的需要；新式教育以儿童为中心而兼顾儿童的需要。[2] 在科学态度方面，受到"进化论"与"实验主义"（亦称"实用主义"）等欧美教育思想影响，中国教育家一方面开

---

[1] 引自陶行知：《本刊之使命》，载《新教育评论》1925年第一卷第一期。
[2] 参见《陈鹤琴全集》第四卷，江苏教育出版社2008年版，第42页。

始用理性的怀疑态度反思中国传统教育思想及观念、学校制度与西方国家教育之间存在的差距；另一方面陆续形成以海外归国留学生为主体的研究力量，引入包括儿童心理学、教育实验、教育调查、教育测验、教育统计等在内的技术手段，采取实验、实证方法，注重儿童身心发展特点研究，主张"教育个性化"，以摆脱仅凭成人意志与主观经验支配儿童行为、限制儿童活动空间的旧式教育桎梏；同时，强调教育"实用化""生活化"，即教育的功能与目的在于适应环境与推动社会进步，由此学校教育应与包括自然、社会两大因素在内的"生活"相融合、衔接。

由于大量西方教育思想，连同学校制度、教学体系及方法、师资培训系统等大规模进入中国，一方面使中国教育逐渐摆脱长期以旧伦理与科举仕途为培养目标，重文轻理与君子动口不动手等为主要特点的旧式教育观念、形式的束缚，开始建立起现代学校制度与教学体系；另一方面，由于大量"舶来"教育涌入，使中国教育"洋化"，包括宗教化倾向日益严重，被称为"拉洋车"，引起许多中国教育家对于本土教育前途的担忧。陶行知曾批评道："今之号称新人物者，辄以仪型外国制度为能事；而一般之士，见有能仪型外人者，亦辄谓为新人物。"[1] 他大力倡导以"试验主义"作为科学精神的具体体现，并成为推动"新教育"运动发展的"利器"与力量，一方面借鉴欧美国家进步教育思想与制度、课程、方法，包括教育哲学、教育心理学、幼稚园、学校等，倡导"试验主义""生活主义"，改变以往"依赖天工、沿袭旧法、仪型外国、率任己意、偶尔尝试"等弊端；另一方面，以"敢探未发明的新理，敢入未开化的边疆"（陶行知语）的境界、心怀与勇气，冲破传统教育观念与旧的学校体制，推动适合本国国情的新教育运动发展。在此时代背景之下，以陈鹤琴、陶行知、张雪门、张宗麟为代表的中国早期现代儿童

---

[1] 参见陶行知著：《中国教育改造》，商务印书馆2014年版，第6页。

教育家群体及其具有中国化、科学化、大众化特征的现代儿童教育思想、学说体系应时而生。

二、陈鹤琴教育理论的主要特点

在中国现代教育发展历程中，陈鹤琴所做的贡献主要体现在四方面：（1）中国首例对儿童活动个案连续追踪观察、实验、研究，总结儿童生长、发展规律以及教育原理，汇集成姊妹著作《儿童心理之研究》与《家庭教育》，不仅成为中国儿童心理学开端的标志，并且使中国儿童教育性质由单纯的"伦理""道德"等社会需要转变为将儿童作为独立对象进行研究，总结儿童生长与发展规律，为儿童教育提供科学依据。（2）创立了中国最早以科学试验为目的的幼稚园——鼓楼幼稚园，通过开展大量教学研究、课程试验，将儿童心理学研究成果与教育理论在教学实践中付诸实现，并进行检验、修正、延伸，构建包括儿童教育培养目标与教学原则及方法、幼儿园环境、家园共育等"中国化""科学化""大众化"的现代幼稚园框架，推动了中国早期幼稚园的转型与进步。（3）提出以"做人"与"训育"为主要内容，强调基础教育的重要性；同时将社会生活与学校教育相融合，树立学生对于国家、民族与社会的责任感，注重学生实验能力与"生活力"的培养。（4）借鉴并吸收西方进步教育学说营养，并在自己长期研究、实践的基础上，提出"活教育"学说，从教育目标、性质、内容、原则及方法等方面进行系统阐述，力图寻找到一条适应时代需要与本国国情的教育发展道路。陈鹤琴写道："幼稚教育是一切教育的基础，因为它的对象早于学龄儿童。它的功用，正如培植苗木，实在关系于儿童终身的事业与幸福，推而广之，关系于国家社会。"[1]

---

[1] 引自《幼稚教育》(1926年)，见《陈鹤琴全集》第二卷，江苏教育出版社2008年版，第12页。

在儿童教育观念方面，陈鹤琴作为中国最早倡导"儿童解放"与"儿童自由""以儿童为中心"的教育家，其目标并不仅停留在儿童的身体解放、个性张扬、天性释放，而是着眼于儿童的全面发展，以及作为推动社会进步力量所应具备的"主体性""建设与创造能力""服务精神与合作态度"等各种素质。在他看来，"以儿童为中心"的教育观念，应能兼顾社会需要，因为儿童教育同时担负培养、发展儿童与传承人类智慧、延续并促进民族文化的双重使命。因此，儿童的成长过程并不是"自由""无序""无目的"的，而是受环境（包括自然环境、社会环境）影响与约束的。因此，满足儿童个性发展需要与适应环境、兼顾社会需要（包括自然条件、社会关系、文化传统、社会秩序等）成为现代儿童教育应具有的两大标志。在陈鹤琴看来，儿童始终作为最富有生气与活力的社会群体，不仅要适应社会环境，传承人类文明和文化的宝贵财富，更要建设、创造新的生活，开辟新时代，从而使教育走出狭隘的知识层面而升华为文化与文明的境界，最终实现推动社会进步、振兴民族与国家理想。在儿童教育目标方面，陈鹤琴将"做怎样的人""应该有怎样的身体""应该怎样开发智力""怎样培养情绪"并列为幼稚教育四大目标；将儿童、教材、教师称为"教育上的三大要素"。在他看来，幼稚园应成为适宜儿童成长的"活"环境，而不应是"幼稚监狱"或"知识牢笼"；将养成良好生活习惯与激发"活动能力"、丰富人生经验作为教学目标，从而使幼稚园被赋予基础教育功能。与此同时，教师的作用不可或缺，即"后天的教育弥补先天的不足"。

在儿童教育内容与途径方面，陈鹤琴相信"小孩子的知识是经验得来的。所接触的环境愈广，所得到的知识当然愈多。所以我们要使小孩子与环境有充分的接触"。[1] 他相信，"环境"（包括自然环境、社会环境）是最重要的教学资源，大自然、大社会能为儿童的发展提供丰富的营养。儿

---

[1] 引自《现今幼稚教育之弊病》（1924年），载《陈鹤琴全集》第一卷，江苏教育出版社2008年版，第2页。

童的身体、认知发展是身体机能与"环境"共同作用的结果。正如教育家张文郁（1915—1990）指出："人的生活不能离开自然界，也不能离开社会群，向自然界取得生活物料，在社会群里保持生活的关系，现象、特质、形态、规律……都是教学的资料。书本的知识固然是若干经验的代表，但是活生新鲜的教材还应直接采之于大自然、大社会。"[1]

由此，"大自然、大社会都是活教材"与"注意环境，利用环境"成为陈鹤琴"活教育"学说最重要的教学原则；他强调教学过程的"直观性"与"整体性"，倡导"生活化"教育，使儿童在熟悉的生活环境中接受知识，"寓教育于生活""教学做合一"。他始终相信"活动是经验之基""经验是思想之母"，因此他将自己倡导的"活教育"解释为"Living education"（译意：生活进程中的教育），而"做中学，做中教，做中求进步"则成为实现这一过程，即理论联系实际的基本方式。

三、陈鹤琴教育思想的形成过程

可以说，陈鹤琴的教育学说几乎涵盖儿童教育各方面，包括儿童心理研究、家庭教育、幼稚园、小学教育、特殊儿童教育、师范教育等，构建了完整的儿童教育理论体系，其形成与发展过程伴随着国家、民族的命运与社会变化，反映出中国早期现代教育家力图走出一条"中国化"教育发展道路的志向。

毫无疑义，陈鹤琴教育理论产生的初衷与发展动力来自于教育家对于国家、民族的责任感与"爱满天下""一切为儿童"的情怀。陈鹤琴与其他同辈教育家清晰地认识到："现在的儿童就是未来的主人。社会的进化、国家的繁荣，就要看这些未来主人的品格、才智如何而定。培

---

[1] 引自张文郁：《活教育的理论体系》（1948年），原载《活教育的创造——理论与实施》，上海华华书店1948年版。

养这些主人的品格才智，端赖优良的儿童教育，那么儿童教育的重要，自然不用再说了。"[1]与此同时，陈鹤琴现代儿童教育思想形成过程与成就反映了中国现代儿童教育研究与实践的发展水平。这一过程大致可分为五个阶段。

第一阶段　儿童心理研究阶段

20世纪20年代初，29岁的陈鹤琴以自己初生长子一鸣为实验对象，开始进行儿童行为发展个案研究。在此项研究基础上，陈鹤琴出版了两本在中国现代教育发展史上具有"里程碑"意义的姊妹著作《儿童心理之研究》与《家庭教育》，其价值在于通过对于儿童动作、行为发展过程的连续追踪观察、实验、研究，结合西方儿童心理学研究成果，阐释儿童身体、心理以及社会性发展过程与原理，归纳、总结儿童教育规律、方法。这两本书连同被教育家郭秉文预测"将来纸贵一时"的中国最早教育测验专著《智力测验法》与《测验概要》（陈鹤琴、廖世承合著），被公认为中国现代儿童心理学研究开端的标志。陈鹤琴针对中国传统教育模式下所培养的儿童"少年老成"、缺乏个性与"活力"现象，强调：（1）儿童不是"小人"，儿童的心理与成人的心理不同，儿童时期不仅作为成人之预备，亦具他本身的价值。我们应该尊敬儿童的人格，爱护他的烂漫天真。（2）儿童秉性好动，我们不要仍旧用消极的老法，来剥夺他的活泼天性，必须予以适当的环境，能使他充分地发展。（3）我们教育儿童，亦当利用他的好奇心，好奇心为知识之门径，我们当利导之。我们有些父母常常摧残这点好奇心，禁止儿童"多嘴""饶舌"，这实在令人痛恨之极。（4）游戏是儿童的生命，游戏具种种教育上的价值，我们更加宜利用的。[2]《儿童心理之研究》侧重在儿童身心发展特点、

---

[1] 引自《儿童教育的根本问题》（1934年），载《陈鹤琴全集》第二卷，江苏教育出版社2008年版，第645页。
[2] 参见《儿童心理及教育儿童之方法》，见《陈鹤琴全集》第一卷，江苏教育出版社2008年版，第7页。

原理与成长规律；而《家庭教育》则侧重于如何在了解儿童各项特点基础上正确施教，包括教育原则及方式、方法等，二者内容相得益彰。陈鹤琴将自己对儿童身体、心理发展特点与过程研究成果作为起点、基础，结合详尽数据及实验过程，从儿童心理研究进入儿童教育学研究、实践范畴，从而开辟了中国现代儿童研究"科学化"道路，也成为教育心理学在中国"落地"的典范与证明。

第二阶段　鼓楼幼稚园时期

1923年春天，陈鹤琴在自己位于南京鼓楼的住宅开办了中国第一所以教学试验为主要目的的幼稚园——鼓楼幼稚园。当时他的三大计划为：（1）建筑中国化的幼稚园园舍；（2）改造西洋的玩具使之中国化；（3）创造中国化幼稚园的全部活动。他指出："我们知道幼稚期（自生至7岁）是人生最重要的一个时期，什么习惯、言语、技能、思想、态度、情绪都要在此时期打一个基础，若基础打得不稳固，那健全的人格就不容易形成了。"[1]这反映出他对儿童教育性质与功能的基本认识。1925年秋天，刚从东南大学毕业的研究生张宗麟来到鼓楼幼稚园协助陈鹤琴工作，开始进行"中国化"教学试验，其中包括培养儿童应有的习惯和技能、户外游戏活动、推行"生活化"教学活动与"游戏化"教学法等，成绩斐然。陶行知于1924年以中华教育改进社总干事名义向"万国教育会议"提交标题为《民国十三年中国教育状况》的报告，其中写道："国立东南大学陈鹤琴教授所指导的幼稚园教育实验，也是意义重大又令人鼓舞的。他和他手下的工作人员有感于目前的幼稚园教育中所使用的一些教材和教法都是照搬外国的，其中有一些不符合中国儿童的实际，所以在1923年秋季开始用自制的玩具、中国的儿歌、童话以及其他的教材在幼稚园中进行实验。他还打算使幼稚园不仅成为幼童教育的中心，而且成

---

[1] 引自《家庭教育》(1925年)，见《陈鹤琴全集》第二卷，江苏教育出版社2008年版，第512页。

为培训母亲的中心。"[1]此后,在陈鹤琴的亲自指导下,鼓楼幼稚园在"游戏化"教学活动、艺术教育、园所环境、家庭教育等方面积累了丰富经验,形成了独特的教学风格,一直延续至今。此后十多年间,在陈鹤琴的亲自指导下,由张宗麟、屠哲梅、钟昭华、周淑钟等历任园长一道实施的教学实验及其研究报告成为陈鹤琴现代幼儿教育思想的主体部分与"活教育"学说的基础。1927年陈鹤琴针对当时国内幼稚园"外国化""贵族化"倾向日益严重的情势,发表了"中国化"幼稚教育宣言——《我们的主张》[2]:

（一）幼稚园是要适应国情的

（二）儿童教育是幼稚园与家庭共同的责任

（三）凡儿童能够学的而又应当学的,我们都应当教他

（四）幼稚园的课程可以用自然、社会为中心

（五）幼稚园的课程需预先拟定,但临时得以变更

（六）我们主张幼稚园第一要注意的是儿童的健康

（七）我们主张幼稚园要使儿童养成良好的习惯

（八）我们主张幼稚园应当特别注重音乐

（九）我们主张幼稚园应当有充分而适当的设备

（十）我们主张幼稚园应当采用游戏式的教学法去教导儿童

（十一）我们主张幼稚生的户外生活要多

（十二）我们主张幼稚园多采用小团体的教学法

（十三）我们主张幼稚园的教师应当是儿童的朋友

（十四）我们主张幼稚园的教师应当有充分的训练

（十五）我们主张幼稚园应当有种种标准可以随时考查儿童的成绩

---

[1] 引自《民国十三年中国教育状况》(1924年),见《陶行知全集》第六卷,四川教育出版社1991年版,第285页。

[2] 引自《我们的主张》(1927年),见《陈鹤琴全集》第二卷,江苏教育出版社2008年版,第75页。

第三阶段　上海办学时期

1928年夏天,在国内掀起收回教育主权声浪中,陈鹤琴受聘担任上海公共租界华人教育处处长,在积极维护华人教育权益的同时,先后创办了7所小学(附设幼稚园)、1所女子中学及4所工人夜校等。在这一期间,陈鹤琴将自己对儿童教育的研究从幼稚园延续到小学。他结合欧美新教育趋势与儿童教育原理,提出一整套小学教育理论,包含教育目标、教学原则、学校与学生管理、教师训练等内容,其中重点包括"爱国、爱人、爱学问"的教育目标与"训育难于教育,人格重于知识"的道德培养方针,以及充分运用儿童经验与环境;因材施教,因地制宜,谋求教材与教法改进,开展包括儿童文学、儿童戏剧、科学实验、中国历史、儿童美术、儿童音乐、儿童体育等"多元化"教学活动,以改变学校教育只注重"死"知识灌输,忽略"活"学生办学倾向,使学校教育与社会生活紧密联系,培养学生适应环境、改造环境的精神与能力。1934年7月至1935年3月,他代表中华儿童教育社前往欧洲11国考察教育,亲身感受欧洲"新教育"潮流带来的改变。他总结了四点:(1)欧洲各国的学校很注意健康教育。(2)各国的教育注重"做"字,注重培养儿童的动手能力和创造精神。(3)各国的教育都很普及。(4)教师的教法好,有专业研究的精神。[1]他还特别提出:"我们的教育亦要用手把中国固有的好的文化、好的艺术保存之,发扬光大之,这才是我们的责任。"[2]特别要指出,20世纪30年代,国家和民族面临爆发全面抗战严峻局势,陈鹤琴与许多教育家一致认识到,当国家到了危机存亡的时候,包括儿童教育在内的一切教育都不可能"袖手旁观","若不能积极参加国家战时的活动,这教育是无用的,

---

[1] 参见《欧洲各国小学教育新趋势》(1935年),见《陈鹤琴全集》第四卷,江苏教育出版社2008年版,第144—147页。

[2] 引自《欧洲各国小学教育新趋势》(1935年),见《陈鹤琴全集》第四卷,江苏教育出版社2008年版,第147页。

应该予以解散。"[1]1937年"八一三事变"爆发后，大量难民涌入上海市区"孤岛"躲避战祸，社会各界人士掀起大规模"救济难民"运动，陈鹤琴被推举领导难民教育工作，他在呼吁"保育民族幼苗"的同时，强调教育普及的重要性，他认为，难民问题不仅是衣食温饱问题，"只有慈善的施舍，而没有教育和工作，就可能产生乞丐。"[2]他提出包括儿童教育、成人教育、职业教育、师资培训、督导工作等一系列具体措施建议。在他看来，现代青年都要做一座灯塔，不受恶劣环境诱惑，怀有坚定信念，找到自己的同志，用团体的力量来造就好的势力，推动社会进步，发放光明，不仅照见自己的前途，同时又要照耀他人，照耀社会，造成光明的世界。[3]

1935年8月，陈鹤琴发表《对于儿童年实施后的宏愿》一文：

（一）愿全国儿童从今日起，不论贫富，不论智愚，一律享受相当教育，达到身心两方面最充分的可能发展。

（二）愿全国盲哑及其他残废儿童，都能够享受到特殊教育，尽量地发展他们天赋的才能，成为社会上有用的分子，同时使他们本身能享受到人类应有的幸福。

（三）愿政府及慈幼机关为儿童福利着想，尽力设计，多予儿童以安全的保障。

（四）愿全国各处从今以后，所有奴婢童工等不良制度，完全绝迹。

（五）愿全国父母、导师以及全国的成人们，随时随地本着"幼吾幼以及人之幼"的古训，各就自己能力所及之处，保育儿童，救济儿童，感化儿童。

---

[1] 陈鹤琴语，参见《非常时期的儿童教育》(1937年)，见《陈鹤琴全集》第四卷，江苏教育出版社2008年版，第152页。

[2] 参见《上海的难民教育》(1937年)，见《陈鹤琴全集》第六卷，江苏教育出版社2008年版，第208页。

[3] 参见《在孤岛上怎样做个好青年》(1938年)，见《陈鹤琴全集》第六卷，江苏教育出版社2008年版，第236页。

（六）愿今后全国的父母们，都具有教育常识，切实了解儿童心理和儿童期的价值。

（七）愿全国的妇女们，都自觉着母性的伟大，注意胎教和妊娠期的卫生，造就优良和健全的国民。

（八）愿全国教师们，抱着鞠躬尽瘁、死而后已的精神去教导儿童，训练儿童，使他们成为健全的公民。

（九）愿全国慈善家和一切成人们，对于凡百救济事业，先从儿童做起，遇到危险，先救儿童。[1]

第四阶段 "活教育"时期

20世纪40年代是陈鹤琴所处的生活、工作环境最为艰难的阶段，也是他的教育思想逐渐成熟、定型并达到峰巅的时期。他将自己提出"活教育"学说定义为"新教育的实验"和"中国新教育的幼苗"。他写道："现阶段的中国是处于争取自由民主，争取科学光明的大时代，对外抵抗侵略对内要求建设，正是新教育实验的一个崭新环境。我提倡新教育名之曰'活教育'，在抗战初起之时，是认识这时代的伟大，在这伟大的时代中，教育所负的使命是怎样的重大！"[2]在陈鹤琴看来，中国的新教育应该结合自己国家国情，顺应世界进步教育潮流发展趋势，不仅要建立符合儿童成长规律并适应中国国情、符合民族精神的新型教育理论，还需要通过不断研究、实验，创造出一套科学的教育方法，实现自己的教育目标，即"穿户入室""打开库门""让知识和文化普遍发展，需要教育的都得受教育，要受什么教育的就有什么教育"[3]，从而推动正处于历史转折时期的中国新教育成为促进国家发展、社会进步的积极力量，走上一条"中

---

[1] 引自《对于儿童年实施后的宏愿》(1935年)，见《陈鹤琴全集》第四卷，江苏教育出版社2008年版，第330页。
[2] 引自《活教育——中国新教育的幼苗》(1943年)，见《陈鹤琴全集》第四卷，江苏教育出版社2008年版，第269页。
[3] 参见《〈活教育的创造——理论与实施〉前记》(1948年)，见《陈鹤琴全集》第五卷，江苏教育出版社2008年版，第112页。

国化""科学化""大众化"的发展道路。

"活教育"理论包括"三大目标""十七条教学原则""五指活动""十三条训导原则"以及"做人的哲学"等内容，涵盖教育目标、教学内容、教学原则及方法、教学活动方案等，构成完整体系，其中首要目标是"做人，做中国人，做现代中国人"。陈鹤琴将"做现代中国人"应具备条件归纳为：（1）要有健全的身体；（2）要有建设的能力；（3）要有创造的能力；（4）要能够合作；（5）就是要服务。他认为，"做现代中国人"的教育目标是中国教育与各国教育的畛畦与唯一特点。他语重心长地写道：

亲爱的读者，我希望你千万不要把"做人，做中国人，做现代中国人"这一句话轻易放过。要晓得这一句话就是我们终身致学的目的。我们虽生而为人，生而在中国，生而在现代的中国，可有哪几个真正知道做"人"呢？有哪几个真正知道做"中国人"呢？更有哪几个真正知道做一个"现代中国人"呢？做"人"不易做，做"中国人"不易做，做"现代中国人"更不易做。……[1]

陈鹤琴相信，自然环境与社会是教育取之不尽、用之不竭的资源，儿童的活动与经验是思维、思想、知识的基础，因此"只晓得一味读书，而不去和真正的书——大自然、大社会接触，才变成呆子的"[2]。他希望人们抛弃"书本万能"的错误观念，去向活的、直接的"知识宝库"探讨研究。然而，实现"做现代中国人"目标与"大自然、大社会都是活教材"教学思想的关键在于"做中学，做中教，做中求进步"。他认为，儿童教育的目的在于使儿童获得均衡的发展，而不是专门培养某一方面技能，或精习某一特殊学科，以防止"刚出芽的幼苗早熟结果"[3]。同时，改变传统教育中牵着学生鼻子，耳提面命式的教学方法，启发、培养儿童的"自

---

[1] 引自《活教育要怎样实施的》(1944 年)，见《陈鹤琴全集》第四卷，江苏教育出版社 2008 年版，第 274 页。
[2] 参见《活教育要怎样实施的》(1944 年)，见《陈鹤琴全集》第四卷，江苏教育出版社 2008 年版，第 279 页。
[3] 参见《活教育要怎样实施的》(1944 年)，见《陈鹤琴全集》第四卷，江苏教育出版社 2008 年版，第 280 页。

动研究"精神,在教师的鼓励与指导下,形成"活教育"学习过程:(1)实验;(2)参考;(3)发表;(4)检讨。[1]

"活教育"理论体系诞生的"母体"是陈鹤琴于1940年在江西泰和创立中国最早的公立幼稚师范学校——江西省立幼稚师范学校及1944年增设国立幼稚师范专科(后改为上海幼稚师范学校、上海女子师范学校),在此期间陈鹤琴师范教育思想逐渐定型,并延续陶行知"教学做合一"思想,将师范生实习步骤归纳为:(1)明确原理,增进信念;(2)获得实际教学经验;(3)熟悉各项教学业务技能;(4)明了学校管理各方面实际及处理方法。[2]后结合"活教育"将教学过程进一步总结为:(1)信念——"我在这里不是教书,而是教孩子们怎样做人";(2)方法——"教师决不能自己做,一定要让孩子做,否则只有失败的一条路!"(3)态度——教师不能守旧,一定要改变态度,接受新的教育理论并加以实施。[3]

陈鹤琴写道:

> 我时常这样想,历史的演进到今天已经进入了一个新的阶段,教育的范围、对象与内容,都已经跳出了教室甚至于学校的门墙,投入了大自然大社会的无比辽阔的天地,因此,今日的教育工作者,不但是一个儿童的教师,而且也是一个社会的工作者和自然的征服者。今日教育工作者的任务,真是空前的重大。[4]

1948年7、8月间,陈鹤琴作为中国代表前往捷克首都布拉格参加由联合国教科文组织主办的国际儿童教育会议,结束后前往美国考察特殊儿童教育。回国后,他发起了"儿童互助运动",将其作为学校教学活动新的形式,以"推进儿童福利事业,发扬儿童互助美德,建立世界永

---

[1] 参见《活教育要怎样实施的》(1944年),见《陈鹤琴全集》第四卷,江苏教育出版社2008年版,第281页。
[2] 参见《新实习》(1936年),见《陈鹤琴全集》第五卷,江苏教育出版社2008年版,第129页。
[3] 参见《在上海女师全体教职员会上的一次讲话》(1948年),见《陈鹤琴全集》第五卷,江苏教育出版社2008年版,第123页。
[4] 引自《教育工作者的修养》,见《陈鹤琴全集》第四卷,江苏教育出版社2008年版,第326页。

久和平"为宗旨,号召儿童开展"四互运动"(互谅、互信、互尊、互爱),体现出教育家的人道主义情怀与社会责任感。同年12月,他着手创办上海特殊儿童辅导院,从而将他自己对正常儿童的研究与教育扩大至特殊儿童教育领域。1948年至1949年期间,他在自己主持的上海国立幼稚专科学校开设儿童研究课程,其中部分内容被汇集《低能儿之研究》专文,他在该文中宣示主要观点:(1)"低能儿童"研究是一门科学,因此应以专业态度对待。(2)"低能"现象是由于生理或心理缺陷等原因造成,不能将包括留级、不驯服、偷窃等青少年不良行为与"低能"相提并论。(3)大量事实证明,"低能儿"可以通过开设特种学校或特种班开展积极的教育进行改善(即"可教性"),其教育过程具有显著特殊性,其目标仍是"做现代人"。他写道:"教育者应以各种方法使其在可能范围内,实现这一目标,除非是最低级的低能,只宜于消极的救济与收养。"[1] 陈鹤琴曾引用美国第28任总统托马斯·伍德罗·威尔逊(Thomas Woodrow Wilson,1856—1924)提出的宣言:"保护我们的儿童,也就是保护我们未来的国家。"陈鹤琴写道:

也许有人说:平日健全的儿童都没有受教育的机会,残缺的儿童更无法顾及。话虽如此讲,国家的贫瘠,物质条件的缺乏,使得特殊教育的推行遇到很大的阻力,这种工作是艰巨的,但是很有意义。我们应当在可能范围内尽量去努力用后天的力量去弥补先天或后天的不足,使那些一向被人忽略被人遗忘掉的特殊儿童得到教育与治疗,他们将会和常儿一样愉快地、健康地生活,成长![2]

第五阶段 南师时期

1949年新中国成立后,陈鹤琴怀着极大的热情与向往立即投身到建

---

[1] 参见《低能儿童之研究》(1948—1949年),见《陈鹤琴全集》第一卷,江苏教育出版社2008年版,第546页。
[2] 引自《特殊儿童教育在美国》(1949年),见《陈鹤琴全集》第四卷,江苏教育出版社2008年版,第322页。

设高潮中。在他看来，自己倡导的"活教育"的目标、原则、方法具有符合时代精神，适合新民主主义教育精神与教育原则等特质，"适合中国现阶段社会发展和人民大众需要"，可以继续开展包括"研究新教育思想、建设新教育理论、提供新教材教法、帮助广大小学和幼稚园教师，提高他们的学习兴趣，改进他们的业务效能"等方面工作，成为推动时代前进的积极力量。[1] 然而，他的愿望与"活教育"理论却因为当时的社会环境不仅未能被接纳，还被突然袭来的政治漩涡淹没，但是他并没有因此而感到气馁。他继续强调："现在我们可根据新中国的教育宗旨、政策、方向、方法，把教育学理、教学方法、教学心理、各科教材及各级教育加以详细研究。这样，教育可建立在科学基础之上，走向科学化光明大道。"[2]

1952年秋天，陈鹤琴受命负责组建南京师范学院（现南京师范大学前身），被任命为首任院长。他明确指出："在人民革命事业取得基本胜利的今天，为迎接即将来临的文化建设高潮，我们的师范教育应朝着新的方向负起伟大的任务。"[3] 创院初期，陈鹤琴着手建立师范院校幼儿教育系三级育人体系（师范院校幼儿教育系、附属幼儿师范学校、幼儿园），延续自己在江西的办学方式，聚集一大批知名教授、专家，形成教学—科研—教具生产"一条龙"链条，校园生活井然有序、丰富多彩。正如知名幼教专家唐淑教授记述："我如鱼得水般地活跃在校内外的课堂、操场、舞台、舞会和联欢会、夜令营等各项活动，沐浴着新中国'南师'的阳光雨露，茁壮成长。"[4]

陈鹤琴在担任南京师范学院院长期间，亲自在幼教系讲授《儿童心

---

[1] 参见《我们的今后工作方向》（1950年），见《陈鹤琴全集》第五卷，江苏教育出版社2008年版，第226页。
[2] 参见《关于成立中央教育科学研究所的提案》（1950年），见《陈鹤琴全集》第六卷，江苏教育出版社2008年版，第284页。
[3] 引自《师范教育的新方向》（1951年），见《陈鹤琴全集》第五卷，江苏教育出版社2008年版，第231页。
[4] 引自唐淑：《我在南师幼教系50年》，见陈秀云：《我所知道的陈鹤琴》，金城出版社2012年版，第298页。

理学》与《教育史》课程。他在讲授《儿童心理学》时强调，在研究儿童心理发展规律的过程中，调查、观察、实验等"直接研究"与用事实来证验理论均十分重要。同时，他将自己长期进行儿童心理研究的成果进行系统化整理，将早期儿童分为四个时期：新生儿期、乳儿期、步儿期、幼儿期，各时期儿童特点与教育方式、方法不同，因此需要了解儿童，才能使对儿童的教导确实有效。[1] 他在讲授《教育史》时，提出"怎样对待人类的教育遗产"问题，其中包括"力求从过去的经验中，吸取那种与全体劳动人民的利益而创造出来的先进的民族文化有关的东西"。在他看来，研究任何一种教育理论或教育实际，都不能把它看作静止不动、停顿不变的东西；而是要把它看作不断运动着、不断变化着、不断革新着、不断发展着的教育过程，就是一种教育思想转变或发展为另一种教育思想，一种教育制度转变或发展为另一种教育制度。[2]

1956年12月，在"向科学进军"的热潮中，陈鹤琴在南京师范学院举办的科学讨论会上，发表《从一个儿童的图画发展过程看儿童心理之发展》学术论文，结合他长期收集自己儿子一鸣从1岁至16岁共计561张图画，现场展出其中205张，阐述儿童心理发展与认知原理，及其儿童第一信号系统与第二信号系统相互作用对于儿童思维所起到的"由量变到质变"促进作用等。这篇论文是陈鹤琴继《儿童心理之研究》《家庭教育》《低能儿心理研究》之后，在儿童心理学与教育心理学方面取得的新的学术成果与"封笔之作"。

1979年3月，全国教育科学规划会议召开，陈鹤琴因身体原因无法参会，他提笔写了一封长信，表达自己"热爱教育之心依然十分炽烈"。他写道："我从事幼儿和儿童教育及师范教育的实践凡数十年，深感幼儿

---

[1] 参见《儿童心理学》(1952年)，见《陈鹤琴全集》第一卷，江苏教育出版社2008年版，第407页。
[2] 参见《教育史导言》(1955年)，见《陈鹤琴全集》第五卷，江苏教育出版社2008年版，第245、247页。

与儿童教育是培养最广大新生一代，关系到祖国未来的大事，是我们社会主义教育事业的基础部分，对实现四个现代化影响深远。"[1] 为此，他提出五项具体建议：（1）设立儿童教育玩具、教具、设备研究室和实验工厂。（2）为提高教育质量，开展科学研究，建议全国各省市设立实验幼儿园和实验小学作为进行科学实验、取得系统经验的场所。（3）建议恢复学前教育和小学教育杂志，重点是交流实践经验和科学研究成果，以满足广大幼教和儿童教育工作者的需要，提高他们的水平。（4）建议全面、系统地整理与总结我国五四以来幼儿教育和儿童教育的实践和经验（包括具体课程、读物、方法、措施），作出科学的分析和评价，吸收其中有益的成果，包括利用各种生动活泼的形式并推陈出新，为社会主义四化服务。（5）一个很重要的课题，是对伟大的人民教育家陶行知先生的研究。建议对他的教育实践和思想加以全面、系统的整理和科学总结。对他的著作，如人民喜爱的《行知诗歌集》予以再版。"陶行知是我的至友，他对我的帮助、教育影响极大。从创办晓庄乡村师范起，他为人民服务的崇高精神和创造力就一直鼓舞着我。他受反动派迫害而逝世，促使我政治认识的提高。我认为，他对人民的宝贵贡献，我们应该继承和发扬"。[2]

四、陈鹤琴教育思想的价值与现代启示

近三十年以来，陈鹤琴及其教育学说在长时间沉寂后重新受到中国教育界，尤其是学前教育界的重视，不仅被作为中国现代儿童教育标志，

---

[1] 参见《给全国教育科学规划会议的信》（1979年），见《陈鹤琴全集》第六卷，江苏教育出版社2008年版，第292页。
[2] 引自《给全国教育科学规划会议的信》（1979年），见《陈鹤琴全集》第六卷，江苏教育出版社2008年版，第296页。

而且他的教育学说，包括教学原则、方法正在被越来越多的幼儿园、学校广泛应用与创新。其中原因在于，陈鹤琴教育思想与学说立足于儿童成长原理与教育过程，在科学的儿童观、教育观及教育理论指引下，经过观察、学习、研究、实践、创新，逐渐接触到了儿童教育的本质与规律，达到了新的境界，从而使其学说充满原理性、科学性与发展、延伸、创新的空间，尤其在国家经济、社会高速发展，现代教育呈现"国际化"发展趋向的时代中，教育受到党、政府与全社会前所未有的高度重视，幼儿园、小学数量大大增加，教育内涵与形式达到日益"多元化"。然而，幼儿园、学校及家庭教育发展现状与"人民群众对于美好生活的向往"仍有较大差距，表现为人们对于教育本质与目标、功能、规律的认识尚存在分歧；对于许多国外流行的教育理念与课程、方法经常出现不问西东或生搬硬套式的"效仿""照搬"，再加上商业利益驱动，经常使人们感到迷惘或不尽人意。由此，许多教育专家提出在中国老一辈现代教育家的教育精神与思想学说基础上汲取营养和智慧并发扬光大。从20世纪80年代起，陶行知、陈鹤琴等中国早期现代教育家的著作重新出版，"生活教育"与"活教育"思想被广泛宣传，受到广大教育工作者、家长的接纳与欢迎。

可以说，陈鹤琴并不希望自己的教育思想与学说被作为教育史资料或师范院校教材或被"束之高阁"或仅在"字里行间"。他曾向学生表达心愿：要像大田种麦一样，让全国城乡幼儿都能受到科学的启蒙教育。[1] 由此，我们应当学习、解读陈鹤琴现代儿童教育思想学说所包含的精神、原理，以及教育原则、方法，结合幼儿园、学校具体情况加以运用、延伸、创新。许多事实已经证明陈鹤琴现代儿童教育思想学说的价值与现代启

---

[1] 参见陆敏《麦种的故事——为什么要办鼓楼幼稚园》，见陈秀云编：《我所知道的陈鹤琴》，金城出版社2012年版，第305页。

示所在。

陈鹤琴教育思想学说价值可概括为下列各项。

（一）教育信仰与教育家责任

早年，陈鹤琴在出国留学的邮轮上立下志向："我是要医人的，医生是与病人为伍的。我是喜欢儿童，儿童也是喜欢我的。我还是学教育，回去教他们好。"[1]在他的教育学说中清晰地体现出两个"基本立场"与一根"纽带"，其中两个"基本立场"指"以儿童为中心"与"改造社会，推动社会进步"，二者通过"教育"纽带相互连接。前者"以儿童为中心"包含"一切为儿童"的博爱精神；尊重儿童作为独立个体的人格与自身成长规律；发展儿童个性与才能等。后者"改造社会，推动社会进步"是教育家担负的责任与向往目标。按照美国进步主义教育家约翰·杜威表述，在二者之间，教育的作用在于以儿童心理为基础，采取"科学"与"艺术"携手方式，为达到激发、支配儿童的行为与行动的目的。[2]对于陈鹤琴而言，热爱儿童、热爱国家、热爱人类是他自己投身教育事业的初衷。因此他在倡导"以儿童为中心"的同时清楚地知道教育家所承担的"培养将来的国民"的社会责任。他写道："现在的儿童，就是未来的主人。社会的进化，国家的繁荣，要看这些主人的品格才智如何而定。培养这些主人的品格才智，端赖优良的儿童教育，那么儿童教育的重要，自然不用再说了。"[3]在他看来，儿童教育的功能并不仅仅停留在儿童解放与个性张扬的意义，而在于"积极地发展儿童的才能，积极地提高儿童的兴趣"[4]，以实现"做人"即培养"身心健康"与"全面发展"的现代儿

---

[1] 参见《我的半生》(1941年)，见《陈鹤琴全集》第六卷，江苏教育出版社2008年版，第531页。
[2] 参见《我的教育信条》(1897年)，见赵祥麟、王承绪编译：《杜威教育名篇》，教育科学出版社2006年版，第2页。
[3] 引自《儿童教育的根本问题》(1934年)，见《陈鹤琴全集》第二卷，江苏教育出版社2008年版，第645页。
[4] 参见《儿童心理学》(1952年)，见《陈鹤琴全集》第一卷，江苏教育出版社2008年版，第488页。

童的根本目标。

(二)科学研究与实验、实践精神

陈鹤琴教育思想的"现代性"体现在现代的"儿童观""教育观"与"科学性",包括实验、实践精神两方面。陈鹤琴根据世界教育发展趋势,借鉴欧美进步主义教育思想,站在科学立场上,提出区别于旧时代传统观念的新型"儿童观";同时,采用数、理、图表等统计学工具对儿童成长过程进行定性、定量的科学分析、检验。他对教育的科学性质深信不疑。因而"科学性"成为陈鹤琴教育学说区别于其他教育学说的显著特点。主要体现在以下三方面:

1. 儿童心理研究是儿童教育的基础与起点

陈鹤琴作为儿童教育家的起点是中国首例对儿童个案连续观察、实验、研究与被誉为具有"开创性"意义的两本著作——《儿童心理之研究》《家庭教育》,以及中国最早以教学实验为目的的幼稚园——南京鼓楼幼稚园。他对儿童心理学研究情有独钟,专心致志,体现了学者态度与科学精神。在他看来,"我们若要教育之有成效,非明了受教育者之心理不可。若不顾受教育者之心理而妄教之,那么有不失败的"[1]。他将儿童心理学原理及儿童年龄阶段、动作及认知发展特点作为拟定教学原则与教学活动方案的依据。他认为,教育受到人们批评"不见日进",其中重要原因之一是当时中国研究儿童心理的学者数量太少,"而一般教育家空谈教育,却不去实地研究被教育者之心理……"[2]他还指出,教师在教学过程中应将儿童心理学原理应用到学科中,"一方面要研究儿童怎样学习,一方面要研究什么样的教材,才适合儿童的心理,适合儿童的能力"[3]。从观

---

[1] 引自《儿童心理之研究》(1925年),见《陈鹤琴全集》第一卷,江苏教育出版社2008年版,第372页。
[2] 参见《儿童心理之研究》(1925年),见《陈鹤琴全集》第一卷,江苏教育出版社2008年版,第361页。
[3] 参见《小学各科心理学·卷头语》(1940年),见《陈鹤琴全集》第四卷,江苏教育出版社2008年版,第388页。

察、实验入手研究儿童特点及成长、发展规律,并在此基础上提出教育原则、方法等具体应用并成为"艺术",可以说是陈鹤琴与同时代其他教育家相区别的特点之一。

2. 借鉴欧美进步主义教育思想,坚持适合国情的教育发展道路

陈鹤琴与陶行知等教育家作为中国早期去国外留学学成归来的学者,受到西方教育思想、观念影响,尤其对于美国进步主义教育学说认识深刻。他们一方面以西方科学教育思想作为改造中国传统教育与学校制度、教育模式的武器、工具,大力倡导包括"儿童解放""儿童自由""满足儿童发展需要"等主张,为中国教育注入活力;一方面又针对"宗教化""外国化""贵族化"现状,提出建立以"以儿童为中心""适应本国国情"与"满足中国社会需要"为前提的新型学校制度,以及教学原则、课程体系等主张。1927年,陈鹤琴针对中国早期幼稚园一味抄袭外国,缺乏独立办学主张与当时许多幼稚园采用"美国式"教材、教法的现象进行批评,发表《我们的主张》一文,其中第一条就明确提出"幼稚园是要适应国情的"。他认为:"总之,幼稚园的设施,总应当处处以适应本国国情为主体,至于那些具世界性的教材和教法,也可以采用,总以不违反国情为惟一的条件。如此则幼稚园的教育,可收事半功倍之效,可充分适应社会的需要了。"[1]陈鹤琴深受进步主义教育思想浸濡,熟悉西方教育发展历史,对于夸美纽斯、裴斯泰洛奇、卢梭、福禄贝尔、蒙台梭利等西方教育家及其思想、学说进行专门研究与评论,并系统学习、掌握了心理学、教育学、教育史、社会学等专门的知识、技术。他的"活教育"学说从欧美"新教育"思想汲取营养,根据中国教育实际情况而提出,其目标为"使之成熟为一种适合时代需要,符合民族精神的完善的教育制度"[2]。

---

[1] 引自《我们的主张》(1927年),见《陈鹤琴全集》第二卷,江苏教育出版社2008年版,第76页。
[2] 参见《活教育要怎样实施的》(1944年),见《陈鹤琴全集》第四卷,江苏教育出版社2008年版,第274页。

他赞同来自美国进步主义教育专家罗格（Rugg）将"新教育"定义为"本国文化的结晶"与"根据本国文化而建设的教育"的观点[1]，进而提出："研究民族过去的发展过程，来了解我们民族今后应走的方向""研究民族过去奋斗的精神，来激发我们的民族意识，加强我们救国的信念。"[2]

3. 教学做三者合一，关注教学过程

陈鹤琴教育学说的显著特点之一是教学做三者合一，关注教学过程。他根据自己对儿童的研究与亲自办学、指导积累的经验，拟定幼稚园、小学教学原则，注重学制之间衔接与教学科目之间融合，形成教学、科研、教玩具制作"一条龙"完整体系；同时将根据这些原则创造新的教学方法、塑造教学风格的空间留给一线教师，结合中国古训"格物致知"，倡导"做中学、做中教、做中求进步"与"儿童教儿童""教师教教师"。他指出，教师不仅需要具备健全的体格与爱护儿童的心肠，还要有研究的态度，要能多方采取新的教材与教法。除此之外，"无疑的，我们需要一种量尺。一个教师可以用它来度量自己的成就，量出的结果，就是他成功或失败的标记。而且，我们还可以用以作自我检讨，找出自己的优点和缺点"[3]。陈鹤琴将师范教育比喻为"教育进行中的船舵"，进而提出师范教育改革的根本方法是由陶行知倡导的"教学做三者合一"，通过师范生亲临一线学校实习，不仅使学理得到印证，增进教育信念，还能获得实际教学经验、熟练教师应掌握的各项教学技能。陈鹤琴对美国教育家约翰·杜威于1896年在芝加哥大学创办实验学校（Laboratory School）所取得的成就评价为"新教育的实践，需要新的工作者，需要能摆脱旧思想奴役、熟悉过去科学艺术的成就而拥有人类集体工作技能的工作者。实验学校，

---

[1] 参见罗格《新教育的精神》（1932年），见《陈鹤琴全集》第六卷，江苏教育出版社2008年版，第272页。
[2] 参见《〈中国历史故事〉编辑大意》（1938年），见《陈鹤琴全集》第四卷，江苏教育出版社2008年版，第485页。
[3] 引自《谁是成功的教师》（1949年），载《教师进修》杂志创刊号。

一方面固然是进步的教育工作者实验的场所,另一方面也是铸造进步的教育工作者的熔炉"[1]。

(三)大自然大社会都是活教材

把教育的领域扩大到自然与社会,使儿童从生活中直接获取经验与知识,构成陈鹤琴"活教育"学说"课程论"的基本追求与价值取向。陈鹤琴写道:"把一本教科书摊开来,遮住了儿童的两只眼睛,儿童所看见的世界,不过是一本6寸高、8寸阔的书本世界而已。一天到晚要儿童在这个渺小的书本世界里面去求知识,去求学问,去学做人,岂不是等于梦想吗?"[2]他认为,应当注意儿童生活的整体性与系统性,幼稚园的课程可以用自然(包括各种动植物现象)、社会(包括个人、家庭、集社、民俗等交往)为中心,使儿童在真实环境中获得知识。他鼓励儿童发现自己身边的两个"世界",一个是"大自然",另一个是"大社会"。前者,儿童在"大自然"世界中,有许多伟大的自然亟待他去发现,包括四季鲜艳夺目的花草树木、光怪陆离的虫鱼禽兽、变化莫测的风霜雨雪、伟大奇妙的日月星辰,都是儿童知识的宝库。后者,儿童在广博的大社会亟待他去探索,包括家庭怎样组织、乡镇怎样自治、社会上的风俗与习惯怎样形成、国家怎样富强、世界怎样进化等,"这一切社会的实际问题,都是儿童的活教材"。他提出了一个口号:"追问大自然,改造大社会。"他指出:"儿童的世界,是儿童自己去探讨,去发现的。他自己所求来的知识,才是真知识,他自己所发现的世界,才是他的真世界。"[3]尤其在国家、民族面临战争严峻时期,无论是儿童或教师可以在研究时事、探讨史地以及战情发展情势的过程中得到许多宝贵的"活知

---

[1] 引自《杜威为什么办实验学校》(1947年),见《陈鹤琴全集》第五卷,江苏教育出版社2008年版,第116页。
[2] 引自《活教育的教学原则》(1948年),见《陈鹤琴全集》第五卷,江苏教育出版社2008年版,第70页。
[3] 参见《活教育的教学原则》(1948年),见《陈鹤琴全集》第五卷,江苏教育出版社2008年版,第70—71页。

识"。他感慨道：

这种教学，教师教起来，多么生动，多么深刻；学生学起来，多么兴奋，多么有趣。我们何必一定要把一部活地理四分五裂，呆呆板板地教小孩子死记死读；我们何必要把一部中华民族进化史支离破碎，一朝一朝呆呆板板地教小孩子死记死读呢？我们为什么不去研究抗战来做研究史地的中心或出发点呢？我们为什么不研究第二次世界大战来了解各国的史地及其民族的文化呢？大自然大社会都是我们的活教材，我们为什么不从"现代"的活教材研究到"过去"的史事、"过去"的地理呢！[1]

（四）积极的教育

陈鹤琴被称誉为"永远微笑的儿童教育家"（俞子夷语）和"斑白的儿童"（邱椿语），在他的儿童教育学说中，充满着对儿童的尊重、信任、鼓励、温暖与向前、向上的热情与力量。在他看来，儿童在幼年时代应更多感受家庭环境的慈爱、温暖与幼稚园环境的亲切与美观、艺术；幼稚园应开展更多户外游戏活动，激发儿童的活动热情与兴趣，增强儿童的体质与活动能力，培养儿童的自主、独立意识。因此，在"活教育"教学原则中，陈鹤琴提出两条基本原则，一条是"积极的鼓励胜于消极的制裁"；一条是"积极的暗示胜于消极的命令"。[2] 他认为，教育不能用消极的方法管理、制裁儿童，而应用积极、鼓励的方法来控制儿童的行为，来督促儿童求学。在他看来，传统学校教育的"弊病"与"全中国的儿童不幸"在于使儿童的生活与"工作"置于被动的、"还债式"的管理中，使儿童的生活枯燥、情绪冷淡，从而"做了父母的奴隶，做了老师的奴隶"，由此埋没了儿童的力量，摧残了儿童的创造力。"新教育"，即现代教育所追求的目标之

---

[1] 引自《活教育的教学原则》(1948年)，见《陈鹤琴全集》第五卷，江苏教育出版社2008年版，第74页。
[2] 参见《活教育的教学原则》(1948年)，见《陈鹤琴全集》第五卷，江苏教育出版社2008年版，第66页。

一，儿童成为自己生活与工作的主人，不仅从"家庭和学校中解放出来"，还要"计划自己的工作，完成自己的工作，无需老师或父母来越俎代庖"，这样"才能真正发展儿童的才能，在自由和独立情境中，他们对于工作是热烈的，他们有力量来完成自己的计划"。[1] 陈鹤琴相信，如果将全世界的儿童在同一目标下组织起来，他们的力量是伟大的，他们所能创造的事业，是成人们想不到的。这个目标——儿童"互助"，即"你不会做的事情，我帮助你做；你没有的东西，我帮助供给你；你不晓得的事，我帮助你知道"。因为儿童情绪是热烈、有力量的；儿童的学习是互助的；儿童之间建立互谅、互信、互尊、互爱的精神将促进未来世界永久和平。他对教师深情寄语：

  亲爱的教师们，儿童的命运，掌握在你们手里，只有认识儿童，爱儿童，才能发展儿童的才能，光明的、和平的、快乐的世界完成的一天，也就是我们的任务完成的一天。[2]

热爱了解和研究儿童

教育他们使之胜过前人

——陈鹤琴

一切为儿童

——陈鹤琴

---

[1] 参见《重视儿童的力量》(1947年)，见《陈鹤琴全集》第四卷，江苏教育出版社2008年版，第339页。
[2] 参见《重视儿童的力量》(1947年)，见《陈鹤琴全集》第四卷，江苏教育出版社2008年版，第340页。

引 子

一

1919年8月15日,27岁的陈鹤琴结束了在美国的留学生活,回到阔别五年的上海。经过二十多日的航行,邮轮由吴淞口驶入黄浦江。五年前,他离开上海时在码头上与前来送行亲人们道别的情形历历在目。

五年前,同样也是8月,陈鹤琴与100多名来自清华学校及其他学校的赴美留学生搭乘当时中国仅有的两条远洋邮轮之一"中国号"前往遥远的美国。邮轮启程前,招商局码头涌满了前来送行的人群,其中包括一直资助他上学的姐夫和四哥,还有刚与他订婚的未婚妻,以及未来的岳父等。1908年,美国国会通过法案,使用"庚子赔款"在中国办学,并资助中国留学生赴美留学。从1909年起,中国连续三年每年举行考试,选拔100名品学兼优的学生出国深造。据数据记载,考生由各地选送,要求"通晓国文、英文",并须"身体强健,性情纯正,相貌完全,身家清白"。人们称这批留学生为"庚款留学生"。

1911年,陈鹤琴考入清朝政府在留美预备学校基础上建立的清华学堂(后改为清华学校),在校园感受到了"万象更新的新年"和"朝气蓬勃的春天",从而使自己对人生前程充满信心与勇气。与此同时,这个19岁的年轻人与许多同学还怀有一种复杂心情,他们了解清华的历史,感到自己读书的花费实际上来自民脂民膏。他写道："现在政府既然以人民的脂膏来栽培我，我如何不感激呢？我如何不思报答呢？爱国爱民的观念从此油然而生了。"[1]

在"中国号"邮轮上的留学生分为"官费生"与"自费生"，其中"官费生"大部分来自于清华学校，包括1913年、1914年两班毕业生70余名，以及10名女生和10名幼年生；另一部分为来自各地的"自费生"。陈鹤琴与好友郑宗海（又名郑晓沧，1892—1979，教育家）、涂羽卿（1895—1975，物理学家、教育家）、李广勋（1893—1984，医学专家）、金岳霖（1896—1984，哲学家、逻辑学家）、赵师复（20年代曾任中华职业学校校长）、邱椿（1897—1966，教育家），以及其他清华同学等一道在船上，白天在甲板上掷绳圈、抛圆板（一种游戏），晚上弹琴唱歌，星期日上午请随船牧师讲道。在邮轮上，他们结识了一位新朋友，来自南京金陵大学的学生陶文浚（后改名知行、行知，1891—1946，教育家）。这些年轻学子气血方刚，处于极度兴奋状态之中，陈鹤琴记述："我们浩浩荡荡，乘长风破万里浪，雄渡太平洋了。"[2]

然而，邮轮驶过日本列岛，海上的风浪似山一般高，大部分留学生晕船，不得不躺在铺位上一动不敢动，有一位因"大快朵颐"而出尽风头的留学生也不见了影踪，只有陈鹤琴等四五名不怕晕船的留学生依然如故，"一日六餐还是不肯少吃的"。（陈鹤琴语）又过了几天，陈鹤琴为自己所选择的专业感到有些犹豫。他原来计划先去一所教会大学学习教育学，毕业后再到哥伦比亚大学师范学院深造；邮轮启程几日后，他的信念发生了动摇。他想到，自己将来毕业后从事教育，不过是坐"冷板凳"，究竟什么职业可以"不看别人的脸孔讨生活"，自食其力，不求于人呢？

---

[1] 引自《我的半生》（1941年），见《陈鹤琴全集》第六卷，江苏教育出版社2008年版，第525页。
[2] 引自《我的半生》（1941年），见《陈鹤琴全集》第六卷，江苏教育出版社2008年版，第530页。

他想到将来可以成为一名医生。他将这个意思告知随船校长，请求校长帮忙换一所大学，很快校长同意了他的要求，将他申请的学校改为以医学专科闻名的约翰·霍普金斯大学。此时，陈鹤琴又改变了想法，坚定了学习教育的信念："是的，但是医生是医病的，我是要医人的。"……[1]

这次回国，陈鹤琴搭乘"南京号"远洋邮轮与五年前出国时搭乘的"中国号"为姊妹船，排水量不过1500吨，都是由美国购买的旧船。他想到，15世纪初，明朝郑和率领庞大船队七下西洋，比葡萄牙人哥伦布远洋探险提早87年。然而现时的中国却没有制造大轮船、大兵舰的工业，由于中国不仅缺少造船的钢铁，更缺乏新的科学与新的造船技术，说明中国的科学不及人。当邮轮驶入吴淞口沿着黄浦江航行时，陈鹤琴凭着船栏眺望沿岸景色，他看见岸上许多人似乎站着不动，这些人拖着脚跟缓慢行走，其中有一些人驼背，无精打采，拖沓迂缓。这与他在美国见到人们昂首挺背、步履轻快的情形形成鲜明对比。难道这就是我们自己的祖国吗？难道这就是中国人的形象吗？他的内心泛起一阵阵酸楚。他认为，造成许多中国人驼背的原因：（1）缺少运动；（2）椅凳不适宜；（3）看书的姿势不正确；（4）谦恭姿势的观念不正确。[2]

在此次返国邮轮上，陈鹤琴遇到很多善良、彬彬有礼的外国人，当乘客们挤在船栏边观看随着浪花跃起的鱼群时，有一个中国留学生不小心踩了一位美国女士的脚，这位女士非但没有抗议或抱怨，反而很有礼貌地说道："对不起。"对比自己在国内遇到的情形，许多人却只从自己一方着想，很少顾及他人，社会责任与公共道德的意识薄弱，这些都是教育落后的表现。当邮轮经停日本首都东京，他亲眼看到许多三轮车夫在等候乘客时阅读报纸，心生感慨。他写道："现在已经是民主潮流的新

---

[1] 引自《我的半生》，见《陈鹤琴全集》第六卷，江苏教育出版社2008年版，第531页。
[2] 引自《我的半生》，见《陈鹤琴全集》第六卷，江苏教育出版社2008年版，第553页。

时代，如果不能适应优者生存、劣者淘汰的原则，一定会落在时代的后面。要想赶上这个时代，毫无疑问的要有科学文化和科学的思想，所以知识的重要由此可见一斑。"[1]

二

清末时期，随着近代科学技术在制造业上广泛使用和派遣留学生出洋深造，以及外国传教士在各地进行传教活动，包括开办学堂、医疗、慈善等，中国封闭已久的国门被迫打开，由"中体西用"方针构筑的"堤坝"逐渐被来自西方的科学思想、观念冲开缺口，区别于传统书院、塾学、学堂的新式学校受到社会的认可、接纳。清朝政权受到日本、德国教育制度启发，开始意识到普及教育对于振兴国家的重要性，强调教育应从学童始起，医治"私""弱""虚"等"中国之大病"；同时竭力维护"圣贤之学"法统地位，倡导以"忠君""尊孔"和"尚公、尚武、尚实"为主要内容的教育宗旨，即所谓"正学"，以熏陶、训导学生，"砥砺志节，激发忠义"。1903年，清朝颁布中国近代第一部学制《奏定学堂章程》（史称"癸卯学制"），形成"三段七级"学制系统，标志着中国近代学校教育地位正式确定。

进入民国时代后，如何造就共和国民，从而推进社会进步成为国内知识界热议的话题，尤其倡导"新教育"的大学教授、学者发出呼声，要求将广大人民从传统道德和愚昧无知的束缚中解放出来，改变"有共和而无共和国国民"的现状。担任民国政府首任教育总长的蔡元培发表《对于新教育之意见》一文，提出军国民主义、世界观、实利主义、公民道德、美育"五育并举"新教育方针。1912年9月2日，民国临时政府教育部公布实施教育方针，其内容："注重道德教育，以实利教育、军国民教育辅之，更以美感教育完成其道德"；同时，经全国临时教育会议讨

---

[1] 参见《我的半生》（1940年），见《陈鹤琴全集》第六卷，江苏教育出版社2008年版，第556页。

论通过后由教育部正式颁布了民国学制系统基本框架；第二年又陆续公布了一系列法令、规则，基本确立由小学、中学、师范教育、专门学校、大学、实业学校组成"三段四级"完整学制系统，以及各级学校课程标准，史称"壬子癸酉学制"。1913年，北洋政府执掌国家政权后，出于维护传统伦理道德、社会体制与文化的目的，对新教育方针采取抵制态度，在袁世凯攫取国家权力后，于1913年出台《天坛宪法》草案，2月出台《颁定教育要旨》，确定以"爱国、尚武、崇实、法孔孟、重自治、戒贪争、戒躁进"为教育宗旨，试图以"儒学"作为国本，融合西方"自治"理念，顺应时代发展潮流。1916年6月，仅登基83天被迫下野的洪宪皇帝袁世凯在惊恐中离世，中国社会出现动荡，许多西方教育思想、理论、学校制度、教学方法，以及教材、教具等涌入北京、上海、广州、南京等大城市，职业教育、平民教育、工读主义等新教育影响日益扩大，逐渐成为社会共识，为"五四"新文化运动爆发孕育了条件。[1]

三

1919年4月30日，美国进步主义教育家约翰·杜威抵达上海，开始了历时两年多的讲学旅程，先后作了200多场讲演，足迹遍布中国多个省市，所到之处受到社会各界热烈欢迎，尤其使知识界、教育界感到非常振奋。蔡元培在北京大学举行授予杜威名誉博士的典礼上，称杜威为"西方的孔子"。国内知识界掀起一阵"杜威热"。黄炎培在日记中写道："杜威氏之来华，实予吾人以实施新教育最亲切之性味与最伟大之助力。"[2]

杜威演讲内容涵盖教育哲学、社会教育、学校教育、平民教育、职业教育、大学教育、现代教育、伦理教育、学生自治、教师职责等。他

---

[1] 参见孙培青主编：《中国教育史》（修订本），华东师范大学出版社2000年版，第358—368页。
[2] 见《黄炎培日记》第2卷，华文出版社2008年版，第63页。

指出:"学校开办到现在,100余年,是教人民全具社会的幸福。所以,学校与社会是和合的,不是分离的,不使人人离开学校去谋他自己的幸福的。现在学校设立,那是谋社会的幸福,并且各个人有机会能发展社会的幸福,这是共和的精神。"[1] 在他看来,应该从"广义的、更深地方着眼"理解"教育"一词的内涵,"所以,广义的教育就是用人与人往来接触的影响去陶冶儿童的思想和习惯"[2]。他阐述自己的教育理念,强调"教育就是生活""生活就是教育";"教育是自然的、根据儿童天性的";"教育的结果就在于养成习惯,即一种能在社会中应用的技能和能力,表现在知力、意志和情绪三个方面"。1919年6月,杜威在北京美术学校讲演,题为《现代教育之趋势》,他指出:

> 现代教育的新趋势,就是注重个人本能(Instinct)的趋势。从前的教育家对于儿童的本能,很不留意;现在才知道,儿童的本能是教育上很重要的东西。一切学问和训练,必然要拿人类天然的、生来的本能做根据,利用他自动的能力,发展他原有的天性,才是新教育的宗旨。[3]

与19世纪末欧美教育发展情形相同,中国早期中小学校教育奉行由日本传入的德国赫尔巴特教育学说,强调"以教师为中心"与课堂教学法。自杜威来到中国访问和演讲之后,"以儿童为中心"的观念、实验主义精神与方法、平民主义教育思想等经广泛传播、宣扬,在中国教育界产生深刻影响。"五四"新文化运动主将之一胡适(1891—1962)在《杜威先生与中国》一文中预言:"我们还可以说,在最近的将来几十年中,也未必有别个西洋学者在中国的影响可以比杜威先生还大的。"他还写道:"现在的杜威,还只是一个盛名;十年二十年

---

[1] 引自《教育与社会的关系》,见单中惠、王凤玉编:《杜威在华教育讲演》,教育科学出版社2007年版,第147页。
[2] 引自《教育与学校的几个关键问题》,见单中惠、王凤玉编:《杜威在华教育讲演》,教育科学出版社2007年版,第81页。
[3] 引自约翰·杜威《现代教育之趋势》(1919年),见单中惠、王凤玉编:《杜威在华教育讲演》,教育科学出版社2007年版,第304页。

后的杜威,变成了无数杜威式的试验学校,直接或间接影响全中国的教育,那种影响不应该比现在更大千百倍吗?"[1]许多中国年轻教育家力图通过引入以杜威实用主义(也称"试验主义")教育学说为代表的西方进步教育思想,以及现代教育观、学校体制、教学方法等,发动平民教育运动,改造传统学校制度,倡导学生自治,从而实现改造社会,培养自立、自主、自强的共和国公民的目标。

在国内高涨的社会改革与新教育氛围中,已近而立之年的陈鹤琴受时任"南高师"代理校长郭秉文之邀,中止了自己的博士学位论文素材整理、写作工作,回到祖国,进入被称为"新教育中心"的"南高师"(全称:南京高等师范学校),担任教育科儿童心理学教授。刚进学校时,适逢由时任学校教务主任陶知行(后改名行知,1891—1946)等倡导"学生自治运动",血气方刚的青年教授陈鹤琴怀着极大热情投身而入,他参加了1个常设委员会和3个临时委员会工作,先后发表了《学生自治之结果种种》等文章。他回忆道:当时,"学校没有课外活动,只有上讲堂,多读书。这种死一般的教育真叫人怄气"。他很想将自己从国外留学时感受到的生气与活力带回来,"让中国的教育迎头赶上"。于是,他费心竭力倡导课外活动、举办各种竞赛、交谊会等有声色的活动,培养学生兴趣,活跃校园气氛。然而,他的种种努力却"碰壁",受到来自于学校中守旧势力的嘲讽,他甚至被取了一个"欢呼博士"绰号。第二年他开始做实际研究工作了,他先后开展了三项研究:第一项研究,学生婚姻问题研究,发表《学生婚姻问题之研究》文章,采取问卷方法调查青年学生对婚姻问题的态度,从而得出青年婚姻失败与女性缺乏知识或包办婚姻导致性情不投、结婚太早等原因直接相关,因此女子受教育是解决此问题的途径之一。第二项研究,语体文应用字汇研究,出版《语体文应用字汇》,

---

[1] 引自胡适:《杜威与中国》,见《胡适文集》第二卷,北京大学出版社1998年版,第279页。

即按照学生年龄与能力将常用的字汇从繁杂的文字中挑选出来,解决"平民教育运动"中"识字难"问题。第三项研究,发起测验运动,即用心理学"量表"方式测量学生的"智慧"程度,用途为:(1)辨别智愚;(2)甄别班次;(3)入学考试;(4)预测将来;(5)估量成绩,从而以客观标准代替主观臆断。由此,陈鹤琴开始了半个多世纪的教育家生涯。[1]

---

[1] 参见《我的半生》(1940年),见《陈鹤琴全集》第六卷,江苏教育出版社2008年版,第559—570页。

第一章
儿童心理研究

> 让我们假设我们的大脑如我们所说的像一张白纸，没有任何特点和想法。那么它是如何后天被充实的呢？人类繁忙而又无垠的想象、无穷无尽的想法从哪里来？人类所有的推理和知识材料又来自哪里？对于这个问题，用一句话概括，来自经历：在经历中，我们建立了自己的知识体系，又是从经历中，我们升华了自我的心灵。
>
> ——约翰·洛克

自20世纪初，西方教育制度、教育思想、心理学陆续被引入中国；包括福禄贝尔、蒙台梭利在内的西方学前教育家的理论在江苏、上海、浙江、北京等地传播。"科学态度"，即"科学化"被认为是"新教育"与"旧教育"最大的区别之一。其中"科学态度"是指人们受了科学的洗礼，经过长时间的研究和试验而养成，从而改变以个人或团体主观意志作为判断事物性质标准的传统方式。1917年，北京大学成立由陈大奇主持的心理学实验室。翌年陈大奇编写的《心理学大纲》出版。当时，国内学者提出将"儿童学"（Paidology of child study）作为一种新科学，与普通生理学、心理学区分。所谓"儿童"是指相对于成人而言"未达成熟时期"，因而二者之间存在许多差异，应该分别研究，其目的在于增进儿童的幸福。[1] 这一时期，许多知名教育家，如蔡元培、梁启超、黄炎培、陶知行（后改名行知）、陈鹤琴等先后传播美国进步主义教育家杜威所倡导的"儿童中心论"，强调儿童时期教育的重要性。中国近代民主革命家、教育家蔡元培（1868—1940，号孑民）在提出"军国民教育""五育并举"教育方针的同时，借用18世纪初瑞士教育家裴斯泰

---

[1] 参见赵廼传：《儿童研究会》，载《新教育评论》第一卷第四期，1925年12月。

洛齐（Johann.Heinrich.Pestalozzi, 1746—1827）名言提出："教育者，非以吾人教育儿童，而吾人受教于儿童之谓也。"他列举欧美在实验儿童心理学研究方面取得的进展，包括感觉、空间与时间、反射、判断、注意力、同化作用、联想、意志、感统等心理现象。[1]美国进步主义教育思想倡导者、哲学家、教育家杜威将"现代教育"新趋势概括为"注重个人本能的趋势"，并称其为"教育天然的基础"。与此同时，一些教育学者对于"舶来"教育表示担忧，他们提出，中国的新教育设施大半模仿外国，仅凭少数人臆想，缺乏科学态度与方法，削足适履，忽视中国国情，不能解决中国教育存在的问题。

据《儿童心理学史》记载，近代西方较完整的儿童心理学体系由德国心理学家施太伦（W.Stern，1871—1936）最早建立，这位继普莱尔（William Thierry.Preyer, 1842—1897）之后闻名于世界的德国儿童心理学家，与夫人一道对自己的三个子女进行了长期系统观察，对6岁以前早期儿童的心理发展进行专门研究。他提出儿童心理发展问题包含三方面因素：一是辐合性原理，二是发展的速度，三是发展的变异。他将儿童心理发展年龄分为三个时期：幼儿期（6岁以前）、意识的学习期（自入学至13岁）、青年成熟期（14至18岁）。[2]他在《6岁以前早期儿童心理学》一书中，对于早期儿童心理发展特点进行了系统论述，内容包括：新生儿的运动、感觉与意识起源；婴儿的"学习""模仿""游戏的萌芽"等能力的发展；"经验"的获得；言语的发展；儿童观察力发展；记忆；幻想与游戏；娱乐和创造性活动；思维与智力；成就感、情感与意志的各种形式及其努力方向等。

然而，对于中国早期现代教育家来说，在当时社会急剧变革的环境

---

[1] 参见蔡元培：《新教育与旧教育之歧点》，见《蔡子民先生言行录》，广西师范大学出版社2005年版，第124页。
[2] 参见朱智贤、林崇德著：《儿童心理学史》，北京师范大学出版社2002年版，第90—95页。

中，研究儿童心理特点及生长规律的目的，一方面是通过传播科学原理以改变社会普遍存在的传统儿童观念；另一方面为推行包括"新学制"以及"科学教育法"等举措提供依据，寻找出路。正如杜威在华演讲中指出："从前的教育家对于儿童的本能，很不留意；现在才知道，儿童的本能是教育上很重要的东西。一切学问和训练，必然要拿人类天然的、生来的本能做根据，利用他自动的能力，发展他原有的天性，才是新教育的宗旨。"[1]

第一节 "儿童研究"与"儿童学"

陈鹤琴研究儿童并不局限于儿童心理学研究本身，也并未止步于深刻揭示儿童成长的原理与"秘密"，包括生理构造、模型等，而是站在教育家的立场，更多关注在外部环境影响下儿童心理和行为的特点、变化以及发展规律、趋向，以及在儿童"主体性"或"中心"地位，包括"自我成长"的前提下，教育干预措施的"可能性"与"适宜性"，从而在"儿童研究"基础上建立起科学的"儿童教育观"（简称儿童观），并形成符合儿童身心发展规律的教育方法。1921年发表在《新教育》杂志第三卷第二期《儿童心理及教育儿童之方法》一文是迄今发现陈鹤琴最早的儿童心理研究文章，他在文章中写道："假使我们要收教育的良果，对于儿童的观念，对于儿童的观念，不得不改变；施行教育的方法，不得不研究。"[2] 在他看来，儿童教育的观念是儿童教育方法的引领与基础，儿童教育方法则应以儿童时期的身体、心理发展特点为依据和起点。对于儿童教育而言，研究儿童心理是一种最紧要的事情。他指出："不知

---

[1] 参见《〈现代教育之趋势〉——在北京美术学校的讲演》，见单中惠、王凤玉编：《杜威在华教育讲演》，教育科学出版社2007年版，第304页。
[2] 引自《儿童心理及教育儿童之方法》，见《陈鹤琴全集》第一卷，江苏教育出版社2008年版，第1页。

儿童心理,哪里可以教育儿童?所以欧美各国对于研究儿童的心理非常注重。但我国研究者寥寥,而一般教育家空谈教育,却不去实地研究被教育者之心理,无怪教育之不见日进。"[1]

陈鹤琴将儿童时期的心理特点概括为"四心",即:(1)好动心;(2)模仿心;(3)好奇心;(4)游戏心,并作为儿童与生俱来的"天性",可以成为对儿童正确施教的时机与良器。他试图证明自己的三个基本观点:其一,儿童是区别于成人的独立个体,具有自己的天性与生长规律及特点,成人应该认识、尊重这些特点,而不能将成人的意志强加于儿童。其二,儿童的"生长期"与"学习期"是同步的,儿童是可教的。其三,儿童时期的身体、情感、动作、行为、经验与知识、技能等为儿童打下人生基础。在他看来,成人强迫儿童穿起长衫马褂并端端正正坐在家里,不得往外游戏的现象妨碍了儿童的行动,违逆了儿童"好动"本性,反映出许多人们在"儿童观"与教育方法方面的谬误,因此而导致教育结果失败。他将自己的"儿童观"建立在对于儿童特点研究的基础之上,在他看来,采取科学方法研究儿童特点是对儿童正确施教并取得良好成效的前提。

陈鹤琴这样阐释"四心"与教育之间的关系:

(1)"好动心"。由于儿童的感觉与动作是连通的,同时儿童生来好动,不具有成人般的"自制力"(或称"自控能力")。因此,教育儿童的正确方法,应该是给儿童更多、充分"动"的机会与适当刺激,使儿童多与万物相接触,无论是感觉事物、现象,增长经验,还是学习知识、发展能力,只有在"动"的状态与环境中才能实现。这样就可以使儿童渐渐从无知无能成长为有知有能。在儿童健康发展的过程中,"动"是"很紧要的利器"。他写道:"我们晓得一个儿童生来无知无识的,试问他怎

---

[1] 引自《儿童心理之研究》(1925年),见《陈鹤琴全集》第一卷,江苏教育出版社2008年版,第361页。

样能有知有识呢？他生来并不知冰是冷的，火是热的，铁是坚的，水是弱的，那样东西的性质，这样东西的滋味，他怎样能支配工具，怎样能控制万物，他的身体怎样得着运动，他的道德怎样能发展，他的智力怎样能增进，他的群育怎样能养成？这些就都是他的好动心的功劳……"[1]

（2）"模仿心"。由于儿童成长、发展的主要因素并不仅在于儿童先天的生理基础，而是决定于后天环境的影响。他打了一个比方：倘若儿童处的环境卑鄙龌龊，那么难望其光明正大的了；倘若环境是奢侈繁华的，难望其能节俭朴实的了。在中国传统教育中，也有"以身作则""上行下效"，以及"近朱者赤，近墨者黑""孟母三迁"等训诫，强调"环境"与"模仿"对于儿童成长的影响。在他看来，不论是家长或教师，都是儿童成长最重要的"环境因素"，其一举一动都会对儿童的行为发生"正面"或"负面"影响。与此同时，儿童在道德、性格、习惯、学习等方面的成长、进步与成人自身素质密切相关。父母、教师应该利用儿童的模仿心，注意自己的一举一动对于儿童行为产生影响，因此"以身作则"是成人对儿童实施教育必须遵循的重要原则。正如美国教育家诺斯沃斯（Norsworthy）说过一段话，大意是：教育家对于模仿心的责任，就是对于儿童选择模范与法则，发展他们的判断力与分析力，要求他们所模仿的结果与模范相比较，并设置各种模范，使儿童得发展自立心、创造力和发明心。

（3）"好奇心"。陈鹤琴将"好奇心"性质解读为"新异感"，一方面是"能激起儿童的好奇心"，另一方面"事物与事物相接触而发生的新异，亦能引起儿童的好奇心"；此外，儿童的好奇心并非一成不变，而是随年岁发展。他写道："儿童凡对于一切新的东西就生出好奇心。一好奇，就要与新的东西相接近。一接近，那就晓得这个东西的性质了。

---

[1] 引自《儿童心理及教育儿童之方法》，见《陈鹤琴全集》第一卷，江苏教育出版社2018年版，第2页。

假使儿童与新的境地接触愈多,他的知识愈广。"正如古希腊哲学家柏拉图(Plato,公元前427-公元前347年)形容:"好奇心是知识之母",因此"好奇心是儿童学问之门径,吾人不得不注意的,不得不利用的"。

(4)"游戏心"。陈鹤琴指出,游戏是儿童的"天性"与"本能",也是"生命"与最重要的"生活"。游戏包含四大价值,即(1)发展身体;(2)养成公民应有的品质;(3)能使脑筋锐敏;(4)为休息之灵丹。从儿童教育角度,包含"好动"与"好群"两方面意义,前者要求"寓教于乐",即儿童教育、教学应以游戏为基本形式;后者则强调"伴侣"与"群体化""集体化"生活在儿童生长与学习过程中的重要性。他引用了国外心理学关于"儿童分期"理论,说明随着儿童年龄增长,儿童游戏的内容与形式发生变化,即"幼时所好的,未必青年之所喜。老年之所爱的,未必儿童之所能。人生一期又一期之游戏"。[1]

1930年出版的《教育大辞书》将"儿童学"一词释义与"儿童研究"合并,定义为:"以科学的方法研究儿童身心之成长发达者是谓儿童研究。"其中意思是说,儿童成长与发展除了儿童自身天赋(生理、心理)特性,还受到包括环境(自然环境、社会环境、教育内容及方式等)在内的其他外部因素影响。[2] 早期"儿童学"研究者,包括卢梭(J.J.Rousseau,1712—1778)、裴斯泰洛齐(J.H.Pestalozzi,1746—1827)、福禄贝尔(F.W.A.Frobel,1782—1852)等"新教育"思想先驱者,因为"要求一种儿童精确的心力发展和程序,作为制裁教育的依据",由于缺乏研究工具、手段,所以许多研究结论,"处处杂以哲学上的推想"。[3]19世纪中期,欧美一些具有医学背景的儿童教育家采用实验的方法对儿童的知

---

[1] 参见《儿童心理及教育儿童之方法》(1921年),见《陈鹤琴全集》第一卷,江苏教育出版社2008年版,第1—5页。
[2] 参见唐钺、朱经农、高觉敷主编:《教育大辞书》,商务印书馆1930年版,第535页。
[3] 参见《儿童心理之研究》(1925年),见《陈鹤琴全集》第一卷,江苏教育出版社2008年版,第357页。

觉、注意力、模仿、情感、言语、动作机能的形成与发展过程进行研究，逐步揭开"儿童生长秘密"，注重研究方法与专项研究。随着20世纪初"新教育"学制、思想在中国"落地"，人们将教育中心开始由"社会"转向"儿童"，包括儿童心理与成长、发展规律，以及教育方式在内的"科学精神"对于改变"教育之不见日进"局面显得尤为迫切。

1925年，陈鹤琴继《智力测验》《测验概要》（与廖世承合作）出版之后，由自己独立完成的学术研究著作《儿童心理之研究》作为大学丛书由商务印书馆初版，此前曾作为陈鹤琴在"南高师"、东南大学讲授"儿童心理学"讲义，以《儿童研究纲要》为书名印行。20世纪30年代，这本书曾以"大学丛书"名义三次再版，此后一直被作为经典之作，受到儿童教育研究者的尊崇，被誉为中国儿童心理学的开拓性著作，也是"中国化"教育心理学的开端；同时，从儿童心理、行为研究出发，并成为陈鹤琴教育学说与教育实践的基础、依据与指引。他在写作《儿童心理之研究》一书时，借鉴、参考并引用了普莱尔、詹姆斯、霍尔、摩尔、施太伦、杜威、克伯屈等西方儿童心理学家的著作及实验结果，获得了许多启发与灵感、案例、资料等，架构起从观察、研究到结论的完整体系，通过对儿童行为个案的连续追踪观察、研究，阐述儿童生长、行为发展规律；同时，用儿童生长过程与心理学研究案例、数据、原理诠释、指引并度量教育观念、教育行为及结果，体现"儿童中心论"精神，强调外部环境对儿童心理、行为产生影响，为儿童早期教育的合理性、适宜性提供依据与指导。同时《儿童心理之研究》一书兼具儿童心理学研究与儿童教育两方面价值，亦可称为中国"儿童学"（包括儿童教育心理）开山之作，也是对儿童行为、活动进行具体分析、研究，开创了中国儿童教育，包括学前教育"科学化时代"，由此成为中国现代教育发展历程的重要标志与里程碑。

《儿童心理之研究》一书中共有二十四章，内容包括对儿童发展过程的观察记录，幼稚期意义，儿童的身体、动作发展，模仿，暗示感受性，游戏，玩具，好奇心，惧怕，哭与动作的抑制，知识，学习，言语，美感，儿童绘画，思想、道德问题，男女性的分别，特殊儿童——耳聋和口吃，研究儿童的历史，研究两岁以内儿童的方法，等等。由对于儿童心理、身体发育、行为发展过程观察、记录、实验，逐渐延伸、扩展至儿童思维、语言发展、美感、道德感以及特殊儿童教育领域，试图从儿童身体发育与心理学角度，研究儿童行为、思维与智能发展的路径及各种影响因素，使儿童心理学真正成为实施儿童教育的依据与基础。该书出版70多年后知名学者朱智贤、林崇德在《儿童心理学史》一书中评价：

自从达尔文、普莱尔对自己的孩子做了追踪研究以后，很多儿童心理学家也做过同样的研究工作。陈鹤琴关于对自己的孩子的追踪研究则有其独具的特点。在中国儿童心理学史上，他的研究可以说是一个具有开创性和典范性的研究。由于《儿童心理之研究》一书，能充分运用中国儿童发展特点的材料，从而使这部著作具有更高的学术价值。

在陈鹤琴以前，我国还没有一个心理学家对三岁前的婴儿时期的心理发展做过这样完整的追踪研究。陈鹤琴坚持对陈一鸣的心理发展做了有计划的，包括各个方面发展的详细记录，取得了第一手的资料。

在《儿童心理之研究》第三、四两章"一个儿童发展的程序"中，记录了一鸣出生后808天的全面的发展情况。同时在动作的发展、模仿、游戏、好奇心、惧怕、哭、言语等方面，也分别作了有系统的分门别类的发展记录。这些材料的取得，贯注着研究者锲而不舍的研究精神，是值得中国所有儿童心理学工作者学习的。在陈鹤琴影响下，他的学生和后辈如葛承训、费景瑚等也都做过同样的工作。

陈鹤琴关于三岁前儿童的追踪研究的另一特色，是利用摄影法。《儿童心理之研究》第一章"照相中看一个儿童的发展"采取摄影记录的方法。这在当时可以算是一种先进的研究技术，从而使他的研究成果更富于科学性和明确性。[1]

第二节　中国首例儿童个案研究——808天连续观察试验

1920年12月26日凌晨2时许，随着一声婴儿啼哭从产房里传出，28岁的年轻教授陈鹤琴喜得一子，随即他开始了自己的工作，记录下这个后来被叫做一鸣的婴儿初生后第一日的情形：

第1月

第1星期

第1天

（1）这个小孩子是在1920年12月26日凌晨2点零9分生的。

（2）生后2秒钟就大哭，一直哭到2点19分，共连续哭了10分钟，以后就是间断地哭了。

（3）生后45分钟，就打哈欠。

（4）生后2点44分，又打哈欠，以后再打哈欠6次。

（5）生后的12分钟，生殖器已经能举起。这大概是因为膀胱盛满尿的缘故，随即就小便了。

（6）同时大便是一种灰黑色的流汁。

（7）用手扇他的脸，他的皱眉肌就皱缩起来。

（8）用手指他的上唇，上唇就动。

（9）打喷嚏2次。

---

[1] 引自朱智贤、林崇德著：《儿童心理学史》，北京师范大学出版社2002年版，第547页。

（10）眼睛闭着的时候，用灯光照他，他的眼皮就能皱缩。

（11）两腿向内弯曲如弓形。

（12）头颅很软的，皮肤带红色，四肢能动。

（13）这一天除哭之外，差不多完全是睡眠。[1]

陈鹤琴在妻子的协助下，对儿子一鸣的生长过程进行了为期808天的连续观察、记录，不仅使用文字详细记录每一观察时段儿童所有生理反应以及表情、动作等细节，还使用当时在中国社会尚属鲜见的照相术，将一鸣生长过程的许多时刻用影像照片形式予以保存，并作为文字记录的佐证与补充，收入陈鹤琴在其任教职的"南高师"（全称：南京高等师范学校）讲授儿童心理学课程讲义，后被编为《儿童研究纲要》印行，并成为后来出版《儿童心理之研究》一书的基础。陈鹤琴在清华读书时的同窗、朋友郑宗海（晓沧，1892—1979）记述：

陈君回国后一年成了婚，再一年得了子，现已有子女一对了！他既得了子，就有可以时时研究时时实验的资料。他起初天天自己沐浴小孩，他一直将所发见的事分类地记载下来。有时把足以见到身心现状的材料摄了影，久久渐以积卷盈帙，分类的记载本，已十余本了……[2]

---

[1] 引自《儿童心理之研究》，见《陈鹤琴全集》第一卷，江苏教育出版社2008年版，第54页。
[2] 引自郑宗海：《〈家庭教育〉序》，见《陈鹤琴全集》第二卷，江苏教育出版社2008年版，第511页。

以下为《儿童心理之研究》一书中部分图例。

渺茫无知

（1月半）

1. 犹若一个小卧佛。
2. 尚未认识父母。
3. 饮食睡眠为此时生活的要件。
4. 喜欢横卧的姿势。

他的臂力实在不小

（第5个月）

1. 拿了一枝甘蔗。
2. 现在他喜欢拿东西了。
3. 不同事物相接触，哪里知道事物的性质和功用。

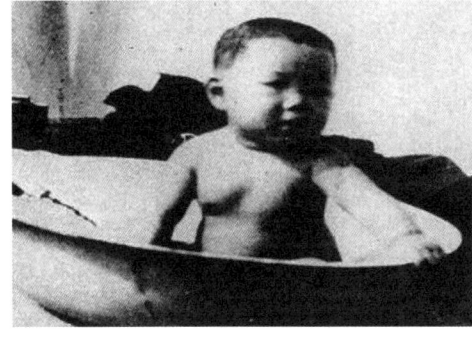

爱玩水

（第7个月）

1. 他爱洗澡爱玩水。
2. 他居然能独坐了。
3. 小孩子刚刚会坐的时候，背脊骨尚未十分强健，不宜坐得太久，以免损脊骨。
4. 小孩子应当天天早晨洗一个澡。

儿童本来喜欢玩的
（第11个月）
1. 对于两只小羊、一只母羊，他显出毫无惧怕的样子。
2. 他很喜欢它们。
3. 这两只小羊那时只有二天，但它们能走能跑，较人强得多呢！

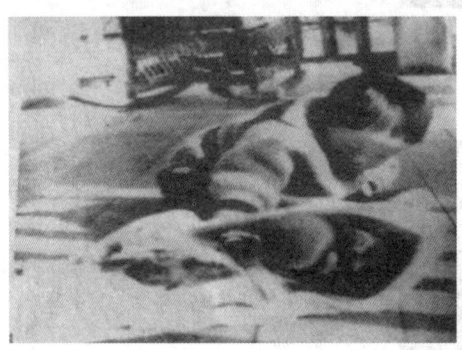

爱看图书
（第12个月）
1. 他能翻阅杂志。
2. 个个小孩应看有图画的书籍。

模仿动作
（1岁7个月）
1. 他见别人揩车就也要揩。
2. 小孩子很容易受人暗示的。
3. 小孩子看见东西就要拿来玩。

灌溉花木
(1岁9个月)
1. 教儿童爱护植物的一法。
2. 不但要给以适当的器具,并且要有恳切的指导,小孩子的兴趣多变迁,没有严密的指导扶助断不能持久。

在《儿童心理之研究》一书中,陈鹤琴以"照相中看一个儿童的发展"为标题,将拍摄的80余幅记录照片,按照一鸣从初生到2岁7个月期间各时期感觉表情、身体能力、对外界事物反应、行为喜好、游戏兴趣等特点排序并进行分析、评点,从"渺茫无知"(1月半)到"千金难买此种笑"(第4个月);到1岁2个月时,开始学会"推、拉摇床"、能爬阶梯、能倚臂直立、爱坐人力车;到1岁8个月喜欢浇花、喂猫与模仿动植物、模仿成人动作,到2岁2个月时已经可以独立拉着小"洋车"奔跑,陈鹤琴专门注明"练习身体之一种极好游戏"。这一时期,儿童已经开始显露出"想象力"与"创造性",可以将方块积木排成一行当作"火车",还可以剪布剪纸。对于后者陈鹤琴注明:"恐怕像这样年幼的小孩子,不应练习这种精细动作。"一鸣长到2岁5个月时,陈鹤琴将他带到园子里玩耍。一鸣看见地上有一只虫子,陈鹤琴指点儿子仔细观察,一鸣发现了虫子身上的秘密,虫子的两只角(知觉角)来回伸缩,一鸣说这只虫子在"变把戏"(亦称"魔术")。对于这一年龄阶段儿童的教育方法,陈鹤琴提出两点建议:第一,我们应当常常带领小孩子到园里、野外和树林里去游玩,随时随地可以叫他们注意各种动物的生活。第二，这种教动植物的方法，比在教室里、博物院里演讲示范好得万倍。两个月后，一鸣看见一块跳水板延伸在游泳池中，径直走上去，丝毫不显得任何恐惧。陈鹤琴说明："其实他并不知道十分危险，若知道危险那恐怕不敢做了。"[1] 此时，一鸣还喜欢"溜板"与"登高"。显然"溜板"技能是从幼儿园里学来的；而"登高"与在板子上走上走下或溜板、爬梯等活动，有利于发展儿童的身体。

在陈鹤琴的观察、试验中，儿童的"本能"，包括"情绪""活动"并不是"恒定"的，而是受到外部环境不同刺激、影响发生不同结果的变化。也就是说，儿童的"本能"或"天性"受到"环境"的制约、影响。教育作为环境的一部分，一方面对于儿童身体、心理、智能的发展进行"干预"，使其产生"量"与"质"的改变；另一方面，教育"干预"必须符合儿童成长的特点、规律，所谓"天性"，既不能"揠苗助长"，也不能"越俎代庖"。

陈鹤琴是中国近现代最早采用"直接观察法"进行儿童行为发展个案追踪观察、记录、研究，从儿童心理学角度，用客观与"实验""实证"方式进行"原理性"阐释，并以此作为教育原则、方法、依据的儿童教育研究先行者。

第三节 一个儿童发展的程序

陈鹤琴在《儿童心理之研究》一书中，将自己对于儿子一鸣生长过程的记录称为"一个儿童发展的程序"，试图通过对于儿童从初生至3岁以前生长各年龄阶段身体、心智发展的特征、特点，为儿童早期干预性教育方式与适宜性提供依据；同时，随着儿童身心发育以及活动

---

[1] 引自《儿童心理之研究》(1925年)，见《陈鹤琴全集》第一卷，江苏教育出版社2008年版，第47页。

范围扩大,其"社会性"反应与需求逐渐显现,各种教育契机油然而生。

在陈鹤琴的记录中,儿童出生后第 2 日,嘴唇对于外界的刺激感觉格外灵敏,吸吮乳汁时,舌头靠着下唇与上唇裹着乳头,吸乳的动作已经发生。第 8 日儿童睁开眼睛并微笑;第 14 日儿童已经能随着成人手指方向,脸上现出笑、哭、皱眉、皱唇种种样子;用胶布贴在儿童耳垂上,揭开的时候,儿童感觉痛了,哭得很厉害。到了第 4 月,第 16 星期(112 日)以后,儿童吃奶后笑着脸对母亲发出一种声音,似乎有表达某种意思的欲望;第 21 星期(144 日),儿童听到四五个大人唱歌,或拉小提琴的声音后便大哭,似乎在表达不满或抗议情绪。他经常亲自为一鸣沐浴,观察一鸣的各种生理反应。这一时期,儿童已经产生"惧怕"。当夜晚来临,儿童被大人醒着抱在床上,然后把门关上,儿童在黑暗的房间里大哭起来。大人赶忙将儿童抱到外面有灯的房间,儿童在灯光下就不哭了。

有一天晚上,陈鹤琴夫妇外出,留在家中的一鸣同两个堂兄一道玩,过了 1 个多小时,一鸣开始大哭,直到 9 时许陈鹤琴夫妇回到家中时,一鸣才止住了哭声。事后,陈鹤琴研究一鸣大哭的原因大概有二:一是一鸣饿了,想吃东西;二是看不到最亲密的人。这件事发生在一鸣出生后第 179 日。又有一日,陈鹤琴夫人抱着儿子去一所女校参加活动,刚进校门,许多人在鼓掌,儿子开始大哭。陈鹤琴对此现象解释,儿子在生疏、喧闹的环境中产生了恐惧感。

一鸣经常用牙齿去咬玩具狗的尾巴和脚,并向地板上乱敲。后来,家里新养了一只真狗,个头只比玩具狗稍大一点,狗的性情很温顺,但是一鸣却显得有些胆怯了。陈鹤琴解释,这说明一鸣知道小动物活与死的分别,说明他已具有了初步的辨别能力。这时是一鸣出生后第 8 个月,第 31 星期,第 212 天。

第 33 星期

第 226 天

（73）喜欢在外游玩：他祖母时常抱他下楼到外边玩耍，今天他抱在祖母手里看见楼梯，身子向着楼梯就要下去，他祖母特意转身向房里走，他就哭了；再抱向楼梯，他就不哭，后来抱他下楼去，就很开心了。这里可以表示他：① 知道方向；② 喜欢到外面玩去；③ 记得从楼梯可以出去；④ 意志坚强。

第 231 天

（74）他知道楼上楼下和各个房间、父母祖母两个堂兄和三个邻居，对于人和动物，都很有兴趣。

（75）寻找物件：他有一只狗与一只猫，它们离开他的时候，他就要寻找它们。这点一方面是缺少伴侣的感觉；一方面是失离伴侣的感觉。

（76）他知道抽屉可以开的：今天他看见抽屉关着，他伸手握着抽屉的环做开的姿势。[1]

在陈鹤琴的记录中，第 36 星期（第 246 天），他做了一个实验。一鸣在何种情境下感到快乐呢？（1）抱他到外边去看路上的行人；（2）下楼到邻居的家里去玩；（3）在草地上游玩；（4）洗澡；（5）某伯伯每天早晨抱他；（6）晚上睡的时候脱衣服；（7）看见父亲母亲；（8）看见他的两只狗；（9）看见别人吃东西他就要吃；（10）骑在父亲的肩上；（11）被人上下地丢宕；（12）晚上脱了鞋袜在床上滚来滚去；（13）脱湿的尿布。相反，哪些情境使一鸣不喜欢、不快乐呢？大概有 7 种：（1）穿衣服；（2）洗脸；（3）他看见的东西不给他；（4）坐在摇篮里时间太长；（5）你紧紧地抱着他；（6）他不要的东西你给他；（7）他要到外面去，不给他去。第 45 星期，母亲喂饭时，一鸣伸手试图去拿碗和勺匙，显示出要自

---

[1] 引自《儿童心理之研究》(1925 年)，见《陈鹤琴全集》第一卷，江苏教育出版社 2008 年版，第 59 页。

己吃饭的样子。三星期后（第48星期），陈鹤琴发现，一鸣开始喜欢匍匐，在床上或垫子上爬行。同时，一鸣学会用"哭"作为要挟父母与其他成人的"利器"。一鸣坐在祖母膝上，母亲一勺勺喂他牛奶，当时他显得很快乐。这时父亲走进房间，一鸣做出要哭的样子，父亲将他抱起，他又快乐起来。陈鹤琴解释："大概是因为从前他哭着父亲抱他的缘故，现在他要父亲抱，所以又拿哭来请求父亲。这种动作并非是他特意做的，乃是习惯使然。"[1]

一鸣长到1岁，已经有了初步的"经验"与表达、分辨能力，表现在：（1）辨别食物，从前拿了东西不管好吃不好吃就放在嘴里，现在只拿桌上可吃的东西，放在嘴里；（2）动辄就哭：现在遇到要的东西，或者不愿意做的事情（如洗脸刷牙），他就要哭喊；（3）辨别事物格外精细：他知道橘子可以吃，但拒绝吃没有剥皮的橘子，这说明他知道橘子皮不能吃。（4）舌头能拣出不要吃的食物，如喂他喝粥（稀饭）时，他能用舌头将粥（稀饭）皮拣出。

陈鹤琴记载：

（111）不明了自己动作的利害：他是不怕猫狗的。这一天他把猫的耳朵拉得很重，他现出很快活的样子。这因为他不明了他这样的动作，猫是很痛苦的。所以当儿童虐待动物的时候，做父母的应当立刻代动物表示痛苦的模样，并且示意他不要再做。[2]

一个月后，陈鹤琴观察到儿子喜欢模仿了，看见旁人做什么、吃什么，他也要做，也要看，也要吃。他看见家里人读书，他也要读书；他看见家里人写字，他一定也要写。如果你不让他写，他就用哭来表示抗议。有时，他会学着旁边人的样子，自己拿一本书坐在小凳上，摇头摆

---

[1] 引自《儿童心理之研究》(1925年)，见《陈鹤琴全集》第一卷，江苏教育出版社2008年版，第62页。
[2] 引自《儿童心理之研究》(1925年)，见《陈鹤琴全集》第一卷，江苏教育出版社2008年版，第62页。

身地口中振振有词。当父亲拿着书轻轻地敲着他的头,再把书丢在桌子上,他就会拿起书来敲敲自己的头。他拿了一本音乐书籍,父亲唱书中的歌曲,儿子也发出呜呜或嘟嘟的声音,妙趣横生。有一天晚上,父亲抱着儿子到露台上观看月亮,父亲指着月亮说"moom,moon"(中文:月亮),说了数遍后,又问道:"Where is the moon?"(中文:月亮在哪里?)儿子立刻举起头对着月亮。这说明儿子能够将月亮的名字"moon"与月亮的形体对应起来。

第69星期

第478天

(180)智慧的发展:今天他玩的一个木球滚到椅子下面,他就跪下去拿,不过椅子的档把他挡住了,他拿不到就喊起来,叫人来拿,但是没有人去帮他。后来他爬到没有档的一面拿到了。这里可以证明他的智慧已经发展得很高了。从前他拿不着东西就喊叫,并不能想出第二个方法来对付他,现在一个方法不成就想出第二个来,第二个不成又想出第三个来。当儿童智慧已经发展到这样地步的时候,做父母的不应当事事为他代做,以阻止他智慧的发展。[1]

一鸣1岁6个月时,喜欢上"骑马"游戏了。父亲拿一根棒子夹在两腿间作骑马姿势,过了几天,一鸣拿了一根别人的棒子在道路上玩,居然将棒子放在地上,两脚跨过去,身子蹲下来把棒子拿起来就跑,做出骑马的样子来。他看见别人喂猫,自己也拿着一个空盘喂猫。父亲带一鸣去幼儿园里去玩,小朋友们又唱歌又跳舞,父亲怂恿他与小朋友一道歌舞,他很高兴地参加,一点也没有害羞的表情。

陈鹤琴还观察到儿子的另一个特点:不受强迫,喜欢诱导。有一次儿子一鸣正在高兴地翻阅书籍,母亲叫他去吃饭,他不肯去;父亲也来

---

[1] 引自《儿童心理之研究》(1925年),见《陈鹤琴全集》第一卷,江苏教育出版社2008年版,第68页。

叫他，他还是不肯去。母亲想了一个办法，来到他的面前，蹲下来用背朝着他，口中说道"我背了你去"，儿子马上扑到母亲背上高兴地去吃饭了。陈鹤琴阐述道："这里可以晓得遇到小孩子应当做而不愿做的时候，不要勉强他做，也不要恐吓他，使他哭起来，只要稍微用点心思，想个方法引诱他去做，这样既不违拗他的意志，而且使他对于父母的感情格外浓厚。"[1]

据陈鹤琴的学生、助手张宗麟回忆：

陈先生常常抱着一鸣到课堂上来。当时的一鸣是一个又白又胖的孩子，才能够学步，也才能够学语。他看见一群人对着他笑，他也不怕羞地大笑；有时逗着他说简单的话，又看他拿铅笔的姿势、走路的姿势、四肢和头部发育的比例等等。一鸣对于这些举动，不过是以为是一桩新的玩耍，哪知道他这样的一举一动已经给我们实际的知识。这些知识，我们虽然可以在各种儿童学的书上看到，但是绝没有如此亲切而又实际。[2]

当一鸣长到两周岁多的时候，已经可以说一些简单的话，也可以显露出一些具有某种"欺骗""隐瞒"的意图，或做出"冒险性"的举止；对他人明显表现出内心情绪。有一天，一鸣将8块方形积木连接堆积，堆好以后就拍手跳跃，显得很快乐。接着，他又想将其他几块积木也依样堆起来，却未能成功，然后一鸣就生气地大叫"爸爸！"对此种事情做成时表现出快乐，而在事情做不成时表现出愤怒的截然相反的两种表现，陈鹤琴分析：第一种现象是后天养成的，因为儿童以前做成一件事情，别人都拍手鼓励，使他无形中学会了取得成功后各种表示愉悦情绪的动作。相反，儿童在事情没有做成或遇到挫折时

---

[1] 引自《儿童心理之研究》（1925年），见《陈鹤琴全集》第一卷，江苏教育出版社2008年版，第72页。
[2] 引自张宗麟：《二十年的老师》，见《我所知道的陈鹤琴》，金城出版社2012年版，第15页。

所表现出的恼怒情绪、举止却是没有人教过的，完全是其自身真实的反应。过了一段时间，陈鹤琴发现，儿子有保护自己占有物品的意识了。当他的堂兄坐在他的小椅子上，他走过去说："我格，我格！"意思是说"这把椅子是我的"，并且还用手指着椅子，示意堂兄把椅子还给他。他看见别人在门口用钱币买东西，当大人带着他上街的时候，他也将大人给的钱币递给商贩换回自己想要东西。这说明，他已经知道东西要用钱来买。

敲钉子
（2岁2个月）
1. 居然能把钉子敲在木板里了。
2. 不但不会敲着手指，且能次次敲着钉头。
3. 这种动作并不是遗传的，也不是模仿的，乃是由经验得来的。

池边观蛙
（2岁4个月）
1. 此时他也很喜欢把石子抛入水中，以听水声，以见水跃。
2. 这种动作与他的身体发展很有关系，一方面可以练习手臂动作，一方面可以享受野外生活。

玩水之一法

（2岁4个月）

1. 喜欢玩水。

2. 从此中玩耍，他可以慢慢知道水的性质。

3. 小孩子应该有这种机会，不要因为有所危险的缘故，就夺去他这种应享的权利。

未来之科学家

（2岁5个月）

1. 我带了他在园子里玩时，他在草上看见了一只虫，我就叫他注意，他看见的两只角（知觉角）伸缩不已，就告诉我说这个东西能"变把戏"。

2. 我们应当常常带领小孩子到园里、野外和树林里去游玩，随时随地可以叫他们注意各种动物的生活。

3. 这种教动植物的方法，比在教室里、博物院里演讲示范好得万倍。

陈鹤琴做了一个关于儿童"同情心"的实验。某日晚上，陈鹤琴请夫人坐在房间地板上假装非常伤心，与坐在小凳子上的一鸣挨得很近。一鸣看到母亲流泪哭泣，伸出小手将放在母亲膝盖上的手帕递了过去，表示对母亲的安慰。陈鹤琴分析：这是因为以前小孩子自己哭的时候别人用手帕为他揩干眼泪。所以他看到别人哭，本能地也拿手帕去揩干眼泪。第二天，陈鹤琴在儿子面前对夫人做出欲打人的姿势，夫人做出低头假哭的样子，一鸣马上跑到母亲身前，也哭了起来。这说明，一鸣开始有了同情、保护母亲的意识，或许他试图证明"爱"的产生不仅受环境感染，也是出自儿童的"本能"。怎样培养儿童的生命意识，包括生死观念呢？在陈鹤琴家里摆着一个鱼缸，里面养了六尾红色金鱼，有一天死了两尾，陈鹤琴就将两尾死鱼与四尾活鱼指给儿子，同时说道："你看，这两尾鱼死了。"从此以后，一鸣见到不会动的玩具鱼就以为是死了。这时他还不知道生死的意味与利害。

有一天，陈鹤琴给一鸣做了一个书架，架子的下面有三层格子，最上面一格放置玩具，其他两格分别放置别人的书籍和一鸣自己的书籍。如果一鸣将阅读过的书籍放回书架中别人的格子里，父亲就会对他说："这是父亲的！"同时用手指着另一个格子示意："你的格子在这里！"这样，可以逐渐养成儿童遵守秩序的观念。又一天，一鸣坐在小凳上，他的祖母在旁边站着。陈鹤琴对一鸣说"拿把椅子给祖母坐"，一鸣立即起身搬一把椅子到祖母面前。陈鹤琴写道："这里固然教他尊敬长辈，而且也是给他练习动作的机会。"[1]在他看来，父母的一举一动对于儿童行为产生"示范"效应，父母"以身作则"是儿童良好行为（包括品德、生活态度、动作等）的起始；反之，许多儿童不良行为的根源来自于父母行为的不端，所谓"上行下效"。

---

[1] 引自《儿童心理之研究》(1925年)，见《陈鹤琴全集》第一卷，江苏教育出版社2008年版，第89页。

陈鹤琴对儿子一鸣生长过程的观察持续了808天。以下是他在最后一日的几则记录：

（341）记忆力：13天以前，他祖母、父亲、三个堂兄，同他坐马车到下关去看龙灯会。今天他们谈起龙灯的事，他说"母亲同妹妹不去"，而且能说出那日去看的人来。

（342）学跳远：他喜欢在地上跳来跳去。今天他父亲在地板上放了两个垫子，相距约5寸，他从这个垫子跳到那个垫子，他的左脚跳了1尺远，右脚跳了4寸或5寸，每次都是左脚先跳，而且跳得远。

（343）好看的观念：今天他穿他妹妹的一件长背心，是蓝格子的，他穿起走来走去，显出自以为很好看的样子。

············

（347）他知道螺旋瓶的盖可以旋开：今天他拿了一个螺旋瓶，把盖旋开，这也是一种小肌肉能力的发展。

············

（349）新旧观念：今天他父亲拿了一双新鞋子给他看，并且告诉他说："我们把旧鞋子脱去，把新鞋子穿上。"教他新旧观念。

（350）记忆6个月以前的事情：去年9月，他在东南大学农场看见一只猴子，现在他看见一只猴子的图画，他能告诉你，他曾经在农场里看见过一只猴子。从那时起到现在差不多有6个月了，但他还能记住当初的经验。

············

（353）对于各种颜色的兴趣：从前给他各种颜色的球、珠子和方块玩，他并没有现出什么兴趣的样子，教他各种颜色的名字也不很注意。到了现在，他喜欢用颜色方块来拼颜色花样；又教他用蓝色一面向上排成一行，但他自己喜欢用黄、蓝两色合拼的一面向上排成行数玩。

（354）时间的观念：他饿了要吃的时候，他父亲对他说："给你拿牛奶去，你等一会。"这里他知道等的意思，有将来的观念了。后来他吃面的时候看见一个梨子，他就要。他父亲对他说："面吃过了再吃。"他就不要了。[1]

第四节 儿童生长分期学说

古希腊哲学家亚里士多德（公元前384—公元前322年）提出按年龄划分受教育阶段的观点，将一个人受教育的年龄以7年为一个自然阶段分为三期：从出生至7岁；7岁至14岁；14岁至21岁，由此成为教育发展史上最早对儿童与青少年发展年龄特征进行界定的记录。[2]17世纪欧洲文艺复兴时期，捷克教育家夸美纽斯（1592—1670）提出统一学校制度，主张采用班级授课制度，普及初等教育，扩大学科门类和内容教育等，同时还提出儿童分期理论。他将儿童从出生到成熟分为四个年龄时期，每个时期6年。各期分别为：幼年期（自出生至6岁），童年期（自6岁至12岁），少年期（自12岁至18岁），青年期（自18岁至24岁）。他认为，随着人的身体成长与感觉器官的发展，人的记忆力、想象力，连同语言与手的功能都在迅速发展；人的思维及理解、判断能力开始成熟，逐渐升华意志的发展和保持和谐的能力。[3]18世纪法国启蒙思想家、哲学家、教育家鲁索（1712—1778）将教育来源归于三个方面，即自然、人、事物或外部环境，提出"自然教育"主张。他根据自己对于儿童发展自然进程的理解,将儿童按年龄分为四个阶段:第一阶段（从出生到2岁），这是身体发育较快的时期，主要任务是保障儿童的身体

---

[1] 引自《儿童心理之研究》(1925年)，见《陈鹤琴全集》第一卷，江苏教育出版社2008年版，第90页。
[2] 参见朱智贤、林崇德著：《儿童心理学史》，北京师范大学出版社2002年版，第3页。
[3] 参见朱智贤、林崇德著：《儿童心理学史》，北京师范大学出版社2002年版，第6页。

健康；第二阶段（从 2 岁至 12 岁），主要发展儿童的"外部感觉"，为将来长大后发挥出来积蓄力量。第三阶段（从 12 岁至 15 岁），广泛发展智育与理智能力；第四阶段（从 15 岁至成年），主要实施道德教育。[1]德国教育家福禄贝尔将儿童教育过程分为三个阶段：婴儿期（初生儿期，0 岁至 3 岁）、幼儿期（儿童早期，3 岁至 7 岁）、少年期（学生期，7 岁以后）。其中，婴儿期的教育重点为，促使身体与各种感官、感觉、肢体发展，防止婴儿过久待在床上或摇篮里。幼儿期的教育重点为，幼儿通过观察和接触周边的人、事物，通过游戏等活动获得经验和体验，发展心智；学习运用语言表达自己的情感与思维。少年期的教育重点为，使儿童本性的各方面继续得到发展；在学校中受到宗教教育，认识自然和学习数学、发展语言、艺术教育、手工和劳动等。[2]1902 年政治家、学者梁启超在《教育政策私议》一文中，将儿童教育学程分为四个时期：幼儿期（5 岁以下），主要任务是家庭教育与幼儿园教育；小学校期，亦称儿童期（6 至 13 岁）；中学校期，亦称少年期（14 至 21 岁）；大学校期，亦称成人期（22 至 25 岁）。他强调："教育之次第，其不可以躐等进也明矣。夫在教育以兴之国，其就学之级，自能与其年相应。"[3]

陈鹤琴借鉴了美国心理学家华特尔（C.W.Waddle）在《儿童心理学入门》一书中关于儿童分期的方法，将儿童生长过程分为三期：（1）幼稚期（出生至 3 岁）；（2）儿童初期（4 至 7 岁）；（3）儿童后期（8 至 12 岁）。后来，又进一步将儿童自新生至 7 岁的生长过程分为四个阶段：新生儿期（自出生后若干周）、乳儿期（新生后至 1 岁左右）、步儿期（1 岁至 3 岁半左右）、幼儿期（3 岁半左右至 6 岁左右）；而 6 岁至 12 岁之间儿童为学龄期儿童。他认为，各时期儿童教育的内容、方法应与儿童

---

[1] 参见朱智贤、林崇德著：《儿童心理学史》，北京师范大学出版社 2002 年版，第 12 页。
[2] 参见单中惠主编：《西方教育思想史》，教育科学出版社 2007 年版，第 264 页。
[3] 参见何晓夏主编：《简明中国学前教育史》，北京师范大学出版社 2014 年版，第 96 页。

生理、心理发育、成长的阶段相对应、适宜，不应逾越也不应违背这一规律。通过直接调查、观察与实验等科学手段，研究儿童的生活过程与现象、特点，以及成长分期，用事实来验证理论，将儿童教育原则、方案、方法建立在科学基础上；同时儿童身体、心理，以及认知、行为特点与发展趋势应与教育、教学内容与原则、方法相一致，并成为实施儿童教育的依据与指引。

1952年，陈鹤琴在南京师范学院讲授儿童心理学课程，他在自己早年研究成果基础上，进一步强调了解、尊重儿童成长与发展规律是儿童教育的基础、前提。他写道："研究儿童心理学，便可以知道儿童的感觉发展的情形、动作发展的程序，他的情绪的变化与发展，他的记忆与遗忘，他的习惯与思想。"[1]

陈鹤琴将新生儿研究作为儿童心理学研究的起始，研究方法是观察、实验具体新生儿个案，侧重于感觉（视觉、听觉、触觉、其他感觉）、动作（口、头部、四肢）、情绪（哭啼、皱眉、快乐、节奏、声响等）三方面，并将结果（包括现象）记录下来，结合内分泌、体重、骨骼等测量数据对"新生儿"阶段儿童发育、发展状况进行评估。他得出结论：新生婴儿早在出生以前（胎期）就已开始"反射性"学习，因此这一时期的教育"每能影响儿童的一生，其身体是否健康，关系更大。"[2]"乳儿期"阶段儿童的生活与动作较"新生儿"阶段儿童出现复杂、联合的趋势，因此基本动作与优良情绪的培养将对儿童未来生活产生影响。"步儿期"阶段儿童最重要的学习内容是学会行走。行动作为人类区别于其他动物的基本特征，其运动构成因素包括四个方面：（1）健全的骨骼、肌肉和神经的作用；（2）适当的智力程度；（3）有行走的动机；（4）有

---

[1] 引自《儿童心理学》，见《陈鹤琴全集》第一卷，江苏教育出版社2008年版，第408页。
[2] 参见《儿童心理学》，见《陈鹤琴全集》第一卷，江苏教育出版社2008年版，第423页。

行走的机会。前两者为主观因素，来自儿童身体、心智发育本身；后两者为客观因素，与外界引导、观念相关。陈鹤琴指出，成人对于儿童行走的观念至为重要，一方面应当认识到行走对于儿童成长、发展的重要性；另一方面，"要顺应其自然的发展趋势，而后给予正确的指导"。既不要操之过急，又不能姑息阻止，"总之，积极的暗示与鼓励，乃儿童行走发展的一大推动力"。[1]"幼儿期"儿童已具有"好问""思考"等学习能力，经验日渐充足，理解能力增强，"社会生活"开始形成。所谓"社会性"包括两方面：（1）儿童与儿童，或儿童与成人的个别关系；（2）儿童组织性（或团体性）活动的建立。陈鹤琴写道："所以我们认为儿童对人的关系的感觉是很早就出现了的。但儿童社会性发展，他加入了团体，建立了有组织的社会生活，实开始于这个幼儿时期。假使前期的儿童是喜欢独自游戏的话，那么，现在他们对于社会合作是感觉到浓厚兴趣了。"[2]1947年，陈鹤琴在《中国儿童教育之路》一文中，将"乳儿组""步儿组""幼儿组"三个阶段儿童教育作为幼稚园教育内容，形成有系统的组织并与小学教育紧紧衔接起来。[3]

表1-1 儿童生长阶段、动作发展特点与实施教育重点

儿童生长阶段	儿童动作发展特点	实施教育重点
新生儿期 （自出生后若干周）	1. 视觉、听觉、触觉、味觉、嗅觉、温度感初现；痛觉刺激、反射引起的啼哭 2. 吸吮、咬、摇头、抬手等动作	1. 环境 2. 饮食 3. 睡眠

---

[1] 参见《儿童心理学》，见《陈鹤琴全集》第一卷，江苏教育出版社2008年版，第462页。
[2] 参见《儿童心理学》，见《陈鹤琴全集》第一卷，江苏教育出版社2008年版，第475页。
[3] 参见《中国儿童教育之路》，见《陈鹤琴全集》第四卷，江苏教育出版社2008年版，第313页。

儿童生长阶段	儿童动作发展特点	实施教育重点
乳儿期 （新生后至1岁左右）	1. 坐、立、爬行等动作 2. 哭、泣、笑、惊恐、羞耻感、欢愉等情绪	1. 动作的教育，包括（1）衣服；（2）鞋袜；（3）父母的态度 2. 优良情绪的培养：包括（1）切不可暗示儿童产生恐惧感；（2）避免儿童哭泣；（3）勿以刺激来加强儿童的情绪反应；（4）勿叙述恐怖的故事等
步儿期 （1岁至3岁半左右）	1. 行走能力 2. 智力发育 3. 言语能力	1. 鼓励、发展行走能力 2. 通过游戏方式发展言语能力
幼儿期 （3岁半至6岁左右）	1. 动作、言语能力逐渐成熟 2. 经验日渐充足、知识逐渐丰富、思想、思考能力发展 3. 社会性发展 4. 情绪的表达	1. 以积极代替消极 2. 不姑息，不严厉 3. 让儿童使用自己的手脑 4. 让儿童自己有活动的余地 5. 发展儿童的好问心 6. 父母、教师以身作则

（以上表格由本书著者整理，参见《儿童心理学》，载《陈鹤琴全集》第一卷，江苏教育出版社2008年版，第409-471页）

第五节 "儿童期"的价值

陈鹤琴认为，尽管人类能够驾取万物，被称为"万物之灵"，但在初生时却与其他自然界动物的状态相差不大。古罗马哲学家卢克里修斯（Lucrtius）形容："初生的婴孩，好像一个被怒涛冲上岸的水手。天然的势力把他从母亲的胎里拿到光明的海岸上边来，此时他既无衣服可以御寒，又乏语言可以达意，真可谓没有一点生存的能力，只能俯伏在地上作悲哀的啼哭而已。"[1]美国地质学家与人种学家鲍威尔（J.W.Powell，1834—1902）指出："初生婴儿并不具有成人所具有的人类区别于其他动物的东西。对于种种美术，他不能欣赏；对于种种法律，他不能明了；对于种种方言，他不能说；对于种种哲学，他毫无意见；对于种种思维他不能领悟；就是他的身体也不及野兽来得强。但是随着岁月的过去，从童年到成年，他能把美术、制度、言语、意见、思维，渐渐地都学会了。在许多方面，出生的婴儿均不如野兽，在所有的高级活动中，他越来越显示其优越性，终于进入完全与野兽状态分离的大自然的另一王国。"[2]

陈鹤琴根据达尔文进化论原理以及国外科学家研究结果提出结论：其一，人类"儿童期"与变形虫、蚯蚓、鱼类、鸟类、猫、猴子等动物相比，时间更长、发展更快。实际上，从"胎期"开始，儿童已经开始发育、生长，"这种长期的胎内生活，于后天发展有密切关系"[3]。其二，"儿童期"约占人类生命期1/4或1/3长度，较荷兰猪、猫类、阉猪、阿拉伯马、大象等动物"儿童期"与"生命期"比率更大，也就是说儿童适应外部环境的能力需要比动物更长的时间才能形成。后天环境是影响人类发展的主要因素，人类的一切活动，包括言语、习惯、道德、能力都是在"儿童期"内发展的，且"学习最速，养成最易，发展最快"（陈鹤琴语）。他力图证明，人类并非"生而强大""生而知之"，而是须经过"儿童期"（也称"幼稚期"）阶段的教育与"塑造"过程。

陈鹤琴指出，"儿童期"是儿童特有的生长时期，具有独立的价值与生长、发展规律，成人应该认识并尊重儿童"独立性"存在，给予儿童足够的发展空间，不应将成人意志强加于儿童。同时，这一时期

---

[1] 引自《儿童心理之研究》(1925年)，见《陈鹤琴全集》第一卷，江苏教育出版社2008年版，第49页。
[2] 引自《儿童心理之研究》(1925年)，见《陈鹤琴全集》第一卷，江苏教育出版社2008年版，第49页。
[3] 引自《儿童心理之研究》(1925年)，见《陈鹤琴全集》第一卷，江苏教育出版社2008年版，第50页。

也是儿童适应外部环境的时期，环境越复杂，"儿童期愈长，学习的机会愈多；学习的机会愈多，天赋的智力发展愈快，然后才可以适应复杂的环境"[1]。反之，环境越单纯，"儿童期"愈短，成长越慢，也就是说决定儿童成长与发展的主要因素并非先天"生而知之"而是后天"环境"影响所致。所谓"环境"，包括两方面：一方面是客观环境，即儿童所处的自然、社会环境；另一方面是教育过程与结果，即前人经验、文化、知识传承。教育使儿童"本能"与"倾向"按照人类文明进步的方向发展。人类文化传承的主要动因是人类智慧与社会遗传，一代代保持，一代代传递，一代代促进，而不是生物遗传，这种保持、传递与促进是从儿童在"儿童期"内接受文化传承开始的。因此，"儿童期"正是培养儿童适应环境能力，通过学习、传承文化，实现促进文化发展的时期。儿童随着身体发育和活动范围扩大，对于外部环境的知识与适应能力日益丰富、提高，感官、觉官、动作与思想、情感、经验、知识、美感、学习能力，以及各种儿童时期具有的身体、心理特点逐渐显露、日益发展，利用儿童在这一时期具备如模仿、易接受暗示、好奇等各项特点与能力，采用科学的观念、态度与方式对儿童实施教育至关重要，因此这一时期的儿童具有"可教性"与"可塑性"，对于儿童一生成长产生深远影响，正如中国老话："三岁看小，七岁看老。"与此同时，儿童是增进家庭幸福、改进社会与促进文化的"原动力"，其理由是，儿童对于家庭生活而言，不仅可以减少离婚，还可以发展家庭成员相互之间的同情、奉献与互助互爱、和睦相处。

陈鹤琴指出，从事研究儿童及儿童心理的人须具备如下资格：

——知科学的方法，具科学的精神。

——对于儿童有敬爱之心。

---

[1] 参见《儿童心理之研究》，见《陈鹤琴全集》第一卷，江苏教育出版社2008年版，第53页。

——曾经研究过普通心理学。

——必须有恒心和细心。

——与儿童接触的机会要多。[1]

第六节 "模仿"与"暗示"

陈鹤琴认为，儿童的成长与发展受到环境的深刻影响，具体体现为"模仿"与"暗示"。"模仿"是儿童的天赋本能，也是人类的普遍动作，"不过儿童来的格外充分一些"。[2]对于"暗示"而言，"环境"是主体，儿童或成人在环境中受到刺激后形成的心理称"暗示感受性"（英文 suggestibility）。陈鹤琴举例，儿童学习语言，若从小生活在美国、英国，则会讲英语；若从小生活在德国，则会讲德语。因此，一个国家的风尚文化或父母的良好举动都对儿童产生深刻影响；教师的以身作则，使得学生不知不觉地模仿，是养成纯美校风的关键。相反，教师各种不良嗜好或恶习也会使学生效仿。如果一个学校整体气氛好学向上，即便是平日"偷懒"的学生也会逐渐转变。陈鹤琴写道："我们不论在家庭在学校，当设备极好的环境，使儿童模仿，不过同时要教他们鉴别是非善恶，务使他达到'择其善者而从之，其不善者而改之'的地步。"[3]

美国教育家克伯屈将儿童模仿动作分为五类。第一类，反射模仿：来自于环境对于感觉的刺激。儿童对于别人的举动有一种生理模仿趋势，表现为儿童看到别人哭或笑，自己也会不知不觉地哭或笑起来。这种模仿现象在儿童半岁至1岁半期间产生并且发展。成人的喜怒哀乐

---

[1] 引自《儿童心理之研究》(1925年)，见《陈鹤琴全集》第一卷，江苏教育出版社2008年版，第361页。
[2] 引自《儿童心理之研究》(1925年)，见《陈鹤琴全集》第一卷，江苏教育出版社2008年版，第133页。
[3] 引自《儿童心理之研究》(1925年)，见《陈鹤琴全集》第一卷，江苏教育出版社2008年版，第133页。

都会对儿童的情绪产生影响。陈鹤琴写道:"这样说来,儿童之性情和礼貌大受环境的影响了。做父母的岂应终日皱眉无笑容呢?"[1]第二类,自然模仿:来自于环境对于知觉的刺激。自然界的鸟叫、鸡鸣、猫走、狗跑、人的讲话、作业等,凡儿童看到、听到、触摸到的事物、现象都可能进入儿童的知觉系统,成为儿童模仿的对象或内容。此种模仿在儿童1岁半时就已很强。因此,"我们做成人要很注意自己的言语举动"(陈鹤琴语)。第三类,化装模仿:与自然模仿完全仿效"经验"不同,化装模仿是儿童将已取得的"经验"延伸、迁移,即"想象力"。陈鹤琴写道:"到了四五岁时候,儿童想象力已经发展得很浓厚,能够以小土堆做泰山,小池潭做大洋,凳子做轿子。这个时候,我们当教他们各种神话故事了。"[2]第四类,自主模仿:如儿童为达到某种主观目的或动机,如取悦或嘲笑他人进行模仿。第五类,理想的模仿:儿童模仿对象随主观迁移,如从模仿伴侣,到模仿家人,再到模仿他所直接或间接接触过的人或物。这种模仿在儿童三四岁时发生。如一鸣小时候看到别人扫地,他也会去拿一把扫把;一鸣看到别人用茶杯浇水,他也学着去做。由此,成人可以将这一特点作为儿童教育原则正确运用。

陈鹤琴认为,"模仿"来自于儿童在环境中所受刺激的反应,儿童喜欢模仿的东西:(1)动物;(2)儿童;(3)成人。模仿的类型:(1)直接的模仿;(2)游戏;(3)观念。模仿的特点:(1)言语;(2)动作;(3)动作、言语、声音。

在陈鹤琴看来,"模仿"不仅是儿童的"本能",也是儿童"学习"与培养良好习惯、实施教育的起始,对于儿童成长、发展产生直接影响,因此成人应该更加谨慎。他阐释:

---

[1] 引自《儿童心理之研究》(1925年),见《陈鹤琴全集》第一卷,江苏教育出版社2008年版,第134页。
[2] 引自《儿童心理之研究》(1925年),见《陈鹤琴全集》第一卷,江苏教育出版社2008年版,第134页。

（1）模仿的动作与所模仿的动作不是一样的。所以当儿童模仿的时候，做父母的要格外当心，看他有错误，要立刻去校正他。要知错误还没成习惯的时候，容易改正的。如果起初不去校正，那就要养成错误的习惯，而且要难改了。

（2）模仿只在初做的时候。因此儿童在生长初期对于成人产生的记忆、印象深刻，并在其未来成长过程中逐渐显现。因此，成人，尤其是年轻父母在儿童初生时期须"谨言慎行"。

（3）模仿是包含模仿的能力。儿童如果没有模仿的能力，绝对不能模仿。所以四五个月的小孩，不能模仿写字、读书、缝纫等事，只能模仿声音。所以不要勉强儿童模仿他所不能模仿的东西。也就是说，成人不能采取"揠苗助长"的方式，对儿童提出超越其年龄、能力范围的学习（包括动作、知识等）要求。

（4）儿童的模仿是无选择的。所谓"近朱者赤，近墨者黑"。儿童的善恶观念很薄弱，所以他不能选择事物去模仿。比方他看见父亲吐痰，他也要吐；看见父亲吃烟，他也要吃。他模仿这种动作，并不知道有什么坏结果。他之所以模仿，不过是要与人表同情，并没有什么别的意思。所以我们成人在家里和在学校里，皆要以身作则，切不可以不谨慎处之。[1]

与儿童"模仿"特性相对应，"暗示"指儿童受到外界环境刺激产生的心理与动作。"暗示"分为两种，一种为"外暗示"，指由外界刺激而引起的动作，即普通的"暗示"；一种为"内暗示"，由于自己引起的刺激。成人可以利用儿童易受"暗示"的心理去支配儿童的动作，指导、教育儿童做人、做事、充实经验、学习知识。陈鹤琴举例，有一次他拿了一件儿童玩具马缰递给一鸣，原以为一鸣喜欢玩，他将马

---

[1] 参见《儿童心理之研究》(1925年)，见《陈鹤琴全集》第一卷，江苏教育出版社2008年版，第140页。

缰挂在一鸣头颈上。不料想一鸣并不喜欢玩竟哭了起来。他马上将马缰从一鸣头颈上拿开,挂到了在一旁的侄子头颈上,侄子向前跑,他则牵着马缰在后面追。过了一会儿,一鸣吵着也要马缰,他就将马缰挂在一鸣头颈上,刚放好一鸣高兴地向前跑。这说明,一鸣受到了别人玩马缰暗示后改变了原来拒绝的态度。通过前例,可以有两点启示:一是成人贸然任一己之欲强迫儿童做自己不明了的事;二是儿童容易受暗示,成人可以利用儿童此种心理去支配儿童的动作。他又举了一例,一鸣小时候不喜欢刷牙,他就特意与一鸣同时刷牙,一鸣受到来自父亲暗示后,逐渐喜欢上了刷牙。陈鹤琴提出,成人除了示范刷牙,还可以用图画对儿童形成暗示,画面中可以画三四个儿童在盥洗室里,各人拿着一杯水和一把牙刷,很高兴地刷牙,旁边站着的母亲满脸笑嘻嘻的样子,儿童看到了这样的画面也会引起刷牙的欲望;反之,画面中只画了一位母亲在监督儿童刷牙,房间里没有任何点缀,这样的场景对儿童可能形不成多大的暗示,或许还会使儿童对刷牙产生抗拒心理。陈鹤琴引用西方心理学家的试验结果,证明不同年龄、性别儿童所受暗示影响程度不同:(1)年长的儿童比年幼的儿童暗示感受性来得薄弱;(2)年长的女孩比年长的男孩暗示感受性来得强,但年幼的女孩比年幼的男孩暗示感受性来得弱。[1]陈鹤琴做过一个试验。有一个两岁左右的儿童,经常与邻居家的两只狗玩耍,大狗名叫Bat,小狗名叫Brownie。他向儿童问道:"Bat比Brownie大,到底哪一只大呢,Bat还是Brownie?"儿童回答说:"Brownie。"于是,他又问了一次:"到底哪一只大呢,Brownie还是Bat?"儿童回答说:"Bat。"他再次问道:"你更喜欢哪一只,Bat还是Brownie?"儿童回答:"Brownie。"他接着问道:"你更喜欢哪一只,Brownie还是Bat?"

---

[1] 参见《儿童心理之研究》(1925年),见《陈鹤琴全集》第一卷,江苏教育出版社2008年版,第145页。

儿童回答："Bat。"他发现，儿童明明知道 Bat 是大狗，Brownie 是小狗，但是在回答上述问题时，答案却是随着最末一个字或词变化，显然这是受到暗示的结果，此种暗示性到了儿童 2 岁半时逐渐消失。

陈鹤琴提出，将"暗示"原理运用在儿童教育方面须注意到其两面性。一方面，可以利用"暗示"养成儿童"良好的举动，习惯风俗"等。然而，成人应尊重儿童的意愿与独立思想、创造能力，尽量"少用暗示为妙"，否则"儿童思想恐怕不能独立"，尤其教师在教学过程中，尽量避用"暗示性问句"，以"养成儿童独立的思想"。另一方面，应注意到"暗示"可以增加儿童的痛苦。他举例，一个儿童在路上跑的时候，跌了一跤，旁人看见立刻匆忙地跑过来把他扶起来问他："跌了哪里？哪里痛？"此举引起的"暗示"后果将加重儿童痛苦的感觉，"当然要觉得跌痛了"。他还指出："要注意戏剧的暗示给儿童的影响。"因为"戏剧中有系统的动作格外容易暗示儿童的"，如"儿童常常看见影戏中的各种欺诈抢掠的事情，也就在社会上发生欺诈抢掠的行为"。因此，"一方面我们应当竭力禁止败坏风化的影片，一方面采取或制造良好的影片，务使青年得到良好的暗示"。[1]

第七节　儿童情绪情感的发展

陈鹤琴指出：有的儿童怕狗怕猫；有的儿童怕生人，怕声音；有的儿童怕雷电，怕海洋；有的儿童怕鬼怕黑暗。这些儿童所感到的"惧怕"是先天就有的，还是由于后天经验所致？我们有什么办法可以免掉这些无谓的惧怕呢？美国心理学家霍尔提出"复演学说"，认为"惧怕"来自于人们的灵魂。人们之所以怕雷电，因为人们的祖宗怕雷电；人们之

---

[1] 参见《儿童心理之研究》(1925 年)，见《陈鹤琴全集》第一卷，江苏教育出版社 2008 年版，第 148 页。

所以怕野兽，因为人们的祖宗怕野兽。这些惧怕慢慢遗传下来，使得人类不致为各种危险与各种野兽所侵害。陈鹤琴相信，儿童产生惧怕的原因与环境和经验有关。

美国、欧洲的心理学家经过实验、研究，对儿童"惧怕"的来源进行分析，将"惧怕"来源分为三种：第一种来源来自遗传。根据普莱尔做的实验，他养了刚出壳的33只小鸡，一听到老鹰的声音，起初寂静不作声，过了一会儿老鹰飞来了，小鸡四下逃散。小鸡对于老鹰的恐惧是本能的。达尔文也做过一个实验，他的小孩子初生后4个半月时，他让小孩子听各种熟悉的声音，小孩子毫无惧怕表情。当他突然发出一声较响的声音，小孩子大哭不止。这种惧怕是一种生理的反射。第二种来源来自经验。美国心理学家华生（Waston）做的试验：一个出生108天的新生儿，受到玩具动物的惊吓，以后再看到其他动物就感到惧怕。有的母亲经常用"狗来了！猫来了！狼来了！老虎来了"等吓唬儿童，以达到使儿童就范的目的。这样做的后果很可能导致儿童产生条件反射，不敢亲近狗、猫、牛、马等动物。由此可见，惧怕是受后天经验与想象力支配而产生的。第三种来源来自无知识。达尔文做过一个试验，他带着自己2岁3个月大的孩子到动物园观看动物，小孩子对关在笼子里的狮子、老虎感到惊吓，原因是这些动物被儿童认为是长得古怪、丑陋。

陈鹤琴对一鸣的惧怕心进行了专门研究。他发现，一鸣长到3个多月大的时候，不惧怕狗，也不惧怕生人，却对于身体下坠、悬荡空间感到恐惧；6个月大时，当他看到打扮妖艳的外国女人就会大哭起来，然而他并不惧怕从草地一端慢慢走来的马。有一日，陈鹤琴将4只初生的幼鼠放在纸盒里拿给一鸣看，他仔细端详；当纸盒移动到一鸣面前，一鸣本能地将手缩回；又有一天，陈鹤琴将一只小乌龟放在盆里，一鸣看到后立刻伸出手去触摸小乌龟……

以下是陈鹤琴所做关于儿童惧怕的试验记录。

第 63 星期

1. 受暗示的惧怕：炉上炖着的罐头，因烧的时间太长，里面煮的东西溢出来了，四个家里人见了，急着跑来揭开罐头盖，并且显出匆忙的样子。他见了这种情形，叫出声音，显出一些惊恐的样子，后来看见人弄好了，他也就不惊恐了。这证明，他看见人惊慌，所以他也惊慌。

2. 惧怕的迁移：近来他母亲用黑墨涂在乳头上断了他的奶，他看见了黑乳头就不要吃奶了。今天给他吃素来喜欢吃的葡萄饼干，他看见饼干里有黑的葡萄就怕，也不要吃；后来把葡萄取出，他就要吃了。给他一块巧克力糖，他看见它是黑的，就不要吃。看见桂圆的核子是黑的，他就害怕。这些皆是因为他怕黑乳头的缘故，迁移到旁的黑的东西。这种迁移的惧怕，差不多有五六个月之久。

3. 不怕火车：我把他放在推车里，推到靠近铁路（约 20 码之遥）叫他看火车经过，我一点不做声，也不现出惧怕的样子。他盯着眼看火车经过，毫不惧怕。[1]

有一日，陈鹤琴与一鸣在草地上拔草，突然间天上黑云集聚，雷声隆隆，一鸣跑到父亲身边，表现出惧怕的样子。过了一星期，有一天傍晚，天上雷电交作的时候，一鸣随母亲来到露台，母亲用手指着闪电对一鸣说："你看！你看！"一鸣也伸出手来指向闪电，脸上显出很快乐的样子，毫不惧怕。陈鹤琴分析："大概在草地上玩的时候，看见头上有大块的黑云，并且雷声很近，所以害怕；后来不怕的缘故，一方面因为在房子里，他觉得有所依恃，又隔得远；一方面他母亲笑着，对他指着闪电说'你看！你看！'这皆是他受了暗示而不惧怕。"[2]

---

[1] 引自《儿童心理之研究》，见《陈鹤琴全集》第一卷，江苏教育出版社 2008 年版，第 202 页。
[2] 引自《儿童心理之研究》，见《陈鹤琴全集》第一卷，江苏教育出版社 2008 年版，第 204 页。

陈鹤琴认为，儿童的许多惧怕心理与父母的过分保护相关。实际上，如果将雷电现象当作自然界很美丽的现象，对于稍大年龄儿童来说，可以启发引导研究雷电现象，提高科学研究兴趣的教育时机。然而，对于幼小儿童，却不可以过分强调雷电造成的后果，以形成恐吓、惧怕等负面暗示。儿童产生惧怕的原因有：（1）生理的反应；（2）因为某种使儿童惧怕的东西，对于儿童具新异或古怪性质的缘故；（3）受人暗示所发生的；（4）由于儿童知道事物的利害而发生的；（5）迁移惧怕。[1]

陈鹤琴认为，哭是小孩子维持生命的利器，小孩子不哭一定不能生长。哭也是恐吓父母的工具。有许多父母不问儿童哭的缘由，就给他吃奶；吃了奶还是哭，就摇摇他，抱他走走，做种种无谓的动作，这样就会养成各种坏的习惯。实际上，儿童哭的原因有两种，一是生理的，包括（1）饥饿；（2）疲倦；（3）寒冷；（4）太热；（5）睡眠不足；（6）缺少新鲜空气；（7）各种疼痛；（8）缺少必要的动作。二是心理的，包括（1）习惯；（2）不如意；（3）受暗示。因此，父母应有科学的观念与方法，才能解决怎样抑制儿童哭的问题。

陈鹤琴总结：

（1）应该找出哭的缘由，然后再采取适当的方法抑制儿童的哭。

（2）不要引诱小孩子。我们常常看见有的小孩子要吃的东西就向母亲哭，这种坏的习惯，大概是做父母的养成的。

（3）小孩子哭的时候，不要禁止他哭，可以采取别的方法来抑制他哭。

（4）不要用暗示引起他哭。

（5）倘使你不允许儿童的要求，儿童就哭，你也断不要允许他。

（6）儿童因怒而哭了，最好随他哭去，不要睬他。因为你去睬他，安慰他，他反倒哭得厉害些；你不睬他，他哭了一刻就不哭了。

---

[1] 参见《儿童心理学》，见《陈鹤琴全集》第一卷，江苏教育出版社2008年版，第444页。

（7）小孩子刚要醒的时候，做父母的最好在他旁边，他一醒，就笑嘻嘻地和他说说笑，抱他起来，否则等他哭了再抱他起来，那就养成醒了就哭的坏习惯。

（8）儿童生后几个星期内，做父母的最应当留心，不要一哭就抱他、摇他，或者喂他，因为他一哭你就这样做，就养成他的坏习惯了，以后非抱他、摇他不行了。这种坏习惯全是做父母的养成的。

（9）不应当在日间给小孩子受剧烈的刺激。[1]

陈鹤琴认为，"动"是儿童的天性，儿童在动作时具有好动、少思想的、多动作、多冲动和少抑制等特点，其行动完全为冲动与感觉所支配；其言语上的动作也很多。因此，儿童的"动"应符合社会的情形与个人的需要，不应妨害他人自由与社会的道德、规则、秩序。"现在我们的教育问题，就是要培养儿童适应周围环境的能力，懂得哪些是应该做的，哪些是不应该做的。"[2] 美国心理学家摩尔（Moore）尝试用敲钟的声音、父亲的声音、有趣味的景象、敲汤匙的声音等使自己初生不久的孩子停止哭泣。在小孩出生第2个月，当孩子从大人怀抱被放在床上时就会哭，然而没有去理会，过了一会儿，孩子就不哭了。孩子大了一些，能够独坐了。他坐在地板上伸手屈身去拿玩物，因为用力过大向前倾跌，将鼻子摔疼了，以后再不敢屈身向前去拿东西。这些例子说明，抑制儿童哭的因素，可以是来自外界刺激，或是由于主观某种诉求，或是来自经验。另一位美国心理学家迈尔斯（C.C.Myers）进行儿童抑制力试验。他的一个儿子初生不久开始哭，他用手按住儿童的头顶，哭就停止；他用手指点儿童的头，哭又开始。当他用手在另一名儿童的脸上轻抚或轻轻敲击腰间时，哭便停止；当他吹响口哨，儿童也会停哭。他弹奏钢琴时儿童

---

[1] 参见《儿童心理之研究》(1925年)，见《陈鹤琴全集》第一卷，江苏教育出版社2008年版，第211页。
[2] 参见《儿童心理之研究》(1925年)，见《陈鹤琴全集》第一卷，江苏教育出版社2008年版，第213页。

也不哭，琴声一停，儿童便又哭起来。这些例子说明，儿童的感觉与情绪也是可以抑制哭的因素。

陈鹤琴将自己正在哭的儿子抱起并摇动时，哭便停止了。儿子哭的时候，他在其额头上轻抚，哭也会停止。当邻居抱起儿子的时候，儿子就会哭；当他抱的时候，儿子就不哭。有的时候，儿子要哭的时候，大人讲话或唱歌，儿子不仅会停哭，并且还能唱出歌调似的声音来。有的时候，当儿子得到想要的东西时就会立刻停哭。当祖母抱的时候，儿子就哭，而母亲来了却不抱他而做出离开动作时，儿子哭得更厉害，母亲转身过来抱他时，哭声便停止。当儿子小的时候，对于大人的笑骂没有什么更大反应；然而长大一些就能辨别大人的态度。有一次陈鹤琴装作生气的样子，儿子看到后慢慢哭起来了。儿童对于成人态度与要求的领会，证明儿童适应环境的能力渐渐发展。

陈鹤琴认为，儿童情绪发展在"乳儿"（新生后至1岁左右）时期占有重要地位，"成人所表现的情绪反应，其基础皆在乳儿时期中即开始奠立"[1]。可以说"新生婴儿"的教育重点在于婴儿生理方面的调护，使新生命得到合适的环境，"乳儿时期"儿童教育不仅要注意其生理调护，还应实施正确的教育，包括（1）动作的教育（衣服、鞋袜、父母的态度）；（2）优良情绪的培养。在此过程中，父母教育方式正确与否会对儿童产生积极或消极的影响。

陈鹤琴写道：

在儿童情绪发展过程中，我们随时注意与指导，固然可使发展的道路趋向于正确的方向。但如果儿童已经养成了许多不良的情绪反应，那么，我们应当用什么方法去教育他，去纠正他，这是值得研究的。[2]

---

[1] 参见《儿童心理学》(1952年)，见《陈鹤琴全集》第一卷，江苏教育出版社2008年版，第442页。
[2] 引自《儿童心理学》(1952年)，见《陈鹤琴全集》第一卷，江苏教育出版社2008年版，第446页。

第八节　儿童的道德训练方法

《儿童心理学史》[1]对于美国心理学家、被誉为"行为主义创始人"华生（Watson, John Broadus, 1878—1958）强调"儿童心理发展是由环境和教育机械决定的"观点，批评其"夸大了环境与教育在儿童心理发展上的作用"，从而"一方面否定了儿童的主动性、能动性和创造性；另一方面夸大了教育的作用，使儿童被动地接受教育的目的，忽视了他们心理发展的内部矛盾。"[2] 显然，陈鹤琴并不赞成儿童在"无教"状态下"自由成长"，而是强调"儿童期"内教育的重要性，尤其在道德训练方面。他写道："未达学龄的时期，从心理上看来，是养成习惯的基本时期，也是树立人格的基础时期，若于此时不加注意，不加良好的教育，听任自流，等他大起来就不容易感受良好的教育了。"[3]

美国心理学家桑代克（Edward Lee Thorndike）、希尔（David Hill）先后以儿童道德问题为中心的研究，有一项试验的结论认为，年纪小的儿童，单看做事的结果，不顾用意的好坏；随着年龄增大，在看做事结果同时，也开始注意到用意的好坏。另一项试验显示，儿童在年纪小的时候，最喜欢模仿的人是自己的父母；年纪稍大一些，喜欢模仿的对象是历史上与社会上的人物。此外，女孩小的时候，喜欢模仿父母比男的多；大了喜欢模仿历史上和社会上的人物比男的少。对此，陈鹤琴阐释："普通的小孩子，在家里不知道外边的人，当然以父母及亲戚为模范人物。进了学校，就要模仿教员了。十三四岁，就要模仿他同伴中强有力的人物。到了十八九岁，随着他能力的提高，知识的丰富，他就要模仿宗教上或

---

[1] 朱智贤、林崇德著，北京师范大学出版社2002年2月出版。
[2] 参见朱智贤、林崇德著：《儿童心理学史》，北京师范大学出版社2002年版，第151页。
[3] 参见《未达学龄的儿童之研究》（1926年），见《陈鹤琴全集》第一卷，江苏教育出版社2008年版，第372页。

社会上的人物了。"[1]另一位美国心理学家坦纳（Amy E.Tanner）研究儿童的道德观念，他假设三类儿童所做坏事，叫儿童去评判。第一类坏事是儿童每日经过果园时总要进园去偷吃，倘使你是园主，你会如何对待？第二类坏事是学生上课时与旁人讲话，教师询问时学生不承认，倘使你是教师，你将如何对待他？第三类坏事是学生在考试中抄袭，倘若你是主考教师，发现此种情况后将如何对待他？对于这三类"坏事"，学生们基本意见都是谴责或不同程度地责罚。这说明，道德标准在学生时期已经形成。

陈鹤琴指出，说谎欺骗是人类的通病，并不仅有儿童才存在。成人应该了解儿童说谎的原因并给予适当理解；同时，要使儿童认识到，诚实是一种极美的道德，谎骗是一种卑鄙的行为。我们应当竭力设法铲除谎骗，培养诚实。这就要求我们必须从儿童时代做起。[2]在他看来，儿童说谎经常是有一些隐情或原因，成人在实施惩罚前需要了解、分析造成儿童说谎的原因，有些说谎是可以被原谅的，其中有五类原因:（1）儿童不能辨别事实与幻想，因此就会产生许多想象出来谎言；（2）儿童因言语不准确，所说的话使成人听上去以为是谎言；（3）儿童因惧怕责罚、讥笑，惧怕自己的意见得不到别人的赞同；惧怕别人剥夺自己所喜欢的东西；惧怕别人知道他所隐瞒的事情等；（4）儿童因为讨别人称赞和同情而说谎；（5）为达到儿童其他目的而编造谎言。

【例1】某日，陈鹤琴侄子跑过来说，有一个地方铁路烧掉了。陈鹤琴追问后才知，其实烧掉的只是铁路上的一根枕木。侄子没有把事情表达清楚，以至听者产生误会。

【例2】有一次，两岁的一鸣看见一条蜈蚣，告诉父亲，他看见一个

---

[1] 参见《儿童心理之研究》(1925年)，见《陈鹤琴全集》第一卷，江苏教育出版社2008年版，第333页。
[2] 参见《儿童心理之研究》(1925年)，见《陈鹤琴全集》第一卷，江苏教育出版社2008年版，第336页。

很大的、会爬的东西。父亲问这个东西多大？一鸣用小手比划大约1尺长，实际上不过3或4寸。又有一天，一鸣在外面看见一头牛，父亲问他牛的大小，一鸣用小手比划起来还是大约1尺长度。由此可见，并不是因为一鸣不知道蜈蚣与牛孰大孰小，而是他尚缺乏证明、表述大与小区别的能力，并不是因为有意说谎的缘故。

【例3】有一天，一位母亲出门前，把一筐樱桃放在桌上，对9岁的儿童说："你不许偷吃，若不听话我就打你。"儿童原本并不注意到这一筐樱桃，听母亲这样说就看见了。等到母亲一走，他就吃开了。母亲回来后，发现筐子里樱桃少了，就问儿童："你吃没吃樱桃？"儿童不承认，推说是因为筐子倾倒樱桃掉了出来。母亲不相信，就将儿童打了一通。打过之后，母亲对儿童说："你把樱桃都吃了我也不可惜，但你说谎，我顶恨的。"

【例4】有一个十一二岁的儿童，一次偷了家里的几个钱到外面买东西吃，后来被他父母知道了，问他是不是偷了家里的钱，儿童始终不承认。儿童的哥哥、姐姐来问，他也不承认。后来，他的二哥私下里用和善的口气再问，儿童终于承认。

陈鹤琴指出，儿童许多说谎行为是由于成人在教育上的失当所造成的。如例3，陈鹤琴评论道：这件事证明儿童说谎的原因是母亲一手造成并促使的。如果母亲出门的时候将樱桃藏起来，不使儿童看到，就没有儿童偷吃与说谎的事情发生；或者母亲出门前给儿童尝一点，儿童可能也不会偷吃。母亲回来后，先不恐吓儿童，而用和蔼、亲热的口气与态度去问，儿童也不会说谎。由此可见，儿童有时说谎和欺骗是父母激成的。如例4，陈鹤琴指出："这里有几点，我们应该晓得的：（1）小孩子不愿意在大众面前承认他的错误。（2）我们应该用温柔的态度去问小孩子，使他不至于因为怕羞耻而谎骗。上面那个例子证明小孩子是怕丢脸的。"[1]

陈鹤琴强调，培养儿童道德要从父母自身做起：（1）父母要以身作则。小孩子往往以父母言行为标准，所以要小孩子不谎骗，先要自己不谎骗。否则，小孩子很难诚实。（2）不要任意摧残儿童的动作，施行种种消极性的束缚。小孩子生来好动、好奇的，以游戏为生活的，父母不应该实施禁止他，使他不得已而发生谎骗行为。（3）利用故事以暗示儿童的动作。在故事中，可以寄托种种的好行为，赏善罚恶等事，使听众无形中受到好行为的暗示。但是故事中不应有消极的暗示；也不必像牧师把用意显明地说出来以教训孩子，应该让孩子自己去结断就够了。（4）利用暗示。（5）实地教导。[2]

第九节　儿童美感与绘画

陈鹤琴对儿童美术教育情有独钟，他在早期著作《儿童心理之研究》一书中，将儿童绘画称为儿童心理活动的"窗口"，也是"语言的先导"与"表示美感之良器"；儿童先会画图，后会写字；要了解儿童心理，不可不研究儿童绘画。在陈鹤琴看来，美术教育是儿童早期教育中的基本教育之一，如同音乐、言语一样，具有人类表情达意、相互交流，以及记事的工具属性。他在对长子一鸣的教育试验过程中，将绘画作为重要内容，进行长期系统的搜集、观察、实验，探索儿童心理发展与早期学习的规律。他将儿童绘画的价值归纳为4项：（1）表现儿童的美感；（2）发展儿童的思想；（3）增进儿童的知识；（4）练习儿童的目力与手力。[3] 成人或父母要使儿童获得良好发展有两个必要条件，一是使儿童获得充分

---

[1] 参见《儿童心理之研究》(1925年)，见《陈鹤琴全集》第一卷，江苏教育出版社2008年版，第338页。
[2] 参见《儿童心理之研究》(1925年)，见《陈鹤琴全集》第一卷，江苏教育出版社2008年版，第339页。
[3] 引自《儿童心理之研究》(1925年)，见《陈鹤琴全集》第一卷，江苏教育出版社2008年版，第314页。

思想的机会，允许儿童自由想象、创造；二是培养儿童运用语言、文字、美术工具，反映、表达自己的经验、欲望与思想。儿童图画的发展不仅随着儿童身心发展而发展，同时受到其生活经验和教育实践的影响。他主张，儿童的美术教育，不仅要启发儿童的兴趣与动机；更要发展儿童的想象力与创造力，同时对儿童进行必要的指导，使儿童掌握正确的技能。在儿童主体"自由表达""创造性"与教师启发、指导之间，陈鹤琴选择二者的结合。

陈鹤琴认为，儿童绘画的动机是受外部环境、事物的刺激所引起。因此，教儿童学习美术最重要的途径是扩大儿童的眼界，丰富儿童的经验，向大自然、大社会去取材。因此，需"带领儿童对自然界的山川河流、苍松翠柏、飞禽走兽、五谷六畜以及围绕在我们四周的各种事物进行精湛的观察，以扩大儿童的眼界。对大社会中所发生的千千万万的事物，亲身体验，以丰富儿童的经验"[1]。与此同时，教师在指导儿童学习美术的过程中，要随时随地指导儿童观察，以培养儿童的正确观念，启发儿童思想，引导儿童用图画的方式，更多发表自己的思想与情感。[2]

陈鹤琴从两个角度对儿童美感进行了研究，一个角度是儿童对各种颜色开始发生知觉反应的时间；另一个角度是儿童对于颜色的兴趣，即儿童喜欢或不喜欢何种颜色。前者是心理问题，后者不单是心理问题，也是教育问题。陈鹤琴写道："若我们知道儿童对于各种颜色的兴趣，我们就可以利用这种心理来施行适当的儿童教育。比方儿童喜欢红色，那么我们把儿童图书多用点红色，我们也可以把儿童所穿的衣服、所用的物品多配些红色。"[3]他参考了国外心理学家的方法，在"东大"（东南大学）附属小学及暨南第一义务小学对73名学生进行试验，内容是

---

[1] 引自《谈谈儿童绘画》(1951年)，见《陈鹤琴全集》第一卷，江苏教育出版社2008年版，第557页。
[2] 参见《谈谈儿童绘画》(1951年)，见《陈鹤琴全集》第一卷，江苏教育出版社2008年版，第559页。
[3] 引自《儿童心理之研究》(1925年)，见《陈鹤琴全集》第一卷，江苏教育出版社2008年版，第303页。

对14种不同颜色各自喜欢的程度。试验结果显示，不同年龄段学生各自喜欢的颜色不同；随着年龄增大，儿童对曾经钟情颜色的喜欢程度发生变化。

他在一些小学进行儿童绘画试验，由教师组织1510个儿童在不提供范图的情况下进行儿童画图试验，共搜集到6040张图画，又从其中挑选出512张儿童画，以年岁和学级为标准，选取42张图画，内容分为"人""狗""人骑马"三类，进行对比研究，试图找到儿童学习绘画的特点与规律。他发现，初学绘画的儿童在画人形时注意力多在头部的眼、鼻、口，而对耳、眉、头发、胡须等并不很注意。这一时期儿童经常将头画成圆形，鼻子以一直划代替，躯干、手臂、腿以直线表示，没有脖子。儿童所画的狗与人相似。年幼儿童画的狗都似直立不活动，年纪稍大儿童画的狗显得活泼。儿童在画马的时候显示出具有一定写生描绘能力。[1] 陈鹤琴写道，儿童绘画与成人绘画不同，其特质有6项：（1）儿童起初所画的，就是人形和动物；（2）对于万物，儿童先注意能动的、有生命的，所以绘画能动的和有生命的东西。（3）儿童的图画大概不完全、不均匀、不适度，兼乏远景的；（4）儿童的图画不受拘束而独出心裁的；（5）年幼的儿童多图形的绘画而少装饰的绘画；（6）儿童绘画特点与性别差异相关。[2]

根据国外心理学家研究，各年龄段儿童随着年龄、经验的增长，绘画的认知与表现能力逐渐加强（见表1-2）。

---

[1] 参见《儿童心理之研究》(1925年)，见《陈鹤琴全集》第一卷，江苏教育出版社2008年版，第316—322页。
[2] 参见《儿童心理之研究》(1925年)，见《陈鹤琴全集》第一卷，江苏教育出版社2008年版，第314页。

表 1-2[1]

期　数	名　称	儿童绘画特点与学习方式
第一期	实验之前的时期（2-4岁儿童，又称：涂鸦期）	只能绘画人物之局部，且将各部图画随便绘画，既无系统，又无秩序，需要儿童自己说明是什么东西
第二期	图式时期	儿童在此时稍能绘画，不过所绘画的，大概一个图示，如以圆圈代表人面、动物面，以直线代表两腿。什么图画之内外面、远景、空间之关系等等，儿童毫不知悉。且目所不能看得见的地方，儿童也竟能描绘出来，如人骑马一图，他的腿都画在一面，其实只有一腿可以看得见的
第三期	线与形色之时期	对于怎样长的线、怎样大的形色，渐渐能甄别了
第四期		依据外观，从前所不能见的部分，儿童竟能绘画出来，现在儿童只绘他眼所能见的部分。不过对于远景、大小、明暗等精巧处，儿童尚不能画
第五期		能辨别高、深、阔三边之形式。在此时期，儿童能绘三边形的图画了

陈鹤琴的长子一鸣出生13个月时，开始作为儿童年龄与绘画能力之间关系及早期美术教育的测试对象。当时，初为人父的陈鹤琴抱着儿子手把手在纸上涂画。儿子会坐以后，他就定制了尺寸合适的桌椅，并充分供给大的纸张和铅笔、蜡笔等，鼓励儿子任意涂画。儿子3岁以后，他开始采用启发方式指导儿子在图上着色。他发现儿童绘画能力是经过以下步骤逐渐形成:(1)随意乱画（1岁前）;(2)向左右动作（1岁时）;(3)会画圆圈的动作（1岁10个月）;(4)图式期的初步（2岁），有一点像真的东西，可以看出他所要表达的意思。(5)图式期（2岁4个月），图式较以前进步，可以画出头、身、尾三部分。每当儿子完成画作以后，他先问画的是什么，然后在画的旁边注明内容与日期，并作为研究记录妥善保存。经过几年的观察、实验，他发现，儿童绘画的兴趣，随着年

---

[1] 参见《儿童心理之研究》(1925年)，见《陈鹤琴全集》第一卷，江苏教育出版社2008年版，第317页。

龄增长，取材与表现方法越来越多样化，如画人形画时，除了写生、速写及记忆中的画面以外，还能画各种各样的"滑稽画"（即漫画），通过人物的表情、动作、姿势反映出性格。他认识到，儿童图画的主要价值在于表意以及由此带来的快乐情绪与心境，培养儿童的道德、审美；同时儿童在图画过程中，可以学习、理解到诸如颜色、数目、浅近的事物等知识，并促进儿童思维的发展。儿童绘画不仅需要动机、自由想象与表达，还要掌握一定的技法、技巧，如线条、透视、远近等，需要教师的指导与校正。如果任凭儿童毫无目标地瞎摸，既无成效也不经济。陈鹤琴写道：

> 图画这样东西，同文字一样难的，广义说来，图画就是文字。一个没有读过书的人，虽活到一百岁仍旧不认识"之乎"的；一个没有学过画图的人，虽到老来，也不能画的。文字是一定要学的，画图也是一定要学的，不学是不会的。[1]

在陈鹤琴的研究中，儿童对于颜色的知觉来自于儿童的视觉而产生的生理、心理反应；儿童对于颜色的兴趣，即喜欢或不喜欢却是与启发、暗示、引导等教育方式密切相关的。喜欢用蜡笔、铅笔在纸或墙上乱涂乱画是大多数儿童的"通性"，儿童将涂画作为游戏；随着儿童绘画能力逐渐演进，由随意乱画、毫无规范，到左右横画、画圆，再到"图式期"初步，开始能画出一些有些模样的图形，儿童会产生愉悦或成功感；又过一段时间，图画上的形象画得更好一些，儿童获得表达欲望、意念的工具，不但感到快乐，并且可以学习知识、颜色、数目与浅近的事物等。图画不但是发表意思、增加知识的工具，也是怡养性情的利器。

---

[1] 引自《对于教授图画的一点小意见》，见《陈鹤琴全集》第四卷，江苏教育出版社2008年版，第81页。

第十节 儿童游戏研究

陈鹤琴对于儿童游戏的研究，一方面从儿童的天性中寻找依据、原因；一方面挖掘游戏对于儿童所产生的各种教育方面的价值与意义，包括促进儿童身体及动作的发展、培养儿童的高尚道德及社会性、丰富儿童生活经验、启迪儿童思维、休息松弛。他写道："儿童好游戏是天然倾向。近世教育利用这种活泼的动作，以发展儿童之个性与造就社会之良好分子。"[1] 他将儿童游戏定义为"一种自然的，有兴趣的、活泼的运动"。

儿童为什么需要"游戏"？陈鹤琴列举了德国心理学家席勒与英国心理学家斯宾塞，瑞士心理学家格罗斯，美国心理学家霍尔、帕特里克、鲁滨逊等所主张"力量余剩""休养""生活预备""复演""放驰""补足"等各派学说、观点。

陈鹤琴认为，游戏必须满足儿童的快感，包括生理上的快感（觉官、生理上的各种动作，如跑、跳、舞拳、摇摆等）；心理上的快感（如儿童因成功或比赛取胜后产生的快乐）；社交上的快感（如儿童与儿童之间或儿童与动物伴侣之间在游戏中产生的愉悦感觉）。同时，游戏应具有教育价值，通过使儿童作为团体成员参加有组织的社会生活，从而培养秩序感、规则意识、竞争欲望，以及与他人合作、服务、包容的人际关系，建立、发展儿童的"社会性"，以适应未来社会生活。

游戏可分为五类：第一类，发展身体的游戏，包括觉官游戏（听的、看的、触摸的、嗅的游戏），动作游戏（如儿童自己动作的游戏）。第二类，发展儿童社交能力的游戏，如捉迷藏及各种具有竞赛性质的游戏。第三类，发展言语的游戏，包括讲故事、读童谣；歌唱游戏，如化装表演。第四类，发展手的游戏，包括手工游戏（如积木、图画、折纸等），球

---

[1] 引自《儿童心理之研究》(1925年)，见《陈鹤琴全集》第一卷，江苏教育出版社2008年版，第151页。

戏（如各种颜色的球、皮球、木球等）。第五类，关于发展人生观的游戏，包括化妆游戏（如扮作父母、娶亲的游戏），手指游戏（如以手指在灯光下做各种形状的游戏）。[1] 其中，游戏有简单与复杂之分，不同年龄阶段的儿童应有不同的简单游戏，如四五个月的儿童适于做摇铃或敲击等发出声响的游戏。简单游戏应具备4项条件：(1)要有游戏的力量，如儿童"吸手指""吃拳"，锻炼儿童"吸"的能力。(2)要有反射动作。如将一根细棒放在儿童手中，使儿童产生"捻"的反射动作。(3)要有连合动作。儿童在"捻"细棒之后，还要"摇"几下，形成"连合"动作。(4)要有好动的天性。这种"天性"是儿童与生俱来的，主动的，表示儿童的欲望与力量。年龄稍大的儿童可以做稍复杂的游戏，如球类游戏。复杂游戏需要具备的条件：(1)要有游戏的力量；(2)要有连合的动作（3)必定要有智慧，如记忆力、想象力；(4)具有好动的天性。儿童各年龄阶段的特点不同，游戏特点与种类、范围、教育价值亦不相同（见表1-3）。

表1-3　游戏与年龄

儿童年龄阶段	儿童游戏特点	儿童游戏的教育价值
幼稚期 （出生—3岁）	儿童独自游戏；感觉与动作方面的游戏，如捻、尝、触摸、听觉、视觉	发展感觉、视觉、触觉、听觉、判断声音源、识人、辨别色彩等
儿童初期 （4—7岁）	儿童喜欢与伴侣游戏；近于模仿、化装一类群体游戏	发展儿童个性，促进儿童对社会、风俗、风尚、秩序的理解、学习，养成良好的处人待物习惯
儿童末期 （8—12岁）	儿童身体强健、精神充沛、知识丰富，运动与生活技能增强，经验更丰富；喜欢开展更加复杂的游戏	发展思想、意志、情感、秩序、智慧、勇气、竞争、集体意识、公平规则、合作意识等

---

[1] 参见《儿童心理之研究》(1925年)，见《陈鹤琴全集》第一卷，江苏教育出版社2008年版，第159—161页。

陈鹤琴总结：

（1）儿童以游戏为生活的：儿童生来好玩，外界的刺激与内部的冲动，都能引起他的动作。除了睡眠和疾病之外，无时不动作的。

（2）适当的游戏：儿童既然以游戏为生活，我们应当依儿童的年龄，给以各种游戏的工具，使他有适当的游戏。

（3）儿童喜欢团体游戏：两三岁以内的儿童，固然有能独自游戏的，但也很喜欢与人共玩。独自游戏固然可以发展个性，但关于儿童的社会生活与社会道德的发展，小团体的游戏是不可缺少的。

（4）儿童应当与动物做伴侣：狗、猫、兔子，种种动物，是儿童很好的玩物，也是儿童很好的伴侣。儿童有了这种伴侣，一方面可以培养他的同情心，一方面可以学得动物的性情，并且可以使他不寂寞。不过动物必须清洁、驯服，最好是从小豢养的。

（5）游戏最好有音乐为之鼓兴：节奏动作，儿童非常喜欢的。音乐是有节奏的，儿童素来喜欢听的。假使把儿童的游戏同音乐结合起来，儿童的兴趣一定格外浓厚。

（6）父母当做儿童游戏的伴侣：做父母的应该忘记年龄来和儿童游戏，做他的伴侣。这样，一方面儿童对于父母的感情可以格外浓厚；一方面父母对于儿童的性情、习惯、能力等等，亦可以格外明了。

（7）游戏性的教育：儿童即喜欢游戏，我们就可以利用游戏来支配他的动作，来养成他的习惯。[1]

附：陈鹤琴对儿子一鸣动作发展的几则观察记录[2]

第 82 天

玩笑：现在我的小孩渐渐喜欢与人玩笑。今天早晨他吃乳后，卧在

---

[1] 参见《儿童心理之研究》(1925 年)，见《陈鹤琴全集》第一卷，江苏教育出版社 2008 年版，第 172 页。
[2] 参见《儿童心理之研究》(1925 年)，见《陈鹤琴全集》第一卷，江苏教育出版社 2008 年版，第 163—168 页。

床上，我拿一条领带与他玩，他开着口转过头来向着我微笑，同时手臂和腿乱动。

第 152 天

我拿了一张新闻纸，放在他的右边，他就用右手来拿，并且双脚乱踢，显出很快乐的样子；后来我把他全身用纸盖牢，他就格外显出有趣的样子。

第 161 天

玩纸：他睡在床上，我给他一片新闻纸，他两手拿着把它弄皱，且把它撕破，他虽然玩了许多工夫，并不显出厌倦的样子。

第 266 天

喜欢玩水：他看见面盆里有一只小乌龟，就立刻伸手去抓，同时他的左手也放在水里打水做戏，显出很快乐的样子。

第 352 天

欺骗式的游戏：他祖母抱住他的时候，他手里捏着一块洋钱，邻居某摊着手向他索取，他就把洋钱放在他手里，不过一放下就立刻把它拿回藏着。后来我问他要，也是这样做，这样带有欺骗色彩的游戏，没有人教过他，也没有看见人做过。

第 387 天

想出各种游戏的方法：在地上爬的时候，用一手推摇铃；推过之后，接着又推，这样推铃与匍匐，已成游戏的动作了。

第 60 星期

模仿游戏：我拿了一只小杯子放在他的嘴唇边，他立刻把杯子拿来，并叫出"hā-hā"的声音，表示喝茶的意思。这种游戏，他母亲昨天曾经做给他看的，所以今天他看见杯子，就重做出这种模样来。

最喜欢与人游戏：从前他能独自坐在摇篮内玩，不觉讨厌；现在他很喜欢看别人游戏，也很喜欢同别人游戏；对于自己独自游戏的兴趣就减少了,而且他同儿童游戏比同成人游戏更觉有味。

　　早晨他拿了一块肥皂,咬了一口,被人看见,把它夺去,两点钟后,他又看见了一块肥皂,又要放进嘴里去,幸被人看见,叫他停止,后来又要放进嘴里去,又被阻止。如是几次以后,他特意假做去咬肥皂的模样,与人戏弄。

…………

第十一节　儿童的学习过程

　　陈鹤琴认为,儿童"好奇"与"好问"是"求知欲""学习欲"的具体体现,对于儿童发展具有重要作用与意义。好奇心是儿童学问之门径。好奇心对于儿童之发展,具莫大的作用。儿童凡对于一切新的东西就生出好奇心,一好奇就要与新的东西相接近,一接近那就略晓得这个东西的性质了。假使儿童与新的境地相接触愈多,他的知识必愈广。[1] 好问心乃输入知识之门。"好问心"不仅是启迪儿童知识的关键,也是父母、教师对儿童正确施教的"钥匙"。陈鹤琴指出:"我们现在要研究的,就是怎样来利用这固有的关键,配合适当的钥匙。"[2]

　　陈鹤琴引用德国教育家朗格(K.Lange)博士对初到普劳恩城的500名儿童与邻近地区乡村学校的300名儿童认知所作的一项测验,曾经看到过日出的城市儿童仅有18%,乡村儿童为42%;对于百灵鸟的知识,城市儿童知道者甚少,而乡村儿童大半都知道。这说明,城市儿童需要经常去乡村旅行、居住,才能增长见识。美国堪萨斯城有一位督学名叫格林伍德(Greenwood),他对居住在该城的678名儿童(其

---

[1]　引自《儿童心理之研究》,见《陈鹤琴全集》第一卷,江苏教育出版社2008年版,第182页。
[2]　引自《儿童心理之研究》,见《陈鹤琴全集》第一卷,江苏教育出版社2008年版,第194页。

中47名为黑人儿童）进行了调查测验，由4名教师在同一个房间分批对儿童进行测试，每批3名儿童，测试内容是关于儿童常识的100多道问题，测试后得出结论：（1）儿童所需要的就是对象，书本教育实多危险；（2）凡为父母的若要其子女得良好的学校教育，当使其子女在家时熟悉天然的对象与乡下风景；（3）凡为教师的当先考察儿童自己的知识，然后再定教材与教法；（4）儿童的知识以环境而变迁的。[1]

在陈鹤琴的研究中，发现成人在学习知识的过程中出现"高原期"现象，即在学习初期的进步明显，到达一定高度后便进步缓慢，以至于止步不前。通常"高原期"在进步较快的初期后发生。由此，在儿童的学习过程是否也有"高原期"现象呢？是否每一个儿童或每一类儿童都会发生这种现象呢？有什么办法可以免除这种现象出现呢？

美国心理学家乔治·弗里兰（George Earl Freeland）做过一个试验，从小学一年级至六年级每级选择一名智力普通的儿童，共6名，每名儿童每天上午学习打字10分钟，每周5次，假期内停止学习，一直持续了一年，其中有一名儿童学习了四年，所有的受试儿童都出现"高原期"，即学习缺少进步的一段时期。试验的结论，采取如奖励等教育或鼓励手段，"高原期"是可以缩短的。短期的休止对儿童学习成效影响不大。

儿童每次学习时间多长才算适宜？美国心理学家布鲁克斯（Flower D.Brooks）对三所学校中三班七年级学生的书法学习进行测试，各校每周学习时间分别是：甲校50分钟，乙校75分钟，丙校100分钟。测试的结果显示：甲校的成绩优于其他两校的成绩。这项试验可以说明，学习时间越长，结果并不一定越好。

学校假期或暂时停止学习对于学习进度与成绩是否会产生影响呢？

---

[1] 参见《儿童心理之研究》（1925年），见《陈鹤琴全集》第一卷，江苏教育出版社2008年版，第222页。

美国心理学家弗里兰有一项研究证明，儿童经过长期休止学习后，如果要恢复到休止前的状态并不容易，必须再下一番工夫。15日以内短期的休止对学习进度与成绩的影响不大，4个月以上长时间休止影响儿童学习的速度与正确率。因此，学校放寒、暑假不宜太长。

另一位美国心理学家达舍尔（J.F.Dashiell）做过另一个试验，将8名年龄约在5岁的儿童分成甲、乙两组，一组进行"继续学习"测试，内容为在一个事先设计的迷魂阵（亦称：迷津）中，按照一般经验由一端的入口处进入，从另一端的出口处跑出；另一组进行"交替学习"测试，在同一个迷魂阵（亦称:迷津）中与前一组儿童出入的位置颠倒过来，倘若三次无误，就算动作已经学会。测试下来的结论：继续学习法比交替学习法稍微经济一些。

国外心理学家对儿童在学习某事物或知识时的方法进行研究："专学"与"分学"；"全体法"与"分段法"。"专学"指儿童在学习一件事物时一鼓作气学完；"分学"指儿童在学习一件事物时分期学完。"全体法"在教学时将全部内容统统讲完；"分段法"将课程或知识内容分成若干段落进行教学。陈鹤琴认为，这两个问题对儿童教育关系甚大，从儿童心理发展角度，"分学"较"专学"更经济、有效；因此，儿童的年龄愈小，分期愈多；每天1小时一课的功课，可以分作两段进行；前后两课的性质不宜太近。如性质相近，容易产生误会、淆乱。与此同时，"全体学习"较"分段学习"似乎更经济、效率更高些；最佳方式将两种方法结合起来运用，其原理有三：（1）儿童因一时不能收获便会产生灰心或沮丧；（2）学习的材料内容有难易之处，如果全部教完，较容易的部分会很快被儿童接受，较难的部分可能会使儿童找不到头绪；（3）由于教授内容过多过长，使儿童不容易利用记忆帮助学习。因此，"先用全体法把所要学的材料细细讲解，后把难处用分段法特别注意。末了，再用全体法把材料联结起来以做最后之学习。"[1]

陈鹤琴将儿童的学习分为两类，一类是感动性的学习（sensory-motor learning），一类是理解性学习（rational learning），前者的特征是在活动状态下进行学习，更适宜于 6 岁以下儿童；后者注重对于事物性质、内涵的理解，适宜于 6 岁以上学龄儿童。他记述了两个关于儿童学习的试验。第一个试验是他自己做的一项关于感觉动作学习方法的"镜画试验"，受试者是已经 5 岁的儿子一鸣，几年前他曾对自己的两个 10 多岁的侄儿做过相同试验。试验中，他将星形图用图画钉钉在图画板上，把镜子的架子放在受试者的对面和图画板的外边，镜子与桌面约呈 80 度，把上边的东西都安置桌子后，叫受试者看镜中的星形图，并叫他用铅笔从星形图的横线处画起，一直画到横线处为止。所画的线必须刚刚在星形的外边，但所画的线，终是曲曲弯弯，很难依样画葫芦的。这个试验长达 57 天，试验的时间大多在上午 7～8 时，地点就在陈鹤琴家中的寝室内，由夫人在一旁协助，或亲自进行。通过这个试验，陈鹤琴发现：（1）受试儿童对于试验始终接受，只是到了临结束的阶段兴趣稍有减少。（2）这个试验要求儿童在操作过程中，时间要越短越好，错误要越少越好，但是结果却是受试者顾到了时间却没有顾到错误。这一试验说明，儿童在学习前期进步明显，而后期却出现错误增多与退步，原因之一是儿童只知道过程而不明确结果。所以"儿童凡做事读书务必随时使之知道做事读书的结果，否则少兴趣、少注意，进步也就少了"[2]。

第二个试验是由他的助手张宗麟、陈荣庭进行的，内容是投箭学习，被试者是鼓楼幼稚园 4 至 6 岁之间的 5 名儿童，其中 4 名男孩、1 名女孩，还有 1 名男教师。试验方法为，由被试者按照要求将手中的竹箭掷向事

---

[1] 参见《儿童心理之研究》(1925 年)，见《陈鹤琴全集》第一卷，江苏教育出版社 2008 年版，第 247 页。
[2] 参见《儿童心理之研究》(1925 年)，见《陈鹤琴全集》第一卷，江苏教育出版社 2008 年版，第 249—257 页。

先布置的目标。经过 11 日试验，陈鹤琴与两位主试教师对试验结果进行分析、研究后发现，6 岁以下儿童对于投掷动作是可以学习的，但是兴趣却难以维持较长时间。因此，对于教育者来说，6 岁以下儿童教育采用的方法与使用的教材具有特殊性，确实应该认真研究。

第十二节　儿童的言语与思想

陈鹤琴研究 2 岁以前儿童言语发展顺序后发现：第一阶段（生后 6 个月）从听觉开始，接受外部各种声音刺激，储存在脑中成为"来日言语之资料"；进而开始哭啼，表达因痛苦或身体不适、饥饿引发的不适感受；逐渐学会发音。第二阶段（半岁至 1 岁），儿童言语发展更速，其注意力、知解力较过去"强健"，开始学会"模仿"外界声音，也喜欢反复说几个简单的词语。第三阶段（1 岁至 1 岁半），随着儿童开始学习走路，言语能力逐渐增强，不仅能说出一些字句，还喜欢说一些如"爸爸""妈妈""猫猫""人人"等重音的字；儿童"模仿心"浓厚，凡所听到的，就要模仿。此时期的儿童对概念尚不清楚，因此经常混淆名字。如有些儿童凡是看见男人的照片就叫"爸爸"，凡是见到女人照片就喊"妈妈"，但是这些儿童不会将"马"或"狗"称为"爸爸"或"妈妈"，说明这一时期儿童对于人或物已具有初步甄别能力。第四阶段（1 岁半至两岁），儿童已经能够说出使人能够明白的简单短句了。

陈鹤琴认为，儿童言语发展进程反映儿童思想的成熟、成长，因此儿童学习言语不仅要看儿童所使用字语的数量，还要看儿童对于字语含义的理解程度与使用适当与否。他通过对儿子一鸣进行言语能力发展追踪观察、试验发现，儿子刚开始学习说话时都会说错，如果这时父母及时矫正，经过几次之后是可以见效的。这一时期，父母"以身作则"很重要，应遵循两条原则：(1)假使你要你的小孩讲话讲得很清楚且很有礼貌，那你自己对他说话的时候也要说得清楚，也要有礼貌；(2)假使你要使你的小孩讲话讲得清楚并对别人有礼貌，那你在他的面前对别人说话的时候，你应当说得清楚并对别人有礼貌。小孩子有时候会"骂人"，表达的却是快乐的意思。儿童会叫"爸爸"或"妈妈"常常是出于习惯，并不表示了解其中包含的意思。1岁时的儿童喜欢模仿各种声音。儿童长到2岁以后，言语能力发展迅速。陈鹤琴专门说明：在他对一鸣言语能力观察、试验的过程中，包含了许多英文与拉丁化拼音字符，他这样做的原因有二：一是从小教儿童英文，到长大后对于英文便容易学会；二是儿童（大人也未尝不如此）说话时，有许多汉字所不能准确表达的音可以用拼音体现。

随着儿童言语能力的发展，儿童的思想能力（包括经验、记忆力、知解力、情感等）被表达而大大进步，"概念"开始形成。然而，人的思想不是天生的，而是随着人与环境更多接触逐渐发展的。儿童的思想受到环境影响，新问题或新动境是引发儿童思想的主要条件。随着儿童经验日益充足与知识逐渐丰富，其思想力随之发展。在这一过程中，儿童是真正的"主体"与"动力"，并不仅是被动的"接受者"。

根据国外心理学家的研究结果显示，儿童到了3岁左右已开始形成"想象力"，将单独的"经验"逐渐予以"系统化"。陈鹤琴分析："比方儿童不明白草上的露珠，他就想这露珠就是草的眼泪。这种联想虽不如论理的思想来得重要、确切，但对于儿童，这是不可缺少的东西。"他进一步指出，思想是智力的最高作用，也是支配万物、创造文化最紧要的利器。儿童的"思想"不是生来就有的，即"先天"的，也不是成人所能独占的，而是来自于"经验"。儿童在思想的数量、思想的准确性与思想的内容三个方面区别于成人。影响儿童思想数量的因素有三：

(1）由于儿童生活主要集中在知觉与生长方面，造成应用思想的机会减少。（2）儿童的思想常为环境所抑制。尤其是成人经常讥诮儿童不合理的思想，使儿童的思想大受影响。（3）儿童没有机会可以发表思想能力。造成儿童思想不正确的原因：（1）儿童的知识尚未充足；（2）儿童所有的知识多谬误；（3）儿童的注意力太薄弱；（4）儿童的智力没有系统的组织；（5）儿童缺少甄别选择的能力。[1] 显然，陈鹤琴认为，儿童的认知主要是在后天形成的，而非"生而知之"。同时，在儿童成长过程中，包括成人指导在内的教育不可或缺，儿童的"自由""自省""自动"应与外部环境及"科学化"教育手段、措施相协调。陈鹤琴提出发展儿童思想的教育方法如下[2]：

1. 儿童自己能思想的，你切不可代他思想。

2. 使儿童得到充分的思想机会，当特意设置种种新动境、新问题，叫儿童来适应、来解决。

3. 使儿童得到丰富经验，经验是思想之根本。

4. 教儿童善用言语文字以及学习种种美术。言语是思想的利器。

5. 改正儿童谬误的思想。

第十三节 特殊儿童——耳聋和口吃

在《儿童心理之研究》一书中，陈鹤琴将"特殊儿童——耳聋和口吃"作为专门一章进行阐述，试图以此证明聋儿与口吃儿童具有同正常儿童一样的"自身价值"与"可教性"。他将耳聋（听力缺陷）儿童与正常儿童之间的智力发展、学习能力，先天聋（生来聋）与后天聋（生后聋），

---

[1] 参见《儿童心理之研究》(1925年），见《陈鹤琴全集》第一卷，江苏教育出版社2008年版，第329页。
[2] 参见《儿童心理之研究》(1925年），见《陈鹤琴全集》第一卷，江苏教育出版社2008年版，第331页。

以及耳聋儿童进行对比研究后认为，这些问题与聋儿教育有密切的关系，同时涉及人们对待聋儿的态度与教育聋儿的正确方法。

陈鹤琴引述美国学者平特纳（Rudolf Pintner，1884—1942）、佩特森（Donald G.Paterson，1892—1961）于1914至1915年对481位耳聋儿童进行的试验数据显示，聋儿的记忆广度不及正常儿童；后天聋（生后聋）在记忆广度与形数交替的学习能力方面优于先天聋（生来聋）儿童。根据试验数据，男女聋儿在记忆力方面并无很大差别。在聋儿教育教学方面，采用"口授法"（教聋儿说话）比采用"手授法"（采用手势教学）似乎更有效。自18世纪欧洲已经出现聋哑学校，20世纪初期，美国已有78所公立聋哑学校、1所聋哑大学。

1918年春天，正在美国哥伦比亚大学师范学院攻读教育学硕士学位的陈鹤琴来到位于纽约一所著名的聋哑学校参观。在学校门口，他将自己的名片交给一位50多岁的门房，说明了来意，门房客气地将他迎进校门，说了一句"你随我来！"陈鹤琴随着门房进入校园，一路上不断提出问题，如"校长是男是女？叫什么名字？""这里有多少学生？""学校开办了多少年？"等等。门房并不回答，只是径直前行。陈鹤琴快走几步跟上去问道："刚才我提了那么多问题，你为什么不作答？"话音刚落，门房立刻很流利地说道："我是聋子，听不出声音。"陈鹤琴追问："既然听不出声音，怎样会说话呢？"门房说："我看你的嘴巴。"到了办公室，一位40多岁的女校长出来接待，欢迎他的来访。陈鹤琴又讲了一遍自己的来意，女校长带着他到校园各处参观。

他们先来到一所幼儿园，看见十几个活泼的儿童正在聚精会神地做手工。校长叫过来一个大约6岁的儿童，他看着女校长的嘴巴。女校长先将儿童的右手贴在自己的颌上，再自己张开嘴巴，发出很长很响的"I"（爱），儿童将手放在校长颌上，模仿着张开嘴巴，也发出一声"I"（爱）。

陈鹤琴好奇地问道:"儿童的手为什么要放在你的颌上呢?"校长回答:"我们说话,不仅用嘴,还要用肌肉,颌上的肌肉颤动,儿童一方面看见你嘴的动作,一方面学着你的颌肌颤动,逐渐模仿着学会发音了。"陈鹤琴似乎听懂了一些。校长带他来到一面大镜子前,叫儿童们转过身来,对着镜子学习发音。校长发出一声"I"(爱),儿童们模仿着也发出一声"I"(爱)。据说,这所学校的教师采用这种办法教学,使全班儿童都学会了发音。

在学校里,他见到了另一些儿童,不但学会了发音,而且还能说简单的字句。儿童们按照校长的指令起立、坐下、做游戏。二年级的儿童能够读书;中高年级的儿童还能自由说话,尽管不很流利,但是能够听得清。

校长带着陈鹤琴进入一间音乐教室,看见十几位十五六岁的女学生,围着钢琴正在唱歌。此情此景使陈鹤琴感到好奇:为什么这些女学生一面嘴里唱着歌,一面围着钢琴,将手搁在琴上呢?校长解释道:"陈先生,她们的耳朵都是聋的。她们的手指就是她们的耳朵。钢琴一弹,琴上就发出颤动,她们的手指一感到颤动,便能欣赏钢琴所奏的音乐了。"由此,"哑巴会说话"这个印象深深印入陈鹤琴的脑海。他相信,聋哑儿童是可教的,他们并不是社会的负担,而是社会的一分子。他写道:"我们中国人没有想法去教育聋哑,欧美各国对于聋儿教育甚为注意。他们不但能够使聋哑用手达意,也能使聋哑用口说话。"[1]

陈鹤琴认为,儿童"口吃"现象的形成与环境和教育方式有关。他写道:"口吃者为什么口吃呢?是否是先天遗传下来的,还是后天学来的?口吃一症,是从后天发生的,是因为未口吃以前,口吃者偶遭阻力,使所要说的字句,忽而说不出来,以后就怕说那个字句。一怕说,寻常

---

[1] 引自《儿童心理之研究》(1925年),见《陈鹤琴全集》第一卷,江苏教育出版社2008年版,第353页。

说话的机械动作大受阻挠,而还要用力去战胜它,说话的机械动作一受阻挠,说话因此不易,而惧怕益甚。"[1]

近代西方心理学家将口吃者分为两种,一种是积极的、乐观的;一种是消极的、悲观的。前者表现为说话语速很快,由于惧怕心原因,口吃症状很难掩盖;后者表现为不肯轻易张口说话、较少与他人交流、不愿发言。这也是由于"惧怕心"使然。有两位西方心理学家分析口吃者的心理特点:(1)言语简单;(2)神经灵敏(易受刺激的);(3)含羞;(4)抑制自己的动作;(5)言语太急;(6)言语漫无限制(随便乱说);(7)思想杂乱;(8)易于疲劳;(9)不善于交际;(10)沉默寡言;(11)失意;(12)葸缩(害怕、畏惧)。陈鹤琴认为,导致儿童口吃的主要原因是成人不当的教育方式与环境影响,前者儿童在学习说话的过程中不断被纠正、打断所产生心理障碍或"阻力",以至于对于言语产生恐惧;后者儿童经常模仿口吃者说话养成自身的习惯。对于许多儿童经常出现的口吃现象,陈鹤琴写道:"口吃的儿童,在家受父母的谴责,在校受同学之讥诮,以致终日缄默不敢发言,心中痛苦不可言喻了。"[2]因此,陈鹤琴提出了两种矫正儿童口吃的方法:一者,使儿童建立起讲话的自信心,以战胜其惧怕心,可以教儿童唱歌,或让儿童单独低声自言自语;二者,避免儿童经常模仿口吃者说话。

---

[1] 引自《儿童心理之研究》(1925年),见《陈鹤琴全集》第一卷,江苏教育出版社2008年版,第355页。
[2] 引自《儿童心理之研究》(1925年),见《陈鹤琴全集》第一卷,江苏教育出版社2008年版,第353页。

第二章
家庭教育

> 这本书是儿童幸福的源泉，也是父母幸福的源泉。著者以科学的头脑、母亲的心肠做成此书，我愿读此书者亦务需用科学的头脑和母亲的心肠去领会此书之意义。我深信此书能解决父母许多疑难问题，就说它是中国做父母的必读之书，也不为过。
> ——陶行知

有一日，陈鹤琴的清华同窗与"南高师""东南大学"同事郑晓沧（宗海）夫妇到陈宅做客，带来了两本书，为 The Education of Karl Witter（中文翻译：《佛戴之教育》，现译《卡尔·威特之教育》）和《The Natural Education》（中文翻译：《自然教育》），其中前者刚引入中国国内不久，原为普通儿童的小卡尔在父亲老卡尔指导下，很小就通晓法语、意大利语，9岁开始读《荷马史诗》，10岁进大学，14岁获得博士学位，23岁当上了大学教授，堪称早期教育的奇迹与典范。这本书强调早期教育对于儿童一生成长的重要性，每一个普通的儿童在经过早期教育后都可能成为杰出人才；同时，儿童的早期教育不仅有阅读、写字、语言等智力、技能方面的训练，更应有德育、科学知识、审美取向、品味等精神与素质方面的培养。此时陈鹤琴正忙于自己的研究，对儿子一鸣的观察记录资料本已经有十多册。陈鹤琴从书橱里搬出自己的这些"成果"与同为教育家的老朋友分享，经常流露出痴迷、兴奋的状态与情绪。这时，身为大学教授的陈鹤琴正在着手将自己对儿童的观察、实验、研究结果，以及经验、体会进行系统整理，著述立说。郑晓沧（宗海）感言：陈鹤琴在美国留学期间，深受实验观察与研究精神熏陶，现在"仍用这种功夫回到'人'的研究上去"[1]。陈鹤琴在写作《儿童心理之研究》《家庭教育》的过程中,大女儿也出生了,陈鹤琴结合自己对一鸣这个活泼、可爱的"实验中心"生长过程的观察、实验的研究结论、经验、心得,连同自己与妻子的又一个"果实"——秀雅(霞),加入进这本关于如何教小孩的家庭教育书籍。在他看来,儿童教育是一门科学,也是一门艺术。研究儿童心理的目的是为了对儿童正确、科学施教。

陈鹤琴的亲密朋友、教育家陶知行(后改为行知,1891—1946)将这本书称为"系近今中国出版教育专著中最有价值之著作"[2]。

第一节 家庭教育原理

在陈鹤琴看来,儿童的成长与命运实际上掌握在成人或家长手上。许多父母愿意将子女视为自己的作品、成就,亦或人生再造,在现代社会中,越来越多的人意识到,家庭教育良好与否,连同家庭氛围与父母的教育方式,直接影响、关系到儿童的成长与发展。有人比喻,家庭教育是一门"艺术",儿童是艺术品,父母成为这件"艺术品"的创作者。然而,儿童的成长发展取决于两方面因素:一是先天的禀性,包括遗传;二是后天的教育,包括环境。二者关系:"小孩子的天赋虽好,必籍后天的教育方能得着发展;反而言之,后天的教育任凭怎样优良,若无先天的遗传为之基础,也无所施其技的;所以天赋与教育都是很重要的。"[3]对于身体缺陷的特殊儿童来说,他始终相信,后天的教育可以弥补先天的不足,绝大多数的儿童都是可教的,并且是可以取得效果的。

---

[1] 引自《〈家庭教育〉序》,见《陈鹤琴全集》第二卷,江苏教育出版社,2008年8月,第511页。
[2] 引自《愿天下父母共读之》(1925年),见《陈鹤琴全集》第二卷,江苏教育出版社2008年版,第508页。
[3] 引自《家庭教育》(1925),见《陈鹤琴全集》第二卷,江苏教育出版社2008年版,第528页。

陈鹤琴写道：

普通的小孩子生来虽有种种不同之点，然大抵是相仿佛的。饿则哭，喜则笑；见好吃好看的东西就伸手拿来，见好玩好弄的东西就伸手去玩。

然何以到后来有的会怕狗怕猫，有的敢骑牛骑马；有的身体强健，有的身体孱弱；有的意志坚决，有的意志柔弱；有的知识丰富，有的知识缺乏；有的专顾自己，有的体恤别人；有的多愁病，有的多喜乐；有的成为优秀公民，有的变为社会败类？推其原因，不外先天禀赋之优劣与后天环境及教育之好坏而已。

若从小受了良好的家庭教育，虽生来怕狗猫，到大来也敢骑牛马的；虽生来不甚强壮，到大来也会健康的。若家庭教育不好，小孩子本来不怕动物，大来会怕的；本来身体强健的，大来会瘦弱的。

至于知识之丰富与否，思想之发展与否，良好习惯之养成与否，家庭教育实应负完全的责任。[1]

陈鹤琴将家庭教育归纳为两大类问题：一类问题是如何做父母，一类问题是如何教小孩。前者要求父母不仅了解、学习儿童的生长原理与心理特点，为儿童成长提供良好环境；后者要求父母具备并掌握"艺术化"素质与教育方式、方法。其中，根据儿童心理正确施教"始能行之得当"（陈鹤琴语）。他在概括儿童"四心"特点（好动心、好奇心、模仿心、游戏心）的基础上，根据中国家庭特点与教育需要，重新进行归纳，共有以下7个特点：（1）好游戏的；（2）好模仿的；（3）好奇的；（4）喜欢成功的；（5）喜欢野外生活的；（6）喜欢合群的；（7）喜欢称赞的。[2]与这些特点逐条对应形成家庭教育须注重的施教原则、方法。

---

[1] 引自《家庭教育》(1925年)，见《陈鹤琴全集》第二卷，江苏教育出版社2008年版，第522页。
[2] 引自《家庭教育》(1925年)，见《陈鹤琴全集》第二卷，江苏教育出版社2008年版，第527页。

一、儿童心理特点与施教原则、方法

特点一，小孩子好游戏的。小孩子是生来好动的，以游戏为生命的。第一，做父母的应准备良好的设备使小孩子得着充分的运动；第二，做父母的应寻找适宜的伴侣，使小孩子得着优美的影响。

特点二，小孩子好模仿的。小孩子好模仿的，家庭成员的言谈举止对于儿童的做事为人态度与行为都会产生影响。倘若家庭成员的举止谈吐文雅得体，儿童也会养成彬彬有礼的待人态度；倘若相反，家庭成员的言语粗俗陋鄙，儿童的性格、品行就将逐渐堕落。"所以做父母的不得不事事谨慎，务使己身堪有作则之价值。"（陈鹤琴语）

特点三，小孩子好奇的。好奇心使儿童产生与了解并接触外界事物并接触的冲动、兴趣。"倘使他看见了冰，不好奇，不去玩弄，那他恐怕不知道冰是冷的。倘使他听见了外面路上的汽车声，不跑出去看看，那他恐不会晓得汽车是什么东西。所以好奇动作是小孩子得着知识一个最紧要的门径。"[1]

特点四，小孩子喜欢成功的。更多成人做事都喜欢成功，儿童对于成功与获得赞扬的欲望更为强烈、明显。父母、教师等成人可以利用儿童喜欢成功的心理特点鼓励儿童做更多的事情，建立起自信心。自信心与成功感相互为用。然而，这些事情应在儿童能力范围内，不能太难，否则就将使儿童灰心、退缩。

特点五，小孩子喜欢野外生活的。对于一些父母出于爱护的目的将儿童限制在家里，或一些教师不愿意带儿童去野外游玩的现象，陈鹤琴表示不赞成。他写道：做父母的，将儿童关在屋里，好像囚犯一样。所以，这种儿童长大起来，往往身体孱弱、知识缺乏。做教师的，且以带

---

[1] 引自《家庭教育》(1925 年)，见《陈鹤琴全集》第二卷，江苏教育出版社 2008 年版，第 524 页。

领学生到野外游玩为麻烦,所以学生就失去与天然界相接触的良好机会。"要知学问,不仅仅在书本中求得,也应在天然界获得,什么'动物学',什么'植物学',什么'地理',什么'常识',大概可以从天然界中学得的。我们在书本中看死的标本,死的山水,不如到野外去看活的动物,采活的草木,玩真的沙石。"[1]

特点六,小孩子喜欢合群的。陈鹤琴认为,做父母的可以利用儿童好合群的心理教育自己的孩子。他提出三条建议:第一,父母、教师要为儿童找到合适的小朋友,或在朋友群中相互受到影响,结成友谊;第二,家庭可以饲养一些如小猫、小狗、兔子等小动物作为儿童的伴侣,在与动物相处过程中,培养儿童的同情感、怜悯心;第三,做父母的可以制作或购买洋娃娃之类的人偶玩具作为孩子,尤其是女孩子平日的伴侣,一方面可以慰藉精神,一方面可以唤起爱人、爱美之心。

特点七,小孩子喜欢称赞的。一鸣画了一幅画,父亲看过后称赞、鼓励了几句,并在图画上写了"很好"两个字,一鸣显得很快乐。此后他更喜欢作画了,画了之后,就把画作给父亲看,并要求再写上"很好"两个字。陈鹤琴发现,两三岁的小孩子更喜欢听到别人的赞扬。这种喜欢赞许的心理,大多数儿童都会有,父母可以将这一特点用于对儿童进行积极的教育。

二、儿童学习的性质与原则

陈鹤琴指出,儿童天生具有三种基本能力:(1)感觉;(2)联念;(3)动作。随着儿童身体与心智的成长,这三种能力逐渐增强,使儿童在"环境"刺激下,形成"经验"与"学习"过程。儿童的学习过程从"感觉"

---

[1] 引自《家庭教育》(1925年),见《陈鹤琴全集》第二卷,江苏教育出版社2008年版,第525页。

（或"刺激"）开始。初生的儿童已具有几种感觉：（1）对光亮的感觉；（2）对声音的感觉；（3）对触摸的感觉。当儿童长到几个月时，这些感觉就会变得敏感，然而此一时期的儿童尚缺乏辨别与记忆能力。儿童年龄稍大一些后，记忆与辨别能力发展，逐渐开始认识身边的亲人，以及生活环境中所接触声音、色彩或物体的特征，形成"记忆"或"印象"，再将其中的所有具象元素逐一对应、组合、延伸，即"联念"过程，或将感觉的事物与所有的感觉联合起来。如儿童听见母亲的呼唤，能够辨别并记忆；又如两个儿童同时被蜜蜂蜇刺了一下，过了一会儿又飞来几只蜜蜂，一个儿童看见蜜蜂时缩手不敢去碰了，另一个儿童仍然要去碰；第一个儿童有了被蜜蜂蜇刺后疼痛的经验与记忆，即"联念"，因此表现出"退避"，第二个儿童"联念"能力尚缺，再一次"向前"并甘冒被蜜蜂蜇刺的风险。陈鹤琴写道："联念能力在学习途径上是非常重要的东西。"[1]儿童具备"感觉"（或"刺激"）与"联念"能力后，心理上产生为达到某种目的适当程度的"反应"，表现为"动作"。也就是说，没有"感觉"（或"刺激"）、"联念"，就没有"反应"与"动作"；或仅有"感觉"（或刺激）、"联念"而没有"动作"也是不够的。举例：一个儿童在雪地上玩雪，如果不是用手去玩，他就不会知道雪的冰冷；一个儿童在路上看到一辆汽车迎面驶来，如果不能及时躲避，他就有被撞倒的危险。陈鹤琴写道："所以小孩子应有与事物相接触的机会。相接触的机会愈多则事物之性质愈容易明了，而适应事物之动作也愈容易发生。"[2]他将儿童的学习过程进行概括为图1-1。

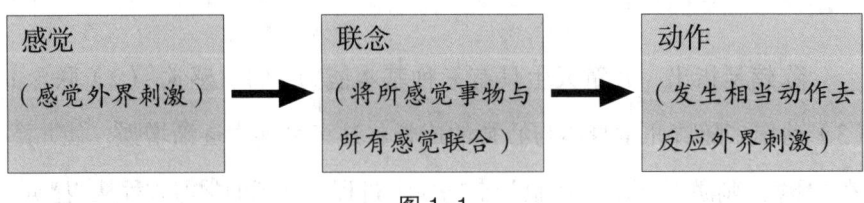

图1-1

---

[1] 引自《家庭教育》(1925年)，见《陈鹤琴全集》第二卷，江苏教育出版社2008年版，第530页。
[2] 引自《家庭教育》(1925年)，见《陈鹤琴全集》第二卷，江苏教育出版社2008年版，第530页。

陈鹤琴认为，在这一学习过程中，成人的指导作用不应或缺，表现在三个方面：(1)成人可以支配儿童所接触的刺激，刺激必须适宜。(2)成人可以指导儿童所发生的反应（包括认识、动作等），避免发生错误，培养正确方法与良好习惯。(3)成人还应帮助儿童巩固已初步形成的认知、技能与习惯。他列举以下学习原则。

（一）刺激的原则

1. 适宜的刺激

刺激必须优良。儿童的"联念"与"反应"受"感觉"与"刺激"支配。"刺激"的优良或卑劣决定"联念"与"反应"的性质。陈鹤琴写道："小孩子初生时是无知无识的，他所看的、所听的和所接触的，都要印刻在他的脑海中间，而他的反应动作也是以这种印象为张本的。倘若他所听见的言语都是文雅而不粗俗的，那他将来说的话也一定是文雅不粗俗的；倘若他所看见的东西都是齐整清洁的，那他定能爱护清洁整齐的东西。所以做父母的一方面必须事事以身作则，一方面必须选择优良的环境使小孩子得到优良的刺激和印象。"[1]

2. 实地施教

刺激必须正确。父母或成人教育儿童，开始时尽量不用讲太多抽象的道理，而是采取"示范"方式。如家庭里小妹妹生病。做父母的自己先要放低声音说话，将脚步放轻，然后教育儿童也要低声轻步，再告诉儿童这样做的目的。由此，儿童学习了应该怎样体恤、关心他人。

有一日，陈鹤琴问一个六岁的儿童："你见过松鼠吗？"儿童回答："看见过的。"陈鹤琴又问道："有多大呢？"儿童举起两手的食指比画大约两寸的长度。陈鹤琴追问："你在什么地方看见的？"儿童回答："在书

---

[1] 引自《家庭教育》(1925年)，见《陈鹤琴全集》第二卷，江苏教育出版社2008年版，第530页。

上。"于是，陈鹤琴从儿童手上拿过这本儿童自称印有"松鼠"形象的油印绘图本一看，根本是"非驴非马"，形神皆无，全然不像。陈鹤琴分析，由于这名儿童对于松鼠的知识仅来自于书本，而不是自己亲自观察，留下的印象是"死的"而不是"活的"。对于年龄尚幼小的儿童来说，经验未丰富，想象力薄弱，因此应该多去观察真的或活的东西，这样才能对事物准确了解。[1]

（二）联念的原则

其一，凡能使儿童快乐的刺激容易印刻在儿童的脑子里。如儿童喜欢游戏，家长或成人就可以利用儿童游戏的心理实施教育。

其二，凡刺激发生的时间愈长，次数愈多，联念也愈牢固。

（三）动作的原则

其一，儿童开始学习或第一次动作时，做父母的应格外留意教导，以免发生错误。

其二，不要有例外。养成好习惯难，养成坏习惯易。父母或教师要使儿童养成良好的习惯，在好习惯未成之前，不准儿童有例外的动作。即使好习惯养成以后，儿童也不应当有例外的动作，避免好习惯被破坏。

其三，儿童学习需要自己学习。儿童生来好动。因为好动，儿童就能与事物相接触，由此儿童就逐渐学习并了解了事物的性质，儿童的动作能力就得到了发展。"若我们代替他做，他总是学不会的。"其中原因，"小孩子自己要做做，你就代替他做；或者小孩子要动动，你没有机会给他动"。因而，儿童"学一定要自己学的，做父母的一方面不要替他学，一方面给他学的机会就是了"[2]。

---

[1] 参见《家庭教育》(1925年)，见《陈鹤琴全集》第二卷，江苏教育出版社2008年版，第531页。
[2] 参见《家庭教育》(1925年)，见《陈鹤琴全集》第二卷，江苏教育出版社2008年版，第533页。

陈鹤琴总结：

1. 小孩子生来有三种基本能力：（1）感觉；（2）联念；（3）动作。
2. 学习是反应与刺激的联合。
3. 刺激必须要选择得适当。
4. 要实地施教。
5. 凡能使小孩子快乐的刺激容易印刻在小孩子的脑筋里。
6. 凡刺激发生的时间愈长，次数愈多，那联念也愈牢固。
7. 小孩子开始学习的时候，做父母的要格外留心以免错误。
8. 不要有例外。
9. 小孩子学习事物需要自己学习。[1]

第二节　做父母的艺术

陈鹤琴在《家庭教育》一书"自序"中写道："我们知道幼稚期（自生至7岁）是人生最重要的一个时期，什么习惯，言语，技能，思想，态度，情绪都要在此时期打一个基础，若基础打得不稳固，那健全的人格就不容易形成了。"[2] 随着儿童身体发展，心智、感觉、思想、审美力等精神发展有赖于环境的适宜刺激与成人的正确引导。儿童良好习惯的养成与父母的楷模示范作用，以及环境影响密不可分，对于儿童未来发展与培养国家、社会合格公民具有深远意义。陶行知评价陈鹤琴为："母亲化的父亲，姊姊化的父亲，但他从没有失掉父亲的本色。"[3]

陈鹤琴在《家庭教育》一书第三章"普通教导法"提出11条父母教导儿童的原则：

---

[1] 参见《家庭教育》(1925)，见《陈鹤琴全集》第二卷，江苏教育出版社2008年版，第533—534页。
[2] 引自《家庭教育》(1925)，见《陈鹤琴全集》第二卷，江苏教育出版社2008年版，第512页。
[3] 引自陶行知：《愿天下父母共读之》，见《陈鹤琴全集》第二卷，江苏教育出版社2008年版，第510页。

原则一：对于教育小孩子，做父母的最好用积极的暗示，不要用消极的命令。

陈鹤琴认为，儿童具有喜欢受到他人赞扬、夸奖的心理，以激励的方法传递教育内容或信息使儿童易于接受或改过，这是一种积极的教育态度与方式；相反，简单、粗暴的命令、打骂、责罚常常引起儿童的抗拒或逆反心理、行为，不但不能达到预期的教育目的，还容易造成儿童心理的阴影、创伤，养成儿童许多恶劣性格与习性，这是一种消极的教育态度与方式。他有一个基本主张，即在教育儿童方式上，以慈爱关怀代替粗暴干涉；以积极鼓励代替消极制裁。

陈鹤琴举了一个例子：

一鸣两岁的时候，有一天，陈鹤琴看到儿子拿了一块破烂肮脏的棉絮裹着身体当做毡毯玩。怎样从一鸣手上将这块又破又脏的棉絮取走，以免染上疾病？他想到了两种方式：一种方式，从一鸣手上将棉絮抢下来再换上一块新棉絮，这样做的后果可能会引起一鸣的抗拒、怨恨或大哭大闹。因为一鸣年纪尚小，并不知道父亲的意思与破棉絮的危害，不愿意别人剥夺自己的玩物。另一种方式，一方面告诉一鸣这东西是脏的，有气味，染上细菌后身体会生病，一方面叫他再去拿一块新的。这样做的结果，儿童受到言语激励，居于自动地位，行动上做出积极反应。这样就达到了成人的目的。

原则二：积极的鼓励比消极的刺激好得多。

陈鹤琴写道：

"小孩子喜欢奖励的，不喜欢抑阻的。愈奖励他，他愈喜欢学习；愈抑阻他，他愈不喜欢学习。愈喜欢学习，经验愈丰富，学习的能力发展得愈大；学习的能力发展愈大，所学习的事就愈容易学会。学会的事体愈多，做事的自信心就愈强。若小孩子愈不喜欢学习，就愈不去学习，做事的能力就愈加薄弱。""我们做父母的要晓得小孩子是小孩子，他的经验不像成人的充分，他的做事能力不像成人的强大，他的知识不像成人的充分；所以我们不要以成人的标准去批评小孩子的工作才好。"[1]

原则三：小孩子既好模仿，做父母的一方面要以身作则，一方面还要替他选择环境以支配他的模仿。

陈鹤琴举了几个例子。

【例1】一鸣10个月时，一听见有人唱歌，口中也会发出呜呜的声调。

【例2】一鸣11个月时，他看到堂兄读书、写字，他也做出要读书、写字的样子，如果不满足他读、写的要求，他就会哭。

【例3】一鸣1岁多时，父亲拿了一根棍子，跨着做骑马状。过了几天，一鸣在外面玩耍，也找了一根棍子放在地上，两脚跨着当马骑。

【例4】有一日，父亲不经意地从阳台上向下面吐了一口痰，一鸣看到了，也学着父亲样子做出吐痰状。

陈鹤琴写道：

我们成人的一举一动，一言一语，都能影响小孩子的，他看了、听了之后，或立刻就要去做做看，说说看，或到了后来才做出来说出来；他所做的和所说的与我们成人所做的所说的不同，但却有几分是相像的，所以我们做父母的一面事事要以身作则，一面要处处留心小孩子所处的环境，使他所听的所看的都是好的事物。这样，他自然而然也受了好的影响。[2]

原则四：做父母的不可常常用命令式的语气去指挥他们的小孩子。

陈鹤琴认为，做父母的平日不宜多用命令式的语气来指挥儿童，以防止儿童产生逆反或对抗情绪。如果父母认为是儿童应该做的事情，就应要求儿童一定要做到，以养成儿童不应无故违反父母的意志，养成优

---

[1] 引自《家庭教育》(1925)，见《陈鹤琴全集》第二卷，江苏教育出版社2008年版，第536—537页。
[2] 引自《家庭教育》(1925)，见《陈鹤琴全集》第二卷，江苏教育出版社2008年版，第537页。

美驯良的习性。

原则五：做父母的不应当对小孩子多说"不！不！"事属可行，就叫他行；事属不可行，禁止他行。

有一日早晨，一鸣起床后在雪地上玩雪，父亲站在旁边看，没有去禁止。吃饭以前，一鸣吵着要吃糖，父亲说"不可以"，于是一鸣发出不满声音。父亲视而不见，径直向别处走去。陈鹤琴解释："倘使不论事情可否，竟一味去禁止他，那么小孩子茫然竟不知措手足了。"[1]因此，父母在向儿童发出某项禁止性意思前，首先要考虑到事情对于儿童是否可行，如不可行则应明确地表示并制止。

原则六：别人做好的事情或坏的事情的时候，做父母的应当以辞色来表示赞许和不赞许的意思给小孩子听，给小孩子看。

陈鹤琴举例，有一位母亲带着女儿在路上散步，看见一个浑身很脏的小孩子。小孩子从这对母女身边走过去以后，母亲对女儿说："你看这个孩子多脏呢！挂了鼻涕，不晓得揩揩。"女儿从母亲的话里感到了肮脏是不好的。由于儿童生来无知无识，善恶是非等各种观念都是后天产生的，父母对于外界事物的态度与观念对于儿童的审美取向、价值标准产生直接影响。

原则七：我们应当按照小孩子的年龄知识而予以适当的做事动机。

陈鹤琴举例，一鸣约1岁半到2岁半时，只要一看到房间地上有脏东西，父亲就会对他说"脏得很"，然后父亲就会自己将脏物捡起，有时也会让一鸣去捡。过了一两年，一鸣长大了，每当他看到地板上的脏物，如碎纸屑、细棒等，父亲就会让一鸣自己捡拾，然后对他说"客人看见不好看"之类的话。有的时候，一鸣做完游戏之后，将房间里的椅凳弄得东倒西歪，玩具散落各处，父亲也会对他说："客人来了不好看。

---

[1] 引自《家庭教育》(1925)，见《陈鹤琴全集》第二卷，江苏教育出版社2008年版，第540页。

若客人问起谁把东西弄得这样难看,说是一鸣弄的,一鸣就要倒霉得很。"就这样,一鸣自己就会将椅凳摆好,玩具整理后放回到柜橱里。

陈鹤琴写道:

小孩子年幼的时候,没有什么"客人"的观念,也没有什么"羞耻"的思想,但是稍微有点肮脏与清洁的意思;所以我们就可以利用他的这点意思去教他爱护清洁,憎恶肮脏。待他年纪稍大一些,知道羞耻的时候,我们不但可以利用他的清洁观念,也可以利用他的羞耻之心以养成他的爱美习惯。[1]

原则八:待小孩子不要姑息,也不要严厉。

【例1】在一个家庭里有一个头子(第一个儿子)受到父母宠爱,平日里要这样,拿那样;打这人,骂那人,随心所欲。有一日,邻家的儿童在玩小洋号,他一把抢了过去,儿童跑过来找肇事儿童的母亲"告状",这位母亲不但不批评自己的儿子,反倒埋怨被抢的儿童说:"借我们玩玩有什么要紧,你的气量为何这样小呢?"又有一日,这个受到宠爱的儿童深夜里醒来嚷着要吃月饼,当时家里没有月饼,这个儿童乱吵乱闹,弄得全家不可安宁。这个儿童稍长大一些,性格上变得倔强、傲慢、刚愎自用。陈鹤琴称这位母亲对待儿童的态度与教育方式为"姑息养奸",使得儿童滋长利己害人的坏毛病。

【例2】有一个家庭里很讲究规矩,几乎所有事情都由父母意志决定。儿童要去玩水,母亲说:"衣服要弄湿的。"儿童要出去与邻家小朋友玩玩,母亲说:"你要同他们造孽的。"在饭桌上,儿童刚要开口说话,父亲马上阻止:"小孩子吃饭,不准饶舌!"儿童要在家里做游戏,父亲厉色说道:"不要顽皮!"就这样,父母待儿童就像待成人一样,儿童渐渐以父母的意志为意志,以父母的性情为性情。在这样的教育环境中,一个原本

---

[1] 引自《家庭教育》(1925),见《陈鹤琴全集》第二卷,江苏教育出版社2008年版,第541页。

活泼的儿童竟变成一个萎靡不振、具体而微的"小成人"。

陈鹤琴认为，我们教小孩子当折其衷：一方面予以充分机会以发展自动的能力和健全的意志，一方面限以自由范围使他不得随意乱动，以免侵犯他人的权利。教育若能如此折衷施去，小孩子未有不受其惠的。[1]

原则九：不要骤然命令小孩子停止游戏或停止工作。

【例1】一个儿童在园子里玩沙正起劲，母亲在房间里大声呼唤："饭好了，回家吃饭！"儿童不肯歇手，继续在玩，一声也不回答。母亲见状有些生气地来到园子里，叫儿童立刻停止游戏，回房间吃饭。儿童依然不听话，母亲索性将儿童强拖回房内，儿童大哭起来。

【例2】另有一个儿童同4岁的妹妹玩积木，搭桥盖屋，玩得很开心。母亲轻轻走过去，微笑地称赞他们，然后说："我们要吃点心了，还有5分钟，你们快点玩，玩好了就把积木放在原处。"话毕就离开了。听了母亲的吩咐，两个儿童赶忙将桥搭好，再收拾好积木，并放回原处，然后就一齐跑到饭厅去吃点心了。

陈鹤琴认为，以上两位母亲的不同做法，引起了儿童不同的反应与结果。前者，儿童不但被中止、剥夺了做事成功的快乐，还会养成有始无终的坏习惯。后者，母亲顺应并延续了儿童兴趣，又培养了儿童服从与有始有终的做事习惯。

原则十：做父亲的应当同小孩子做伴侣。

陈鹤琴列举了父与子做伴侣的三大益处：

（1）没有隔膜，加深父子间相互的感情与了解。

（2）容易训育儿童。由于父亲经常与儿童做伴，了解儿童的行为，尤其是做"坏事"时的心理，因此父亲可以有针对性地教育儿童；同时，由于儿童对自己父亲的敬畏感，较容易服从父亲的教育，改正自己的不

---

[1] 引自《家庭教育》(1925)，见《陈鹤琴全集》第二卷，江苏教育出版社2008年版，第543页。

良行为。

（3）儿童是容易教育的。儿童的知识是很缺乏的，做父亲的应当常常同他做伴侣，灌输给他一点知识。[1]

陈鹤琴曾认识一位六十多岁的钱老先生，他对待自己儿子是很严厉的，儿子也很怕他。有一天他的儿子去了赌场看别人赌钱，他知道后就差人将儿子找回来后，命儿子自己脱去衣服跪在灶王爷面前，钱老先生举起藤条抽向已经三十多岁儿子的身上，似乎这样就能阻断儿子的"赌瘾"。十多年过去，钱老先生去世，儿子又大赌特赌起来，直到输光了家产。

陈鹤琴写道：

我想这位钱老先生只能一时禁止他儿子的行为，而不能够改他儿子的心，所以到后来他的儿子非但去看赌，而且也要赌博了。倘使钱老先生当他儿子小的时候常常同他作伴，经常给他讲道理，教训他，那么父子间的感情就可以融洽，他的儿子也不忍背着他的教训去赌博了。所以我说父子应当做伴侣的。[2]

原则十一：游戏式的教育法。

陈鹤琴举了一鸣的例子。一鸣吵闹着不愿从摇椅中起身，父亲在一旁叫着"一！二！三！"一鸣很高兴地从摇椅中起身。睡觉的时候，一鸣不愿意去床上睡觉，母亲在床的附近"嘿呵，嘿呵！"几声，一鸣乖乖地上了床。这就说明，做父母的要让儿童听话，还要使得大家都感到高兴，可以采用游戏方式去引诱、教育儿童。倘使儿童不听父母的教训，引诱也无效，再采取强迫手段使儿童就范也为时不晚。

附：普通教导法

原则一：对于教育小孩子，做父母的最好用积极的暗示，不要用消

---

[1] 参见《家庭教育》(1925)，见《陈鹤琴全集》第二卷，江苏教育出版社2008年版，第545页。
[2] 引自《家庭教育》(1925)，见《陈鹤琴全集》第二卷，江苏教育出版社2008年版，第546页。

极的命令。

原则二：积极的鼓励比消极的刺激好得多。

原则三：小孩子既好模仿，做父母的一方面要以身作则，一方面还要替他选择环境以支配他的模仿。

原则四：做父母的不可常常用命令式的语气去指挥他们的小孩子。

原则五：做父母的不应当对小孩子多说"不！不！"事属可行，就叫他行；事属不可行，禁止他行。

原则六：别人做好的事情或坏的事情的时候，做父母的应当以辞色来表示赞许和不赞许的意思给小孩子听，给小孩子看。

原则七：我们应当按照小孩子的年龄知识而予以适当的做事动机。

原则八：待小孩子不要姑息也不要严厉。

原则九：不要骤然命令小孩子停止游戏或停止工作。

原则十：做父亲的应当同小孩子做伴侣。

原则十一：游戏式的教育法。[1]

第三节　儿童应该养成良好习惯

陈鹤琴将儿童应该养成的良好习惯及教养方法分为两类，共计25项原则，一类是个人卫生方面的习惯，一类是生活行为方面的习惯。在他看来，强健的身体是儿童幸福的根源，卫生习惯与身体健康密切相关。父母教导儿童从小养成良好习惯，使儿童终身受其益，反之，从小卫生或生活行为方面的习惯养得不好，儿童将会一生受其累，做父母的也会感受到痛苦。他自己的青少年时期，注重身体锻炼与习惯养成，黎明读书、洗冷水浴、保持身体正直，到了中年以后，留给人们健康、乐观、和蔼

---

[1] 引自《家庭教育》(1925年)，见《陈鹤琴全集》第二卷，江苏教育出版社2008年版，第535—547页。

可亲的印象。陈鹤琴记述自己在中学读书时期养成的良好生活习惯：

> 古人鸡鸣起舞，我是鸡鸣读书。每天清晨，天未明就起身。春秋天气温和，大约5点钟起身；冬天天气寒冷，5点半才起身；夏天天明很早，4点半就起来，起身后，洗脸、大便。洗脸总是用冷水洗的。为什么用冷水呢？第一，因为没有热水；第二，因为冷水可以刺激神经。就是在下雪的时候，我也是用冷水洗脸的。古时勾践卧薪尝胆以自励，我就以冷水洗脸来警惕我自己呢！
>
> 清早大便，是我一生享受健康最重要的卫生习惯。这个习惯是从小就养成的，到今天还是牢不可破呢。我们人生的疾病，恐怕十之四五是由积食解便而来的。小孩子的毛病恐怕十分之六七都是由吃坏而不消化，由积食而结便所致的。一鸣从小就养成了清早大便的好习惯。从这个好习惯，他一生就享受不尽了。[1]

教育家俞子夷形容他与陈鹤琴再次相遇时留下的印象："他的额头上虽有较深的皱纹，但是红红白白的脸色，依旧流露着少年时的美丽。……他的姿势最使我羡慕。无论上课、开会、谈话，他始终坐得挺直，从不见他撑了头、弯了腰、曲了背，露出一些疲乏的神情。立时、走时，也是这样。就是打招呼行礼，他上半身的弯度，也是很小，并且在背后看不到弧形的曲线。'正直'可以代表他的姿态。"[2]

陈鹤琴女儿陈秀云（1927—2017）回忆道：

> 父亲非常重视子女们养成良好卫生习惯。他一生很少生病，身体一直健康，在很大程度上得益于他的良好生活习惯。他要求我们从小养成良好习惯，包括卫生习惯，每天早晨大便，保持肠道畅顺，不容易便秘，这一习惯使我们受益终生。他还非常重视我们的口腔卫生，保持牙齿美

---

[1] 引自《我的半生》，见《陈鹤琴全集》第六卷，江苏教育出版社2008年版，第511页。
[2] 引自俞子夷：《永远微笑的儿童教育家》，见《我所知道的陈鹤琴》，金城出版社2012年版，第12页。

观,除早晚刷牙外,我的牙齿从小长成"地包天",下颚外突,他见状后十分着急,每周都亲自带我去看牙医矫正,终使牙齿恢复正常。

他要求我们保护好眼睛,注意房间里的灯光和看书的姿势,注意写字时握笔的姿势,不许躺在床上看书等。……[1]

陈鹤琴认为,父母培养儿童养成良好生活习惯应从卫生习惯上入手,如儿童早起穿衣、洗漱、便溺、饮食等。父母采取的教养观念及方法对于儿童的心理、身体、行为等产生潜移默化的影响。他举了两个例子进行对比。举例1:有一个儿童每天早晨起床时不愿意穿衣服,吵闹不停,为此母亲总是采取打屁股或拧大腿等方式,儿童只能一边顺从母亲的命令,一边吞声饮泣。举例2:一鸣长到两岁两个月时,每天早晨起床穿衣服的时候,母亲先给他一本图画书看一会儿,有时候与他一道唱唱歌、讲讲故事,这样就使一鸣的注意力转移,安安稳稳地让母亲穿起衣服来。

以上例子中,两位母亲在儿童早起穿衣一事上的不同做法所产生的效果,以及对于儿童心理产生影响都不相同,一种是威胁强迫,一种是循循善诱,尽管两种教育方式所取得结果都是使儿童穿起衣服来,然而儿童心理所引起的痛苦或快乐却不一样。陈鹤琴使用"诱导"一词区别于用糖、糕等食物引诱儿童,因为儿童在洗漱、刷牙之前吃零食不符合卫生常识,不利于儿童的健康。陈鹤琴概括:(1)做父母的应当诱导小孩子穿衣服;(2)引诱他而他不肯,那么应当强迫他;(3)小孩子早晨起来高兴而不肯穿衣服,做父母的尤应当劝告他,不宜去责骂他;(4)小孩子不肯穿衣服,做父母的绝对不宜以食物来引诱他。[2]

陈鹤琴提出,父母应留意儿童在进餐时的行为举止。如有的儿童在吃东西前后不洗手、不揩手;儿童在吃饭时没有适当的盘子与弯柄的勺

---

[1] 引自陈秀云:《回忆父亲陈鹤琴》,见《我所知道的陈鹤琴》,金城出版社2012年版,第346页。
[2] 引自《家庭教育》(1925),见《陈鹤琴全集》第六卷,江苏教育出版社2008年版,第549页。

匙；因为幼小儿童的手筋尚未健全，父母不宜让儿童过早使用碗箸、筷子。又如，儿童吃饭时，父母应准备适当的小餐桌、餐椅凳。一些母亲喜欢抱着幼小儿童喂饭，实际上儿童并不感到舒适，母亲也觉得诸多不便，且碗瓢坠地、食物污襟等。一些稍大些的儿童与父母或其他成人同桌吃饭，由于凳子高而双腿悬空、摇荡；有时成人叫儿童站或蹲在凳子上吃饭，既不卫生，又有跌落下来的危险。再如，小孩子吃饭的时候，需要带上一条围巾（围嘴），以免饭菜汤水粘污衣襟，既不雅观、不卫生，也会使儿童养成不爱清洁的习惯。许多小孩子喜欢吃零食，父母应对此有所节制，定量定时，不能太过随意。陈鹤琴的理由："小孩子多吃东西就不要吃饭了；不吃饭，身体上就要受到很大影响了。甚至因为多吃闲食，常常弄得食积成病，小则犹可，大则损身，做父母的到了这个时候，真正要百悔莫及了。"[1]

在许多家庭里有一个普遍现象，儿童喜欢随便拿或吃放在桌子或橱柜等处的食物，尤其是家中准备迎接客人，准备了食物、果品，常常成为儿童的欲望所向。当父母将准备待客的食品摆放在堂前，或当着客人的面，儿童伸手去抓，父母上前制止，儿童就撒娇或哭、闹，使得招待客人的气氛变得尴尬。陈鹤琴认为，在这样的情形下，父母不应该放纵儿童，不能因为儿童撒娇或吵、闹，养成儿童为所欲为的坏习惯。正确的方法是：做父母的绝不能允许儿童任由己兴随意去拿东西吃，尤其不能取吃请客的东西，可以叫儿童到专门的房间或处所去取。同时，做父母的也不能因为儿童要随意偷吃食物，就将家中的食物随便乱藏，或将食物随便乱摊。陈鹤琴将乱藏食物的害处与不乱藏食物的好处进行对比，如表 2-1 所示。

---

[1] 引自《家庭教育》(1925)，见《陈鹤琴全集》第二卷，江苏教育出版社 2008 年版，第 556 页。

表 2-1[1]

乱藏食物的害处	不乱藏食物的好处
1. 以防贼的方法防小孩子，适足以堕落小孩子的人格。因为做父母的以贼待小孩子，小孩子渐渐要失掉自尊心了 2. 不把食品公开，做小孩子的容易怨恨他们的父母；因为他们以为做父母的特地把食物藏起来不给他们吃 3. 食物容易弄坏，有时候竟被老鼠吃去 4. 藏的日子太多，容易忘记，以后要用的时候，就找不到了	1. 不以贼来待小孩子，小孩子就能够自爱自重，以后不会偷东西了 2. 小孩子知道这东西是大家吃的，不会怨恨他们的父母 3. 食物不会弄坏 4. 物有定所，以后要用的时候，容易找得到

附：卫生上的习惯[2]

原则一：小孩子不肯穿衣服的时候，我们最好用诱导的方法去叫他穿。

原则二：小孩子应天天刷牙齿。

原则三：小孩子洗面刷牙，应当在一定的地方做，不应当在任何地方洗刷。

原则四：小孩子洗面的手巾，应当独自一条。

原则五：小孩子洗面需注意到耳鼻和眼睛。

原则六：小孩子未穿衣洗面刷牙以前，不宜吃东西。

原则七：小孩子吃东西以前需洗手，吃后需揩手。

原则八：小孩子吃饭的时候，应当有适当的盘匙。

原则九：小孩子吃饭时，应当要有适当的椅桌。

原则十：小孩子吃饭的时候，需要有围巾。

原则十一：小孩子小食的分量不宜太多，而且要有定时。

---

[1] 参见《家庭教育》(1925)，见《陈鹤琴全集》第六卷，江苏教育出版社 2008 年版，第 559 页。

[2] 摘自《家庭教育》(1925 年)，见《陈鹤琴全集》第二卷，江苏教育出版社 2008 年版，第 548—570 页。

原则十二：应当叫小孩子独自先吃饭。

原则十三：对于食物，不准小孩子自己随便乱拿。

原则十四：做父母的不应当因为小孩子要偷食物，就把食物随便乱藏。

原则十五：做父母的不宜将食物随便乱摊。

原则十六：小孩子吃午饭后，最好安睡一点中觉。

原则十七：小孩子晚上未睡以前，应该有适当的娱乐。

原则十八：小孩子夜间睡眠的时候，应当穿睡衣。

原则十九：小孩子不应当有人抱了睡。

原则二十：不准小孩子点灯而睡。

原则二十一：小孩子最好独睡一床，独睡一室。

原则二十二：小孩子便溺需有定所。

原则二十三：小孩子大便需一日一次，而且要有定时。

原则二十四：婴儿不应当终日感受外界的浓厚刺激。

原则二十五：小孩子不应当终日抱在手里。

第四节　儿童游戏与教育

　　陈鹤琴将游戏形容为儿童的生命，在他看来，游戏是儿童最重要的生活，也是培养道德、接受知识、丰富经验、训练技能、焕发个性的主要方式，在家庭教育与学校教育中应当受到特别重视。陈鹤琴写道：

　　各种高尚道德，几乎多可从游戏中得来。什么自治、什么克己、什么诚实、什么独立、什么共同作业、什么理性的服从，这种种美德之养成，没有再比游戏这个利器来得快，来得切实。至于公平、信实、尊敬他人的权利、勉尽个人的义务，种种懿行，实为游戏之附属产品。[1]

在家庭教育中，父母应为儿童提供各种游戏机会，不仅在相对静态的环境中进行画图、剪图、着色、穿珠、塑泥等独自完成的"作业"，还应进行锤击、浇花、玩沙等"游戏活动"，这些"工作""活动"与儿童身心发展密切联系，二者之间相互融合，富有教育价值与意义；同时符合儿童"好动""好奇"与"想象"特征，使儿童获得更多经验，为儿童所喜爱乐做。"游戏就是工作，工作就是游戏"。（陈鹤琴语）

一、陈鹤琴列举各种"工作"与"游戏活动"所包含的教育价值

（1）画图：儿童既可以发表自己的思想，又学到许多知识。陈鹤琴曾在指导儿子画图的同时，在儿子的画作上写上若干汉字或英文单词，如各种色彩等，一并教儿子认识。

（2）看图画：儿童天生喜欢看图画。家长、教师可以通过看图画引发儿童的联想。一鸣小的时候没有见过轮船，因此对于与轮船有关的画或图片不感兴趣，然而当一鸣稍大后看到并乘坐了一次真的轮船以后，对于所有关于轮船的图画或图片兴趣浓厚。这说明，儿童的兴趣往往由"经验"引发或迁移。

（3）剪图：养成儿童独自消遣的好习惯；练习手筋。

（4）剪纸：可以使儿童通过模仿各式各样的人或物，一方面了解、增长知识；一方面学习表现儿童的思想、审美、想象力；同时，在看图过程中，培养精细、忍耐、敏捷、沉静等习惯。

（5）着色：学习、辨识各种颜色名称，培养审美表达能力，以及手筋、沉静、专注等性格、习惯。

---

[1] 引自《儿童心理及教育儿童之方法》(1921年)，见《陈鹤琴全集》第一卷，江苏教育出版社2008年版，第5页。

（6）穿珠：儿童在认识各种颜色过程中，不但专注凝神，还能练习小肌肉、手筋。

（7）锤击：儿童在锤击中得到运动乐趣。

（8）浇花：一方面可以了解花卉的生长过程与特性，一方面学习花卉的颜色名称、结构等知识；再一方面，可以学习浇花的动作。

（9）塑泥：儿童通过泥塑各种人物，可以培养创造精神，培养想象能力。

（10）玩沙：可以利用玩沙实地教授儿童，加深儿童对于具体地形、地貌、山形、河流等印象。

二、父母对待儿童游戏应遵循的原则

原则一：小孩子需要有适宜的伴侣。

点评：语云"益者三友，损者三友"。儿童知识简单，容易受伴侣的影响。他的伴侣喜欢骂人，他以后也喜欢骂人；他的伴侣喜欢说坏话，他以后也喜欢说坏话。儿童的言谈行为容易受伴侣影响，中国古代"孟母三迁择邻"，实际上也是这个道理。

原则二：小孩子应有与动物玩弄的机会。

点评：儿童豢养并与小动物作伴的好处：（1）可以养成儿童不怕动物的胆量；（2）养成儿童爱护动物的习惯；（3）使儿童知道小动物的习性与生理；（4）与小动物做伴侣，可以使儿童产生"活"的反应，游戏的兴致与乐趣更浓厚。

原则三：小孩子平时宜穿运动套衣。

点评：因为儿童常常运动，增进肌肉发展，因此穿着花花绿绿、斯斯文文的服装不适合儿童在户外、郊野游戏或运动，因此家长应为儿童提供适宜的运动服装。

原则四：小孩子玩好东西以后，应当立即整理好放在原处。

点评：许多儿童知道玩玩具，却不知道善后、整理，将玩、用过的玩具或器械整理好并放回原处。因此，做父母的应当常常督察、诱导儿童，防止儿童产生"己役人劳"观念，培养儿童有头有尾、善始善终的做事习惯。

原则五：小孩子最好有玩水的机会。

点评：儿童生来喜欢玩水。做父母的应当让儿童在家里玩水，也可以带儿童到野外玩水，最好父母与儿童一同玩，而且要很当心照看，还要有良好设备以防不测。

原则六：小孩子玩的玩物是要"活"的，不要"死"的。

点评："活"的玩物是指变化很多，儿童玩了不会容易生厌，如皮球、积木、溜板、毽子、风筝等。相反，"死"的玩物，指呆板的，不会变化的，儿童一玩就感到生厌。

原则七：玩具的作用，不仅仅是博小孩子之欢心，也要使他因此得着自动的机会。

点评：玩具不是观赏品，而是要使儿童动手玩的。若是玩物不可玩，则不是真的玩物。如果玩物可以激起儿童的动作，这个玩物就有价值了。所以，玩物的作用，可以引起儿童的许多动作，丰富儿童经验，发展儿童个性。

原则八：凡凶恶丑陋，不合卫生而有危险的玩物，一概不要给小孩子玩。

点评：父母为儿童选择玩物，既要考虑玩物对于儿童心理、审美所产生的影响；还要顾及卫生因素。如在幼小儿童面前，戴着鬼面具，一幅凶恶丑陋模样，容易使儿童感到惊吓、恐惧，睡觉时为噩梦惊醒。又如一些泥、竹或其他材料的玩物不合乎卫生要求，做父母的在选择时应慎重。

原则九：小孩子应当有适当的地方以储藏他的所有物。

点评：这样做的好处有三：（1）养成儿童的整齐习惯；（2）养成儿童尊重他人的权利；（3）不容易弄坏东西。

原则十：小孩子的玩物应当合乎的标准。

点评：我们做父母的，不要以爱子女之心太切，而对于玩物之优劣毫不加考虑，凡小孩子看见喜欢的就买给他玩。要知道玩物是有好有坏的。好的玩物能激发思想，启迪知识，强健身体，培养美感的；但坏的玩物是要发生危险而束缚思想的……

表 2-2

好的玩物	坏的玩物
特点： 1. 有变化而活动的，儿童玩了不容易生厌 2. 可以引起儿童的兴趣，如洋娃娃、猫、狗等 3. 可以刺激儿童的想象力和发展创造力，如积木等 4. 质料优美，构造坚固不易损坏的，如木类、橡皮类 5. 能洗濯而颜色不变，形状不丑陋，足以发舒美感的，如松香做的玩具	特点： 1. 只能使儿童旁观而不能玩的，如汽车、电车之类。这种玩物不能激发儿童思想，且动作单调，不能支持儿童的兴趣 2. 容易发生危险的，如金属的摇铃、刀，以及尖角利边的玩物 3. 不合卫生的 4. 发出嘈杂声音的 5. 质料薄弱，颜色丑陋，且不能洗濯的

第五节　父母以身作则

陈鹤琴认为，在培养、教育儿童的过程中，父母能否以身作则起着至关重要的作用。父母的生活观念、生活方式、待人接物态度、做事方法、言谈举止、兴趣爱好等对于儿童的性格、情感、审美、生活态度等会产生潜移默化的影响。同时，不同的父母采取的不同教育方式，会取得不同教育效果，使儿童发展路径各不相同。因此，对于父母的教育至关重要。

父母教育子女的前提是"以身作则"。父母对待儿童是否公平？是否因儿童容貌、资质或乖巧程度等产生偏爱或偏憎，致使儿童心理或情感被扭曲？父母在教育儿童的过程中，尤其是在儿童面前应采取同一态度或举措，否则儿童将会感到无所适从，或"置若罔闻"；还会引起儿童对父亲或母亲教训的轻视。陈鹤琴提出6条教小孩子的方法：（1）从小教起；（2）开始要教得好；（3）注重游戏；（4）代替法；（5）鼓励法；（6）注重自动。在教育内容方面，他强调了2条：（1）教小孩子服从。理由是：小孩子有了服从的习惯，才可以适应社会生活。"服从"的意思，是保护小孩子增进自动的能力，做有益的活动。（2）教小孩子爱人，包括要能顾虑别人的安宁、对人要能表同情、对长辈要有礼貌、要能帮助父母做事。理由是："小时候如有爱人的精神，将来才能够爱社会、爱国家。"[1]

陈鹤琴提倡，父母对待子女也要有相当礼貌，一方面体现父母的人格、涵养，使儿童产生敬畏感；一方面为儿童做楷模，以行胜言。他与夫人养育了七个子女，在家中，他是亲切和蔼的慈父，也是循循善诱的良师。他的三女儿陈秀云写道：

在我的记忆中，每天吃过晚饭后是最快乐的时光，全家人聚在客厅里，母亲和大家弹钢琴，父亲弹曼陀林（一种乐器），大家一起唱歌。家中有谁生病了，他都会带领我们去关心，送上精致的小礼物。进到房间时，他就会蹑手蹑脚，轻声说话，避免影响病人。躺在床上的病人成为全家重点保护对象。每到这个时候，母亲和姑母会坐在病床边，给病人讲故事，以减轻病痛。[2]

陈鹤琴认为，父母在纠正儿童的不良习惯时，不能出于疼爱或取悦

---

[1] 参见《怎样教小孩》(1937年)，江苏教育出版社2008年版，第658—662页。
[2] 引自陈秀云：《回忆父亲陈鹤琴》，见《我所知道的陈鹤琴》，金城出版社2012年版，第346页。

的缘故，容许儿童用一种坏习惯取代原有的坏习惯，"以恶代恶"。如一鸣小时候喜欢点灯睡觉，父亲下决心纠正这个习惯，随手将灯关闭。于是一鸣大哭，约5分钟后又张开胳膊要母亲抱。母亲看儿子哭得可怜，就去抱他，过了一会儿，一鸣入睡了。他写道：

> 点着灯睡固然是一种坏习惯，但是抱了睡也不是一种好习惯，做父母的对于这两种坏习惯，都应当打破的。但是一鸣的母亲一时没有想到这种道理，不忍他在黑暗里啼哭竟进去抱他，去了点灯而睡的行为，而又来了抱着睡的习惯，岂不是"以恶代恶"吗？[1]

在一些家庭中，有的母亲纵容儿童采取"打"或"骂"等方式，以父亲作为嬉戏取乐对象，以博取儿童欢心。陈鹤琴对此不以为然，认为这种行为将催生儿童对于父亲或母亲的轻视或不敬的坏习惯。针对一些母亲为了达到某种目的，编造理由哄骗儿童的现象，陈鹤琴认为不可取，他提出一条原则："切不可欺骗小孩子。"

陈鹤琴举例：

> 我常看见有许多做母亲的，有事情到亲戚家里去或到街上去买东西，因为恐怕小孩子要同去，临行的时候就对小孩子说："你在家里不要吵，我去买饼来给你吃。"她出门以后，过了许多时候还没回来，小孩子等着着急就大哭起来了。等到傍晚母亲回来了，小孩子就向她讨饼吃。她骗他说："啊呦！我忘记了！下次出去时再替你买吧。"小孩子只好不响。后来她出去仍旧以这种方法去骗小孩子。如是一而再，再而三，小孩子就知道母亲骗他了。以后，即使你不去骗他，好好儿去教训他，他也一定以为你骗他了。[2]

对于儿童说谎作伪现象，其根源在其父母。有些母亲背着丈夫宠爱

---

[1] 引自《家庭教育》(1925)，见《陈鹤琴全集》第二卷，江苏教育出版社2008年版，第599页。
[2] 引自《家庭教育》(1925)，见《陈鹤琴全集》第二卷，江苏教育出版社2008年版，第600页。

自己的孩子。如天下雨，儿童不愿意上学，又恐怕被父亲知道后受到责骂或惩罚，正当犹豫时，母亲走过来说："你不去上学没关系，我这里没问题，但是你要小心你父亲回来。"陈鹤琴痛斥，做母亲的采取这种教育方式，实际上就是纵容、放任儿童在父亲面前说谎，可说是堕落他的子女。

【例1】有一天下午，一位名叫知行的儿童正在楼上听母亲讲故事，这时楼下有人叩门，母亲听到后对儿子说："知行你下去看看，若叩门的是某某夫人，你就说妈妈不在家。如果她问妈妈几时回来，你就说不晓得。"知行下楼去，照着母亲吩咐回答客人，客人离开了。

【例2】知行的母亲在客厅里接待客人，态度非常殷勤，请客人上座、用茶，说了许多恭维话，天花乱坠。客人临走时，再三挽留。然而，客人离开后，母亲就在知行面前做出不耐烦样子，举了臂，白了眼，仰了头，张了口，长叹一声："讨厌呀！讨厌呀！"

陈鹤琴分析：从第一个例子看来，知行的母亲分明是教他作伪；从第二个例子看来，知行的母亲分明是暗示他作伪。知行受这种教育、这种暗示，当然也要作伪了。常有做母亲的既教她的小孩子作伪，还要说她的小孩子乖巧可爱，这真是何等痛心。所以要小孩子诚实，做父母的自己先要诚实，自己不诚实，小孩子断断不会诚实的。[1]

1937年，陈鹤琴应邀在上海的广播电台作家庭教育讲座时开宗明义："我们知道，栽花的人，先要懂得栽花的方法，花才能栽得好；养蜂的人，先要懂得养蜂的方法，蜂才能养得好；育蚕的人，先要懂得育蚕的方法，蚕才能育得好。甚至养牛、养猪、养羊、养马、养鸟、养鱼，都先要懂得专门的方法，才可以养得好。难道养小孩，不懂得方法，可以养得好

---

[1] 参见《家庭教育》(1925)，见《陈鹤琴全集》第二卷，江苏教育出版社2008年版，第603页。

吗？"[1] 他批评许多家长对于教育自己的孩子采取轻率态度，事先既毫无准备，事后又不加研究。他继而指出："做父母的，要想把孩子养得好，在未做父母之前，应该先问问自己：是否懂得养孩子的方法？有什么资格做孩子的父亲或母亲？怎样养育孩子，使孩子身心两方面都充分而正当地发育？这些，都该弄得明白，才配做孩子的父亲或母亲。"[2]

陈鹤琴提出四项父母应具有的素质：

第一，做父母的必须晓得孩子的身体是怎样的状态。

（1）孩子的躯干；

（2）孩子的心脏；

（3）孩子的消化力。

第二，做父母的必须晓得孩子的心理是怎样发展的。

（1）孩子是好游戏的；

（2）孩子是好奇的；

（3）孩子是好群的；

（4）孩子是喜欢野外生活的。

第三，做父母的必须明白爱小孩的方法。

父母爱小孩的真正方法，要顾到小孩的需要。施行合理的爱，才可以免去溺爱、错爱。爱，一定要明白爱的方法，才能把小孩养得好，教得好。

第四，做父母的要改正自己错误的念头。

（1）要把小孩看做小孩，不可妄想缩短他做小孩的时期，不可剥夺他在小孩时期应享受的权利。

（2）要尊重小孩的人格，不可把他当作资产看待。自私的爱，算不得真爱，惟独不自私的爱才能算得真爱。

---

[1] 引自《怎样做父母》(1937年)，见《陈鹤琴全集》第二卷，江苏教育出版社2008年版，第653页。
[2] 引自《怎样做父母》(1937年)，见《陈鹤琴全集》第二卷，江苏教育出版社2008年版，第653页。

（3）要打破自己的成见，遇见什么问题发生，应该虚心研究是否孩子的错？就是孩子的错，也是自己的错，不可冤枉孩子。[1]

附1：游戏就是工作，工作就是游戏

原则一：小孩子应有画图的机会。

原则二：小孩子应有看图画的机会。

原则三：小孩子应有剪图的机会。

原则四：小孩子应有剪纸的机会。

原则五：小孩子应有着色的机会。

原则六：小孩子应有穿珠的机会。

原则七：小孩子应有锤击的机会。

原则八：小孩子应有浇花的机会。

原则九：小孩子应有塑泥的机会。

原则十：小孩子应有玩沙的机会。[2]

附2：小孩子为什么怕的，为什么哭的

原则一：做父母的切不可暗示小孩子使他发生惧怕。

原则二：小孩子的惧怕有时要迁移的，所以我们做父母的要格外当心，使小孩子不致发生惧怕。

原则三：不要以"父亲"的名义来恐吓小孩子。

原则四：小孩子发生惊慌时，需谨防其他大的声响，以免增加他的惊慌。

原则五：小孩子常常哭泣是不好的，我们应当设法把它免除才好。

原则六：小孩子疲倦了是要哭的，或是容易发脾气的。

---

[1] 参见《怎样做父母》(1937年)，见《陈鹤琴全集》第二卷，江苏教育出版社2008年版，第653—656页。
[2] 摘自《家庭教育》(1925年)，见《陈鹤琴全集》第二卷，江苏教育出版社2008年版，第582—588页。

原则七：小孩子以哭来要挟的时候，做父母的应当绝对地拒绝他。

原则八：当小孩子不高兴的时候，做父母的不应当去暗示他哭。[1]

附3：做父母的要以身作则

原则一：做父母的待子女要公平。

原则二：对于教育小孩子，做父母的应当在小孩子面前取同一态度。

原则三：做父母的对待子女应当有相当的礼貌。

原则四：要打破一个坏习惯的时候，留心不要养成一个新的坏习惯。

原则五：做母亲的不可叫小孩子打骂他的父亲以取乐，做父亲的也不可那样。

原则六：切不可欺骗小孩子。

原则七：做母亲的不应当背着丈夫去宠爱她的小孩子。

原则八：小孩子作伪是由父母养成的。[2]

附4：做父母的要改正自己错误的观念

观念1：小孩是一个小人。因为父母把小孩看成一个雏形的成人，要缩短他当小孩的时期，使他早点成为一个大人，好做大人的事，于是小孩的地位，就根本抹煞了，小孩的利益也就被人忽略了。

观念2：小孩是父母的财产……这样一来，小孩子便成为父母的附属品，而失去了他们的独立人格了。

观念3：小孩子是错的，父母是对的……在普通情形之下……小孩子虽然有时发生错误，那错误也大概是父母的错误所引起来的。[3]

---

[1] 摘自《家庭教育》(1925年)，见《陈鹤琴全集》第二卷，江苏教育出版社2008年版，第589—596页。
[2] 摘自《家庭教育》(1925年)，见《陈鹤琴全集》第二卷，江苏教育出版社2008年版，第597—602页。
[3] 引自《怎样做父母》(1937年)，见《陈鹤琴全集》第二卷，江苏教育出版社2008年版，第655页。

第六节 从小教起，从小教好

陈鹤琴主张，儿童要从小教起，也要从小教好。他重视并且强调儿童养成良好习惯的重要性，小时候容易教，大来就难教。因此"必须培养小孩子们有良好的习惯，不只是生理上的习惯，而且是心理上的习惯。要养成生理上与心理上的习惯，不但要'慎之于始'，而且要'慎之于终'。有恒地继续下去，不要间断；同时必须注意到养成此种良好习惯的教育环境"[1]。他引述古希腊一个故事：有一位父亲希望自己的孩子从小得到很好的教育，变成一个有德性的人，但觉得自己能力与方法不足，于是他带着3岁的孩子去见一位德高望重的哲学家。父亲说："这是我的孩子，我今天特地带他来请你教导他，想你一定能教得很好的！"哲学家低下头去看这个小孩子，又抬起头看了看这位满怀期待的父亲，问了一句："你的小孩子今年几岁了？"父亲回答："今年只有3岁。"哲学家听罢叹了一口气说道："你送来的太迟了。"言外之意，根据儿童心理发展特点，儿童应从小教起。

陈鹤琴举了另一个例子。有一位钢琴师贴出一张招生广告："未学过琴，学费一元；已经学过的二元。"人们看过这则广告后议论纷纷，有人向琴师问道："学过琴的已经有了一些基础，教起来应该比未曾学过琴的容易些，学费也应该便宜些，你反而提了价，要二元，贵了一倍，这是为什么？"琴师解释其中缘由："你们哪里知道，未曾学过琴的，不过不会弹琴罢了，没有什么病根的。至于已经学过琴的，不但不会弹琴，而且学了许多弊病。我现在要教好他，非先把他的病根除去不可。既要除去他的病根，又要教好他，比较未学过的已经多一层困难了。所以学费应该贵一倍。"

---

[1] 引自《怎样做父母》(1948年)，见《陈鹤琴全集》第二卷，江苏教育出版社2008年版，第682页。

在中国传统教育观念中，重视儿童道德、行为规范的教育，讲究"纲常""伦理""礼数"；倡导"立志向善""立德做人"与"孝悌礼让、诚实无欺""俭朴自立"等为人、做事的"规矩"、信条。《墨子·所染篇》记载："墨子见染丝者而叹曰：'染于苍则苍，染于黄则黄，所入者变，其色亦变，五入必而已，则为五色矣。故染不可不慎也。"陈鹤琴在《家庭教育》中引述这段话，进而写道："不独丝是这样，就是小孩子也是这样的。小孩子在未受教育以前，好比是一索素丝；受了教育以后，好像一索素丝已经着了颜色。学得好就好，学得不好就不好。等到学得不好，以后做父母的即使要去教他好，也是很不容易的。"[1] 他认为，尤其是儿童的德行一定要从小训练，如果儿童长到六七岁才开始接受教导，儿童已经养成许多坏习惯则很难改正。因此，儿童不仅要从小教起，更要从小教好。

陈鹤琴认为，父母应从小使儿童养成几种优良观念：（1）顾虑到别人安宁；（2）同情心；（3）整洁；（4）彬彬有礼；（5）娇惯、不傲慢；（6）不撒谎、不作伪；（7）不打人；（8）在家里帮父母做事情；（9）爱人。这些观念的形成与父母教育、家庭环境密切相关。

同时，儿童养成这些基本的素质与习惯，将来长大后才有可能成为公民。在家庭与日常生活中，父母的示范与教育无处不在。他写道：

> 对于如花含苞、如草初萌的小孩子，我们应当用很好的教育方法去教育他，使他们关于体德智三育都从小好好儿学起，那么老大的中国，未尝不可以一变而为少年的国家？不过少年中国的责任，固属诸今日之儿童，而造成少年中国的责任则属诸今日之父母，做父母的能够教育小孩子，而小孩子能够从小学好，则少年中国，则在其中了。[2]

---

[1] 引自《家庭教育》(1925年)，见《陈鹤琴全集》第二卷，江苏教育出版社2008年版，第605页。
[2] 引自《家庭教育》(1925年)，见《陈鹤琴全集》第二卷，江苏教育出版社2008年版，第606页。

在陈鹤琴的记述中，一鸣在1岁6个月左右，开始出现顾及他人的表示。他原本不喜欢红颜色，当他堂兄将一顶红颜色帽子戴在他头上的时候，他表现出不情愿的样子；他父亲戴上这顶帽子，他也不高兴。这说明，他自己不愿意的事情，也不喜欢别人做。这就说明，他已经具有初步的推己及人意识。一鸣3岁时，有一天早晨起床后，独自吹洋号。父亲见状低声说道："不要吹！妈妈、妹妹还睡着呢！"一鸣听话后马上就不吹了。事后，陈鹤琴分析：如果要让一鸣不要影响别人，首先父亲说话的声音要放低，所谓"已正而后能正人"；相反，如果父亲说话声音很高亢，一鸣就不会听话了。又有一天，陈鹤琴吃过午饭后在客厅里打盹。一鸣跑进屋找母亲说话，一看见父亲正在睡觉，马上放低声音对母亲说"爹爹睡了"，然后蹑手蹑脚，不出声音。平日里，他看到妹妹睡觉的时候，就会踮着脚走路，说话声音放低。这是受到父亲、母亲经常提醒"妹妹睡了，不要做声"的影响。陈鹤琴指出："今日之孩童即他年之成人。今日之孩童不能顾虑他人的安宁，则他年之成人即将侵犯他人的幸福"；"做父母的要他们的小孩子将来成为有道德的人，当小的时候即需教以顾虑他人的安宁之道"。[1]

陈鹤琴主张，应使儿童养成收藏玩物的好习惯，其意义在于：（1）儿童知道应该爱护玩具，乃至一切东西，不至于暴殄天物或糟蹋、浪费；（2）养成儿童整洁的观念，以使做事情井井有条，不致杂乱无章，费时费力；（3）玩具不容易损坏或遗失。这种习惯的养成，并非儿童天生具备，而是后天教育的结果。

儿童对待长者有礼貌，素来为中国社会普遍重视，体现出儿童的教养与家长的素质，也是人们评价社会普遍风尚的标准之一。然而，在以往的教育中，儿童的"礼貌"往往是由成人以教训或责骂等方式强迫儿

---

[1] 引自《家庭教育》(1925年)，见《陈鹤琴全集》第二卷，江苏教育出版社2008年版，第607页。

童接受,由此"礼貌"或"礼仪"就成为对儿童自由的一种束缚,使儿童不情愿,见到长辈就缩头缩脑地躲着,或者连大气都不敢出。陈鹤琴写道:"这种情形是普通社会上所常见的。推其原因是从小的时候,做父母的没有教他的缘故。还有许多做父母的或先生自己对父母没有礼貌或对友人不致礼,而责他们小孩子对他自己要有礼貌,对他的朋友致敬意。结果,他们的小孩子非但不敬父母而且要轻视父母了。"[1]

一鸣回忆道:

父亲常给我们讲他童年时代的艰难生活,他的慈母是怎样爱护、教育子女的。父亲6岁时,他的父亲去世,家道中落,他的母亲曾靠为人洗衣服补贴家用,父亲7岁时就帮母亲挑十几斤重的衣服到池塘边踏洗。慈母时时教育子女做人要奋斗上进,兄弟要团结,对人要忠信,做事要有始有终。艰难的生活与慈母的教诲,孕育了他的纯爱情感与勤奋品格。我小时候,有一天我坐在小凳上,祖母在旁边站着,父亲看见后就对我说:"一鸣,拿把椅子来给娘娘坐!"我立刻照父亲的话搬椅子给祖母坐。记得我9岁时给祖母画了一张画像,用红与蓝两种颜色,形神兼备。[2]

有一日,一鸣为了一件小事情抱怨家中的保姆:"讨厌的东西。"陈鹤琴觉得,这是自己在教育子女方面的疏忽所致。此后,他对家人要求儿女们不仅应该帮助父母做一些家务,还应该尊重保姆的劳动,尊重保姆的人格。凡是小孩子能做的事情都应该自己做,不需保姆代劳。他写道:"倘使件件事情都替小孩子去做,那么小孩子非但不能发达他的肌肉,而且他的虚骄之气也从此滋长了。有许多王孙公子、富贵子弟,身体孱弱,骄气逼人,虽其原因不一,但于这一点也未尝没有关系。所以做父母的要使得小孩子免掉这种弊病,就不应该使他们从小受人侍奉。"[3]

---

[1] 引自《家庭教育》(1925年),见《陈鹤琴全集》第二卷,江苏教育出版社2008年版,第610页。
[2] 引自陈一鸣:《在父亲的引导下追求真善美的历程》,见《我所知道的陈鹤琴》,金城出版社2012年版,第334页。
[3] 引自《家庭教育》(1925年),见《陈鹤琴全集》第二卷,江苏教育出版社2008年版,第610页。

在许多家庭中，儿童作伪说谎是一个普遍现象。一鸣 2 岁 5 个月时，有一天吃早饭前，他正攀着餐桌椅在玩。母亲将毛巾从脸盆中拎起绞干，要给他洗脸，他就装出一副疼痛的样子，"啊唷，啊唷"喊叫；母亲马上将他抱下来站在地板上，他嘴里仍然叫着疼痛几声之后，一会儿就溜走了。显然，他喊叫疼痛的原因是为了逃避洗脸。又有一天，吃饭的时候，母亲给一鸣系上一条围巾，一鸣连声喊叫"痛的，痛的"，用手将围巾扯下来；父亲将围巾给系好，他边哭边又扯了下来。后来父亲将他抱进房间里，把门关上，他哭了一阵子就停止了。父亲给他抱了出来，再一次将围巾系上，他不再拒绝了。很显然，前例一鸣做出疼痛状是为了拒绝洗脸；后例，一鸣哭闹是不愿意戴上围巾。其中，做疼痛状与哭叫都是"作伪"。怎样去纠正儿童"作伪"，陈鹤琴提出的方法是"像这种地方，做父母的断不可姑息小孩子的"。

陈鹤琴写道：

大多数小孩子是常常要作伪的，而且作伪的方法、作伪的样子是随地、随时、随事而变迁的，所以做父母的也应当用种种思考、种种方法去考察他、禁止他。倘使小孩子受父母的禁止，一次不能售其伪，以后就不敢作伪了。世人"尔虞我诈"的行为，日多一日，虽其原因不一，我想当他们小的时候，做父母的任他们去作伪，去作恶，也不无关系的。他们以为既可以欺父母，就不妨欺别人；既可以作伪于家庭，就不妨作伪于社会，久而久之，就成今日之现象了。要改革这种现象是一个重大的问题，非三五语就可以解决的；但是我想做父母的如果能够禁止小孩子作伪，使他们将来成为诚实的青年，则于国于家将来都不无裨补的。[1]

古语："乘人之车者，载人之患；衣人之衣者，怀人之忧；食人之食者，死人之事。"[2] 在家庭生活中，小孩子应有一种意识，使父亲或母亲感到高

---

[1] 引自《家庭教育》(1925 年)，见《陈鹤琴全集》第二卷，江苏教育出版社 2008 年版，第 611 页。
[2] 引自《史记·淮阴侯列传》。

兴，整个家庭气氛和美、团圆。然而，在中国城市的许多家庭中，父亲辛苦一日回到家里，不是女儿啼哭，就是妻子抱怨；不是凌乱无章，就是尘埃盈桌，或杂物纵横、书籍狼藉，使得人们的心情感到烦恼、压抑。陈鹤琴平日里要求儿女们要有"爱人"之心，首先要从爱自己的家人做起。他常常教导儿女们："你们的生日就是母亲的受难日。所以你们要爱母亲！"同时，还要爱更多的人。父母应教导儿童，善事晓喻，推己及人，从小树立"大我"的观念，克服"自私自利"与"独享独占"的心理，对于食物不要争多嫌少，对于玩具不要强夺霸占。

  陈鹤琴在美国读书的时候，某日在一所幼儿园参观时看到一个情形：教师将许多洋娃娃放在小朋友面前，洋娃娃中有墨西哥的、意大利的、日本的等等。教师指着这些洋娃娃对儿童们说："我们有吃有穿有用，他们吃了多少苦，可没有什么穿，也没有什么吃。我们应当想办法使他们与我们一样快乐。"然后，在教师的组织下，儿童们高兴地拿出自己的少量零花钱放进捐款箱内。

  陈鹤琴写道：

  人之爱人需要天天做的，不要我今天爱人，明天就不爱了。尤其在小的时候学习，小的时候有爱人的行为，那到了成人的时候，自然而然也能够爱人了。一个人最不好的脾气就是"利己心"太重。无论做什么事，往往以我为中心。凡有利于我者，没有不高兴去干的；无利于我者，都不愿意去做，那么到了后来，"上下交争利，而国危矣"。无知识的人固然可以不必说了，就是有知识的人，就是曾经受过"高等教育"的人，一旦得志，卖国祸民，丧权辱国，种种事情，亦或有之。推其原因之一，大概由于他们小的时候，没有受过爱人教育的关系。所以我们要救国保民必定从教训小孩子爱人着手，小孩子今日能爱人，他年就能够爱国了。[1]

---

[1]　引自《家庭教育》(1925年)，见《陈鹤琴全集》第二卷，江苏教育出版社2008年版，第615页。

附：小孩子怎样学习接人待物的

原则一：教小孩子要从小教起的。

原则二：做父母的应当教训小孩子顾虑别人的安宁。

原则三：家里有人生病的时候，非有特别的关系，做父母的应当使小孩子得着与病人表同情的机会。

原则四：应当使小孩子养成收藏玩物的好习惯。

原则五：我们应当叫小孩子对待长者有礼貌。

原则六：不准小孩子对待保姆有傲慢的态度。

原则七：做父母的需禁止小孩子作伪。

原则八：不准小孩子打人。

原则九：小孩子在家里应当帮助他的父母做点事体。

原则十：做父母的应当教训小孩子爱人。[1]

第七节　怎样责罚儿童

如何对待犯错的儿童，怎样责罚儿童，在家庭教育过程中是不可回避的问题。长期以来，许多家庭坚信"棍棒底下出孝子""小孩子不打不成器"，试图用严厉的宗法、家规、体罚等规范儿童的行为；以家族或父母等成人的意志、威权支配、限制儿童的言谈举止。然而，从现代儿童教育观念立场出发，此类以简单、粗暴对待儿童的方式，一方面反映出父母自身文明素质、文化水平的缺乏；另一方面，表现出教育者在教育观念及方式方法，以及能力方面的不足。

儿童不是成人的出气筒。在一些家庭中，父亲在外面受了气，回家后迁怒于妻子、儿女，在儿童心灵上留下阴影，造成家庭气氛紧张。陈

---

[1] 摘自《家庭教育》(1925年)，见《陈鹤琴全集》第二卷，江苏教育出版社2008年版，第604—616页。

鹤琴写道：

成人们！当我们受到别人的气的时候，应当仔细地想一想，针对问题，探求合理的解决，消除受气的原因，要尊重小孩子的意志，要尊重小孩子的人格，切不可拿小孩子来做出气筒！因为小孩子不是我们的出气筒。[1]

陈鹤琴举例：有一个两岁的儿童，傍晚时吵着要独自到室外去玩。遇到这种情况，父母应该怎样做？第一种做法是恐吓，推说外面有老虎或鬼怪，使儿童感到恐惧而不敢去外面玩。第二种做法是强行禁止，不管儿童心里是否接受，父母简单地拒绝，或发出威胁，如："天晚了，不许出去！"如果儿童以哭、闹方式执意要出门，父母则做出恼怒状并大声吼叫："别闹了，再闹就要挨揍了！"在此种情形下，如果父母最后让了步，儿童以后就藐视你而不听话；如果父母真的动手打人，儿童心里就会产生怨恨。第三种做法是让步、屈从，同意了儿童要求，这样做的后果显然对儿童的安全不利，随时会有发生意外危险的可能。第四种做法是假借责骂别人对儿童发出威胁，所谓"打丫头骂小姐"。其实，这种做法也不高明，能不能奏效很难说，但是儿童心理产生的反应将很不舒服。第五种做法是采取"哄骗"的方法，以其他条件作为交换，使儿童打消到外面去玩的念头；或"指东说西"，迁移儿童注意力。陈鹤琴指出：诱导比恐吓、哄骗、打骂都来得好。

有一种情形，儿童犯错或做了不好的事情，父母是否了解导致儿童行为的根源，是否因为受到环境影响所致；或是父亲过于严厉的态度；或是儿童某种需要未能得到满足等。如果父母亲不问缘由、不分青红皂白责罚儿童，可能一时会产生震慑、抑制作用，使儿童感到害怕，一时不敢再为，然而却不能真正消除儿童内心的"作恶之心"，以后仍会再犯。

---

[1] 引自《怎样做父母》(1948年)，见《陈鹤琴全集》第二卷，江苏教育出版社2008年版，第696页。

还有一种情形，儿童犯错或做了不好的事情，父母有无平心静气研究过引起发错结果的原因，是否儿童有意为之，还是其他客观原因所导致。以下三例：

【例1】某儿童在学校里，在课堂上听老师讲课时说过，人的脚骨折断可以再接，他感到将信将疑。他回到家后，用家里养的鸡作实验品，将鸡的脚骨折断，当他正在想办法尝试将折断的鸡脚骨再接起来时，母亲回家看到了，拿了一根木尺向儿童头上打去，一边打，一边骂道："有你这个贱东西，为什么把好好儿一只鸡的脚骨折断？"骂完了，又接着打，儿童痛苦地哭泣。

【例2】某儿童与几个小朋友到桃园里去玩。小朋友看见树上的桃子成熟了就爬上树去"偷"，桃园主人发现后，拿着一根竹竿赶了过来，小朋友们见状做鸟兽散，某儿童觉得自己没有偷桃子，站在原地没跑。儿童说自己没偷，桃园主人不相信，怒气冲冲地找到儿童的母亲说道："你的儿子偷了我家的桃子！"儿童的母亲听到自己儿子做了偷桃子的事，不分青红皂白将儿子打了一顿。这个儿童受了"无妄之灾"。

【例3】某儿童早晨起来，一时兴起用剪刀将洋娃娃的头发剪掉。母亲问他为什么这样做，儿童回答："人的头发剪掉会长出来，不知道洋娃娃的头发剪掉后能不能也长出来？我想试试看！"母亲听罢，满脸微笑地说道："好吧，我们看洋娃娃的头发会不会再长出来，你好好儿看着。"

陈鹤琴写道：

做父母的在未责罚小孩子以前，也应当仔仔细细地考查他一番。他实在有过失，那就责罚他；倘使他没有过失，那就不应该责罚他了。如果不论皂白，听一面之辞，逞一己之怒，就去鞭挞小孩子，那小孩子也要不服他父母的。虽然小孩子能力薄弱不敢反抗父母，但是他恨父母之心恐怕从此发生了。我常常看见有许多儿子，因为父母冤枉去打他，就骂他的父母；

做父母的,因为儿子骂他,就赶他出去,不许他回来。乡村里的父老常常说做儿子的不好,据我看起来,做儿子的固然不好,但是做父母的也不能够算得好,因为"不平则鸣"是万物自然的趋势,儿子受了不平,也应当鸣的。要儿子对待父母有礼貌,做父母的责罚儿子需先要公平。[1]

陈鹤琴指出,父母在责罚儿童时,应尽量顾及对于儿童的心理与生理产生的影响与后果,如不应当别人的面责罚儿童;早上和晚上不宜打骂儿童。大部分人都有羞耻感,儿童懂事后也是如此,爱惜自己的脸面。因此父母要保护儿童的自尊心与隐私,尽量不当着客人的面教训儿童,使儿童感到受辱。如果儿童真的犯错,父母可以在客人走后再教育儿童并使其改正。有的父母因儿童调皮、弄坏东西或在外面打架等原因,采用打骂方式教育儿童,经常选择早晨儿童未起床或晚上临睡之前。如果从儿童健康考虑,儿童早晨挨打容易受到惊吓,心神不宁,对全天的学习、生活情绪造成影响;儿童临睡前挨打会做恶梦而不能安然入睡。经常挨打的儿童,失去天真烂漫,几乎变成发呆木鸡一般。

父母对于儿童弄坏东西应该如何责罚,存在观念方面的差异。陈鹤琴举例,有一个4岁儿童,不小心将家中一只精美的花盏敲破了,母亲十分恼怒,将儿童打了一顿。这表现出典型的"重物轻人"观念。正确的观念应该是:小孩子弄坏东西,做父母的去责罚他,并不是因为可惜东西,是因为要改正他的行为。另一个儿童在学校里上课时偷拿了同学的铅笔,父亲知道后对他骂道:"你是个贼;倘使你下次再敢偷,我就剁掉你的手指头!"然而,他家邻居也遇到一件儿童偷拿别人东西的事,他的5岁儿子从其他小朋友那里偷拿了一支外观美丽的口箫。父亲发现后,经再三盘问,儿童终于承认。这位父亲对儿子说:"这支箫是你朋友的,你不得你朋友的允许是不能拿来的。倘使被你朋友看见,他必定是要说

---

[1] 引自《家庭教育》(1925年),见《陈鹤琴全集》第二卷,江苏教育出版社2008年版,第620页。

你的。我知道你是一个很好的孩子,不过这样去拿人家东西是很不好的。"这个儿童听了父亲这番话以后再也不去拿别人的东西了。

陈鹤琴写道:

我想做父母的去责罚他的人格的缘故,是要激发他的羞恶之心,使他慢慢儿改去他不好的行为。要知道无论什么人受奖励而做善是很容易的。小孩子尤其喜欢听好话而不喜欢听恶话,做父母的一去骂他的人格,他的心里就要很不高兴了,非但无悔过之心,而且长其为恶之心,所以他的人格从此堕落了。反之,做父母的只就事论事,那他以为不好的是事,而非其人,那还有自新之路呢![1]

在父母教训、打骂儿童的时候,其他的人在一旁连连说:"可怜呀!可怜呀!"比如,某儿童不肯刷牙,母亲气得打他屁股,祖母跑过来说:"可怜,这样要打死了!"又有一个儿童不肯洗澡,父亲动手打他,母亲在一旁说:"可怜呀,不要打他,不肯洗就随他吧!"陈鹤琴认为,这样帮腔的后果会使儿童认为自己没错,变本加厉,更难管教;还会养成儿童撒娇的习惯。还有一类父母,当儿童做错事情的时候,不去管教自家的儿童,反而去责怪别人。这样做的后果,不但会引发儿童的撒娇行为,还会养成"诿过于人"的习惯。此外,做父母的不要常常去骂他们的小孩子。这样做的坏处有三:其一,儿童对于成人的骂习以为常,当作耳边风,不以为然,失去了教育效力;其二,引起儿童对父母的轻视之心;其三,引起儿童的逆反心理与厌恶之心,使一个原本好好的小孩子变成一个坏孩子,教育结果适得其反。

陈鹤琴写道:

小孩子应当不应当受体罚呢?有人主张小孩子非受体罚不会弃恶从善的,也有人主张我们成人绝对不宜施行体罚的。主张体罚的说:小孩

---

[1] 引自《家庭教育》(1925),见《陈鹤琴全集》第二卷,江苏教育出版社 2008 年版,第 623—624 页。

子最怕的是身体的痛苦，小孩子有时候很顽皮很倔强，非用体罚不足以改其非。反对体罚的说：体罚是最野蛮的手段，丧失小孩子的人格，也是丧失做父母的人格。我们有许多好的积极的方法，可以教小孩子使他改恶从善；若不能用别的方法而只诉诸野蛮的体罚，这分明是显出家庭教育之失败。[1]

附：我们应该怎样责罚小孩子

原则一：诱导比恐吓、哄骗、打骂都来得好。

原则二：做父母的应当探索小孩子作恶的原因。

原则三：做父母的责罚小孩子以前，应当平心静气地考查他究竟有无过失。

原则四：不应在别人面前责罚小孩子。

原则五：早上和晚间都不宜打骂小孩子。

原则六：做父母的不应当去迁怒于子女。

原则七：小孩子弄坏东西，做父母的去责罚他，并不是因为可惜东西，是因为要改正他的行为。

原则八：当小孩子做错了事的时候，做父母的应当重责其事，轻责其人。

原则九：倘若父亲或母亲打骂小孩子的时候，旁人不宜来帮着说"可怜！可怜！苦呀！"这许多话。

原则十：不宜痛打小孩子以至打后懊悔不及。

原则十一：当小孩子做错事情的时候，做父母的不应当因为要博小孩子的欢心，就去责备别人。

原则十二：做父母的不要常常去骂他们的小孩子。

---

[1] 引自《家庭教育》(1925)，见《陈鹤琴全集》第二卷，江苏教育出版社 2008 年版，第 628 页。

原则十三：做父母的不应当以一己之喜怒来支配小孩子的动作。[1]

第八节　怎样指导儿童学习

在陈鹤琴的教育学说中，强调"经验"与"环境"对儿童学习知识所产生的重要影响。他认为，儿童的经验的充分与儿童生活环境的完美是决定儿童知识、学习的主要因素。一方面使儿童更多接触外部世界，不仅亲耳闻亲眼见，还要亲身感觉、实践；另一方面，父母的教育观念、指导方式与为儿童营造的良好环境对于促进儿童的成长与学习起着至关重要的作用。

一鸣小的时候，陈鹤琴几乎天天抱着儿子到街上走一走、看一看，他最喜欢看路上的行人与过往的马车，每到上街的时候，一鸣总是显得非常兴奋。除此之外，一鸣还对街道弄堂里、集市上诸如驴子磨豆、机匠织布、卖衣服、卖菜、炸油条、做烧饼，或武术、拳击表演、杂耍把戏等景物兴趣浓厚。陈鹤琴认为，通常来说，缺乏见识与经验的人是不会有所作为的，"做人"也不会成功。因此，做父母的应当经常带儿童到街上去看看，以丰富、增进儿童的知识与经验。

某日，有一个小男孩向陈鹤琴问道："竹管里有空气吗？如果有的，怎样会进去的？"当时，陈鹤琴没有想好答案。过了几天，陈鹤琴找到这个小男孩，两人一道准备了一根两端有节的竹管和一桶水、一个钻子。陈鹤琴将竹管放在水里后对小男孩说："假使竹管里没有空气，我把竹管钻一个洞，你留心看水会怎么样；假使竹管里有空气，你想有什么东西会从竹管里出来。"然后，陈鹤琴拿起钻子在竹节处打了一个小洞，只见一个个小水泡从洞里冒出来，小男孩见状兴奋地喊道："空气！空气！"

---

[1] 摘自《家庭教育》(1925)，见《陈鹤琴全集》第二卷，江苏教育出版社2008年版，第617—629页。有改动。

这个例子说明一个道理，儿童在动手"做"的过程中发现并获得的知识才是"真知识"，只有这样的"真知识"才属于儿童自己，即"实践出真知"。

陈鹤琴还提出："凡小孩子能够自己做的事情，你千万不要替他做。"理由有四：第一，如果儿童事事由父母或长辈、他人代劳，实际上剥夺了儿童肌肉发展的机会。如封建社会中的纨绔子弟、王孙公子等，起居饮食、出入进退都有下人服侍，因此他们的身体往往羸弱无力，弱不禁风，肩不能挑，手不能提，不辨五谷麦菽，不会独立生活。有些富贵家子弟，日惟三餐，夜惟一梦，终日不做一事，因此变得好嬉好闲，毫无进取之心。陈鹤琴举了蚂蚁的例子：蚁王在蚁巢中雄踞，食物全靠工蚁们从外面搬运回来，时间一长，蚁王的双钳功能退化。第二，不能滋生儿童的懒惰习性。儿童小时候懒惰，长大后对待工作、对待社会就会不尽职。实际上，许多儿童的懒惰是由父母一手造成的。第三，儿童不动手、不劳动，就不会感受劳作的辛苦，更不晓人生的艰难，变得"不识时务"，逐渐丧失人情、人道，成为感情淡漠的人。第四，父母应通过使儿童参加劳动，培养其独立的精神。

陈鹤琴写道：

> 小孩子每天应当替父母做一点事体，使他知道他也是家中的一个重要分子并且也能够替父母帮忙，这是于两方面都有好处的。不过做父母的叫小孩子所做的事情，不要太易，不要太难罢了。倘使所做的事太易，那么小孩子一则不高兴去做，二则无进取心，三则以为父母小看他，叫他做这样容易的事体，恐怕就要不大高兴。反之，做父母的叫他做太难的事情，那么小孩子一则畏难不敢去做，二则以为父母虐待他，叫他做这样艰难的事情，以后就要怨恨父母了。所以做父母的叫小孩子做事不宜太易，也不宜太难，当在他能力所能做的事，而叫他去做。[1]

---

[1] 引自《家庭教育》(1925)，见《陈鹤琴全集》第二卷，江苏教育出版社2008年版，第633页。

父母在教育、培养儿童的过程中，不应当禁止儿童去探试许多新鲜事物；同时，利用儿童的好问心，启发、激励儿童求知的欲望。陈鹤琴举例：平日里儿童喜欢玩弄各种东西，看见雪弄雪，看见沙土玩沙土，看见钉子就要敲，看见纸就要剪或画，然而有的家长对此感到烦恼，一是恐怕儿童衣服被弄脏，二是担心儿童动作发生危险。有一个儿童在天井里堆雪人，外婆看到了，将儿童叫到房间里揍了一顿。过了一会儿，这个儿童拿起一根竹竿将挂在屋檐下的冰条打落，拿在手上做出骑马扬鞭状，外婆又生气了，口中说道："大清早起也不读一句书，就来弄雪；弄了雪不够又来弄冰，你爸妈养你这种东西，倒不如养猪狗好！"骂得儿童可怜巴巴地低着头。

陈鹤琴举了自己的例子，有一日一鸣跟着父亲到野外去，看见一堆沙子就跑过去玩；过了好一阵子，父亲叫了几次，一鸣仍玩得起劲，不肯离开。一鸣喜欢敲钉子，父亲就提供小锤子、钉子等物什，使他能敲钉；一鸣喜欢剪纸，父亲就指导儿子剪成鸟兽人物形象。陈鹤琴写道：

小孩子不玩雪，则不知道雪是冷的，雪是遇热而融化的；不玩沙石，则不知道沙石是硬的；不剪纸、不敲钉，则不知道钉和纸的性质，锤和剪的用法。所以小孩子试验物质可以得到许多经验，长进许多知识。[1]

当儿童看到新鲜事物喜欢问这问那，出现"好问"倾向时，说明儿童的求知欲望被激发了。往往在这种时候，父母可以对儿童提出的问题做到"有问必答"，也可以采取要儿童自己想一想，或动手试一试的方法，使儿童获得更为直接的经验，即实践。陈鹤琴认为："有问必答"的做法可能会产生一种后果，儿童因此不再去探讨，不愿去思索，养成凡事依赖他人的习惯。让儿童去思考、尝试、实践，激发起儿童求知的欲望、兴趣，积累更多有用的经验，对于儿童成长益处良多。

---

[1] 引自《家庭教育》(1925)，见《陈鹤琴全集》第二卷，江苏教育出版社 2008 年版，第 634 页。

有一日，一个 5 岁儿童同父亲一道去郊外散步，远远看到有人在放风筝。儿童问父亲："那个人在做什么？"父亲说："你要去看看吗？"说罢，父子二人跑了过去。到了那里，父亲问儿童："风筝在天上飞得多么好看，你去看看放风筝人手里捻的是什么东西？"儿童走到近处仔细看后，跑回来告诉父亲说："是一根很粗的线。"父亲又说道："你要同那个人一样吗？"儿童回答："要的。"然后，他们在回家路上，父亲领着儿童在店铺里买了彩纸、竹骨等材料，回到家后亲手制作了一只风筝。第二天，父子二人带着自己做的风筝去野外放飞。陈鹤琴写道："小孩子生来一点没什么观念的，但是他有几种基本的能力：一、接受外界的刺激；二、这种刺激在脑筋中肌肉里或者可以保留着；三、他受到那种刺激到相当时期，有相当的反应。这三种基本的能力，是他一生做人的基础。刺激就是从环境来的，好的刺激，就得到好的印象；坏的刺激就得到坏的印象。"[1] 他认为，儿童素质、行为的好或坏取决于环境因素，生长在忠厚勤俭环境中的儿童，长大以后也是忠厚勤俭；相反，生长在诡诈恶劣环境里的儿童，长大以后仍然有许多诡诈恶劣的习性。在《家庭教育》一书初版 10 年后，陈鹤琴补写了一章《为儿童造良好的环境》，增加进再版的《家庭教育》并作为第十三章。在文章开始，陈鹤琴记述了一件亲历事情：

　　有一次，我从普陀乘船回上海，船上的环境非常恶劣，什么赌博，什么鸦片，几乎到处皆然。服侍我的一个 16 岁的茶房，看起来很聪明，也居然吃起香烟来。我就劝告他说："香烟是有毒的，你这样小小的年纪，不可吃的！"过了一息，我看见他又居然大叉其麻将。这个小孩子曾经读过四年书，看起来玲珑可爱，但是生活在这种环境之下，也就同化了。我们不能说他坏，我们不得不归罪于环境。你要说小孩子不受环境的影

---

[1] 引自《家庭教育》(1925)，见《陈鹤琴全集》第二卷，江苏教育出版社 2008 年版，第 636 页。

响，世界上有几个？有几个能超出环境之上的？[1]

在陈鹤琴看来，作为父母，应为儿童提供这样的良好环境：（1）游戏的环境，包括充分的设备与适宜的游戏。（2）劳动的环境，包括儿童生活自理、参与一些家务劳动等，使儿童有劳动的机会，发展动手做事能力，培养儿童劳动的习惯与独立能力。（3）科学的环境，以引起儿童科学的兴趣，发展儿童钻研、动手能力。（4）艺术的环境，包括：① 音乐的环境；② 图画的环境；③ 审美的环境。（5）阅读的环境，一方面父母应经常读书、看报，另一方面要为儿童提供适宜的读物，并指导阅读，以使儿童喜欢阅读，引起兴趣。[2]

附1：怎样可以使小孩子的经验格外充分些[3]

原则一：做父母的应当常常带领小孩子到街上去看看。

原则二：凡小孩子自己能够做的事情，你千万不要替他代做。

原则三：叫小孩子做事，不宜太易，也不宜太难，需在他的能力以内而仍非用力不可的。

原则四：不应当禁止小孩子去探试物质。

原则五：做父母的应当利用儿童的好问心，以作教育儿童的一种良好动机。

附2：家庭教育课程标准草案（节选）[4]

……

五、家庭教育的内容

（一）做人

---

[1] 引自《家庭教育》(1925)，见《陈鹤琴全集》第二卷，江苏教育出版社2008年版，第636页。
[2] 参见《家庭教育》(1925)，见《陈鹤琴全集》第二卷，江苏教育出版社2008年版，第636—641页。
[3] 参见《家庭教育》(1925)，见《陈鹤琴全集》第二卷，江苏教育出版社2008年版，第630—635页。
[4] 参见《国立幼师三个课程标准》(1945年)，见《陈鹤琴全集》第五卷，江苏教育出版社2008年版，第48—51页。

1. 对己

（甲）培养独立的人格

（乙）养成良好的卫生习惯

（丙）培养稳定的情绪

（丁）建立健全的人生观

（戊）学习人生的基本知能

2. 对人

（甲）学习社会礼貌

（乙）养成助人习惯

（丙）明了尊重他人的意见和权利

3. 对国家

（甲）养成守法的习惯

（乙）培养爱国热忱

（二）做事

1. 培养公私分明的态度

2. 养成贯彻始终的精神

3. 造成勤俭的习惯

4. 增进服务的热忱

5. 训练儿童具有事先计划事后探讨之能力

（三）做学问

1. 培养广博的研究兴趣——以大自然（包括性的初步知识）大社会为主要范围

2. 养成自动学习的能力

3. 树立创造的精神

4. 养成运用科学方法的知能

六、教学的原则和方法

（一）教学的原则

1. 要做中教做中学做中求进步

2. 要培养自动的能力和兴趣

3. 要以身作则

4. 要愈早愈好

5. 要开始教得好

（二）教学的方法

1. 暗示的方法

2. 替代的方法

3. 鼓励的方法

4. 游戏式的教学方法

> 测验方法出现之后，对于用比较精确的数量化方法研究较多儿童心理的发展，特别是智力的发展开辟了新的道路。
>
> ——引自《儿童心理学史》
> （朱智贤、林崇德著）

第三章
教育测验

20世纪20年代前后，中国兴起了新教育热潮，其中以科学态度与科学方法影响并应用于教育过程被认为是中国现代教育开端的重要标志之一。"测验"作为一种度量儿童个人智慧、能力程度与后天教育结果的工具，其"客观性"与"数量观念"，以及测量的步骤、方法改变传统教育中主观的、"囫囵吞枣"式、浮泛模糊的评价方式，为"新教育"倡导者所热衷并推崇。陶行知将"统计法"与"测验"称为教育事业的"工具"。由此，从西方传入中国的"智力测验法"、"教育测验"以及"职业测验"被作为改进教育的切实手段与科学态度、科学精神的具体体现。

1919年，陈鹤琴与廖世承（字茂如，1892—1979）在"南高师"开设测验课程，编造各种测验教程，两年后出版合著《智力测验法》，成为中国最早的教育测验专著，与先于此前已经在南京、北京等地学校实施的"教育测验"应用试验一道开创了"中国的教育测验运动"（陶行知语）；实际上，这是陈鹤琴在留学回国后最早开展的研究工作之一，其对象是儿童智能、学习能力检验与判定标准应用性，为"新教育""教育机会均等"与"学校改革"提供"科学化"工具，将儿童或学生个体，包括其智慧、能力作为教育评价的主体、对象、依据；对儿童学习过程与结果进行"客观性""准确性"评价，并将学校管理、课程设置、教师观念及教学方式、方法纳入"技术性"规范,从而使教育在"传道受业"性质之外,成为"有规律可循""可测量"与"标准化"科学。著名教育家郭秉文(1880—1969)认为,将"测验"应用于学校入学考试中,"不仅试验记诵之博洽,而兼考验其能力、智慧发达至何程度";"如其他能力、智能亦以是法加以测验,则吾中华民族之强点可发挥而光大之,而其弱点之所在,亦可从事设法弥补"。他对该书的评价:其一"引起国人之注意,俾了然于其价值之所在";其二"示明种种方法,俾用之者有所率循……"[1]

1922年2月,由蔡元培、范源濂、郭秉文、陶行知等"新教育"领袖发起"中华教育改进社"成立,"教育测验"被列为该社最早的实验项目,在来自美国哥伦比亚大学师范学院心理学专家麦柯尔教授(William A.McCall,又译麦柯)等指导下迅速开展,陈鹤琴参与此项工作的组织与实施,积累了大量经验。在此基础上,1925年,陈鹤琴与廖世承合著的第二本专著《测验概要》出版,将针对个人智力测试、评估的智力测验扩延至教育测验范畴,并应用于学校管理、课程改造与学生发展等方面,确立了"测验"作为教育评价工具在教育过程不可或缺的重要地位,推动了中国教育向"科学化"方向发展的进程。

第一节　教育测验"中国化"开端

1904年,法国巴黎学校行政当局发现位于该城贫民聚集区域中的小学学生普遍学习成绩进步缓慢,因此怀疑这些学校的学生在智力与学习能力等方面存在"根本性缺憾",不能适应学校教学环境,为此

---

[1] 参见《〈智力测验法〉序言一》(1921年),见《陈鹤琴全集》第五卷,江苏教育出版社2008年版,第278—288页。

专门成立了一个特别委员会,其任务是研究并采取一系列措施,以保证缺陷儿童受到"有利的"教育,其中包括允许入学的条件、教学人员、教学课程与方法等,而被怀疑为"迟钝"儿童的需要一系列经过教育与医疗等"客观性"检查才能判定。心理学家比纳(Alfed Binet,1857—1911,又译比奈)在精神病医生西蒙(Theodore Simon)的协助下拟定出大约30个测试题目,以对小学中正常与异常儿童的智力水平进行诊断与判定,经过修订后,增加了新的项目,将儿童适用年龄范围从3~16岁扩展为3~18岁,形成《比纳-西蒙智力量表》,从而将简单地确定迟钝儿童的工具,发展成为测量儿童智力的通用工具。1911年,该表又一次被修订,重新排列了测试项目顺序,将测试对象的适用范围从儿童延伸到成人,其目的是采用心理学测试方法对于人的智力水平进行综合评定。

据《儿童心理学史》记述:"比纳在智力方面的系统的、艰苦的工作,导致了第一个智力量表的出现,并成为一切心理测量的先驱。在儿童心理学中,测验带来了对心理发展,特别是对智力的客观测量,至少是它成为智力发展研究的一项重要工具,于是就推进了智力发展的研究,这就是比纳对儿童心理学的贡献。"[1]这一量表发表后,意大利、德国、英国等国的心理学家受其影响,修订或推出新的量表。1910、1911年,美国心理学家高达德(Goddard)、库尔曼(Kuhlmann)先后对《比纳-西蒙智力量表》进行修订。1916年,美国斯坦福大学心理学教授特曼(L.M.Terman,又译推孟)在对《比纳-西蒙智力量表》进行补充、修订与完善的基础上,推出《斯坦福-比纳量表》,从而使"智力测验"概念及其"工具"逐渐受到教育界的广泛认可并兴盛发展,播及全世界。有一位美国心理学家约翰逊(A.R.Jensen)将智力测验对研究儿童

---

[1] 引自朱智贤、林崇德著:《儿童心理学史》,北京师范大学出版社2002年版,第74页。

智力发展与培养中的作用归纳为5项:(1)评定;(2)指导;(3)诊断;(4)甄别;(5)筛选。[1]

据《儿童心理学史》记载,1915年,美国人克雷顿(Creighton)在广东对500多名儿童进行了心理和身体方面的测试,美国心理学家采用此项测验数据与美国儿童进行对比后结果显示:"中国男女生机械记忆力优于美国儿童,理解记忆与美国儿童无显著差异,推理等方面的测验不如美国儿童。"[2]1918年,在清华学校任教的美国心理学家、教授华尔科特(Wallcott)采用《斯坦福-比奈量表》对本校高等科四年级学生进行测试;同一年,教育家俞子夷根据美国心理学家桑代克(EdwardLee Thomdike,1874—1949)《书法量表》的编制程序,编制《小学国文毛笔书法量表》,率先将西方的教育测验方法应用于中国学校教学,以后又陆续编制《初小算术四则测验》《文语体缀法量表》、《小学应用题测验》《小学社会自然测验》等,在"南高师"附小和江、浙一带学校推广试用。1920年,"南高师"教育科两位年轻教授陈鹤琴与廖世承开设测验课程,并将心理测验应用于招生考试之中,以编制心理测验量表方式测量学生的课业成绩。由此,"科学化"心理测验进程在中国国内教育界正式开始。在此基础上,1921年,由他们二人合著的《智力测验法》一书正式出版,书中对《比纳-西蒙智力测验量表》进行了系统性介绍,在教育界进而产生反响,被时任"南高师"校长郭秉文称为"将来纸贵一时,可无待言"。

对于"五四"时期"新教育"倡导者来说,实行"德谟克拉西教育"(注:英文Democracy译音,译意为"民主"),即教育机会与受教育权利平等与学校改革(包括管理制度、课程及教法、儿童发展等)是两项具

---

[1] 参见朱智贤、林崇德著:《儿童心理学史》,北京师范大学出版社2002年版,第83—85页。
[2] 参见朱智贤、林崇德著:《儿童心理学史》,北京师范大学出版社2002年版,第84页。

体目标,"智力测验法"为实现此两项具体目标提供了"科学化"的工具与标准。在新教育倡导者看来,惟有对于儿童智力、学习能力予以客观评估,并依据标准进行判定,才能使"德谟克拉西教育"得以落实,在这一过程中,"测验"作为工具,其作用无可替代。因此,"徒讲德谟克拉西的教育是无用的,必须以智力测验来补足德谟克拉西教育的学说"[1]。与此同时,学校及课程、教学法等改革需要"科学化"的态度与方法、工具,包括准确、客观的统计、测验与标准。当时,中国国内许多学校,尤其是小学、中学在入学与晋级条件、课程标准、评价方式等方面尚待进一步规范,体现在教学过程中,由于同一班级学生的学习能力、学习成绩参差不齐,造成了教师在教学过程中遇到许多困难。如某校的英文班,其中有英文程度很高的,也有初读的。教师若把功课多上一点,初学的一定读不了;若上得少些,程度高的就没有进步。因此,根据学生学习能力分班可以克服此种"弊病",而要达到这一目的,"除智力测验外恐怕没有别的法子"。[2] 采取"测验"方法,改变统一的教学管理模式,使根据学生的学习能力采取分班教学具有可能性。在美国,许多学校采用了智力测验方式进行分班,可以证明此项方法的有效性。除根据学生学习能力与成绩分班以外,"测验"还可以帮助学校为少数"极聪明的或极愚笨或身体上残缺的儿童"开设特殊班;以及根据学生特长、兴趣爱好进行分班,以实现"因材施教"的目的。[3]

1924年,知名心理学家、时任东南大学心理学教授陆志韦主持翻译、修订《比纳-西蒙量表》,并以《斯坦福-比纳量表》中测验题目为蓝本,拟定《订正比奈-西蒙智力测验说明书》,在江浙地区一些学校试用;1936年,陆志韦又一次对该表进行修订,将适用范围扩大至北方儿童。

---

[1] 参见《智力测验法》(1921年),见《陈鹤琴全集》第五卷,江苏教育出版社2008年版,第285页。
[2] 参见《智力测验法》(1921年),见《陈鹤琴全集》第五卷,江苏教育出版社2008年版,第285页。
[3] 参见《智力测验法》(1921年),见《陈鹤琴全集》第五卷,江苏教育出版社2008年版,第285—286页。

随后,"智力测验法"及相关心理学测量方式、各类学科学习量表在更大范围实施,逐渐形成热潮。1931年6月,由陈鹤琴、艾伟、廖世承、陆志韦共同发起成立中国最早的测验专业团体——中国测验学会。

陈鹤琴为《教育大辞书》[1]撰写"教育测验"条目:

……

教育测验,可说全系美国之产品,而欧亚诸国,近亦渐渐受其影响矣。在中国首先介绍测验事业者当推俞子夷。俞氏根据桑戴克氏书法之构造原则,于1918年编制小学国文毛笔书法量表四种,行书正书参半。此量表一出,而国中小学界遂知教育成绩可用客观的标准考查矣。

翌年,廖世承、陈鹤琴由美归来掌教东大,提倡测验不遗余力,开测验学程也,编造测验也,同学生往各处测验也,而测验之事业,遂日形发达矣。

然真正大规模之运动,尚有待诸异日。1922年中华教育改进社聘请美国测验学专家麦考尔(又译麦柯、麦柯尔——著者注)来华,会同我国大学教授编制各种应用测验;而验制之方法,皆根据麦氏所提供的之T、B、C、F制,以期统一而收宏效。测验之运动遂形扩大。1924年廖、陈二君合编《测验概要》一书,专论该种新制,以期推行,而各校之测验学程有所参考矣。[2]

第二节　科学教育工具——智力测验法

"测验"采用心理学方法对学生的智力程度与教育结果进行"测量",并以数字、统计、图表等方式予以呈现,其"科学性""客观性"逐渐

---

[1] 唐钺、朱经农、高觉敷主编:《教育大辞书》,商务印书馆1930年版。
[2] 引自《教育测验》(1930年),载《陈鹤琴全集》第五卷,江苏教育出版社2008年版,第693页。

得到公认。"测验"分为两大类：一类是专门用于测量儿童的智力聪明或愚笨程度，称"智力测验"；一类是专门测验儿童的学科能力，称"教育测验"。陈鹤琴、廖世承先后于1921年、1924年出版合著《智力测验法》与《测验概要》，对两大类"测验"内容及其方法进行阐释，具有开创性的里程碑意义。陈鹤琴、廖世承两位著者不仅同为"南高师"（后改为东南大学）教育科心理学教授，而且同年出生，同年考入清华学校，同船赴美留学，志趣相投，情谊深笃。他们编写这两本著作的目的在于："专为引起读者对于智力测验之兴味，希望大家因此而能殚精研思，用科学的方法，去解决教育上一部分的困难问题，如升级留级，入学考试，分组教授，等等。"[1]

在陈鹤琴、廖世承看来，从"科学教育"观点出发，阻碍"人"在精神、智力方面进步的重要因素之一是缺乏客观、准确的客观标准与工具，以甄别人才、判断事物性质。如判定学生学习成绩，有时学校的考试成绩并不能代表学生的真实能力。实际上，还应有其他方法对学生能力进行准确评价，惟有注重客观工具与标准，"现今提倡的智力测验，便是用科学方法，求客观的标准，以救济主观方法所不及"[2]。

他们认为，从心理学角度而言，人的智慧以神经纤维为根据，由神经末梢的数量决定，因而"人的智慧是天生的，智慧的发展有一定的限度。教育只能发展智慧到最高限度，但不能增加智慧，超出限度以外"。人的能力，如记忆力、观察力、想象力、创造能力、抽象能力等，却不尽然是先天的遗传，更多与后天的教育（包括环境）因素相关。因此"智力测验"作为工具的两大功用：一是测验各个不同人"天赋"的智慧程度，以判定其可接受教育的适宜程度与最高限度；二是测验各个人的能

---

[1] 引自《〈智力测验法〉序言二》(1921年)，见《陈鹤琴全集》第五卷，江苏教育出版社2008年版，第280页。
[2] 引自《智力测验法》(1921年)，见《陈鹤琴全集》第五卷，江苏教育出版社2008年版，第282页。

力。能力由先天和后天两方面因素相加结果形成，其中"智能"仅是其中因素之一。《智力测验法》一书写道："总之，智力测验的好处便在有一普通的客观标准。有了这个标准，便可以有正确的学校调查、正确的人才甄别，学业上、商业上、工业上都可以得一绝大的补助。那科学方法，便能贯彻到精神方面去，便不致使物产文明蒸蒸日上，精神文明故步自封了。这便是智力测验的用处，这便是智力测验的目的，这便是提倡智力测验的希望。"[1] 然而，"智力测验"作为教育工具，在编制中须具备两项基本要求，即"具有一定的核算标准"与"简单的算法"，同时，测验的成绩必须与儿童的年岁和智力适成正比例；测验的难度必须适合儿童的程度；测验的材料必须简单，内容不宜复杂；测验的组织必须简单；测验的排序与实施方法也应清楚、简单、合宜。[2] 在陈鹤琴、廖世承看来，"智力测验"作为"科学化"工具，需要社会、学校，以及校长、教师的接受与认可，内容、标准与形式、方法，必须明确、适宜、简单、合用，才能在更多学校适用、推广。

《智力测验法》一书介绍了智力测验基本形式：图形、数目、填字，其中包括（1）数形交替，如用4个图形符号"+""×""-""/"，对应数目"1""2""3""4"，被测试者的思维在符号与数目之间转换，速度快者为优胜。（参见附1）（2）填字、填句、填图、词句重组等共二十余种测验，测验被试者对于图形认知、图文转换的能力。如"填图"测验，将24张图中各缺少一件东西，请被测试者观察后予以补充。这项测验是根据国外一项填图测验形式，按照中国儿童容易接受的形式设计的图案形象，曾先后对500多位学生进行测试。（参见附2）（3）迷津测验。（参见附3）（4）其他测验。（参见附4）测验题目分为团体、个人两类，前

---

[1] 参见《智力测验法》（1921年），见《陈鹤琴全集》第五卷，江苏教育出版社2008年版，第284页。
[2] 参见《智力测验法》（1921年），见《陈鹤琴全集》第五卷，江苏教育出版社2008年版，第285页。

者包括普通、高深两级，重点测验知识与综合运用能力；后者偏重于"个人测验"，重点测验个人学习与解决问题的能力，其中包括"记忆力"。在陈鹤琴、廖世承的心理学研究中，记忆力对于学生学业成绩，甚至于人的智慧、智力之间存在密切关联性；背述测验考查学生的联合观念；机巧板测验则测试学生综合思维与动手能力。

时任"南高师"校长、教育家郭秉文在为《智力测验法》作序中，一方面对于陈鹤琴、廖世承进行"智力测验法"研究及成果高度评价，称该书"将来纸贵一时，可无待言"；另一方面在字里行间中透露出进一步期待，他写道"但其书仅论智力测验，而不及教育测验，想陈（注：指陈鹤琴）、廖（注：指廖世承）两君必继续加以研究，另着教育测验一书，以补其缺，此则吾之所厚望者也。"[1]

附件1：数形交替测验

+	×	−	/
1	2	3	4

×	/	+	−	/	×	−	+	/	×

+	−	×	/	×	+	−	/	×	+

（注：原表格载《陈鹤琴全集》第五卷，江苏教育出版社，2008年8月，第297页，其中数字原为文字，由本书作者改为阿拉伯数字）

---

[1] 引自郭秉文《〈智力测验法〉序一》，见《陈鹤琴全集》第五卷，江苏教育出版社2008年版，第279页。注为本书作者所加。

附件2：填图测验

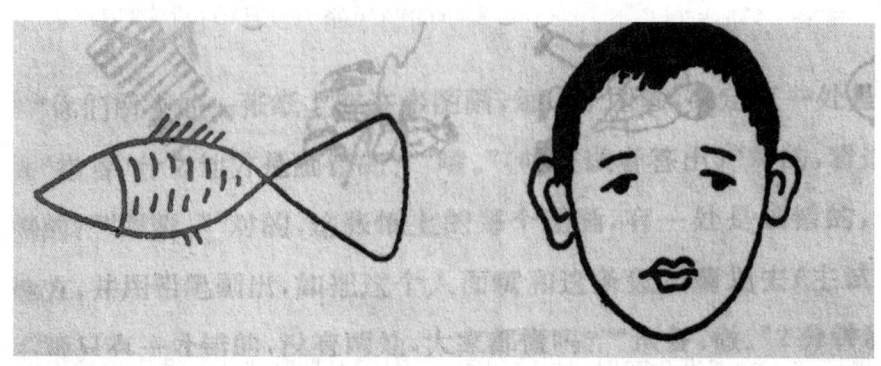

做法说明：

"今天给诸位一张纸，这张纸上有许多图画。这种图画，画得都不完全的，每一个图都缺少一件东西，要你们自己填上去的。"

"譬如这条鱼，（黑板上画）它缺什么地方？大家都看得出来是缺眼睛，我们就这样填上去（画鱼目）。又譬如，这个面他缺什么东西？"回答说"鼻子"。"那么吾们就把鼻子画上去。每一个图只要填一件东西，不要多填，填得愈快愈好。"[1]

附件3：迷津测验

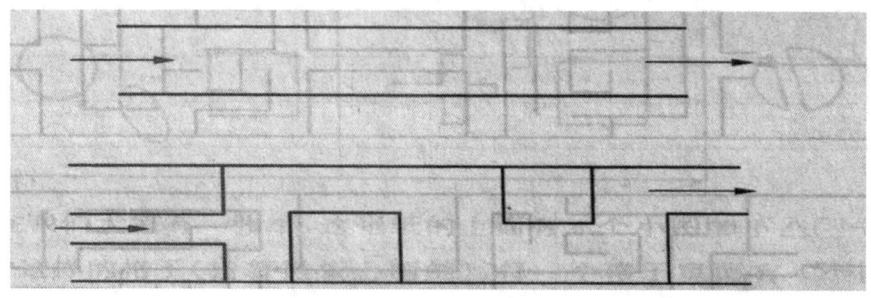

图一

---

[1] 引自《智力测验法》(1921年)，见《陈鹤琴全集》第五卷，江苏教育出版社2008年版，第305页。

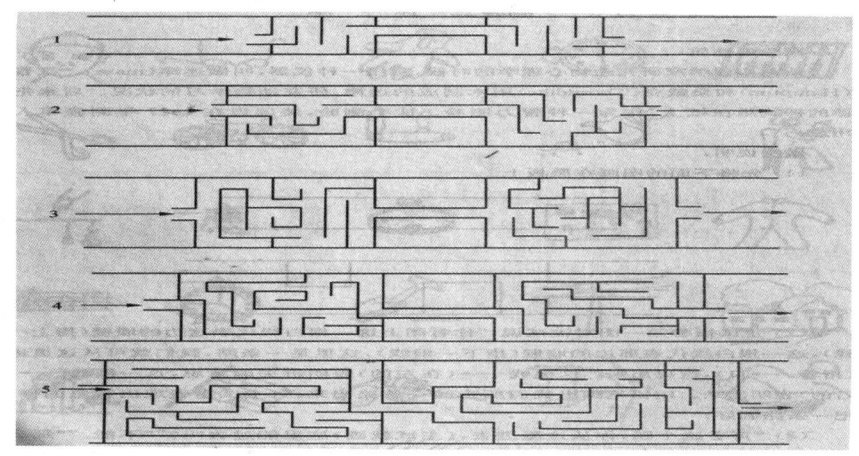

图二

做法说明：

（1）主试者先将图形画在黑板上。

（2）主试者指着第一图对被试说："你看图上这一根白线代表这边的墙壁（指上一根线）这一根白线代表那边的墙壁（指下一根线），这里是一条路，我们就可以从这里进去（指着 ➝ 口），这里出来。这根线（在左的 ➝）表明进去的意思，这一根线（在右的 ➝）表明出来的。用铅笔画出我们所走的一条路出来。"（主试者遂表现出紧急的样子，把一条路画好）

（3）"再看这个图，你从这里进去，（主试者就画）这里能过去吗？""不能"。"那么怎样？""往上"（被试答的）。"对了"，主试遂往上画过去，画到与直线相近的地方就停止，再问被试者说："能一直画过去吗？""不能！""那怎么样？""往下"，"对了！"……

（4）"这张纸上的五个东西，都像这两个样子差不多。你用铅笔画一条路出来，从这里进去，必向这里出来（主试者指着黑板上的图）你不必这样画（如 ➝）你只要在每一个图上画一条路就好了，现在大家都懂的吗？""预备"——"做"，"2分钟后叫停。"[1]

附件4：

《智力测验法》中列举测验名称（普通类）

序号	名称	类别
测验一	填图	图形思维
测验二	谬误	图形思维
测验三	迷津	图形思维
测验四	划去余形	图形思维
测验五	划去余点	图形思维
测验六	形数交替	图形转换
测验七	填字测验"甲"	语言文字
测验八	分析方阵	图形思维
测验九	双方分析	图形思维
测验十	图形分类	图形思维
测验十一	校对数目	数学思维
测验十二	算学巧术（甲）	数学思维
测验十三	算学巧术（乙）	数学思维
测验十四	立方体	数学（几何）思维
测验十五	词句重组	语言文字
测验十六	模型再认	图形思维
测验十七	填字测验	语言文字
测验十八	数形交替	图数转换
测验十九	比喻测验（甲）	语言文字
测验二十	比喻测验（乙）	语言文字
测验二十一	知识测验	综合知识、社会性
测验二十二	词类选择	语言文字、社会性
测验二十三	道德判断	语言文字、社会性

---

[1] 参见《智力测验法》(1921年)，见《陈鹤琴全集》第五卷，江苏教育出版社2008年版，第309、310页。

附件5：

《智力测验法》中列举测验名称（高深类）

序号	名称	类别
测验二十四	分析几何形	数学（几何）
测验二十五	指使	社会性
测验二十六	词句重组	语言文字应用
测验二十七	迷津	图形思维
测验二十八	填字测验	语言文字应用
测验二十九	道德判断	道德、社会性

附件6：

《智力测验法》中列举测验名称（个人类）

序号	名称	类别
测验三十	机械地记忆	学习能力
测验三十一	背述	学习能力
测验三十二	四形机巧板	学习能力
测验三十三	五形机巧板	学习能力
测验三十四	迪尔伯尔恩机巧板	学习能力
测验三十五	方块叩击	学习能力

（注：附件4、5、6，由本书作者根据《智力测验法》原著中内容整理）

第三节　测验概要

1925年，陈鹤琴、廖世承继《智力测验法》之后，推出了新著《测验概要》。在这本书的"自序"中，他们强调："书中所举测验材料，大都专为适应我国儿童的。师范及高中学生苟能悉心体会此书，留心研究，加以实习，将来对于测验事业，必能有所赞助。一般读者浏览此书，也可知道测验的梗概。"[1] 他们力图说明,"测验"是一种科学方法,其目的在于"度量"儿童的智力程度与教育成效。"自序"中写道:"教育家天天闹改良,但是度量的标准不完备,又怎样能着手改进呢?"[2]

18世纪中叶,法国巴黎出现了专为聋哑儿童设立的学校,以后又设立了盲人学校及低能儿学校,不久后特殊儿童教育接踵而来,各类心理诊疗、干预方法逐渐发展。与此同时,对儿童发展程度及教育结果,需要将"心理测量"作为客观工具进行"量化"分析,以为正确施教提供科学依据。法国心理学家比纳将"智力"解释为由三种能力组成,即判断能力、创造能力、顺应环境的能力;"智力"三要素:判断—了解—推论。德国心理学家斯特恩(W. Steron)将智力解释为"普通的、精神的、顺应新问题新生活的能力"。桑代克(Edward Lee Thomdike, 1874—1949)将智力定性为"一种从事实及真理方面立论,适当的反应能力"。近代心理学家相信:"智力"作为精神物质中不仅有数量可寻,即"定量",也可以用简单的方法进行测量,即"定性""标准化"。桑代克有句名言:"教育之效用在改进人类";"物之存在必有其数量"。[3]"测验"是一种工具或量尺,通过被试者对被试物发生各种反应(response)判断、评价智力发展程度与教育结果,其目的在于改善教育方式,以提高教育的"适宜性"与效率。"测验"可分为两大类,一类是智力测验;一类是教育测验。前者出现得益于"心理学"与"儿童学"发展的四项成果:(1)实验心理学的兴起与发展;(2)儿童个体差异的研究;(3)优生学(eugenice);(4)对于人体构造的认识与度量;"测验"性质为"个别测验"(individua test),只能"一对一"地对个体儿童进行测试,基本因素包

---

[1] 引自《测验概要》(1925年),载《陈鹤琴全集》第五卷,江苏教育出版社2008年版,第481页。
[2] 引自《测验概要》(1925年),载《陈鹤琴全集》第五卷,江苏教育出版社2008年版,第481页。
[3] 参见廖世承:《测验与中学校》(1921年),见汤才伯主编:《廖世承教育论著选》,人民教育出版社1992年版,第49页。

括智力年龄、智力商数（英文 intelligence quotient，简称 IQ），其目的在于测验"遗传的能力"。

计算公式：

智力年龄 / 实足年龄 ×100= 智力商数（I.Q）

由此扩大范围，发展成为"团体测验"（group test），同时可对40~50名儿童进行测验。智力测验与教育测验相互存在密切关联，二者的区别在于侧重点不同。智力测验侧重于儿童的智慧，包括智力与智商（IQ）发展程度。美国心理学家特曼认为："一个人的聪明程度与抽象思维能力成正比。"教育测验侧重于诊断与考察儿童在学习过程中，对于各学科知识的理解、运用等能力。"测验"须符合五项条件：（1）测验的条件，须测验到真实的能力；（2）测验的答案须简明切实，只有对与不对，没有介于两者之间；（3）测验的说明须固定，竭力避免不相干的影响；（4）测验时间须限定，使各受试者受试条件相同，以便比较；（5）测验须有量表可核查。[1]

《测验概要》中列举了"测验"在学校教育中的八种用途：（1）辨别智愚；（2）甄别班次；（3）入学考试；（4）预测将来；（5）估量成绩；（6）改进教法；（7）鼓励学业；（8）诊断优劣。由于人的智愚资质与发育程度是天赋的、各异的，因而受到的教育，包括课程、方法也应有所分别。"对于资质鲁钝及聪明的，我们均应施以特别教育以发展他们的天赋能力。"（陈鹤琴语）在美国，有许多学校利用智力测验甄别班次，如密歇根州杰克逊城于1921年组织全城约7000名小学生进行智力测验，将天资特别愚钝和特别聪颖的学生组成四种特别班次，实行"按程度分班"、"因材施教"。四个特别班：（1）混合班，共有108名低能儿，实际年龄从7岁至16岁，智力年龄却只有4岁半到10岁，升学无望。学

---

[1] 参见《测验概要》(1925年)，载《陈鹤琴全集》第五卷，江苏教育出版社2008年版，第482页。

习内容主要为良好动作习惯养成，职业教育，公民训练。（2）机会班，全班80人，年龄都在14岁以上，但学业只有小学五六年级程度，对于这些学生"非有特别的教练不可"。（陈鹤琴语）（3）辅助班，全班120名学生，年龄不大但学习成绩不好，因此须采取特别的教法。（4）促进班，全班90名学生，天资均较好，采用特别教材、教法进行教学，促进其学业,在一学期中读完两学期的功课。心理学家相信,在一般情况下,一个儿童的智愚资质从小就可显示出来，小时聪明，大来也聪明；小时愚拙，大来也愚拙，正如俗语所说"三岁看小，八岁看老"。人的智力商数，简称"智商"是不变迁的。

与智力测验相区别，教育测验的主要目的是"诊断儿童各学科的能力,预备实施相当的补救"。[1]仿照智力测验计算方式，推出"教育年龄"（英文education age，简称E.A）与"教育商数"（英文education quotient，缩写E.Q）概念：

计算公式：

教育年龄／实足年龄 ×100= 教育商数（E.Q）

由智力年龄与教育年龄两项"因子"构成"成业商数"（英文accomplishment quotient，缩写A.Q 亦可译为：技能商数）概念：

计算公式：

教育年龄／智力年龄 ×100= 成业（技能）商数（E.Q）

"教育测验"侧重在学校学科应用方面，包括（1）国文测验（识字测验、读法测验、文法测验、缀法测验与量表、书法测验与量表）；（2）算学测验（四则测验、理解题测验、算术练习）；（3）英语测验（文法与语法测验、字汇测验、听意测验、默读测验、混合英文测验）；（4）其他各科测验（常识测验、地理测验、历史测验、混合理科

---

[1] 引自《测验概要》（1925年），载《陈鹤琴全集》第五卷，江苏教育出版社2008年版，第495页。

测验）。如评估教学成效，改进教法、鼓励学业等。《测验概要》专章介绍由美国专家美国专家麦柯（又译：麦柯尔）博士编制的教育测验方法—T、B、C、F量表，其中分为百分量表、年龄量表、年级量表、T量表，对不同年龄阶段儿童进行对应测验，从难易程度与速率等方面考查儿童掌握知识程度与学习能力。教育测验可分四类：（1）速率测验；（2）难易测验；（3）诊断测验；（4）练习测验。这一量表曾被广泛应用于中国早期教育测验中。T、B、C、F分别指四项指数："T"意为"能力"（total ability）；"B"意为"聪明"（brightness,）；"C"意为"分级"（classification）；"F"意为"努力"（effort）。由于儿童的天赋不同，智力有上下之分，因此采用测验方式，以智力测验作为教育测验的标准，将两种测验的成绩进行相对比，可以显示出儿童是否学业努力。

计算公式：

T 教育 −T 智力 +50=F

《测验概要》强调，教育测验在取材方面，要全面、普遍，合乎儿童的年龄特点，同时，"测验中的材料有的要比所要测验的儿童程度低一点，使得儿童中程度最低的也能做对一点。这样，就是程度低的也能辨别出来"[1]。

在这本专著中列举了俞子夷、廖世承、陈鹤琴、陈杰夫、杨国荃、徐则陵（养秋）等中国本土教育家编制的各科目教育测验，同时专章对于采用数据、图表统计进行"测验"的具体编制、实施过程进行介绍、阐述。可以说，将"测验运动"作为教育改革"工具"并形成"中国化"运动高潮的最大力量应属陶行知先生主持、当时在国内规模最大的新教育团体——中华教育改进社。

---

[1] 引自《测验概要》(1925年)，载《陈鹤琴全集》第五卷，江苏教育出版社2008年版，第677页。

第四节 教育改进工具——"测验"

1921年12月23日,由新教育共进社、新教育杂志社和实际教育调查社共同发起的中华教育改进社成立。当时,陶行知提出,教育革新须具有两种精神:一是开辟精神,二是试验的精神。陶行知阐述:"有开辟精神,然后愿到那人不肯到的地方去服务,然后我们足迹所到之处,就是教育所到之处。有试验精神,然后对于教育问题才有彻底的解决,对于教育原理才有充量的发现。"[1]在他看来,改良中国教育可从"客观性"与"数目观念"入手;组织、教材、工具是教育的三个组成部分,其中"工具"所指有二:一是统计,二是测量。对于前者,"有了统计我们可以比较,可以把偶然的找出个根本原理来,如同望远镜可帮助我们眼睛看得清楚,在材料中可找出一定的线索"。他将后者比喻为医疗用的"听肺器","欲知病之所在,非测量不可"。[2]在中华教育改进社成立之初,将"智慧与教育测验标准的修正"和中、小学课程改革、体育教学、公民教育、女子教育等一并作为改进社开展的10项重要工作之一。陶行知将"测量"比喻为砍木的斧子、裁衣的剪子、炊事的厨刀。也就是说,没有工具则无法开展教育事业,其中"工具"所指"测量""测验"。[3]

1922年9月,在美国教育专家推士(G.R.Twiss)、心理学家麦柯的指导下,学校调查与教育测验作为中华教育改进社推行"科学教育"的两项重工作开始在一些城市小学、中学推广,范围包括南京、北京、德州、泰安、苏州、杭州、广州、汉口等城市。"智力测验"、"教育测验"成

---

[1] 参见《在实际调查社为孟禄举行的饯别会上的讲话》(1921年),载《陶行知全集》第一卷,四川教育出版社1991年版,第400页。
[2] 参见《教育与科学方法》(1923年),载《陶行知全集》第一卷,四川教育出版社1991年版,第520—522页。
[3] 参见《教育与科学方法》(1923年),载《陶行知全集》第一卷,四川教育出版社1991年版,第522页。

为"科学教育"的代名词，备受推崇。1922年3月，陈鹤琴代表中华教育改进社，负责指导由无锡县教育会邀集的该县小学教员及第三师范学校学生，组织测验委员会，进行教育调查。调查事项包括：（1）教育测验，考察教育之功效；（2）智力测验，查验儿童之智慧；（3）常识测验，检验儿童之知识；（4）学务调查，考核教员、学生、设备、学校行政种种。1923年，中华教育改进社组织了对包括22个城市和11个乡镇，计9万多儿童的大规模全国小学生教育调查，确立了测验作为科学手段对于学校教育的重要作用与地位。8月间，中华教育改进社举办实施教育心理测验讲习会，由麦柯、查良钊、特曼（又译德尔曼 E.L.Terman）、刘廷芳主讲，男女学员295人，其中多为各省视学、教育局局长、学校校长和师范学院教育心理学教员；同年冬天，在查良钊、德尔曼、廖世承、陈鹤琴等人组织下，东南大学、北京师范大学教育科师生，在北京、天津、上海、长沙等22个城市和11个乡镇，对九万多名小学三年级至初中一年级学生进行调查，历时三个月。

据《中华教育改进社社务报告》记载：

无锡县教育会于三月十一日来函，拟在无锡组织县教育会，俟组织就绪，托本社介绍人才襄助办理。旋该会即邀集无锡县小学教员及第三师范学生，组织测验委员会，由本社介绍陈鹤琴先生为总指导。调查事项计分四类：1.教育测验，考察教育之功效；2.智力测验，查验儿童之智慧；3.常识测验，检验儿童之知识；4.学务调查，考核教员、学生、设备、学校行政种种。其测验手续，则分组行之。自六月初开始，十五竣事，计共调查学校近百所，测验高等小学学生两千余人，国民学校学生四千余人，另有详细报告还在编辑中……[1]

1923年8月，中华教育改进社发布第二次社务报告，公布已成立

---

[1] 引自《中华教育改进社社务报告》（1922年），见《陶行知全集》第十二卷，四川教育出版社2002年版，第23页。

的31个专门委员会及其负责人,其中由张耀翔、陆志韦、陈鹤琴组成心理教育测验委员会。这份报告列举了由中华教育改进社组织专家编制的各种智慧测验、教育测验多达42种,其中包括陈鹤琴编制的默读、拼字、普通科学、国语字汇等教育测验数种。[1] 当时负责指导中华教育改进社开展"测验"工作的美国专家麦柯对于中国同行研究成果评价为,"至少都与美国的水平相等,有许多竟比美国为优"。[2] 另据1924年6月发布的《中华教育改进社第三次社务报告》记载,中华教育改进社曾于第二届年会前举办心理测验讲习会,到会者计17省共300余人。会议结束后,经参会各方商定,在即将开始进行的学校教育调查应用"测验"方式"籍以考查各地方之教育情形,及推行此种测验之应用方法。"在中华教育改进社正在编着约30种书籍目录中,包括陈鹤琴编《智学研究》(师范学校用)、《儿童心理》、《学务调查》;已出版19种测验教材中,署名陈鹤琴主编的书籍达5种。[3] 在陆志韦、张耀翔、陈鹤琴、廖世承等一批心理学家的共同努力下,教育测验作为中华教育改进社倡导的"科学工具"与新生的"教育利器"继续沿着专业方向,在国内许多城市学校中迅速开展并掀起热潮,成为20世纪20年代中国教育的"亮点"与中国教育"科学化""现代化"的重要开端与标志。

陈鹤琴记述道:

当时中华教育改进社还聘请了美国的测验专家麦柯尔博士(Dr. Mecall)到我国来,以共促测验运动的发展,这可以说是中国测验运动的澎湃时期。由于国内外专家的努力,测验运动总算在中国奠下了基础。

---

[1] 参见《中华教育改进社第二次社务报告》(1923年),载《陶行知全集》第十二卷,四川教育出版社2002年版,第46—49页。

[2] 参见汤才伯主编:《廖世承教育论著选》,人民教育出版社1992年版,第3页。

[3] 参见《中华教育改进社第三次社务报告》(1924年),载《陶行知全集》第十二卷,四川教育出版社2002年版,第77页。

那时候，东南大学的贡献也很大，校长张伯苓先生不但不反对，而且竭力鼓励我们来作新的尝试。此外，如陶行知、陆志韦、俞子夷、廖茂如、徐则陵、郑宗海、孟宪承、朱君毅诸教授的参与与推动，也是测验运动所以能顺利开展的原因。[1]

第五节　陈鹤琴"教育测验"

陈鹤琴对于"测验"产生兴趣是在美国留学期间，当时在哥伦比亚大学师范学院取得教育社会学硕士学位后，师从心理学家伍德沃斯，继续深造博士学位。他选定的博士论文题目为《各民族智力的比较研究》，他采取智力测验方法进行广泛调查，收集相关数据，可惜这项调查因陈鹤琴中止学业未能进行。他写道："……结果虽然没有成功，可是我对测验的兴趣实始于斯。"[2]

20世纪20年代前期，在国内儿童教育界，陈鹤琴以热衷儿童心理研究、试验而闻名。教育家俞子夷回忆："他专攻儿童心理，他不单单在书桌上研究，在沙发上讨论，他要试验，一切都要试验。在南京同事时，他和我们往来，差不多全是为了试验。我也喜欢试验。这一点，我们的气味最相投合。不试不能知道学理是不是合用。一试验后，可以找出新的问题来。我喜欢用试验的态度办小学，从他的种种试验里，我学会了好多新的经验。共同编造测验时，我得益更多。就这一点说，不但是我的朋友，简直是我的教师。"[3]

陈鹤琴的学生张兆林（宗麟）记录了当年自己的老师在东南大学主持入学考试"测验"时的情形：

---

[1] 引自《我的半生》(1941年)，载《陈鹤琴全集》第六卷，江苏教育出版社2008年版，第566页。
[2] 引自《我的半生》(1941年)，载《陈鹤琴全集》第六卷，江苏教育出版社2008年版，第567页。
[3] 引自《永远微笑的教育家》(1941年)，载《陈鹤琴全集》第六卷，江苏教育出版社2008年版，第468页。

"预备！拿笔起来，头抬起来，眼睛看着我……"

"做！快些做……"

这是一个炎夏的下午三点钟，在一片广大的草地上，盖着一座很大的芦席篷子，篷子里坐着一千二百几十个投考的青年，每个青年右手拿着笔，左手扪着卷子，眼睛全望着讲台上的一位青年教授。全场肃静到纸扇的声音也没有，只听到这位青年教授，解释试题和发着命令："中国是民主共和国，这句话是对的，那末在括弧里加'＋'号。地球是月亮的卫星，这句话是错的，那末在括弧里加'—'号。……大家懂得做吗……那么听我的命令，不可作假：预备！做！快些做……"全场青年立即照着他的命令飞快地做着，这时候，全场只听到铅笔擦着纸面的声音，比一所大育蚕室里成千成万蚕吃桑叶的声音更清脆更响亮。

约莫过了五分钟，站在讲台上的青年教授突然又发命令：

"停！笔放下来，卷子扪起来。再听我的解释……"

青年教授把第二种试题解释明白以后，接着又发命令："预备！做！"

全场青年又依照着他的解释急速地做去，又过了五分钟，这位青年教授又发出"停！"的命令。接着第三种试题又开始，又经过一番解释，又发出"预备！做！"的命令，全场青年又依照着命令做去。这样足足做了两小时，做了五种试题，助考员收去了试卷，全场青年从几个进出口依次出场。

这是二十年前南京高等师范和东南大学合并举行入学考试中智力测验的一课，是全部考试中最新奇而又最紧张的一课。

为着这样新奇的考试科目，每个投考者对于这位青年教授也就留下最深的印象。当时我对他的印象觉得很可敬爱：皙白而红润的脸，流着短短的平顶发，短小而强壮的身材，轻快活泼的举动，不能大声呼喊的声音,斩钉截铁般的语调,态度虽然很严肃,但并不觉得可怕,也没有道貌岸然的矜持与做作……

这位青年教授,就是当时南高和东大的教务长陈鹤琴先生。[1]

陈鹤琴将"测验"性质归纳为:(1)测验系客观的;(2)编制之准确;(3)测验有划一之标准。"测验"分类,一种以"学程"分类,每一学科都有相应的数种测验;一种是以"学习过程"或"学力"分类,包括"速率测验""难易测验""诊断测验""练习测验"。测验功用分三大类:(1)学校行政,如"甄别班次",即按学生学习兴趣、能力或成绩分班;(2)教学过程,如考查学生学力、学业;(3)教学研究。如帮助教师改进教法。[2]

陈鹤琴一向认为,对待教育改革要用科学的态度与方法进行具体分析,不宜笼统地一概而论。如在"新教育运动"中,有人提出"废止考试"主张,陈鹤琴的观点却是"考试无废止的必要,但有改进的余地"。他举了一个美国教育家研究的案例:某教育家从一所学校毕业考试的几何考卷中选了一份,请116位教师批阅,结果不同教师所判分数悬殊,从28分一直到92分,其中有2位教师给出了90余分,有1位教师只给了不到30分;有20位教师给了80分以上,有20位教师给了60分以下;有47位教师给了及格的分数,有69位教师认为这份考卷太差了,不足以给及格的分数。陈鹤琴认为,造成教师评判考卷结果不一可能出于三方面原因:(1)教师的态度有变化的缘故,即教师在批阅考卷时的喜怒哀乐态度影响到评判结果;(2)教师的精神有强弱之分,如教师最初批阅考试卷的时候,其头脑清楚,精神敏捷,批阅时间一长,其精力开始疲乏,所以出现批改试卷快慢、详略、真

---

[1] 引自《二十年的老师》(1940年),载《陈鹤琴全集》第六卷,江苏教育出版社2008年版,第472页。
[2] 参见《教育测验》(1930年),载《陈鹤琴全集》第五卷,江苏教育出版社2008年版,第694—696页。

确与不真确等现象；(3）教师批阅试卷缺乏统一标准的缘故。总而言之，"就是教师用主观的方法去批阅试卷的毛病"。因此，采取"科学法"，即"客观的"考试方式可以使学生考试成绩不受教师态度、精力的影响；校阅试卷时容易、省时；合算的分数划一、真确；师生之间不致有所误会。然而，找到适宜的"客观性"考试法需要经过研究、实验。[1]

---

[1] 参阅《科学的考试法》(1921年)，载《陈鹤琴全集》第五卷，江苏教育出版社2008年版，第419—424页。

第四章
鼓楼幼稚园

> 福禄贝尔认为，幼儿园的主要目的就是加强对幼儿的照管和教育，通过各种适当的活动，增强他们的体质，锻炼他们的外部感觉，发展他们的智力和语言，使他们初步认识自然和人类社会，养成集体生活的习惯，从而做好升入小学学习的准备。
>
> ——引自《西方教育思想史》

20世纪20年代初，陈鹤琴在东南大学担任儿童心理学教授，开展研究工作，著书立说的同时，于1923年秋天在位于南京头条巷自己的寓所内创办了一所家庭幼儿园——鼓楼幼稚园。当时，陈鹤琴办园的三大基本目标：建筑中国化的幼儿园园所、改造西洋的玩具使之中国化、创造中国幼儿园的全部活动。一方面，为自己的儿童教育研究建立实验中心；另一方面，通过大量、丰富的研究、实践活动，形成完整的、具有中国本土特色的幼儿园教学体系，包括教材、课程、教法、教具、环境、师资、标准等，力图改变日益严重的"外国化""宗教化""贵族化"倾向，建立具有"中国化""科学化""大众化"特点的新型幼儿园。鼓楼幼稚园以第一所由中国人主持的幼儿教育研究与实验中心与新型幼儿园被称为中国现代儿童教育发展历程中的里程碑。

《简明中国学前教育史》一书记述：

1923年，陈鹤琴创办南京鼓楼幼稚园，作为推行中国化、科学化幼儿教育的一个实验基地，以改变幼儿教育照抄照搬外国的模式的状况，对幼儿园的课程、管理、设备等进行全面的、成功的、科学的实验。1927年，他将鼓楼幼稚园的实验，加以整理总结，写成《我们的主张》，发表在《幼稚教育》杂志上，提出幼儿园教育的十五条意见。鼓楼幼稚园，

1925 年定为东南大学教育科学实验幼稚园，是我国第一所幼儿教育实验中心。以后，他又与陶行知等合力创办樱花村幼稚园等，开辟乡村教育实验场地。1928 年，受大学院（后改为教育部）之聘，参加并负责全国幼儿园课程标准的草拟和制定工作，根据鼓楼幼稚园的课程实验成果，起草成"幼儿园课程暂行标准"。[1]

第一节　幼稚园发展历程

19 世纪初，欧洲工业革命兴起高潮，年轻的工厂主罗伯特·欧文满怀社会主义改革的抱负与理想，于 1823 年在美国印第安纳州建立了一所"新和谐村"，其中包括一所托养学龄前儿童的教育机构。当时，他的目标：谋儿童的幸福；注重儿童身心发展；逐渐发展儿童社交的友谊。他的理想是使每一个儿童，特别是劳动阶级家庭出身的儿童，从出生起就受到良好、系统的教育。他主张，应当为劳动阶级安排一种国家教育制度。然而，在庞大、无情的资本主义社会制度与社会现实中，他的理想与抱负很快就被淹没了。然而，由他创办的学龄前儿童教育机构成为世界学前教育的最初尝试。

"幼稚园"（亦称幼儿园，Kindergarten）一词最早的提出者是德国教育家福禄贝尔。青年时代的福禄贝尔受到裴斯泰洛齐教育学说感染，对于儿童教育产生兴趣。大学结束后，他曾参加反对拿破仑战争；退伍后，他创办了一所儿童教养院，招收了 5 名年龄不等的儿童；若干年后，他出版了著作《人的教育》，系统阐述自己的哲学观与教育观。然而，由于德国政府当局认为，他开办的儿童教育机构有悖于宗教的律条，因此被逼令予以解散，他流亡去了瑞士。1834 年至 1835 年，他应瑞士政府聘

---

[1] 引自何晓夏主编：《简明中国学前教育史》（第 3 版），北京师范大学出版社 2015 年版，第 284 页。

请担任布格多夫孤儿院院长。此后,他返回了德国,开始着手指导母亲们如何教育子女,并专门设计了一套游戏材料。1837年,他在士瓦本公国勃兰登堡开办了一所以发展幼儿活动本能与自发活动的教育机构,招收3至7岁幼儿。一年后的某日,他与朋友沿着河边散步,突然脑子里冒出一个词汇"Kindergarten",意思是"儿童的花园"。1840年6月28日,他将Kindergarten一词作为自己的儿童教育机构的名称,后来这一词汇及其理念远播传扬,专用于儿童教育机构。福禄贝尔的基本主张:(1)对儿童不应加以限制、干涉,也不可给予过分的帮助,使儿童得以自由发展。(2)游戏是儿童最纯洁最精彩的活动,同时又是人类生活的象征,因为儿童的游戏,就是他们未来生活的萌芽。(3)福禄贝尔将"自然,人,神"三位一体,他认为:"上帝创造万物有一定的规律,所以人的一切活动和发展,都应该依照着这个规律。"在他看来,游戏对儿童的生活与教育产生直接影响,并使儿童的创造性得到充分的发展。由此,他设计了一套由20种"恩物"组成的玩具,以"颜色球"、"小木球"、小立方积木、色板、长短木箸、全圆或半圆形铜环、短木杆、刺纸、绣纸及手工用具等训练儿童对神与外部事物的感知,通过对于色彩与形状的辨认达到训练心灵的目的。(4)福禄贝尔重视儿童的节奏、母歌、图画等训练。在他看来:"倘若能够在幼年时教节奏得宜,将来对于自然、文学、音乐等都有良好的发展。"(5)福禄贝尔晚年极其注重妇女教育[1]。19世纪后半叶,欧洲与美国等地曾兴起"福禄贝尔运动"。1854年英国成立幼儿园;1855年幼儿园传入北美;1876年日本出现幼儿园;同年德国政府正式承认幼儿园教育是初等教育组成部分。在西方教育史著作中,裴斯泰洛齐、赫尔巴特、福禄贝尔被称为对19世纪欧洲教育产生深远影响的三位伟大的教育巨匠,"在很大程度上奠定了我们今天称之为现代教育和进步教育

---

[1] 参见张宗麟著:《幼稚园的演变史》,海豚出版社2012年版,第11—13页。

的基础"[1]。20世纪初,福禄贝尔的教育理念传入中国后,"Kindergarten"这一词汇被翻译为"幼稚园"或"幼儿园",一直沿用至今。

1930年商务印书馆印行《教育大辞书》[2]对"幼稚园"(The Kindergarten)一词释义:

幼稚园者,根据发展之原理,将未入学之儿童所有自然游戏之本能组成系统,以促进其发展之教育机关也。创始者为福禄贝尔。其所以名之为幼稚园者,因其欲以表示"机能自然发展"之观念,并欲藉此园供给适宜之环境以助儿童之发展也。然幼稚园尚别有一义,即幼稚园为幼稚儿童游戏与表现自我之一社会团体,藉以学得社会生活之价值与方法,而不觉其厌也。[3]

19世纪末20世纪初,欧洲"新教育"与美国"进步主义教育"两大思潮推动教育革新运动深入发展,强调儿童个性自由发展的"自由教育"思想成为教育主流。意大利女医学博士、教育家蒙台梭利从研究低能与残疾儿童心智康复开始,发展至贫苦家庭儿童的教育问题。她在一所专门招收贫困阶层子女的学校进行实验,将一个班的儿童集中在一所大房子内,采取多种教育方法,将儿童身染的各种坏习惯改掉,培养好习惯。1907年1月蒙台梭利在罗马圣洛兰佐创办了一所"儿童之家",寓意"公寓中的学校",专收3至6岁儿童,注重儿童感觉训练,强调儿童的独立性与自由发展;同时,通过"工作"协调与控制儿童的肌肉,促进"纪律"与"秩序感"形成。《幼稚园的演变史》对蒙台梭利"儿童自由"教育主张进行解读:

蒙氏为什么要这样主张儿童自由自动呢?她至少有三种目的:

(1)因为让儿童自由自动,可以使儿童自然发展,增进生活力,可

---

[1] 引自单中惠主编:《西方教育思想史》,教育科学出版社2007年版,第268页。
[2] 唐钺、朱经农、高觉敷主编:《教育大辞书》,商务印书馆1930年版。
[3] 引自唐钺、朱经农、高觉敷主编:《教育大辞书》,商务印书馆1930年版,第290页。

以更速地向上长。

（2）因为让儿童自由自动，可以充分地培养儿童的思考力，思考力培养充分了，那么就可以应付以后一切社会的变化。这是主张儿童本位者的根本思想。

（3）因为让儿童自由自动，可以完全看出儿童的真相，借此研究儿童的心理，更因此可以研究新的教育方法。[1]

20世纪初在欧美流行的"蒙氏教育法"、"蒙氏教玩具"与《蒙台梭利方法》（原名《应用于儿童之家幼儿教育的科学教育方法》，1909年）、《高级蒙台梭利教育法》（1917年）、《童年的秘密》（1936年）等著述对于世界儿童教育发展进程产生了深远影响。[2] 蒙台梭利被誉为"意大利的母亲"。"她的努力和功绩揭开了幼儿教育史的新篇章，使幼儿教育面目一新。"[3]

约翰·杜威，美国哲学家、教育家、实用主义教育思想创立者。他将"教育"的内涵与过程诠释为"经验的改造或改组"。他认为："一切教育都是通过个人参与人类的社会意识而进行的。""惟一的真正教育是通过儿童能力的刺激而来的，这种刺激是儿童自己感觉到所在社会情境及各种要求所引起的。这些要求刺激他，使他以集体的一个成员去行动……"[4] 在杜威教育思想体系中，"以儿童为中心"和"教育即生活"、"学校即社会""做中学"成为最重要的核心理念。在杜威教育学说中，学校生活组织应该以儿童为中心，一切必要的教育措施应该为了促进儿童的生长。学校的教学计划、课程、方法以及一切教育活动，都应该服从于儿童的兴趣和经验的需要。他强调生活与认知内容的完整性。[5] 杜威教育学说

---

[1] 引自张宗麟著：《幼稚园的演变史》，海豚出版社2012年版，第20页。
[2] 参见单中惠主编：《西方教育思想史》，教育科学出版社2007年版，第400页。
[3] 引自《幼稚教育》(1926年)，见《陈鹤琴全集》第二卷，江苏教育出版社2008年版，第57页。
[4] 引自《我的教育信条》，见赵祥麟、王承绪编译：《杜威教育名篇》，教育科学出版社2006年版，第1页。
[5] 参见单中惠主编：《西方教育思想史》，教育科学出版社2007年版，第459页。

在福禄贝尔、蒙台梭利倡导"儿童自由成长"主张基础上，更加注重"经验""活动"对于培养儿童适应环境、认知等能力产生的影响与促进作用。杜威的学生、教育家克伯屈（William Heard Kilpatrick, 1871—1965）提出"设计教学法"，强调"有目的的活动"作为教育过程的核心，从而使儿童的成长与发展过程始终沿着生活发展的方向。由杜威及其学生提出教育理论在教育史上被称为"进步主义教育思想"，对20世纪初的美国教育与亚洲教育发生重要影响。

陈鹤琴将蒙台梭利教育学说与杜威教育学说进行对比，如表4-1所示。[1]

表4-1

相同处	（1）组织实验学校 （2）注意于自由、自动，儿童自己教育 （3）反对注入式的教育 （4）能尽量用实际生活的活动
不同处	（1）蒙氏的教具是固定的、有限的 （2）蒙氏对于读写算诸般技艺，有预备学说色彩 （3）蒙氏把人生的整个的经验分得极细碎，于是用论理的方法来教的，并且有"先从感觉到观念……然后到观念的联络"等学说 （4）在课程上，蒙氏也很想来改造先人之缺点，但是所走的路太窄了，因为太偏重于预备学说了

中国幼稚园（亦称幼儿园）的历史可追溯至19世纪80年代，在厦门、福州、宁波等沿海城市出现由外国教会与传教士创办的学前教育机构，称"幼稚园"或察物学堂、蒙学堂、蒙养园等，儿童在未正式入学读书之前，"现使察物，就目能所见，手能所抚，耳能所闻之物，皆使记其名字，及其造法、用法。故至读书识字之时，能收驾轻就熟之效也"[2]。然而，外国教会、传教士兴办幼稚园是为了宗教目的，训练儿童信奉上

---

[1] 参见《幼稚教育》（1926年），见《陈鹤琴全集》第二卷，江苏教育出版社2008年版，第62页。
[2] 引自何晓夏主编：《简明中国学前教育史》，北京师范大学出版社2014年版，第100页。

帝，每日祈祷、走朝会圈、听《圣经》故事，灌输基督精神。与此同时，外国教会与传教士还开办了育婴堂、慈幼院、孤儿院等儿童慈善或社会救济机构，也是出于宗教目的。随着外国教会、传教士设立的幼儿教育机构数量逐渐增多，来自西方的儿童观、儿童教育观、幼稚园课程、教学法等被舶来登陆，由此成为中国近代学前教育的重要发端。

中国学前教育的另一个发端来自于邻国日本。据《简明中国学前教育史》记载，1898年由维新派人士发动的"戊戌变法"（又称"百日维新"）失败后，清朝廷于1901年开始实行"新政"，派出官员、留学生到欧美、日本考察、深造，其中日本是主要的效仿对象。据数据记载，1906年在日本留学的中国学生人数为8000人左右。在赴日留学生中，许多人学习师范专业；一些留学生来到一所名为日本实践女学校附属中国女子留学生师范工艺速成科学习，该校科目包括：教育、心理、理科、历史、算术、体操、唱歌、日语、汉文、刺绣、编物、图画等；此外专设幼儿园保姆训练课程。许多女留学生从该校毕业后返回国内，成为中国最早的一批本土幼稚园园长或教师。[1]

光绪二十九年（公元1903年）清朝政府颁布《奏定学堂章程》（史称"癸卯学制"），确定了国家学制体系，其中包括《奏定蒙养院章程及家庭教育法章程》，提出内容为"蒙养院辅助家庭教育"的"蒙养家教合一"宗旨，规定"蒙养院专为保育教导3岁以上至7岁之儿童，每日不得过四点钟。"同时，《章程》将蒙养院教学范围限定在"儿童最易通晓之事情，最所喜好之事物，渐次启发涵养之。与初等小学之授以学科者迥然有别"。在"保育教导要旨"一节中提出保育教导"非仅长养爱护之谓也"，包括四项内容：（1）保育教导儿童，专在发育其身体，渐启其心知，使之远于浅薄之恶习，习以善良之轨范；（2）保育教导儿童，当体察幼儿

---

[1] 参见何晓夏主编：《简明中国学前教育史》，北京师范大学出版社2014年版，第107页。

身体气力之所能为，心力知觉所能及，断不可强授以难记难解之事，或使为疲乏过度之业；（3）保育教导儿童，务留意儿童之性情及行止仪容，使趋端正；（4）儿童性情极好模仿，务专意示以善良之事物，使则效之，孟母三迁即此意也。受到日本学前教育影响，《章程》规定蒙养院（园）学习科目为四类：游戏、歌谣、谈话、手技。[1]

这一年，正值两广总督张之洞推行新政，倡办新式学堂，湖北巡抚端方在武昌开办湖北幼稚园（后改为武昌蒙养院），聘请毕业于东京女子高等师范学校的户野美知惠等三名日本"保姆"担任园长及教师。办园宗旨："专辅小儿自燃智慧、开导事理，以备小学堂之基础"；强调"重养不重学"；发展儿童身体、开发儿童智识、培养儿童行为习惯；开设行仪、训话、幼儿园语、日语、手技、唱歌、游戏共七项课程。此后，湖南、北京、上海等地先后出现幼儿园、蒙养院等学前教育机构。在这些幼稚园、蒙养院包括两种类型，一种是模仿日本式教学模式，以及教材、课程、教学法，主要由在日本深造后回国的留学生主持；一种是采用福禄贝尔、蒙台梭利等西方教育理念、模式，以及"恩物"、作业等，大多为基督教会或由教会开设保姆训练班培养的学生所办。光绪三十一年（1905年）《湖南蒙养院教课说略》载明："幼稚园设立之始意，将贫贱家儿童养成美材，富贵家父母当不虑其子弟同处染坏习气；有此感情，将来小学堂不分贫富贵贱，可施共同教育，此为小学堂行同等教育补救之法，故幼稚园教育所关甚巨。"[2]1911年武昌起义，清朝被推翻，共和时代到来，新文化、新教育运动方兴未艾，对中国传统封建制度、观念、文化形成巨大冲击，以"科学""民主"为主要标志的新文化运动兴起，历史进入新时期。

---

[1] 参见舒新城编：《中国近代教育史资料》(中册)，人民教育出版社1961年版，第285—388页。
[2] 引自舒新城编：《中国近代教育史资料》，人民教育出版社1962年版，第395页。

教育家张宗麟（1899-1976）写道：

　　五四运动是中国最近各种事业的一个大转机，尤其是文化方面影响更大。幼稚教育也受它的影响。从五四运动以后，新教育的声浪渐高，许多欧美留学生都有几分真心为教育而努力，尤其是杜威、罗素接着来中国演讲，不独引起一般青年的兴奋情绪，即使一般平时只知道做官的教育人才也渐受感动。因此引起小学的改进、中学的改进、学制的改革、全国教育人士的大集会等等。幼稚教育也就在这个波浪中前进……[1]

第二节　鼓楼幼稚园创办过程

　　1923年春天，陈鹤琴开始筹划开设一所幼稚园，一是作为自己研究儿童心理与儿童教育的实验场所；二是为已经3岁的儿子一鸣营造适宜的教育环境；此时女儿秀霞刚刚出生不久，使陈鹤琴感到兴奋的不仅是再为人父、儿女绕膝的感觉，而是又多了一个试验对象。世界上许多著名儿童教育家都拥有属于自己的实验学校，作为实践、检验研究结果、教育原则或方法的实验园地。同时，新教育成果的推广需要建立培训新型教师的平台，如福禄贝尔开设儿童学校，蒙台梭利开办"儿童之家"，杜威创办"芝加哥实验学校"（正式名称为芝加哥大学实验学校，又称杜威学校），罗素创办皮肯希尔学校，德克乐利创办德克乐利学校等，其中杜威学校开展教育实验活动长达8年之久，成为进步主义教育的标志之一，在教育史上产生了重要影响。

　　陈鹤琴认为，幼稚教育是各种教育中的一种，受到各种教育学说与思潮的影响，然而教育家对其特性、规律、教育原则的认识与总结尚不充分，因此有必要进行更深入、全面的实验。他提出，幼稚时期（4~6岁）

---

[1] 引自张宗麟著：《幼稚园的演变史》，海豚出版社2012年版，第30页。

儿童具有"好群""好玩""可教"三大特性与需求，幼稚园教育适应了儿童这些需求，"在一定的处所招收许多差不多同年岁的儿童，供给他们种种有教育价值的环境，使儿童得在适宜的环境之中，充分地与同伴接触……"[1] 他认为，儿童个性与身体、道德、智力、情绪、社会性等素质，不可能在鲁滨孙荒岛式、独往独来孤独生活中自然滋长、发展，只能在人群中才能逐渐培养，"对四五岁的儿童来说，确是一个适宜的人群了，可以在这个人群中养成许多人类社会的德性"[2]。因此，幼稚园的性质应该是适宜于儿童成长、发展的教育环境。陈鹤琴将幼稚教育目标归纳为四项：(1) 做怎样的人（合作精神、同情心、服务的精神）；(2) 应该有怎样的身体（健康的体格、卫生习惯、技能）；(3) 应该怎样开发儿童的智力（有研究的态度、有充分的知识、有表意的能力）；(4) 怎样培养情绪（欣赏、快乐、打消惧怕）。[3]

陈鹤琴对于自己的研究计划踌躇满志。他与妻子商量后，决定将自己在位于南京鼓楼头条巷25号新购置寓所的一层客厅与庭园作为教室；动员同在东南大学教育科任教的同事涂羽卿、陆志韦、董任坚、张子高等出资，组成董事会，聘请东南大学美籍讲师洛林斯为顾问；东南附中音乐教师甘梦丹为教师；由陈鹤琴自任园长，取名"南京鼓楼幼稚园"。

陈鹤琴的助手钟昭华（1901-1995）记述：

民国八年（1919年），陈先生自美返国，担任国立南京高师（后改为国立东南大学，今改为国立中央大学）的心理学教授。十二年（注：1923年）春，为了要研究儿童心理、实验幼儿教育，他就创办了一个家庭幼稚园。什么叫做家庭幼稚园呢？说来很有趣，那时陈先生恰巧新建一所住宅，他就把客厅变成幼稚园，什么幼稚园的设备，什么幼稚园

---

[1] 引自《幼稚教育》，见《陈鹤琴全集》第二卷，江苏教育出版社2008年版，第12页。
[2] 参见《幼稚教育》，见《陈鹤琴全集》第二卷，江苏教育出版社2008年版，第14页。
[3] 参见《幼稚教育》(1926年)，见《陈鹤琴全集》第二卷，江苏教育出版社2008年版，第16—19页。

的教具，什么幼稚园的教材，什么幼稚园的教法，陈先生昼夜不息地创制，孜孜不倦地研究，往往为了一个问题，他会废寝忘食，他会用全副的精神去探讨，去解答。……"[1]

这一年秋天，鼓楼幼稚园开学，首期招收12名幼童，主要是几位董事的子女和3名日本儿童。据亲历者回忆：当时陈鹤琴带领教师们动手布置园所内外环境，添置秋千、摇船、摇马、大小积木、沙盘等玩教具；厘定课程等。陶行知先生对陈鹤琴在鼓楼幼稚园进行的实验感到"意义重大又令人鼓舞"，称："他（指陈鹤琴）和他手下的工作人员有感于目前在幼稚园教育中所使用的一些教材和教法都是照搬外国的，其中有一些不符合中国儿童的实际，所以在1923年秋季开始用自制的玩具，中国的儿歌、童话以及其他的教材在幼儿园中进行实验。他还打算使幼稚园不仅成为幼童教育的中心，而且成为培训母亲的中心……"[2]

陈鹤琴曾坦言自己创办鼓楼幼稚园动机：

（甲）远的动机

（1）喜爱儿童，对儿童教育特别有兴趣。主张儿童要从小教起，研究教育要从基本教育——幼儿教育——做起。

（2）在东南大学担任教授时深感研究教育非从儿童实地研究不可。

（乙）近的动机

（1）当民国十二年，一鸣已实足三岁，正值进幼稚园年龄。

（2）这时候继续研究儿童教育及儿童心理正需要实验机关。[3]

1925年秋，陈鹤琴通过社会募捐与东南大学教育科、中华教育改进社资助、支持，扩大了鼓楼幼稚园园舍规模，聘请刚在东南大学教育科完成学业的毕业生、助教张宗麟为指导员，增加了在园儿童数量，由此

---

[1] 引自钟昭华：《中国的福禄贝尔》（1940年），见《我所知道的陈鹤琴》，金城出版社2012年版，第19页。
[2] 引自《民国十三年中国教育状况》，见《陶行知全集》第六卷，四川教育出版社1991年版，第285页。
[3] 引自张宗麟著：《幼稚园的演变史》，海豚出版社2012年版，第32页。

开始了"中国化"幼稚园实验进程。当时,陈鹤琴立下了三大计划:建筑中国化的幼稚园园舍;改造西洋的玩具使之中国化;创造中国幼稚园的全部活动。据亲历者回忆,当时陈鹤琴与助手一道,在半年时间内盖起矮矮的几间园舍,种了许多花木,置备了许多简单的玩具;幼儿园里,草坪青翠,四季如春,红绿相间,俨然是一个小公园,成为南京城内一景。同时,陈鹤琴与助手们着手对幼稚园课程进行深入研究,力求从风行一时的福禄贝尔、蒙台梭利和美国式课程、教学法中解放出来。陈鹤琴在剖析幼儿教育弊病时指出:"我们中国的幼稚园大抵是抄袭外人的,而外人的幼稚园已时有改进,但我们还是墨守成规,不知改良,以至陈旧腐败不堪闻问了。"[1]有一天,陈鹤琴问一个6岁小女孩是否见过松鼠,小女孩回答:"见过!"他接着问:"松鼠有多大?"小女孩举起两手食指比划着大约两寸长的样子。他继续问:"你在什么地方看见的?"小女孩说:"在书上。"同时将一本油印得十分粗糙的读本递过来,读本上的松鼠形象被画得非驴非马,陈鹤琴看过之后感到哭笑不得。他感慨道:"你看这个小孩子完全得了一种谬误的观念。她看了这种书上的死图,就得了这种谬误的观念。"

陈鹤琴概括了当时中国幼稚教育存在的四大弊病:(1)与环境的接触太少,在游戏室的时间太多;(2)功课太简单;(3)团体动作太多;(4)没有具体目标。同时,中国早期幼儿园使用的课程、教材、教学法大都宗法西洋,直接抄袭福禄贝尔或蒙台梭利,缺少变化,不能适应中国儿童的需要。陈鹤琴形容这样的做法为"削足适履"。当时,中国的教育界与儿童教育家面临着两方面问题:一方面如何将新教育思想广泛传播,使更多人,尤其是家长克服传统观念束缚,接受新型"儿童观"与科学教育方法;另一方面,建立适合中国儿童特点的新型学校、幼儿

---

[1] 引自《现今幼稚教育之弊病》(1924年),见《陈鹤琴全集》第二卷,江苏教育出版社2008年版,第1页。

园,以及教材、教法、师资培训体系等,改变幼儿教育几乎"完全落入外人之手"的局面(陈鹤琴语),去除"宗教化"(主要指基督教、天主教)对中国教育,尤其是幼稚园的影响。

鼓楼幼稚园开园初期,陈鹤琴指导并带领张宗麟、甘梦丹、王瑞娴等助手一面继续开展儿童心理观察与研究,一面搜集适合于国情的幼稚园教材等数据,同时对国外的幼稚园资料进行整理、研究。当时他们开展四方面试验:(1)幼稚园的课程与教材;(2)幼稚园教学法,包括① 读法教学法,② 以自然科为中心编制课程;(3)儿童的习惯,包括① 幼稚生应该养成多少必需的习惯,② 怎样养成这些习惯;(4)设备与儿童玩具。此外,陈鹤琴还有一项计划,怎样用极少的经费办最好的幼稚园。在他的想象中,在一个村庄里,只要能有一位妇女愿意担任幼稚教师的工作,与邻居合作,就可以开设一所家庭幼稚园,使幼稚园的性质由少数人享乐转变为多数人受训练,从而实现普及幼稚教育的目的。

陈鹤琴记述:

在我们开办鼓楼幼稚园的时候,我们就抱着几个主张:(一)在原则方面:(1)幼稚园的教育,是要适应国情的;(2)幼稚园应当有充分而适当的设备;(3)幼稚园的教师应当是儿童的朋友。(二)在课程方面:(1)幼稚园的课程要用自然、社会为中心,凡是儿童能够学又应当学的,都应当教他;(2)幼稚园应当有种种标准,可以随时考查儿童的成绩。(三)在教学方面:(1)要注意儿童的健康;(2)要使儿童养成良好的习惯;(3)要特别注重音乐教育;(4)多采取小团体的教学法;(5)要采用游戏式的教学法,去教导儿童。[1]

---

[1] 引自《〈鼓楼幼稚园十周年纪念刊〉序言》,见《陈鹤琴全集》第二卷,江苏教育出版社2008年版,第238页。

第三节　鼓楼幼稚园教学试验

1925年暑假期间，陈鹤琴与张宗麟对当时中国国内幼稚园发展现状进行分析、研究，规划、安排鼓楼幼儿园下一步的试验、工作。他们希望能够找到可以摆脱外国化、宗教化、贵族化特征的"中国化"新型幼稚园发展方向。当时，国内大多数幼稚园可分为三种模式：日本式幼稚园、宗教式幼稚园、普通式幼稚园。其中日本式幼稚园采取小学化教学形式，保姆如同小学教师，各科功课分明；宗教式幼稚园由教会开设，宗教气氛浓厚，园舍建筑美丽、桌椅精致、玩具多样，儿童自由活动，教师多信奉宗教，训练有素，收费较高。大多数中国人开办的幼稚园，管理模式与课程多采用福禄贝尔或蒙台梭利教学法，教师大多来自教会办的女子师范保姆班。[1] 陈鹤琴写道："我们中国的幼稚园几乎变为'幼稚监狱'，而儿童所有的活动当然不丰富了。普通幼稚园所有的功课，不外图书、玩沙、玩土（黏土）、折纸、团体游戏、唱歌、玩积木等几种。儿童天天总是玩这几样东西，无怪他们的生活是简单了。所以对于课程一方面，我们应当设法竭力扩充的。"[2] 他提出，幼稚园应该是儿童的乐园，不仅有游戏室、工作室，还应该有一片花园，以便儿童在一日之中常常在室外游玩、鉴赏、学习。室内教学应当充分考虑到儿童不同个性，改变班级制（团体式）集中教学方式，儿童可以独自或与两三个同伴随意、自由、自动地工作，教师可在一旁暗示或辅导。同时，幼稚园应该有统一的课程标准。[3] 他们计划，每星期至少组织儿童三次出外旅行，不仅到公园、旷野，还到轮船码头、街市、农场。张宗麟写道："几千亩的农场与旷

---

[1] 参见何晓夏主编：《简明中国学前教育史》，北京师范大学出版社2014年版，第150页。
[2] 引自《现今幼稚教育之弊病》（1924年），见《陈鹤琴全集》第二卷2008年版，第2页。
[3] 参见《两年来之中国幼稚教育》，见《陈鹤琴全集》第二卷，江苏教育出版社2008年版，第234—235页。

野是我们几十个幼稚生的教室,也是我们幼儿园新课程的实验场。"[1]

陈鹤琴记述:

在鼓楼公园西边新村中,有几亩空地,遍布着绿草短树,一所矮矮的平房,放着几多运动器械,玩具恩物等。早晨九时起草地上就看到儿童的跳跃,听到咿呀的歌声,还有两三位富于儿童性的成人,跟着一群一群的儿童跑;有时候带着几个儿童到邻近田野、公园、市街上去;有时钟声一响,大家都到屋子里去做室内活动。这样要到下午五时以后,方才静悄悄地只听到办公室里几个人的开会谈话的声音,这是我们全天大略的情形。[2]

张宗麟记述:

当时我们的工作,白天是和孩子们一块儿游玩和工作,清晨和傍晚是整理实验成绩和搜集材料,但是这工作常常延长到夜半。每晚工作完了,我们也常常有短短的散步。在星月皎洁、树影扶疏的草地上散步,一面欣赏夜的静和美,一面还喁喁谈着各种工作,有时还辩论着某项实验工作的准确性、某种玩具的改革、某个孩子的行动与进步等等。倘若在冬夜,我们更有趣了,吃罢晚饭,常常邀几位爱好儿童教育的朋友,围炉长谈,每次必定谈到更甚夜阑,炉火早熄,才各自回去。虽然那时候,门外寒风凛冽,冰雪满途,但是一个内心充满工作快慰的人,对此反而生出无穷的快慰。[3]

这一年秋天,在陈鹤琴的亲自指导与参与下,由张宗麟、李韵清、俞选清等人负责实施,鼓楼幼稚园进行课程试验。在两年时间里,先后经历了三个阶段:散漫期、论理组织期、设计组织期。

---

[1] 引自张宗麟:《二十年的老师》,见《我所知道的陈鹤琴》,金城出版社2012年版,第17页。
[2] 引自《一年来南京鼓楼幼稚园试验概况》,见《陈鹤琴全集》第二卷,江苏教育出版社2008年版,第4页。
[3] 引自张宗麟:《二十年的老师》,见陈秀云编:《我所知道的陈鹤琴》,金城出版社2012年版,第17页。

第一阶段　散漫期

陈鹤琴与张宗麟等助手们经过研究，一道制定了四条课程原则，并拟定了相应的课程标准、方法。他们将试验重点放在特定环境的布置方面，儿童将凭着自身的能力感受到来自环境的刺激，从而激发出作为"集体的一个成员去行动"（杜威语）及各种欲望与主动性；同时，他们认为，幼稚园的本义就应该是儿童自由活动、焕发天性的"美丽花园"。试验为时大约半年，陈鹤琴与张宗麟以及教师们对于在试验中发现的种种问题、困难进行反思、分析，昼思夜想，费尽心机，试图找到新的改进方法与路径。他们将眼光投向了鼓楼四周的环境，包括公园、大学农场、小山丘等。他们相信，大自然是儿童最好的课堂，儿童在自然环境中肯定可以寻找到属于自己的那份快乐。教学试验初期，陈鹤琴、张宗麟与参加工作的教师确实感到了幼稚园出现的变化，儿童变得个个活泼、轻松，教师奔忙不停，兴趣盎然，全园充满生气与欢乐。他们有些沾沾自喜地觉得：这样的做法合乎幼稚园本身蕴含的意境（幼稚园英文：kindergarten，意为：儿童的花园）。然而，不久后，他们发现了这种对儿童完全"放手"的做法使幼稚园的教学秩序完全被打乱，教学目标无法实现，教师疲于应付，可谓"困难丛生"。陈鹤琴记述："并且种种困难，都不易解决的，就是偶尔解决了，这种方法也不易使全中国的幼稚园通行的。"[1]

课程原则：

1. 一切课程是儿童自己的，不是教师的，更不是父母或社会上其他的装饰品。

2. 一切课程是当时当地儿童自发的活动，不能抄袭任何人家的。

3. 教师之责任只有供给儿童的询问及各种应用材料，并指导儿童所需要的材料。

---

[1] 引自《幼稚园的课程》(1928年)，见《陈鹤琴全集》第二卷，江苏教育出版社2008年版，第106页。

4. 注意于儿童身体的健康、动作的活泼，不愿儿童受纳许多呆板的知识和斯文如木偶的礼节。

课程标准与方法：

1. 把通常幼稚园里的课程一律废止。例如走朝会圈，只讲形式的图画、手工、唱歌、恩物等，或完全废止，或废止它的形式，让儿童自由去做。

2. 极力把幼稚园的设备增多与改进，希望布置一个极完美的环境，使儿童随地可以遇到刺激，自发地去活动。

3. 教师要希望儿童做某种活动，或使儿童明了某种观念，只布置某种环境，刺激儿童。例如重阳节我们只做了许多重阳旗挂在壁上，又贴了许多小朋友执旗登高图；儿童看到了，就会自动地要求做重阳旗，要求登北极阁。

4. 教师的工作改变了，不像从前某时间可以工作，某时间休息、预备功课。从开门到放学，凡儿童在园的时间，都是教师的工作时间。不过各人的学识和技能决非万全的，所以仍采用分工办法。在某种环境，某种活动指导，由某教师担任。其余教师不是绝对不参加，不过是在旁帮助，所以名为分工，其实没有严格的界限，还是互助的。[1]

这些困难表现为几类：

困难1：教师穷于应付。由于改变了教师预先准备课程材料的传统做法，也没有固定教材，教师几乎每日都要预猜儿童将要发生的兴趣或需要，四处寻找足以刺激儿童兴趣的环境与教学材料、教具、玩具等，以达到激发儿童潜力的课程目标。"但是如电闪石火的儿童兴趣，决乎不允许我们寻觅材料去应付的。教师内心的责罚实在太重了，一天之中，不知道要受到几次内心的苛责。"[2]

---

[1] 引自《幼稚园的课程》(1928年)，见《陈鹤琴全集》第二卷，江苏教育出版社2008年版，第105—106页。
[2] 引自《幼稚园的课程》(1928年)，见《陈鹤琴全集》第二卷，江苏教育出版社2008年版，第106页。

困难 2：儿童在平面打转。按照传统教育方法，注重教材与教学过程，儿童学习循序渐进；然而，儿童无节制的自由活动，使得教师为了满足儿童随时而生的需要不得不穷于应付，疲于奔命，根本没有精力与时间考虑另辟新径，采用其他更有效的教学方法。于是，儿童的活动与认知总在一个平面上打转，较少进步。

困难 3：在同一"刺激"与"自由"的条件下，儿童的反应各有不同。天性活泼的儿童，终日手足不停活动；生来怕羞与怯懦的儿童只能在一旁观看，东去做一下，西去找一下，被冷落在活动与游戏之外。

困难 4：儿童渐渐有倔强神气。由于儿童活动与游戏过于自由、放任，使幼稚园对儿童进行养成服从习惯的教育变得困难。

困难 5：儿童注意力难以集中。[1]

第二阶段　论理组织期

陈鹤琴、张宗麟认为，第一阶段试验出现问题的症结是缺乏对于教育过程的组织，因此他们将工作着力点转至课程的组织方面。当时，他们一致认为，课程如果不经过教师组织，儿童很难学到东西。同时，他们坚信自己的初衷：以儿童为主，合于当地的、当时的环境等。他们经过研究，决定采用新的课程组织方式。

步骤 1. 先拟定下一周的课程大纲（有时候是一个活动单元，有时候是几个活动单元）。这个大纲是根据当时当地的节气、自然物、社会上将到的风俗习惯而拟的。

步骤 2. 根据这个大纲，到了星期五，我们又来讨论细目，决定下一周用的什么活动，怎样做法。

步骤 3. 根据这张细目分头去找材料。

步骤 4. 在预定课程时，教师依着表上所列的一件一件去做。做不

---

[1] 引自《幼稚园的课程》(1928 年)，见《陈鹤琴全集》第二卷，江苏教育出版社 2008 年版，第 107 页。

了的，移到下周再来做，不足的再找新材料来补充。[1]

图示：

```
步骤1                    步骤2
拟定阶段课程大纲    →    决定活动、做法细目

步骤4                    步骤3
根据预定课程表实施  ←    根据细目寻找教学材料
```

在这一阶段试验中，大家感觉到，采用有组织的教学方式较前一期对儿童完全放任的方式更有秩序感，教师的预备时间节省了许多，应付儿童也容易了，儿童的学习效果更明显、进步更快。但是，从"儿童中心"论角度，教学过程由人为控制或组织而非儿童自主、自发、自动并不是一种理想的状态，其中至少存在四方面缺陷：（1）强制了儿童的兴趣；（2）蔑视了儿童的个性；（3）教材常常不适用，不合儿童兴趣；（4）临时发生的事情很难插入，缺乏空间与余地。陈鹤琴、张宗麟对试验结果并不满意，感觉到："照着这条路上走去，处处觉得勉强，失去了许多良好的机会，剥夺了儿童许多自由，埋没了许多天才。只图教师的便利，只要博得社会的欢心，不顾儿童的本身，那是一条教育上极危险的路，我们不肯做的。"[2] 于是，他们决定继续进行试验。

第三阶段　设计组织期

"设计教学法"是美国教育家克伯屈在杜威"思维五步"基础上提出的教学理论，其核心是建立在儿童兴趣与需要之上的"有目的的活动"。克伯屈认为，教师的任务就是利用环境激发儿童的学习动机，引导决定

---

[1] 参见《幼稚园的课程》(1928年)，见《陈鹤琴全集》第二卷，江苏教育出版社2008年版，第108页。
[2] 参见《幼稚园的课程》(1928年)，见《陈鹤琴全集》第二卷，江苏教育出版社2008年版，第111页。

活动的目的。儿童的学习完全自主：自己发现并研究问题，自己找材料，自己比较，自己思索，自己决定。《西方教育思想史》一书对"设计教学法"评价道："使得实用主义教育思想具体化并具可操作性。它的实际应用引起了美国学校的课堂教学的一场'革命'。"[1]

教育家凌冰在《新教育评论》杂志撰文对"设计教学法"阐释：

克氏自称近十数年来，尝想用一个名词代表教育哲学上最新的观念。这个名词应当注重儿童有意思而且兴致最浓的动作，并且包含各种学习的原则。设计教学法虽非克氏所创，但克氏觉得这个名词确有代表这种观念之可能。克氏以为儿童的天性是活泼的，他们活泼的动作，本是富有社会性的。旧日压迫教育的方法，不特是不合于教育原理，并且容易养成儿童一种自私自利的习惯。设计教学法是要利用儿童的天性，教他们为有意思、有兴趣，而且富于社会性的动作。教育的目的是要教人做人，做一个有用的人，做一个能在团体生活的人。设计教学法可以养成儿童团体生活的习惯。兴趣教育、人格教育都包含在这个名词之中。若能将这种方法运用适宜，则教育上的新纪元，即可实现。[2]

陈鹤琴、张宗麟采用设计组织方式，将教师的教学意图、准备、设计等与儿童的兴趣、思维与自发、自主活动相结合、融汇，使儿童的活动、游戏从所谓"自由""放任""无教"状态转向有目的、组织、指导的"设计"境界；同时"设计"依据儿童的兴趣（包括临时发生的特种兴趣）、意愿、能力、状态等；教学过程，包括内容、方式应能适应儿童的临时发生的变化与需要，即"以学定教"，"以变应变"（随儿童意愿、兴趣转移、变化而修正、改变教育目标或内容）。1926年，鼓楼幼儿园试行这一被称为"设计组织"的方式开展教学活动；编成一套以中心活

---

[1] 引自单中惠主编：《西方教育思想史》，教育科学出版社2007年版，第465页。
[2] 引自凌冰：《克伯屈与设计教学法》，见《新教育评论》(1927年)，第二卷第二十二期。

动形式的长江流域全年适用的课程表；改造外国玩具，如摇马、积木等。由于将儿童放在自然中活动与游戏，改变了过去儿童仅在室内与桌子上工作的呆板局面。次年(1927年)试行范围扩大至全南京城14个幼儿园，不久后又在陶行知先生创办的晓庄师范以及燕子矶幼稚园等地试用。

在儿童自由成长与发展问题上，陈鹤琴认为，一方面要建立一种新型制度，使儿童从旧式幼稚园的束缚中解放出来，能够自由工作、自由集合、自由合作；另一方面应矫正蒙氏教育对儿童行为放任、放纵的做法，教师在儿童活动或工作时应从旁指导，避免儿童瞎做瞎弄，妨碍他人的工作，消磨自己的时光，养成各种坏习惯。陈鹤琴写道："小孩子做什么，画什么，唱什么，教师预先必要有充分的准备，临时必要有适当的指导。教师常常在旁照顾，小孩子若做错了或要做错了，教师就应从旁指导。这样一来，小孩子的进步很快。"[1] 40年后，陈鹤琴谈起自己与张宗麟等人当年进行幼稚园课程试验时记忆犹新，在他看来，幼稚园的课程试验与任何科学实验一样都要经过艰巨、复杂的过程。编制幼稚园大、中、小三班全年教学大纲并不容易。他写道："编制教学大纲，不能凭主观地、脱离实际地凭空臆造一套教学大纲和计划，而是要通过扎扎实实的科学试验而产生。"[2]

附："设计组织"实施过程

1. 本星期教师会议上讨论下星期大约可以做些什么。

2. 把要做的活动拟定以后，于是商议它的内容，大约有几个步骤可以做的。

3. 将各活动内应用的材料和可以参考的书，教师详细预备。不过所谓预备是教师自己的预备，不是替儿童件件都装备停当，儿童可以不

---

[1] 引自《幼稚教育之新趋势》，见《陈鹤琴全集》第二卷，江苏教育出版社2008年版，第99页。
[2] 引自《怎样试验幼稚园课程》(1964年)，见《陈鹤琴全集》第二卷，江苏教育出版社2008年版，第464页。

假思索地来享受。

4. 寻找或布置一个适当的环境来引起这个设计。

5. 儿童既然感到兴趣,教师顺着儿童的兴趣,引起各活动的各方面来,并且与各科来联络。但是并不强求合乎预定的。

6. 时间完全不限制。多做就多做,少做就引起别的设计来。

7. 儿童如不能维持到做完设计全部的历程,教师急需考察一下,究竟是什么缘故,可以补救吗?幼稚生不能维持做完设计的全部历程,此是常事。所以我们要很留意的,同时也不要引以为怪事。

8. 儿童临时发生特种兴趣,教师要尽力去指导,有时竟可以把全部预定的改变,做这个临时发动的事。

9. 幼稚生急需看到结果,所以各个设计中应当分做许多小段落,他们的兴趣方才可以维持。

10. 在同一设计单元里,各方面的活动很多,儿童愿意做任何一方面应该听儿童自由去做。不过希望每个儿童各方面都做到。

11. 在同一设计单元中,有许多活动要几个人合作的,有许多活动只需独做的。教师可以做他们的领袖,同时也可以训练几个儿童来做领袖。

12. 每个设计单元的每一个阶段或一方面的活动,得到结果,应当有极短的、简单的批评与讨论。[1]

第四节 "我们的主张"

1925年秋天,陈鹤琴的助手张宗麟先后在南京、苏州、杭州、绍兴、宁波等地16所幼稚园考察国内幼稚教育发展状况,为建立"中国化"幼儿教育体系搜集第一手数据,探索路径。他在半年多以后发表《调查

---

[1] 引自《幼稚园的课程》(1928年),见《陈鹤琴全集》第二卷,江苏教育出版社2008年版,第111—112页。

江浙幼稚教育后的感想》一文中发出感慨：

> 吾国新式教育——学校教育——皆仿自外国，此尽人所公认者也。幼儿教育之来华，尤为近十数年间事，故一切设备教法抄袭西洋成法，亦势所难免。于是所有幼稚教师，非宗法福禄贝尔必传述蒙台梭利。两派虽时有入主出奴之争，然而其不切中华民族性，不合中国国情，而不能使中国儿童适应则一也。昔年在陈鹤琴教授儿童心理班上，曾闻此等言论，犹疑陈师言之过甚。自此次参观后，如信吾国有民族精神之幼稚教育，方在萌芽，而有数处且完全为外国化，倘易其语言，则难别其为中国儿童教育也。[1]

在张宗麟的记述中，这些"外国气"十足的幼稚园在玩具与恩物、音乐、放假日，以及设备、环境布置、课程内容、教法等方面，外国化、宗教化气氛浓厚。他走进许多幼稚园的大门，所闻所见，洋气十足大多是外国玩具，如脚踏车、电车、口琴、橡皮计数圈、棒球、摇铃、乒乓球、地铃、洋娃娃，以及各种积木、皮球等，甚至连纸笔等文具也都是舶来的洋货。他问园方陪同人员：为什么不用中国产的国货，其中也有儿童喜欢的样式、品种？对方回答："外国货好，中国的不能用。"在这些"外国化"幼稚园中，到处能听到音乐声，包括钢琴曲、英文歌。一些幼稚园的儿童在室内的一举一动，"皆以琴声为转移，养成儿童听官有审美之能力，行动有节奏者，彼音乐之效可谓大矣"。[2] 这些幼稚园中的儿童所唱歌曲多为"洋歌"，既有《圣经》中的赞美诗，也有英文歌。这使张宗麟感到不安，对于学习语言阶段的儿童来说，教国语就学国语，教"洋歌"就学"洋歌"，从小打下深刻烙印，外国教会采取这种方式向儿童传播宗教意识、观念。张宗麟曾问一位音乐教师："学生们能唱国歌吗？"教师

---

[1] 引自张宗麟：《调查江浙幼稚教育后的感想》，见《陈鹤琴全集》第二卷，江苏教育出版社 2008 年版，第 85 页。
[2] 引自张宗麟：《调查江浙幼儿教育后的感想》，见《陈鹤琴全集》第二卷，江苏教育出版社 2008 年版，第 87 页。

坦言："国歌的歌词与曲谱，儿童皆难以学唱，所以未教授。"他的一位朋友亲眼目睹，在一些幼稚园，儿童在听到演奏中国国歌时不起立，而听到日本军队战胜中国的凯歌响起的时候竟拍手欢呼。在中国的幼稚园中，音乐课程"外国化"倾向严重且危险。在"放假日"方面，欧美与日本式学校、幼稚园大都非常重视，一方面，假期、节气都会被设计作为教学与课程中心；另一方面教师组织儿童做大量准备，相互赠送礼物、烹调食物、邀请来宾，或举办庆祝会，进行各种表演。其实，中国也有如端午节、中秋节、国庆节等许多节日，但缺乏充分重视与利用。早晨，儿童与教师相见，或儿童见面时都会互道一声"某某早"，或英文"Good morning"（早晨好！）；其他如"Please"（请）、"Thank you"（谢谢）、"Excuse me"（对不起）等。他听说，在一所幼稚园里教师用中文命令儿童做某事，儿童不从，改用英文后，儿童闻命则行。还有一所幼稚园，国庆节刚过，黑板旁边挂着小国旗，旁边写着一行字："上帝爱护我们！"教师在给儿童谈话（上课）时，先是将国旗内容三言两语带过，然后就讲开了上帝、基督教、赞美诗等内容。在许多幼稚园走廊、教室的墙壁上，多半贴着外国儿童画；儿童游戏使用的面具面孔看上去似是日本儿童模样；儿童的动作、神情也缺乏儿童应有的灵性、活泼。由于中国的儿童美术尚为空白，因此包括动物故事、儿童画报等儿童读物，不是外国的，就是抄袭外国的。中国国内的美术无儿童地位可言。在一所幼稚园里，张宗麟与该园主任有一段对话：

主任：去年圣诞节，我们做了很好的汤圆子，煮熟了吃，小朋友吃他自己做的东西，格外来得快活。

张宗麟：举办了哪些圣诞节活动？

主任：各种庆祝表演，如提灯会、互赠礼物。

张宗麟：幼稚园打算在中国国庆节举行活动吗？

主任：小朋友年纪太小，也做不来什么。大概会组织儿童参加庆祝会吧！

…………

张宗麟写道："读者读此幼稚园主任之谈话，可以想见该园之办法，外国化欤？抑中国化欤？吾国国魂所系之国庆纪念日，可以因小朋友之无能力而毫无举动；而吾国漠不相关之耶稣诞日，乃使无能力之小朋友，做种种举动。如此教育，是替基督教养成基督教徒，非为中国教育国民。如此教育，贻害吾国者实大，急宜设法干涉者也。"[1] 自1919年"五四"新文化运动后，中国教育界意识到教育"宗教化"倾向对于民族文化产生了破坏性影响，动摇了国家根基，于是兴起反基督教运动，呼吁政府收回教育主权。然而，当时的中国幼稚教育缺乏"本土化"、"科学化"教材、课程、玩具、音乐等，难以抵御"外国化"、"宗教化"教育的冲击。

1927年，《幼稚教育》杂志第一卷第一、二期连载陈鹤琴《我们的主张》一文，开篇写道：

幼稚园这种教育机关，在中国本来是没有的。现在我们既然来创办这件事，就应当先自己问一问，用种什么目标，怎样的方法。倘是一些主张都没有，仍旧像中国初办教育的时候，今日抄袭日本，明日抄袭美国，抄来抄去，到底弄不出什么好的教育来。[2]

陈鹤琴始终认为，中国的幼稚园应该"本土化"，教学内容、方式、设施应适应中国国情，而不应该处处模仿、抄袭美国，因为中国与美国的国情、环境不同，儿童的"经验"也不相同，因此许多在美国被奉为幼稚园经典的教学制度、教材、教法在中国不一定适用、好用。对于深受美国进步主义教育思想浸濡的陈鹤琴来说，走上一条摆脱"美国化"

---

[1] 引自张宗麟：《调查江浙幼儿教育后的感想》，见《陈鹤琴全集》第二卷，江苏教育出版社2008年版，第88页。
[2] 引自《我们的主张》，见《陈鹤琴全集》第二卷，江苏教育出版社2008年版，第75页。

印记并具有"中国化"特色的幼稚教育研究与发展道路并非一件容易的事情。"中国化"与"美国化"教育不仅是口号上的区别,更重要的是内容、方法以及实施过程。在基础薄弱的中国幼教现实面前,"中国化"不能一蹴而就,而是一个不断试验、充实、完善的"改造"与"渐变"过程。一方面"应当处处以适应本国国情为主体";另一方面"那些具世界性的教材和教法,也可以采用,总以不违反国情为唯一的条件";总目标是"充分适应社会的需要"。[1]

陈鹤琴举例,在美国幼稚园流行的"三只熊"故事,美国儿童听得津津有味、手舞足蹈,原因是熊是美国儿童在生活中普遍熟悉并喜爱的动物;而中国的儿童大多没有见过熊,因此对于熊的故事就不会感到特别兴奋,如果将故事中的熊改为儿童都了解的老虎,故事的效果就会不一样了。当时国内许多幼稚园,儿童听的故事、阅读的绘本读书、玩的玩具与教具等都来自美国,"就连教法也不能逃出美国化的范围"。(陈鹤琴语)他进而指出,中国与美国的历史、文化与国情不同,儿童成长的环境也不同,所以在美国被认为是好的东西,在中国未必适用。

又如,圣诞节原本是天主教与基督教节日,逐渐演变为美国与欧洲大部分国家最重要的社会节气,每到这一时候,每个家庭都要准备过节的聚会,以及装饰、礼物。虽然,在中国却没有这样的传统,也没有必要让中国的儿童也来过这个西方的节日,但是可以将西方这一传统节日中包含的如家庭团聚、爱人、使人快乐等含义吸收并应用于中国人庆祝国庆、新年及春节的庆祝活动中。

在幼稚园教育范围方面,陈鹤琴提出三项标准:(1)凡儿童能够学的东西就有可能成为幼稚园教材范围;(2)幼稚园教材须以儿童经验为依据;(3)凡能使儿童适应社会或对儿童将来生活产生积极影响的内容,

---

[1] 参见《我们的主张》,见《陈鹤琴全集》第二卷,江苏教育出版社2008年版,第76页。

都可以被选择成为幼稚园教材。根据以上原则，陈鹤琴强调，幼稚园课程不应是茫无限制、无系统、散乱的，而要有组织、在相当范围、"使其成为一个系统并使各科目中间互相连接起来发生关系"。幼稚园的教学应该以儿童自身的能力、经验与适应未来社会生活的需求为依据；教材内容应该是整个的、互相连接的，系统的，不能四分五裂。课程中心是儿童生活环境，包括自然环境（各种自然界、动植物等现象）与社会环境（个人、家庭、集社、市井生活等）。[1]

陈鹤琴提出，幼稚园第一要注意的是儿童的健康，强国，必先强种；强种先强身，要强身要从幼年的儿童开始。他有感于许多国内幼稚园将儿童限制在教室的现象，称此种做法无异于使幼儿园成为"监狱"。他主张，儿童应该走出教室到大自然中去自由活动，随意游玩，呼吸新鲜空气，享受天然美景。他认为，新鲜的空气、明亮的日光有益于儿童强身；在大自然中进行户外教学，唱歌、游戏、图画、讲故事可以增加儿童的快乐，活泼儿童的精神。幼稚园的教师应该成为儿童队伍中的一员或朋友；同时应当受到充分的训练，了解儿童的心理；熟悉自然现象与社会状况，具有充分的知识；掌握教学技能，包括唱歌、弹琴、绘画、讲故事等。他强调：幼稚园教育应与学校教育一样设立标准，可以随时考查儿童的成绩与幼儿园教育、教学质量。"标准是实行优良教育的根据。"（陈鹤琴语）

许多研究陈鹤琴生平的学者认为，这篇文章所提出"十五条主张"（附1），将"适应国情"放在各项原则之首，体现出陈鹤琴对于幼稚教育观念、目标、形式、途径等追求与教育审美，其依据来自于鼓楼幼稚园所开展的各项教学试验，堪称中国近代教育史上最早的"中国化"幼稚教育纲领。

---

[1] 引自《我们的主张》，见《陈鹤琴全集》第二卷，江苏教育出版社 2008 年版，第 78 页。

附1：我们的主张（1927）

一、幼稚园是要适应国情的；

二、儿童教育是幼稚园与家庭共同的责任；

三、凡儿童能够学的而又应当学的，我们都应当教他；

四、幼稚园的课程可以用自然、社会为中心；

五、幼稚园的课程需预先拟定，但临时得以变更；

六、我们主张幼稚园第一要注意的是儿童的健康；

七、我们主张幼稚园要使儿童养成良好的习惯；

八、我们主张幼稚园应当特别注重音乐；

九、我们主张幼稚园应当有充分而适当的设备；

十、我们主张幼稚园应当采用游戏式的教学法去教导儿童；

十一、我们主张幼稚生的户外生活要多；

十二、我们主张幼稚园多采用小团体的教学法；

十三、我们主张幼稚园的教师应当是儿童的朋友；

十四、我们主张幼稚园的教师应当有充分的训练；

十五、我们主张幼稚园应当有种种标准可以随时考查儿童的成绩。[1]

第五节 幼稚教育研究会与《幼稚教育》月刊

1927年3月，陈鹤琴、陶知行（行知）、张宗麟以南京五区实验学校为基础发起成立幼稚教育研究会，并以东南大学教育科名义编印《幼稚教育》月刊。当时幼稚教育研究会成员范围遍及南京全市幼稚园教师以及幼教研究者。研究会每两周开会一次，讨论幼稚园课程大纲，回顾过去两周所发生的困难、问题。研究会设有指导员，聘请自然科、社会

---

[1] 引自《我们的主张》，见《陈鹤琴全集》第二卷，江苏教育出版社2008年版，第75—84页。

科专家对幼儿园自然、社会内容课程进行指导。每次聚会由各成员幼稚园轮流举办。

《幼稚教育》月刊作为幼稚教育研究会主办的交流平台,承担了四项使命:(1)以鼓楼幼稚园教学试验内容为主,反映、交流每月试验状况及结果;(2)各方意见的交换;(3)实行家庭的联络;(4)引起社会的注意。办刊宗旨:"推敲切磋,真理才出;科学进步,端在合作"陈鹤琴写道:"幼稚时期对于儿童一生非常重要!所以幼稚教育是儿童的基本教育,亦即人群的基本教育。儿童在这个时期,关于习惯、知识、言语、思想各个方面都打了很深的根基。倘使在这个时期,根基稍一不稳,将来要想建造健全的人格,也就不可能了。"[1]他希望这本刊物能引起全社会对于儿童教育的重视,因为儿童教育的首要目标是培养健全人格,以促进健全的社会。

钟昭华(1901—1995)记述:

幼稚教育怎样推广呢?单单创办一个幼稚园是不够的。陈先生深明这个道理,就邀集了研究幼稚教育的同志,成立了一个幼稚教育研究会,每月开会,讨论幼稚教育的问题;出版幼稚教育的刊物《幼稚教育丛刊》(非定期的)和《幼稚教育》(定期的,每月一期),举凡材料的搜集、教学的方法、书报的介绍、教具玩具的创造,都尽量贡献给大家做实验和参考。这样一来,全国各地对于幼稚教育开始注意了。[2]

幼稚教育研究会与《幼稚教育》月刊的三位倡导者陈鹤琴、陶行知、张宗麟都来自号称中国新教育中心的东南大学教育科,他们一致发展中国化、科学化、大众化幼儿教育。其中,陶行知与陈鹤琴两人关系密切,志同道合,相互配合。1922年2月中华教育改进社在上海举行董事会议,

---

[1] 引自《〈幼稚教育〉发刊词》,见《陈鹤琴全集》第二卷,江苏教育出版社2008年版,第73页。
[2] 引自钟昭华:《中国的福禄贝尔》,见《我所知道的陈鹤琴》,金城出版社2012年版,第20页。

推举陶行知担任总干事，4月中华教育改进社总事务所在北京成立，7月3日在济南举行第一届年会，陶行知在宁京两地奔波，一年后向东南大学请辞，专门从事中华教育改进社工作，推动学校课程与教学改革、平民教育、乡村教育等事业。在这一过程中，陈鹤琴始终作为重要成员投入热情，积极参与。张宗麟是陶、陈的学生，在"东大"（全称东南大学）完成学业后留校担任助教，1925年来到鼓楼幼稚园担任指导员，协助陈鹤琴进行教学试验，他与陈鹤琴被称为中国幼稚园最早的"男保姆"。

1924年陶行知为出席"万国教育会议"，以中华教育改进社主任干事名义与东南大学教授程其保共同署名提交报告《民国十三年中国教育状况》，其中有一段文字：

> 国立东南大学陈鹤琴教授所指导的幼稚园教育实验，也是意义重大又令人鼓舞的。他和他手下的工作人员有感于目前在幼稚园教育中所使用的一些教材和教法都是照搬外国的，其中有一些不符合中国儿童的实际，所以在1923年秋季开始用自制的玩具、中国的儿歌、童话以及其他的教材在幼稚园中进行实验。他还打算使幼稚园不仅成为幼童教育的中心，而且成为培训母亲的中心。……[1]

1928年5月，《幼稚教育》月刊更名为《儿童教育》，内容范围由幼儿教育扩延至家庭教育、小学教育，更名后刊物担负互交换意见、报告试验、共同进步等责任。他们在《告阅者》中申明办刊选稿基本要求："少载理论的（亦须含有研究性质的）文章，不发空论，不说废话。"在倡办者心目中，这本刊物应更务实，为解决或满足幼稚园或小学教师所迫切需要的课程教材以及实际问题。随着幼稚教育研究会与《儿童教育》月刊影响范围由南京逐渐扩大至无锡、苏州、上海、杭州、广州、北平等地，社员数量由最初十几人陆续增多。1929年7月12日，中华儿童

---

[1] 引自《民国十三年中国教育状况》，见《陶行知全集》第六卷，四川教育出版社1991年版，第285页。

教育社在杭州成立，陈鹤琴被推举担任主席。该社在幼稚教育研究会基础上，由全国各地22个儿童教育团体组成，定位"纯粹学术研究机关"。研究会宗旨"研究儿童教育，推进儿童福利事业，提倡教师专业精神"；研究会任务：（1）研究问题；（2）实验方案；（3）提倡风气；（4）建议政府；（5）编译书籍；（6）流通书报；（7）协助社友；（8）辅导教师；（9）采访资料；（10）联络研究。到1937年，中华儿童教育社各地分社共21个，社员逾4000人。在20世纪30年代，中华儿童教育社与中华职业教育社（成立于1917年）、中华教育改进社（成立于1921年）、中华社会教育社（1932年）并称中国四大教育学术团体。

1934年5月，应陈鹤琴之请，陶行知为中华儿童教育社作社歌《教师歌》。在这首歌中，陶行知提出"儿童教育观"，即发现儿童、了解儿童、解放儿童、信仰儿童、变成儿童。这同样也是陈鹤琴追求的境界。他们相信在儿童身上蕴藏着巨大力量，正如杜威所形容的那样：儿童是哥白尼太阳系中的太阳。

教师歌[1]

——中华儿童教育社社歌

陶行知

献于儿童教育社同人和《儿童教育月刊》同时披露

（一）

来，来，来，

来到小孩子的队伍里，

发现你的小孩。

你不能教导小孩，

---

[1] 原载《陈鹤琴全集》第六卷，江苏教育出版社2008年版，第263—264页。

除非是发现了你的小孩。

（二）

来，来，来，

来到小孩子的队伍里，

了解你的小孩。

你不能教导小孩，

除非是了解了你的小孩。

（三）

来，来，来，

来到小孩子的队伍里，

解放你的小孩。

你不能教导小孩，

除非是解放了你的小孩。

（四）

来，来，来，

来到小孩子的队伍里，

信仰你的小孩。

你不能教导小孩，

除非是信仰了你的小孩。

（五）

来，来，来，

来到小孩子的队伍里，

变成一个小孩子。

你不能教导小孩，

除非是变成了一个小孩。

第六节 "平民化""大众化"幼稚园

1926年10月29日,《新教育评论》杂志刊登了署名为陶行知的文章,标题为《创设乡村幼稚园宣言书》,文章指出:"中国国内幼稚园害了三种大病:一是外国病;二是花钱病;三是富贵病。""要改革这三种弊病。我们下了决心,要把外国的幼稚园化成中国的幼稚园;把费钱的幼稚园化成省钱的幼稚园;把富贵的幼稚园化成平民的幼稚园。"[1]陶行知主张,将幼稚园推广到"新大陆"——女工集中的工厂区和农村。他写道:"幼稚园的下乡运动和进厂运动必须开始,实无疑义。但现在的幼稚园必须经过一番根本变化,方能到乡村和工厂里去。它第一要打破外国的面具,第二要把贵族的架子放开。第三要省钱,不当用的不必用。"[2]他期待"全国个个乡村都有一个幼稚园"。陈鹤琴也有同样的理想,办一所最低限度的幼稚园,花200元钱开办一所很好的幼稚园。在他的想象中,一个小村庄,只要有一位妇女愿意担任幼稚园教师,与邻居合作,就可以办一所家庭式幼稚园。[3]张宗麟认为,将"幼稚园变为富贵孩子的乐园,幼稚教师也不过是有钱人的'干奶妈'"式的幼稚教育必定渐归消灭,幼稚教育发展将转向劳苦大众。"幼稚园若是为着整个民族的教育之一,那末非转移方向,从都会转到乡村与工厂区去不可。"[4]幼稚教育的性质与服务对象由供少数人享乐改变为多数人受训练,实现普及幼稚教育的理想。

1927年3月15日,由陶行知担任校长的晓庄师范(全名:中华教育改进社试验乡村师范学校)举行开学典礼,陈鹤琴作为仅有的几位嘉

---

[1] 引自《创设乡村幼稚园宣言书》,见《陶行知全集》第一卷,四川教育出版社1991年版,第84页。
[2] 引自《幼稚园之新大陆》,见《陶行知全集》第一卷,四川教育出版社1991年版,第111页。
[3] 参见《一年来南京鼓楼幼稚园试验概况》(1926年),见《陈鹤琴全集》第二卷,江苏教育出版社2008年版,第11页。
[4] 参见张宗麟:《幼稚园的演变史》,海豚出版社2012年版,第36页。

宾之一参加了这次在空旷黄泥地上举行的典礼。当陶行知介绍了学校筹备经过、办学宗旨、教学方式、未来计划后，陈鹤琴感动得几乎流下眼泪。这一年秋天，晓庄师范扩充学额，开始招收女生，增办第二院（幼稚师范院），聘请陈鹤琴担任院长兼指导员。当时陈鹤琴仍担任东南大学教授，兼任南京市教育局课长，平日工作十分忙碌。他在晓庄师范的工作，主要通过助手张宗麟进行。据戴自俺（1909—1994）回忆："他（注：指陈鹤琴）常陪着客人到晓庄参观指导，有时也独自到晓庄指导工作。他深入幼稚园观察了解，再作具体指导。他的态度慈祥，和蔼可亲，容易接近。他看了我们的幼稚教学活动以后，往往做出既有指导又有鼓励性的意见。让我们获益不少。"[1]

1927年11月11日，中国第一个乡村幼稚园——燕子矶幼稚园举行开学典礼。陶行知提出办园初衷："乡村幼稚园即所以谋幼稚儿童之幸福，并补助家庭教育之不足。惟吾国幼稚园多犯外国化、贵族化及不经济三病，本园为全国乡村幼稚园之首创者，所以力向中国化、平民化及省钱路上走云云。"[2] 当时，幼稚园招收附近农民家庭的3至6岁儿童，实行"来者不拒""不来者送上门去"的免费政策，不收学杂费。办园经费通过募捐等方式筹集；幼稚园的课程安排、作息时间根据农村生活习惯与季节特点制定，尽可能办"整天整年的幼儿园"（陶行知语）。在张宗麟的指导下，徐世璧、王荆璞两位教师负责办园具体工作，收了30名当地农村儿童，新屋盖成后，又收了40名农村儿童。

当年晓庄师范的学生戴自俺回忆：

晓庄师范办幼稚园是先从"燕子矶幼稚园"办起的，燕子矶幼稚园可以算中国第一个乡村幼稚园。它是在陈先生的支持与指导下办起来

---

[1] 引自戴自俺：《陈鹤琴与晓庄》，见《我所知道的陈鹤琴》，金城出版社2012年版，第45页。
[2] 引自王文岭编：《陶行知年谱长编》，四川教育出版社2012年版，第215页。

的,就连当时一架小的风琴,也是由陈先生从鼓楼幼稚园抽调的。晓庄幼稚园是在陈老指导下,张宗麟去办的,因为地点在樱花村,所以也称樱花村幼稚园。当时陈先生和陶先生有一个共同的主张,就是幼稚师范要以幼稚园作为试验基地,这样才能学好幼稚师范。在办幼稚园问题上,陶先生非常尊重陈先生的意见,因为他是专家,所以通过他和张宗麟两人来指导办幼稚园。[1]

为解决乡村幼稚园师资短缺问题,燕子矶幼稚园招收了三名"艺友"跟随教学经验丰富的张宗麟、徐世璧学习幼稚园教学。陶行知对"艺友制"诠释:"艺是艺术,也可作手艺解。友就是朋友。凡用朋友之道学做艺术或手艺便是艺友制。"其根本方法是"教学做合一"。[2] 据记载,陈鹤琴与陶行知商量在鼓楼幼稚园试行"艺友制",以培养更多幼稚园师资,以后又扩大至南京全市市立小学、幼稚园,第一位"艺友"是来自晓庄师范的女学员陆静霞。由此,鼓楼幼稚园与晓庄师范所属燕子矶、樱花村等幼稚园联合形成乡村幼稚教育实验区。

1928年,陶行知先生发表文章《如何使幼稚教育普及》,对幼稚教育提出鲜明主张:(1)改变教育态度,唤醒国人明白幼年生活是最重要的生活,幼年的教育是最重要的教育,反对幼稚园成为富贵人家的专利品,主张为全社会幼儿服务;承认幼年生活教育的重要性是普及幼稚园的出发点。(2)主张改变幼稚园的办法,为工厂女工和乡村服务,办省钱的幼稚园。(3)主张改变训练教师的办法,实行"艺友制",以训练更多幼稚园教师。[3] 陈鹤琴对此怀有同样期待:将幼稚园、托儿所从大都市带到小都市,从城镇带到乡村,从为少数贵妇官绅服务到为农工劳动大众服务。在他的理想中,要使每个工作妇女,都得到安心工作、无

---

[1] 引自戴自俺:《陈鹤琴与晓庄》,见《我所知道的陈鹤琴》,金城出版社2012年版,第46页。
[2] 引自《艺友制师范教育答客问》,见《陶行知全集》第一卷,四川教育出版社1991年版,第154页。
[3] 参见《如何使教育普及》(1928年),见《陶行知全集》第一卷,四川教育出版社1991年版,第138页。

需照顾其子女的舒乐。普及工厂托儿所，普及农村托儿所，以及巡回的托儿所，使农忙时节的农村生产率提高到最高的水平。他写道：

  这样，我们幼稚教育的工作者，不仅是间接地参加了社会的生产，而且，还正在用集体的力量，来教育民族的新生代，使他们个个都成为国家自救的斗士，个个成为现代中国人。我们不仅使托儿事业迅速发展，而且，幼稚园也是这样，各县至少要有一所独立的幼稚园，各中心国民学校，应当附设幼稚园，国民学校也要附设幼稚园，以广泛地为幼稚儿童服务，为工作妇女服务，为民族新生服务。[1]

1929年8月，民国政府教育部以鼓楼幼稚园和燕子矶、晓庄幼稚园进行的教育试验结果为基础颁布《幼稚园课程暂行标准》。1930年，晓庄师范被政府当局查封以后，两位来自贵州的师范生孙铭勋、戴自俺准备前往苏北淮安开办面向劳工的幼稚园——新安幼稚园。为了表示对学生的支持，陈鹤琴捐出100块大洋用于幼稚园开办经费。

1928年5月15至28日全国教育会议期间，陶行知、陈鹤琴联名提交《注重幼稚教育案》，原案共7件，其中5案由陶行知拟定，2案由陈鹤琴拟定，提案由会议通过。摘录部分内容如下：

调查全国幼稚教育案

陶知行

【理由】

  我国从前幼稚园，多为外人代办，全国并无统计。为自办幼稚园计，为考查幼稚教育现状计，急需有调查办法。

【办法】

  大学院派遣全国教育调查员时，增加幼稚教育调查员一人。

---

[1] 引自《战后中国的幼稚教育》(1947年)，见《陈鹤琴全集》第二卷，江苏教育出版社2008年版，第423页。

令各省、各县、各市实验小学先行设立幼稚园案

陈鹤琴

【理由】

查我国教育系统，小学教育从6周岁起；6周岁以下教育，则由幼稚园施行之。幼儿教育之有无，影响于小学教育甚大。欧美各国，除穷乡僻壤之区，莫不有幼稚园之设立，以教育未达学龄之儿童。导以正当游戏，养成其良好基本习惯。根本既佳，小学教育自易收效。回顾我国，除附设于大都会内一二贵族的小学外，施行幼稚教育之幼稚园，竟如凤毛麟角。所谓幼稚教育，事实上尚付阙如。幼稚教育实为小学教育之基本，应加提倡，以增加小学教育效能。

【办法】

先令各省立实验小学，一律添设幼稚园，或附设幼稚班，再推及其他小学校，以谋幼稚教育之普及。

推广乡村幼稚园案

陶知行

【理由】

1. 乡村幼稚园，是乡村社会普遍的、永久的需求。农忙时，农妇忙得天昏地黑，哪里有空来管孩子？如果有了乡村幼稚园，便能节省农夫好些精力。与其开幼稚园帮助城里太太，抛下孩子去打麻将；倒不如帮助采桑娘子，照应儿女，使得她可以多养些蚕，多生点利。

2. 农忙时，幼儿无人照应，父母往往令稍长儿女辍学回家，陪小弟弟、小妹妹玩，如果有了乡村幼稚园，便可以减少小学儿童之缺课。

3. 乡村小学教师办小学，夫人办幼稚园，便可造成夫妻学校。减少乡村教师之寂寞，树立乡村家庭之模范。

4. 乡村幼稚园，倘能推广，便可为乡村受过教育的妇女，开一职业上之出路。

5. 乡村幼稚园，是乡村妇女运动之惟一的中心，要想彻底去干乡村妇女运动，非从乡村幼稚园入手，便不能成功。

【办法】

1. 教育研究所，应研究创造平民的、省钱的、适合国情的幼稚园，使幼稚园在乡村易于设立。

2. 每省区应先试办一乡村幼稚师范。依据中心幼稚园办法，训练乡村幼稚园教师。

3. 乡村幼稚园不易单独设立。故最初办法，应多招现任乡村教师之夫人、未婚妻、近亲训练之，方能造就一人便得一人之用。

4. 乡村幼稚园，不限定要房屋。倘使无校舍，便可在露天里办起来。天晴开，雨来散，有何不可。

各省师范学校急需设幼稚科案

陈鹤琴

【理由】

幼稚教育既甚重要，今后是当积极扩充。师资一项宜早准备。查我国培养幼稚教育师资之机关，除师范有临时性质之保姆科外，并无专门处所。以故幼稚教师，异常缺乏。应从事培植。

【办法】

就环境适宜之地，开设幼稚师范学校。或就各省之师范内，添设幼稚科，以培养专门人才，供给良好师资。[1]

---

[1] 引自《注重幼儿教育案》，见《陈鹤琴全集》第二卷，江苏教育出版社2008年版，第219—222页。

> 这种方法是什么呢？这种方法就是简单地走自然的道路，换言之，它是一种通过儿童自己的努力带领儿童从感觉印象到抽象思想缓慢成长的方法，这种方法的另一个好处就是它没有过分地抬高教育者的身份，因为教育者从来不应该作为一个更优越的人出现，而是像友善的自然那样，平等地与孩子们一起生活与工作，看起来像是与他们一起学习，而不是带着权威教育他们。
>
> ——裴斯泰洛齐

第五章
现代幼稚园学说

作为20世纪中国最具影响力的儿童教育家之一，陈鹤琴的教育学说以鲜明的儿童性、科学性、实践性被公认为是中国现代儿童教育的基础、起点，具有里程碑式意义。在"五四"新思想、新文化运动的洗礼下，随着科学、民主思想传播，"人"与"儿童"在社会中的地位、作用、权利日益受到重视，教育的功能由维护、固守旧制度、旧伦理转变为创造新生活，推动社会进步；学校（包括幼稚园）从"传道"、"授业"、"顺从"传统模式中逐渐解放，开始向解放儿童、培养儿童成为适应未来社会发展"新公民"的方向转移；儿童的天性、经验、活力与丰富的自然、社会生活不仅作为教育制度、方式、方法的依据、资源与起点，同时为儿童教育注入了"科学性"与"创造力"的新内涵，成为推动社会进步与发展的动力，开辟了新的发展道路。

可以说，中国现代儿童教育观念、学说、制度、课程、方法与"中国化"教育改造进程建立在引进、吸收西方现代进步主义教育思想，以及制度、方法的基础之上，经过中国教育家的研究、改造、实验、实践，树立起培养现代公民、挽救孱弱国家、推动社会进步的明确目标，以科学（包括科学态度及方法）作为基础或原动力，将教育中心由社会、道德与伦理向人与儿童的需要转移；教育的功用从知识传授升华至人与儿童的发展，乃至社会的改造与进步；教育的范围由学校校园扩大至广阔的生活、社会。中国现代教育的逐渐成熟、发展与世界进步教育潮流影响密切相关。

陈鹤琴现代儿童教育学说包括儿童心理学、现代儿童观、幼儿园学说、特殊儿童教育、家庭教育、师范教育等内容，几乎涵盖了幼儿教育所涉及的各方面。同时，由于陈鹤琴现代儿童教育学说产生的土壤主要是中国的幼儿园与家庭，对象是生活在本土环境中的中国儿童，因此"中国化"与"大众化"，教育原理与目标的普遍性，科学教学原则指导下的教学应用性与"活"的教师、教法等，"因材施教"、"因地制宜"与教学应用性，使教育教学过程超越传递知识工具的境界，进入塑造科学与艺术完美结合、素质全面"人"与"人生"的境界。"经验""生活""活力"成为这一教育学说最显著的特征，也是陈鹤琴现代儿童教育学说不仅作为经典，并且生命力长存，广受人们尊崇的原因所在。

第一节 儿童教育的价值与意义

19世纪60年代中国兴起"洋务运动"，以制造业、船舰、矿业、炼铁、纺织、航运等现代产业为代表的民族资本主义逐渐扩大规模，手工业与商业进一步发展，长期以自给自足与自然经济为主的格局被瓦解，社会开始从完全封闭向半开放转型。在这一社会进程中，以西学为主的新式学堂出现，在"中学为体，西学为用"方针下，统治者希望通过发展教育，引进西方科学技术，培养更多掌握现代技术的新型人才，在维持皇权体制与传统伦理、道德不变的前提下，增强国力，适应各国工业化潮流的外部环境。1895年，《马关条约》签订，中日之间战争以中国战败告终。据说，代表中国在《马关条约》上签字的李鸿章回国后立即着手兴办学堂。

1898年6月11日至9月21日，主张社会改良、变革的维新派通过光绪皇帝推动"戊戌变法"，史称"百日维新"，在以慈禧太后为首的保守势力镇压下，"戊戌变法"夭折。然而，随着严复翻译英国学者赫胥黎著作《天演论》的出版，达尔文进化论及"物竞天择，适者生存"观念逐渐被人们接受，许多来自西方的社会、科学思想、观念与新型学校体制、教育制度被引入，逐渐取代以"科举制"为主的传统学校体制、教育制度，以中国传统伦理、文化为主体的"壁垒"被冲破。越来越多的人认识到，教育与培养新型人才被认为是拯救国家、提高孱弱国力的良器；教育乃强国之本。康有为（1858—1927）提出："尝考泰西之所以富强，不在炮械军乐，而在穷理劝学。……夫才智之民多则国强，才智之士少则国弱。"[1] 梁启超（1873—1929）强调："春秋万法托于始，几何万象起于点，人生百年，立于幼学。"[2] 教育被赋予了拯救、振兴国家命运的使命。1911年10月10日，武昌起义爆发，4个月后清帝颁布诏书宣布退位，由此结束了中国长达两千年以皇权为中心的封建社会，进入半殖民地半封建社会。

1912年1月1日，中华民国政府在南京宣告成立，首任教育总长、教育家蔡元培（1868-1940）发表《对于教育方针之意见》，提出"尚武、尚实、尚公"与"五育并举"的教育方针。"尚武"，即军国民主义；"尚实"，即实利主义，包括历史、地理、算学、化学、手工、博物等各科文化知识；"尚公"，即公民道德，以及世界观、美育。蔡元培强调："五者不可偏废。"他以人体器官做比喻："军国民主义，肌肉也，用以自卫；实利主义，胃肠也，用以营养；公民道德者，呼吸机循环机也，周冠全体；美育者，神经系也，所以传道；世界观者，心理作用也，附丽于神

---

[1] 引自康有为：《上清帝第二书》，见单中惠主编：《教育小语》，华东师范大学出版社2006年版，第1页。
[2] 引自梁启超：《论幼学》，见何晓夏主编：《简明中国学前教育史》，北京师范大学出版社2015年版，第95页。

经系，而无迹象之可求。"[1] 他将"军国民教育"，即体育作为教育方针之首，理由：国家"强邻交逼，亟图自卫，而历年丧失之国权，非凭借武力，势难恢复"。[2] 他强调，教育要从胎教时期开始。民国政府教育部于1912年9月公布新教育宗旨："注重道德教育，以实利教育、军国民教育辅之，更以美感教育完成其道德。"[3] 1917年5月，由教育家黄炎培联合蔡元培、梁启超、张謇、宋汉章等教育家、企业家发起成立中华职业教育社，力求从培养青年职业技能、学以致用、解决民生入手，发展职业教育，使"教育者治生"，提高全民素质，推动社会进步与发展。《中华职业教育社宣言书》写道："今之策国是者，莫不重教育；策教育，莫不谋普及。夫教育曷贵乎普及，岂不曰教育普及，则社会国家一切至重要至困难问题，根本上皆得缘以解决也。今吾中国至重要至困难问题，尚有过于生计乎者乎！"[4] 教育家陶行知对于教育在建设共和制国家进程中的作用深信不疑："教育能造文化，则能造人；能造人，则能造国。"[5]"教育的作用，是使人天天改造，天天进步，天天往好的路上走……"[6]"新教育的目的，就是要养成'自主'、'自立'和'自动'的共和国国民。"[7] 他说过一段名言："办学和改造社会是一件事，不是两件事。改造社会而不从办学入手，便不能改造人的内心；不能改造人的内心，便不能彻骨的改造社会。"[8]

陈鹤琴相信"教育是社会进步及社会改革的基本方法"（杜威语），将儿童教育的根本目的确定为振兴民族、国家与改造社会。他写道："现在的儿童，就是未来的主人。社会的进化，国家的繁荣，要看这些未来

---

[1] 引自蔡元培：《对于教育方针之意见》，见《蔡子民先生言行录》，广西师范大学出版社2005年版，第100页。
[2] 引自蔡元培：《对于教育方针之意见》，见《蔡子民先生言行录》，广西师范大学出版社2005年版，第95页。
[3] 引自《教育部公布教育宗旨》，见舒新城主编：《中国近代教育史料》上册，人民教育出版社1961年版。
[4] 引自《中华职业教育社宣言书》，见《黄炎培教育论著选》，人民教育出版社1993年版，第80页。
[5] 引自《师范生应有之观念》，见《陶行知全集》第一卷，四川教育出版社1991年版，第259页。
[6] 引自《新教育》，见《陶行知全集》第一卷，四川教育出版社1991年版，第312页。
[7] 引自《新教育》，见《陶行知全集》第一卷，四川教育出版社1991年版，第313页。
[8] 引自《地方教育与乡村改造》，见《陶行知全集》第二卷，四川教育出版社1991年版，第435页。

主人的品格才智如何而定。培养这些主人的品格才智，端赖优良的儿童教育。"[1] 他认为，教育寓于生活之中，因为，教育的本身是一种教育，而生活的本身也是一种教育。"人在教育中生长，这一生长一方面是指个人道德行为、智力的发展过程，一方面是指整个人类向更高的道德和文化生活发展。"[2] 陈鹤琴写道："幼稚教育，是一切教育的基础，因为它的对象早于学龄儿童。它的功用，正如培植苗木，实在关系于儿童终身的事业与幸福，推而广之，关系于国家社会。"[3] "幼稚期是人生可塑性最大的时期，所以幼稚时期也是奠定人生健全发展的时期，故需有适当的环境与优良的养育，以促使民族的新生。"[4]

陈鹤琴认为，教育是有目的的，不是无目的的。儿童的"自由活动"应有组织、有秩序，而不是放任、放纵。为什么要办幼稚园？陈鹤琴归纳了5项理由：（1）合乎儿童特性（好群、好玩、可教）；（2）满足儿童需要（身体、智力、德性）；（3）帮助家庭（节省时间、节省精力、补充家庭教育不足）；（4）培养儿童做公民的基础；（5）准备上小学。他提出，儿童的成长可归纳为三方面：身体、智力、德性。适宜的环境对于儿童身体、思想、道德、知识、个性的充分发展至关重要。培养公民精神，包括合作、爱护团体、爱护国家等，须从儿童时期开始，不仅在意识、观念方面进行熏陶，还应在知识、技术方面进行学习，"砌成一个稳固的公民基础"[5]（陈鹤琴语）。新时代的公民应具有合作的精神、同情心、服务的精神，以及谦让、诚实、有礼貌等种种现代文明素质，训练、培养现代公民素质应从儿童时期开始。幼稚教育的四大目标：目标一、做怎样的人（合作的精神、同情心、服务的精神）；目标二、应该

---

[1] 引自《儿童教育的根本问题》(1934年)，见《陈鹤琴全集》第二卷，江苏教育出版社2008年版，第645页。
[2] 引自《中国儿童教育之路》(1947年)，见《陈鹤琴全集》第四卷，江苏教育出版社2008年版，第310页。
[3] 引自《幼稚教育》，见《陈鹤琴全集》第二卷，江苏教育出版社2008年版，第12页。
[4] 引自《战后中国的幼稚教育》(1947年)，见《陈鹤琴全集》第二卷，江苏教育出版社2008年版，第412页。
[5] 参见《幼稚教育》(1926年)，见《陈鹤琴全集》第二卷，江苏教育出版社2008年版，第15页。

有怎样的身体（健康的体格、卫生习惯、技能）；目标三、应该怎样开发儿童的智力（有研究的态度、有充分的知识、有表意的能力）；目标四、怎样培养情绪（欣赏、快乐、打消惧怕）。

陈鹤琴认为，"做人"与"健康"密切相关，儿童健康是"做人"的基础，也是幼稚园各项教育原则的前提，为了儿童的将来与现在，应将注意儿童健康放在第一位。健康是现代公民的基本素质，而中国人曾被外国人看作"东亚病夫"，其中很重要的原因是许多中国人不注意卫生，造成身体孱弱、精神萎靡，因此，国民健康被作为强国、强种和培养现代公民素质的重要手段。他写道："要知道强国，必先强种，强种先强身，要强身先要注意幼年的儿童，儿童的身体不强健，到了成年，也不会强健。所以，幼稚园首先应当注重儿童的身体。不但要强身、强种、强国，还应注意儿童的身体；就是儿童目前的问题，也非得有强健的身体不可。"[1] 他将身体不健康的与身体健康的两类儿童进行对比、分析后发现，前者因为身体不强，学习情绪不高；多病的儿童在学业上容易发生许多障碍，即使在病愈后也常常不愿意动作，不肯听话，常常容易发脾气。后者因为身体健壮，情绪高涨，举动活泼，脑筋敏捷，做事相对容易许多，乐于听从。在幼稚园中，一方面使儿童每日要有相当的活动（即活动量）以强健身体；另一方面，应提供充分的设施、条件，以检查、治疗儿童的疾病，预防传染病传播、蔓延。

幼稚园作为教育机构的另一项重要功能是开发儿童智力。然而在旧教育制度下，注重于知识的注入，而忽视"知识以外加上智力的开发"。幼稚生应具备智力上的能力包括:（1）研究的态度;（2）充分的知识;（3）表意的能力。陈鹤琴写道："我们虽然不敢希望凡是幼稚生都像小学生那样受教，但是据各方的经验看来，幼稚教育至少可以帮助学习小学一

---

[1] 引自《我们的主张》，见《陈鹤琴全集》第二卷，江苏教育出版社2008年版，第79页。

年或二年课程的一部分,如自然、语言、图画、常识等,在幼稚园里都可以教的。"[1]与此同时,培养儿童情绪,打消"惧怕",也是幼稚园教育的重要方面。他指出:"我们的教育不能使儿童感到快乐,也是失败之一。"[2]对于许多儿童在家里或是像"霸王",或是"终日哭泣"或是"见到什么都生怕,不能离开母亲一步"的现象,陈鹤琴认为,其原因是"爱以适之害之",即"溺爱"所造成。要克服这些弊病,幼稚园至少应该从三方面来培养儿童:(1)欣赏,包括各种自然、艺术之美,培养儿童的审美与欣赏能力。(2)快乐。陈鹤琴指出,儿童的"快乐"不是"用糖包药丸的方法"使儿童暂时感到"愉悦",而是培养儿童欢天喜地的快乐精神。这与教师的人格感化、教育方式、方法密切相关。(3)打消惧怕。陈鹤琴认为,儿童在初生的时候所怕的东西不多,大部分惧怕都是后天养成的,如果家长或幼稚园经常带儿童接触万事万物,如捉昆虫、与猫狗玩耍等,又如带儿童登高、溜滑梯等,都可以消除儿童的"恐惧感",这也是幼稚园的重要工作之一。他写道:"总之,我们最好是不给儿童有些许惧怕情绪的机会。但是这步工作大部分要家长努力,若家庭教育不良,儿童已养成了许多不良习惯,那么只好由幼稚园来担负消泯惧怕情绪的工作了。"[3]

第二节 培养现代小公民

20世纪初叶,中国"新教育"倡导者将教育与培养公民作为改造社会、推动社会进步的基本途径和任务。而在陈鹤琴、陶行知等儿童教育家看来,实现这一目标必须从儿童时期开始,首先,树立"以儿童为中心"

---

[1] 参见《幼稚教育》(1926年),见《陈鹤琴全集》第二卷,江苏教育出版社2008年版,第14页。
[2] 参见《幼稚教育》(1926年),见《陈鹤琴全集》第二卷,江苏教育出版社2008年版,第18页。
[3] 参见《幼稚教育》(1926年),见《陈鹤琴全集》第二卷,江苏教育出版社2008年版,第19页。

（亦称："儿童中心论"、"儿童本体论"）的教育观，尊重儿童，解放儿童；第二，从小教起，从小教好，培养优良的做人与生活习惯；第三，发展儿童的道德与社会性；第四，开阔儿童视野，丰富儿童经验，激发儿童活力与创造力。

陈鹤琴认为，旧式教育与新式教育的区别体现在对于教育中心的认识上，旧式教育是以社会为中心的，新式教育是以儿童为中心的；"以社会为中心的教育偏重社会而忽略儿童的；以儿童为中心的教育注重儿童而兼顾社会的"[1]。现代社会的儿童不能成为"一般顺民式的儿童"，而是勇敢、进取、合作、有思想、肯服务社会的儿童。儿童教育的首要目标，不在于道德、伦理或知识，而在于儿童适应环境的能力与生理、心理发展，包括：（1）儿童对社会适应得是否健全；（2）儿童生理方面或心理发展程度，是否表现着常态的前进；（3）儿童对于卫生习惯有否养成；儿童身体健康是否得着健美发展。[2]

一、培养儿童基本情感、道德

陈鹤琴认为，儿童情感与健康人格的培养是儿童道德的基础，也是教育最重要的任务，不仅要教儿童敬爱父母，尊敬师长；还要教儿童养成"服从性"，服从真理、服从集体的良好习惯；"培养儿童的毅力、坚韧力、忍耐心、勤劳、勇敢、朴素的品质，使儿童建立起自觉的纪律性"[3]。儿童只有爱母亲，爱社会、爱国家；儿童从小"爱人""为人"，才能得到人生的"真快乐"与"真幸福"。

在陈鹤琴的记忆中，童年时代受到母亲的教诲对自己的一生影响至

---

[1] 参见《旧式教育与新式教育的分别》(1930年)，见《陈鹤琴全集》第四卷，江苏教育出版社2008年版，第42页。
[2] 参见《儿童心理学》(1952年)，见《陈鹤琴全集》第一卷，江苏教育出版社2008年版，第487页。
[3] 引自《怎样做人民的幼稚园教师》(1951年)，见《陈鹤琴全集》第二卷，江苏教育出版社2008年版，第439页。

深。由于父亲早逝,母亲一手将哥、姐与他抚养长大,虽然生活条件艰难,但是在母亲的教导下,他从小受到中国传统"做人"道理浸濡,并与后来接受的西方式教育相融,成为他一生的道德、行为准则。他从小树立了五个信条:第一个信条,母亲是最可爱的,儿女应该孝顺。他对唐代诗人孟郊《游子吟》感动不已,他经常在自己尚未长大的子女过生日时发出感叹:"儿女的生日就是母亲的'受难日'。"第二个信条,兄弟应该友爱的。他曾经听过私塾先生讲述东汉时期曹丕为了争抢王位欲加害其弟曹植的"七步诗"故事,母亲经常对他们兄弟训诫道:"三四兄弟一条心,遍地灰尘变成金;三四兄弟各条心,家有黄金化灰尘。"他在中学、大学读书的费用分别由其做生意的姐夫、小哥负担,因此他在有了一定社会地位之后,将早逝的姐夫与小哥留下的子女们留在自己家中抚养,组成一个幸福的"大家庭"。第三个信条,对人要忠信。孔子说:"己所不欲勿施于人";曾子云:"吾日三省吾身,为人谋而不忠乎?与朋友交而不信乎。"第四个信条,做事要讲究4点:(1)"吃亏就是便宜";(2)"和气生财";(3)做事应当"有始有终",不要"虎头蛇尾";(4)要勤俭刻苦,努力奋斗。第五个信条,待朋友要亲爱。[1]

在陈鹤琴看来,尽管旧教育与新教育对教育目标、内涵的追求截然不同,然而东、西方文化在"做人"道德方面,许多基本精神与理念却是相通、一致的,如东方文化的"仁慈""善良""忠信"与西方文化的"爱""怜悯""诚实""互助"等,因此可以相互"握手"并结合。

二、儿童不是成人,儿童就是儿童

1921年,担任"南高师"教育科儿童心理学教授的陈鹤琴在当年知

---

[1] 参见《我的半生》,见《陈鹤琴全集》第六卷,江苏教育出版社2008年版,第506—507页。

名的教育刊物《新教育》杂志第二期撰文《儿童心理及教育儿童之方法》，阐述儿童教育观念、儿童心理特点与儿童教育方法。在文章开篇，陈鹤琴写道：

> 我们为什么叫儿童穿起长衫来？为什么称儿童叫"小人"？为什么不准他游戏？为什么迫他一举一动要像我们成人一样？这岂不是明明证实我们以为儿童同成人一样的观念么？儿童既然同成人一样，所以他亦应当穿起成人的长衫马褂，不晓得长衫马褂于他的行动大生妨碍，并很违逆他的好动本性。至于叫他端端正正地坐在家里，不得往外游戏，这是愈不对了。
>
> ——陈鹤琴《儿童心理及教育儿童之方法》

在这篇文章中，陈鹤琴抨击旧式教育将儿童作为成人的附属品、继承人或私有财产，从而压抑儿童天性，剥夺儿童许多自由与快乐的观念、做法。他主张，儿童具有独立人格与自身价值，儿童心理与成人心理不同，应该爱护儿童时期特有的本能，即烂漫天真。他的观点很明确：儿童的心理与成人的心理不同，儿童的各种本性本能与成人不一样，儿童具有其自身的价值。在儿童时期的教育中，不能使儿童"早熟"，成为像许多成人一般，穿着"长衫马褂"的"小人"，成人应该爱护儿童的烂漫天真。因为，儿童就是儿童。

儿童具有不同的生长阶段与好群、好玩、好问、可教等特点，成人不应当将自己的意志和知识，以逼迫或灌输方式强加给儿童，成人不能用消极的方法剥夺儿童活泼的天性，必须予以适当的环境，使儿童得到充分的发展。教育儿童可以利用并导引儿童的好奇心，好奇心是知识的门径，成人应爱护儿童的好奇心。游戏是儿童的生命，可以利用游戏培养儿童的身体，发展儿童的社会性与知识。[1]

---

[1] 参见《儿童心理及教育儿童之方法》（1921年），见《陈鹤琴全集》第一卷，江苏教育出版社2008年版，第5页。

三、解放儿童，满足儿童的需要

陈鹤琴主张"解放儿童"和"释放儿童天性"，力求改变儿童被作为成人社会附属品或工具的传统教育观念与普遍存在的教育现实；反对向儿童灌输更多"死"知识，以及僵化、呆板的课程等教学组织形式。儿童教育的目的首先是满足儿童的需要，而不是将成人的意志向儿童灌输，用伦理、说教规范、束缚儿童。教育应当设法满足并利用儿童具有游戏、模仿、好奇、喜欢成功、喜欢野外生活、喜欢合群、喜欢称赞等七种天性与本能、需要，培养儿童个性，为儿童的成长提供"完美的环境"，而不是整日被关在"幼稚监狱"里；同时,幼儿园具有教育机构性质，应该培养儿童的身体、智力与德性。"儿童的需要"分为"目前的需要"与"适应其他的新需要"。前者是儿童受到环境刺激后发生的生物性反应，来自于儿童生理状态的本能要求，儿童具有"自动性"，如动作、模仿、涂鸦、学语等；后者来自于外界环境中的新刺激使儿童产生新的需要，包括身体、心理发展与认知、意识、思想、社会性方面的需要，如游戏、图画、音乐、阅读、手工等。这些新的需求由儿童自发、自动的行动表现出来。

陈鹤琴提出了五项课程原则：（1）课程的目的最重要的是帮助儿童目前生活，至于将来生活的帮助还在其次；（2）所有的课程都要从人生实际生活与经验里选出来；（3）富于弹性的课程，可以适应个别不同的兴趣与能力的儿童；（4）所有的课程允许重编；（5）非但要适应儿童目前的需要，尤其应该适应其他的新需要。[1] 其中，"新需要"是指儿童在新的刺激下产生的求知或创造欲望。陈鹤琴写道："例如自然界包罗万象，随处是新的刺激，平常儿童不可能去留心的，教师倘若能随地启发，也

---

[1] 参见《幼稚教育》(1926 年)，见《陈鹤琴全集》第二卷，江苏教育出版社 2008 年版，第 27—29 页。

就能使儿童发生许多新需要。"[1]

四、"自由活动"与"秩序"、规则

在陈鹤琴现代儿童教育学说中,"自由活动"与"秩序"、规则相依相伴,密切联系,"自由"是儿童成长的状态,同时也是"秩序"的基础与前提。对于20世纪20年代初的中国教育家来说,倡导将儿童从传统道德、伦理与成人的束缚中解放出来的目的之一是培养适应时代发展的健全公民,因此陈鹤琴在提出"儿童自由活动"的同时,更强调"秩序"与"教"。

针对当时从欧美发达国家引入的"儿童本体论""儿童解放"与"自由教育"思潮在中国初等教育界非常流行,陈鹤琴在刊登于《幼稚教育》1927年第十九卷第二号的《幼稚教育之新趋势》一文中,将"注重自由活动"列为幼稚教育发展趋势之首。他认为,儿童整天被关在学校里,不能自由活动,失去生气,成为教育的积弊。他对蒙台梭利倡导的"儿童自我表现"进行分析,一是感到"蒙氏教法"的教具呆板、缺乏变化;二是任由儿童瞎做瞎弄,妨碍他人的工作,消磨自己的光阴,不但学不到什么东西,而且养成了许多坏习惯。陈鹤琴写道:"从前福禄贝尔主张以教师为中心,学生环绕在教师周围,如同母鸡带着小鸡。到了蒙台梭利就主张自动了,教师已站在学生旁边,近年来自由工作的声浪一天高似一天,非常尊重学生个性的发展。这个确实是好现象,但是往往流于放任,让学生自由乱动,这是最不经济的。"[2] 同时,他对蒙台梭利"儿童自我教育"原则表示欣赏:"这个原则也很好,教育只有儿童自己获

---

[1] 引自《幼稚教育》(1926年),见《陈鹤琴全集》第二卷,江苏教育出版社2008年版,第29页。
[2] 引自《幼稚教育》(1926年),见《陈鹤琴全集》第二卷,江苏教育出版社2008年版,第25页。

得的，没有教师从外面加进去的，所以当儿童感到自己有错误，自己去矫正，自己感觉矫正以后的快乐，那是最好的教育。"[1]在蒙台梭利儿童教育学说中，儿童的秩序与纪律、规则是儿童在共同的工作、游戏中自发、自动形成的，对于儿童来说，开始了一种新的生活。欧洲流行儿童教育"自由工作"制度，在解放旧式幼儿园束缚的同时，矫正儿童院对儿童行为采取放任做法。[2]杜威认为："儿童应当通过集体生活，在他的活动中受到刺激和控制。"[3]也就是说，儿童的秩序、纪律形成取决于集体生活的环境与训练、控制，即规则。在陈鹤琴看来，儿童不是天造的，而是社会的；儿童的活动应是有序的，而不是无序的；儿童的动作应该"有价值"而不应盲目；幼儿园的游戏与活动应是在一定设计、组织下开展的。儿童的自由成长体现在儿童主体性、自动性与"教"的科学性方面；幼儿园的儿童秩序感与纪律的形成，一方面来自于儿童在环境中产生的需要，如游戏、活动；另一方面来自于"培养"和"教"，如良好生活习惯、儿童社会性、公民课程，以及服从习惯等素质培养。二者统一融合。

五、儿童的智力发展与知识

在陈鹤琴看来，儿童的智力与儿童的知识不能完全等同。二者的区别在于主体不同，知识是以成人为主体的，包含着前人的各种经验，儿童需要学习、训练才能获得；智力是以儿童为主体的，需要经过实践、创造才能被激励、开发。前者是一个"死"的积累过程，后者是一个"活"的创造过程。教育都应合乎儿童的心理与需要，学习知识不能像对象一

---

[1] 引自《幼稚教育》(1926年)，见《陈鹤琴全集》第二卷，江苏教育出版社2008年版，第60页。
[2] 参见《幼稚教育之新趋势》(1927年)，见《陈鹤琴全集》第二卷，江苏教育出版社2008年版，第98页。
[3] 引自《我的教育信条》，见《杜威教育名篇》，教育科学出版社2006年版，第5页。

般硬装进口袋,"新教育就是要在知识以外加上智力的开发"。[1]陈鹤琴指出:"读书是一件很有趣的事,教的得法,可以使儿童终身喜欢读书的,但是大多数的儿童不喜欢读书,这都是因为教师强迫儿童的缘故,有了这样不好的习惯,可以说是人生最大的不幸。"[2]同时,儿童在幼稚园或学校等专门机构教育环境中受到的科学化、系统化"刺激"、教育、训练的效果优于儿童在家庭、日常生活过程中受到的零散、碎片化"刺激"。在学校或幼稚园环境中,教师采集各种特别事物来刺激儿童,通过适宜的教材、课程与教法,激发并满足儿童产生新的欲望或需要,这就是"教育所起的作用"[3]。

陈鹤琴写道:

在传统的学校教育之下,儿童的一切工作,都是在被动的情境下进行的。在儿童心里觉得这是老师叫我做的工作,这样,工作就变成"还债"式的了。因此,儿童的生活是枯燥的,情绪是冷淡的,总之,埋没了儿童的力量,摧残了儿童的创造力。从这一个观点上来看,全中国的儿童,都是不幸的,他们做了父母的奴隶,做了老师的奴隶,儿童要从家庭和学校的牢笼中解放出来。换句话说,他们要做主人,计划自己的工作,完成自己的工作,无需老师或父母来越俎代庖。这样才能真正发展儿童的才能,在自由和独立的情境中,他们对于工作是热烈的,他们有力量来完成自己的计划。[4]

第三节 福禄贝尔与蒙台梭利

1926年,陈鹤琴在安徽教育厅举办的暑期学校讲授幼稚教育课程

---

[1] 引自《幼稚教育》(1926年),见《陈鹤琴全集》第二卷,江苏教育出版社2008年版,第17页。
[2] 引自《幼稚教育》(1926年),见《陈鹤琴全集》第二卷,江苏教育出版社2008年版,第19页。
[3] 参见《幼稚教育》(1926年),见《陈鹤琴全集》第二卷,江苏教育出版社2008年版,第29页。
[4] 引自《重视儿童的力量》(1947年),见《陈鹤琴全集》第四卷,江苏教育出版社2008年版,第339页。

中，对福禄贝尔与蒙台梭利教育学说及其实践进行了详细论述。他对福禄贝尔的好感与敬佩，一方面由于福禄贝尔学说受到19世纪瑞士教育家、教育改革家裴斯泰洛齐"自然教育"学说的影响与"教育心理学"的影响，提出"儿童发展"与"儿童自动""儿童自由""儿童游戏"等学说；另一方面是由于福禄贝尔重视"实物教育"并创造了"恩物"及其课程。由福禄贝尔发明的"kindergarten"（译意：幼稚园）被作为公认的幼儿教育机构名称，可说是"终于开幼稚园之纪元，做幼稚教育的鼻祖"，对于全人类，尤其是儿童做出贡献，"其功绩之伟大，与夸美纽斯差不多"。陈鹤琴将福禄贝尔在教育方面的贡献总结为10项：（1）爱儿童；（2）教人向善；（3）最早对游戏进行系统研究；（4）注意教育与社会生活的联系；（5）注意自然教育，强调幼稚园是"园"，儿童是花木，鼓励儿童接触自然；（6）引领、指导儿童欣赏美术；（7）在"恩物"中注重手工与结构的活动；（8）注意儿童自我表现；（9）反对打的责罚，组织儿童做事并帮助他们取得成功，不强迫儿童，以爱感化儿童；（10）反对形式的宗教教育。[1]

对于蒙台梭利的教育精神，尤其是为贫民区儿童办学，开办"儿童之家"，并被誉为"意大利的母亲"，使陈鹤琴感到由衷敬佩。他认为，蒙氏学说一方面受到法国生理学家石庚（又译：塞贡，Edorard Seguin，1812-1880）等学说影响，将生理与心理的发展相结合，通过对儿童进行感官训练的活动，在医治儿童身体的同时，注重促进儿童的智力发展并使儿童个性得到改变。另一方面，蒙氏学说受到裴斯泰洛齐"自由学说"影响，尤其是"尊重儿童之人格，教育儿童之方法"（陈鹤琴语）。他认为，蒙台梭利的教育实践及其学说吸收了卢梭、裴斯泰洛齐、福禄贝尔学说的营养，其中以裴斯泰洛齐影响最大，"他们同为教育界的革新分子"（陈

---

[1] 参见《幼稚教育》（1926年），见《陈鹤琴全集》第二卷，江苏教育出版社2008年版，第51—56页。

鹤琴语）。

陈鹤琴将蒙台梭利学说主张与传统幼稚园进行对比，以说明其具有的"革新性"见表 5-1。[1]

表 5-1

寻常幼稚园	蒙氏的主张
1. 以教师为中心 2. 教师始终是面对儿童团体的 3. 学生都是团体作业 4. 课室里有大圈子 5. 每课不到半小时 6. 各课都有预定的安排，且预备得很充分 7. 儿童不能脱离教师的 8. 有社会组织性的	1. 以儿童为中心 2. 一个教师同时只对两三个儿童 3. 学生是个别作业 4. 只有个别作业的小桌椅 5. 有一二小时以上的，因为教师任凭儿童自己做去，不去干涉的 6. 概不预定的，随儿童兴趣 7. 儿童都可以自由活动的 8. 儿童可以自己尽量发表的

对于蒙台梭利"儿童自由"学说，陈鹤琴提出 4 个问题：（1）蒙氏学说主张儿童自由，教师是否要少指导？（2）如何养成团体合作的精神？（3）如何养成人生必须的知识与技能？（4）如何能得到社会的标准？陈鹤琴对于（1）（2）（4）持肯定态度，他认为在蒙氏教学法中包括了许多教师的指导；提倡儿童自由活动，同时对儿童不守规则、发脾气、妨害公众等行为采取"自省"等方法。而对于第（3）点陈鹤琴认为，与其说是学理问题不如说是设备问题，从一定意义来说，儿童得不到必须的知识和技能与缺乏适宜的设备、设施相关。陈鹤琴对于蒙氏学说中倡导儿童"自我表现"、"自己教育"、"感官的训练"（包括触睹、温冷觉、重量感觉、视觉、色觉、听觉、读法与写字、数目）逐条进行分析，指出其合理之处，同时认为蒙氏教具存在三大缺点：（1）由于教具品种不多使儿童的经验与兴趣受到限制；（2）蒙氏教育注重感觉，而在培养适

---

[1] 引自《幼稚教育》(1926 年)，见《陈鹤琴全集》第二卷，江苏教育出版社 2008 年版，第 59 页。

应生活能力方面显得不够；（3）蒙氏理论采取训练低能儿童的方法，从感官训练方面对常儿进行教育或许不够。

陈鹤琴将蒙台梭利教育学说与杜威教育学说进行对比，指出两个学说之间的异同，见表5-2。[1]

表5-2

相同	不同
（1）组织试验学校 （2）注重于自由、自动、儿童自己教育 （3）反对注入式的教育 （4）能尽量用实际生活的活动	（1）蒙氏教具是固定的、有限的 （2）蒙氏对于读写算诸般技艺，有预备学说的色彩 （3）蒙氏把人生的整个经验分得极细碎，于是用论理的方法来教的，并且有"先从感觉到观念……然后到观念的联络"等学说 （4）在课程上蒙氏也很想来改造先人之缺点，但所走的路太窄了，因为太偏重于预备学说了

1934年，陈鹤琴前往欧洲11国进行教育考察，专程来到位于荷兰首都阿姆斯特丹附近的蒙台梭利学校。他总结学校的教育原则为：基于自我教育。通过教育和心理的启发作为引导学生自发行为的钥匙。对儿童潜力的探索发掘要以活动为起点，而活动和思考相互结合。关于教育方法，他记述道：

（1）3~6岁组：重感觉教育。配颜色，教黄色等。

如教师指着黄色的东西问："这是什么颜色？"由学生回答。参观当天有24名儿童。教材是圆柱体及各种形状的材料、各种颜色的小棍和铃等，全部摊开。有一名教师和一名学员教师在旁指导。儿童非常快活，有秩序和安静地玩着。他们可以自己选择，愿做什么就做什么。有

---
[1] 引自《幼稚教育》（1926年），见《陈鹤琴全集》第二卷，江苏教育出版社2008年版，第62页。

一儿童在敲铃，试着打出一些音调；有的儿童在玩颜色，先是三个基本颜色，然后变成八种颜色；有的儿童在看画找字，先默读，再口读；也有的在玩纸牌字母。

（2）6~9岁组：布置环境，为引导活动准备有植物、动物和花鸟。图书放在窗台上，橱里放各种材料，儿童可以自由取得。儿童随意地、安静地走进走出，对自己的工作都十分感兴趣，喜爱自己的工作。参观时看到一个女孩用纸制字母编一个故事，一个女孩用杯量一升豆子，一孩子在玩数学珠，另一个在区分性别，做完后请教师看是否对；几个孩子在一起学习几何图形，学习画美丽的图像，用秤、砝码学习尺度和重量，用水在测量。教师对来访者介绍说："我们应当向孩子们学习。""只有当没有秩序时才加以干预。""不是教师对儿童讲话，而是儿童对教师讲话。""没有讲义，没有惩罚，没有奖赏。"[1]

第四节　幼稚教育新趋势

19世纪中叶，欧洲兴起"新教育"运动，许多具有革新思想的教育家主张，学校的任务主要是促进儿童个人的自由发展，即身体和心灵的健全发展；儿童应获得充分自由，使他们的身心得到正常和健全的发展。19世纪后期，美国进步主义教育思想体系形成，杜威提出"儿童中心论""教育即生活""学校即社会""从做中学"，以及"教育就是经验的改组或改造"等学说，阐释了教育的本质、范围与功能。陈鹤琴深受"新教育"与"进步主义教育"学说影响，对于世界性的幼儿教育发展趋势与特点进行归纳，探寻中国幼教发展道路。他写道："幼稚教育自从福禄贝尔氏提倡以来，至今已有百余年的历史了。在这百年中，世界潮流

---

[1] 引自《欧洲教育考察笔记》(1935年)，见《陈鹤琴全集》第六卷，江苏教育出版社2008年版，第195—196页。

的变迁，时势的转移，如万马奔腾，大有一日千里之势；而幼稚教育也曾经过几次大变更，到今天又发生了许多的新趋势。"[1]

1926年，陈鹤琴在《幼稚教育》一文中阐述自己对于幼稚园教育作用、实施方法的理解，涵盖幼稚园教育各方面，归纳为13项教育原则（见本节附录）。他将鼓楼幼稚园的教学试验成果进行阶段性梳理、总结，试图把握幼稚园教育的特性与普遍规律。在他看来，幼稚园教育处于所有教育的基础地位，即"基础教育的基础"。[2] 由于儿童早期认知、学习由"经验"开始，因此，幼稚园的作业（包括所有活动）都应该有助于"丰富儿童的经验"，扩大儿童活动范围，相比许多幼稚园"走圆圈"（指"走朝会圈"），带领儿童到户外去跑去玩的意义不言而喻。同时，由于儿童在吸取经验过程中不分善恶，因此需要教师、成人的指导与环境的选择。陈鹤琴赞同克伯屈的观点"在教育上的动作，是要件件都有目的的"，而评价动作价值的原则可以有三：（1）能否引起儿童全副精神？其标志是能使儿童孜孜不倦地去做，如迎龙灯、放鹞子等。而幼稚园常见的"折纸手工""走朝会圈"等活动由于缺乏新奇感与创造性，经常使儿童"不是中途而舍，就是随大众而动"。（2）做了以后能否得到有价值的结果？所谓"价值"指对于儿童身心健康是否产生积极或消极影响而言。陈鹤琴举例：幼稚园或成人带领儿童去野外，采集标本是好的、有益的动作，然而任意摘取公园里的花果就不好了；玩竹刀木剑本是培养"尚武"精神的活动，如果用于"伤害"或"杀人"也不对。此外，决不能教儿童金钱赌博之类的游戏，以免养成恶习。（3）是否可以引起其他有益的动作？如荡秋千同时可以训练坐船的能力；沙盘游戏、蹴球（注：一种游戏）等动作中的许多元素可以引用到其他动作上去。又如织纸手工的教育价

---

[1] 引自《幼稚教育之新趋势》（1927年），见《陈鹤琴全集》第二卷，江苏教育出版社2008年版，第98页。
[2] 引自《中国儿童教育之路》（1947年），见《陈鹤琴全集》第四卷，江苏教育出版社2008年版，第311页。

值不如穿线或织线，理由是"穿线的动作格外合于实际"。[1]陈鹤琴认为，蒙台梭利教学法注重感觉，但在是否适宜于常态儿童这一点上是值得研究的。他写道："发达感觉固然要紧，但是偏重这方面，疏忽儿童自发的动作，也是不应该的。"[2]

1934年7月至1935年3月，陈鹤琴以中华儿童教育社的名义前往欧洲考察教育，先后到达英国、法国、比利时、荷兰、德国、丹麦、苏联、波兰、奥地利、意大利、瑞士等11国，不仅感受到欧洲各国政府或机构对于教育制度的完善与教育普及，尤其是初等教育的重视程度；对于"新教育"的目标、内涵与以"做"为中心的教学组织形式等也有了进一步认识与理解。

在英国，陈鹤琴一行造访了特殊学校与职业学校。在特殊儿童学校，他们感受到政府与学校当局对于身心缺陷的特殊儿童、包括盲、聋、哑儿童、弱智与肢残儿童提供的特殊照顾。他们对于英国职业学校完整的教育体系留下了深刻印象。当时"据估计，已有100万青年人和成年人获得这种机会，并且成了这个国家的技术工人和生产者。"[3]

德国的汉堡实验学校，很重视学生能力的培养，包括观察与独立研究实验能力。校内设有实验室、小型金属加工厂、木工厂、缝纫机室等。陈鹤琴一行人去参观时，看到男生正在工厂制作玩具车模型，准备作为圣诞礼物送给穷苦儿童；女生利用废旧材料制作圣诞娃娃；还有几名女生在学习烹饪。在德国学校里，周六不上课，学生到户外野营、举行活动或体育锻炼，注重强健身体；开设政治训练课程，宣扬国家主义、军国主义，培养德意志民族精神。在奥地利维也纳的一所幼儿园，园舍建在山坡上，设计特殊、美观、儿童化。走廊的墙壁、房顶绘有表现儿童

---

[1] 引自《幼稚教育》(1926年)，见《陈鹤琴全集》第二卷，江苏教育出版社2008年版，第22页。
[2] 引自《幼稚教育》(1926年)，见《陈鹤琴全集》第二卷，江苏教育出版社2008年版，第22页。
[3] 引自《欧洲教育考察笔记》，见《陈鹤琴全集》第六卷，江苏教育出版社2008年版，第186页。

在四季里活动的儿童画;每间教室整洁干净,墙壁上挂满了儿童绘画作品,还有花草树木、自然角、娃娃角等。室外有一个很大的花园与绿地、游泳池,有盖顶的户外活动场地。幼儿园所有房间一律向南,阳光充足、空气流通。"我们去参观时,孩子们正在玩黏土、着颜色、画自由画,也有在锯木头做娃娃床,自由愉快地工作。"[1]

在意大利,陈鹤琴却感受到不同于英、法、荷兰等国家倡导儿童快乐、幸福的"自由教育"气氛。在一所名为蒙特逊的幼儿园,幼儿园共有3个班,分别是3岁班、4岁班、5岁班。房间内为乳白色、干净、雅洁。女孩子着粉红色衣服,男孩子着蓝色制服。蒙特逊夫人主张:安静对消除儿童的紧张状态是十分必要的。上课铃声响过之后,全园显得非常安静,所有人讲话都是低声细语的。陈鹤琴对此种做法持怀疑态度,他写道:"儿童的天性是活泼、好动、爱表现的,把儿童管得如此安静,肯定是不符合儿童心理的,这会造成精神压力和压抑。"[2]

在此次欧洲教育考察之旅中,最使陈鹤琴感到难忘的有两点:一是他去了举世闻名的比利时德克乐利学校,感受到"从生活,为生活"教育理念与将儿童放在适当的环境中去发展其生活,同时从"直接经验"中去学习、求知,即"生活化""社会化"带来的"活力",不仅成为世界性"新教育"潮流的样板,并且对于陈鹤琴于数年后提出"活教育"学说形成直接影响。二是他在苏联目睹了"十月革命"之后,由于实行社会主义制度使全国基本扫除文盲,实行普遍的义务教育,尤其是包括托儿所和幼稚园在内的学前教育系统比世界上任何国家发展得更为迅速,国家提供更多科技、文化设施,鼓励青少年、儿童发明、创造。由此,他对教育的普遍性质有了更为直接的感受,自己"一切为儿童"和"有

---

[1] 引自《欧洲教育考察笔记》,见《陈鹤琴全集》第六卷,江苏教育出版社2008年版,第195—199页。
[2] 引自《欧洲教育考察笔记》,见《陈鹤琴全集》第六卷,江苏教育出版社2008年版,第199页。

教无类"的教育理想、情怀得到进一步升华。他在《欧洲教育考察报告》一文结尾处写道：

> 综上所述，请允许我提出访问欧洲 11 国后印象最深的四点：
> 1. 这 11 个国家都实行了免费义务教育。
> 2. 扫除文盲在波兰、意大利和苏联取得了巨大的成就。
> 3. 教育是为所有儿童的，不分其性别、智力、体格和社会地位。
> 4. 教育是为了全人类的道德、体格和智力的发展。[1]

第五节 影响儿童教育三大因素——经验、环境、活动

在陈鹤琴教育学说中，环境、经验、活动是儿童发展过程中的三个决定性因素。儿童所处环境对于儿童形成"积极"或"消极"的"刺激"深刻地影响着儿童人格、性格与生活方式发展趋向；儿童由"环境"中获得的"经验"（包括直接经验、间接经验）孕育着意识、感情、感觉、认知，不仅使儿童成为知识、文化的传承接受者，更使儿童成为思想与生活的主体与创造者。经验是教育的基础与源泉。儿童是教育的主人，儿童从环境中受到积极"刺激"，获得充分经验，进入教育境域，在这一过程中，"活动"成为儿童学习由"需要"到"感知"再到"行动"，与儿童生活由"适应"到"改造"再到"创造"两条并行发展主线的起点、内容与组织形式。环境是外在的，属于自然与成人社会；活动是由儿童根据自身需求与能力引发的，产生的经验与内容、组织形式的延伸、扩展的范围、方向，以及路径、规则等也是属于儿童自己的。经验发源于活动，是儿童个人的；活动是经验的表现形式，内发于儿童。预设儿童活动或制定儿童课程时，应依据儿童身体、心理发展特征、活动能力与

---

[1] 参见《欧洲教育考察报告》(1935 年)，见《陈鹤琴全集》第六卷，江苏教育出版社 2008 年版，第 188 页。

经验，通过丰富活动或课程内容、扩大儿童生活、社会范围与经验，培养儿童适应生活的能力，实现儿童教育各项目标。儿童生活与儿童经验是制定儿童活动、教育内容及形式的重要依据；满足儿童生活需要，激发儿童学习、创造的欲望、兴趣是儿童教育过程的基本原则；课程中心始终是儿童及儿童自己的生活。陈鹤琴笃信，在自然、社会环境与儿童"天性""本能"的刺激与驱动下，儿童的活动范围不断扩大，"经验"逐渐丰富。在这一过程中，教育者将各种经过设计的"知识"以"单元化"形式融入并成为"活动"中心，从而使儿童活动不再仅是儿童本能的生理、心理需要，而是有目标、秩序的教育过程或"有价值的动作"。

一、丰富儿童经验

在陈鹤琴教育学说中，"丰富儿童经验"作为幼儿教育的基本原则，要求"必须让儿童在实际活动中来发现其创造与发明之路"[1]。他深信："经验是知识之门"；"儿童凭着自身的经验而学习（he must learn by experience）"。正如克伯屈对于学习过程阐述："在任何复杂的经验中，早期的经验一般会留存下来，相继进入后期的经验，这样把早期的和后期的经验连成一体，从而使相继发生的事件构成一个连续的经验。"[2]

陈鹤琴主张，教育是应该给儿童丰富的经验，还要照顾儿童的兴趣；在儿童学习过程中，"经验"与"兴趣"并重。"经验"是发展儿童个性的工具，分为两类：一类是直接经验，主要由儿童在实际生活中的亲身力行、实验实践、动手"做"而获得，取得的经验是具体的，不是抽象的；另一类是间接的经验，通过图画、故事、神话传说等间接方式形成印象

---

[1] 引自《杜威为什么办实验学校》，见《陈鹤琴全集》第四卷，江苏教育出版社 2008 年版，第 117 页。
[2] 引自单中惠主编：《西方教育思想史》，教育科学出版社 2007 年版，第 462 页。

并转化为经验。间接经验在人生生活里占有重要地位，在幼稚园教学中不可或缺，可以尽量减少。儿童获得"经验"的途径或方式有两种：一是与实物相接触；二是与人相接触。幼稚园是儿童获得"经验"的最好平台，不仅要有完备的设施，更要安排充分的活动、游戏等课程，使儿童有事情可做，有东西可玩、可学。[1]他举例："初学步的儿童，不知玩物距离他的远近，他总是伸手去抓，抓了几次空，方才知道是抓不着的。孩子初见到火，又红又亮，以为是很好玩的，用手去拿，不料手皮灼痛了，以后他就知道这红而又亮的火是烫的。我们说了几次冰是冷的，雪碰到火要融化的，也很难使儿童明了，非到他玩了冰雪才知道。诸如此类的例子很多很多，幼稚园的作业（包括一切活动），就应该本着丰富儿童的经验去做。寻常走圆圈的活动是否有什么意义？还是带儿童到外面去跑去玩好呢？这都是不言而喻的。"[2]

二、儿童需要"环境"

陈鹤琴指出：儿童身体、道德、智力与社会性不是在鲁滨孙式独来独往的生活环境中产生，而是通过社会环境的刺激、影响与儿童集体生活、共同工作，以及游戏、活动逐渐发展起来。陈鹤琴写道："幼儿园就是适应这个需要，在一定的处所招收许多差不多同年岁的儿童，供给他们种种有教育价值的环境，使儿童得在适宜的环境之中，充分地与同伴接触，以发展他们的好群的特点。"[3]幼儿园作为教育环境，包含了两方面特性，一方面是集体生活，培养良好的生活习惯，发展道德与社会性的环境；另一方面是儿童在教师指导下进行学习，发展个性、系统性

---

[1] 参见《我们的主张》，见《陈鹤琴全集》第二卷，江苏教育出版社2008年版，第81页。
[2] 引自《幼稚教育》(1926年)，见《陈鹤琴全集》第二卷，江苏教育出版社2008年版，第20页。
[3] 引自《幼稚教育》(1926年)，见《陈鹤琴全集》第二卷，江苏教育出版社2008年版，第13页。

学习的环境。

家庭教育与幼稚园教育的不同之处在于，家庭教育是单独地进行对儿童的教养，幼稚园使儿童在集体的教育环境下得到发展。陈鹤琴写道："儿童在家里所接触的人不多，有许多家庭因为过分宠爱，孩子到了七八岁还是唯我独尊，毫不知做人的道德。要培养德性，非把儿童放在人群中不可。幼稚园虽然不是大的人群，但是，对四五岁的儿童来说，确是一个适宜的人群了，可以在这个人群中养成许多人类社会的德性。"[1]

儿童学习"做人"，以及待人接物、礼貌礼仪、言谈举止等也应需要适当环境。"你要儿童说话得很得体，做人做得很好，你要他处世接物都很得当，你一定要使他在适当的环境之内得到相当的学习。"[2] 幼儿园是"培植儿童的园地"。因此，幼稚园的环境应该是"完美"的，包括三方面因素：（1）教师。在幼稚园，儿童接触的人，除了父母之外，只有教师是儿童"最有力的指导者"（陈鹤琴语），因此教师的人格、学问，以及言行服色都对儿童的行为习惯、道德审美产生影响。其重要性在一切设备之上。（2）幼稚园场地、设备不仅应该是儿童活动的园地，如同扩大的家庭，同时应能体现如爱国精神、尚武精神、美术化等教育目标。"家庭化是幼稚园的大目标，同时把种种应该有的精神也包含在内，这就是布置环境的原则。"[3]（3）适宜的教材。选择幼稚园教材的原则有三：合于本国国情；能促进思想的发展；合于卫生。

三、自发、自主、自动的儿童活动

在陈鹤琴看来，儿童社会性并不仅是指儿童与儿童，或儿童与成

---

[1] 引自《幼稚教育》(1926年)，见《陈鹤琴全集》第二卷，江苏教育出版社2008年版，第14页。
[2] 引自《活教育的教学原则》(1948年)，见《陈鹤琴全集》第五卷，江苏教育出版社2008年版，第69页。
[3] 引自《幼稚教育》(1926年)，见《陈鹤琴全集》第二卷，江苏教育出版社2008年版，第23页。

人的个别关系而言，其真实意义在于社会的组织性的活动的建立。[1] 儿童对人的关系的感觉在儿童初生后已经发生，发展为独自游戏；然而儿童社会性活动的发展，却是从儿童在幼儿时期加入团体建立有组织的社会生活方才开始。这一时期，儿童对于儿童与他人之间交往，以及儿童之间的相互合作产生浓厚兴趣。不同儿童的社会性发展程度并不完全一致，存在着差异性，在不同的时期，儿童的社会态度也在发生变化。国外学者将儿童的社会态度分为三种类型：社会盲目型（the socially blind）、社会依赖型（the socially dependent）、社会独立型（the socially independent）。也有学者将儿童的社会性状态表现为两种类型：护卫型（protective type），其特点表现为自大、专横、领袖欲望；诚挚型（devotional type），其特点表现为和蔼友善，尽管并不作为领袖，却具有一种吸引力而成为一群伴侣的中心。结论：每个儿童由于环境和教育的不同，都具有自己特殊的社会态度。[2]

　　西方现代教育观点认为，儿童的生长发展完全依赖于活动，对儿童实施教育应以包括游戏在内的"活动"方式进行。由于环境因素影响，刺激儿童能力或潜能，引发儿童身体、心理产生新的需要与欲望，并以"活动"方式表现或外化，使儿童"以集体的一个成员去行动，使他从自己的行动和感情的原有的狭隘范围里显现出来；而且使他从自己所属的集体利益来设想自己。通过别人对他自己的各种活动所作的反应，他便知道这些活动用社会语言来说是什么意义。这些活动所具有的价值又反映到社会语言中去"[3]。儿童活动的进行应以儿童与儿童的生活为中心，符合儿童的需要并兼顾社会需要，而不是以成人或社会为中心，忽视儿童的需要。儿童具有创设、管理自己环境的能力，然而这种能力经常被成

---

[1] 参见《儿童心理学》（1952年），见《陈鹤琴全集》第一卷，江苏教育出版社2008年版，第475页。
[2] 参见《儿童心理学》（1952年），见《陈鹤琴全集》第一卷，江苏教育出版社2008年版，第476页。
[3] 参见《我的教育信条》（1897年），见赵祥麟、王承绪编译：《杜威教育名篇》，教育科学出版社2006年版，第1页。

人的意志或知识被湮没。在这种情形之下，儿童的一切工作被作为"还债"，被动地进行，儿童的生活变得枯燥，儿童的情绪变得低落，儿童的力量与创造力被泯灭、湮没。陈鹤琴相信，儿童是有力量的，儿童与儿童之间开展的活动，即儿童自己的"社会"可以由儿童自己主持、管理，因此，幼稚园课程计划必须根据儿童的兴趣与需要来制定，幼稚园的教育方法必须依据儿童自然发展的特点。由于儿童活动具有"自发性""自主性""自动性"的特点，因此教师在指导儿童进行活动时要留有余地与空间，引导、鼓励儿童探索未知事物，进入创造境地。教师应遵循两个原则：（一）凡是儿童能够想的，让他自己想；儿童能够做的，让他自己做，必要时，才给他指导。（二）指导的目的是发扬儿童的才能，不能抑制儿童的活动。[1]

陈鹤琴认为，儿童学习应在适当的环境中进行。环境的作用是直接或间接引起儿童优良的动作的。儿童的智力、才能、社会性发展，以及创造力培养需要科学的教育环境，包括教育观念、启发引导方式、施教方法等。无论在家庭或在学校，凡是儿童自己能够做的，应当让他自己做；凡是儿童自己能够想的，应当让他自己想。例如：儿童在初学走路时，往往沿着椅子或桌子自己走。这时，若是有人中止了他的动作，或抱起他，儿童一定会想要挣脱。儿童要自己吃饭，拿着汤匙将饭菜送入口中，如果这时大人将儿童手中的汤匙拿走强行喂食，儿童会将饭菜吐出来，张着嘴巴号啕大哭。有一次，他在北京看到一个10岁的独生子，在家中被娇生惯养，衣来伸手，饭来张口，走进走出有人照顾。他认为，这个小孩子因为没有练习的机会，已经失去了活动的能力。儿童在"做"的过程中，兴趣愈做愈浓；能力愈做愈强。他写道："在陆地上学游泳，是没有多大用处的。儿童尽管在陆地上日夜练习游泳，一到水里，还是

---

[1] 参见《重视儿童的力量》(1947年)，见《陈鹤琴全集》第四卷，江苏教育出版社2008年版，第340页。

要溺死的。你要儿童游水,你一定要在水里教他学;而且要他自己也实地到水里去,否则,光是你游泳给他看是没有用处的。"[1]

张宗麟在《幼稚园的社会》一书中记述:

忽然有一个小孩子左顾右盼,想要有一个电话,教师便拿些粗铁丝放在他们找得到的地方,他们立刻决定用它来做电线。他们只要把这些线从这座房子挂到那座,没有想到电杆。后来电线挂下来了,阻挡了往来的人,有一位女孩子恰好拿起一根粗棒子,她便用它撑住了铁丝,而且说这是电杆。另有一个男孩子在地上插了一根棒子说,他树了一根电杆。有了这两件事,引得孩子们都去看校门口的电杆柱子。他们又看到需要的东西,就是电杆顶上架电线的横木。拿街上的电杆做模范,他们的电杆也做起来了。每根直柱子上钉着横木,横木上又钉了钉子,铁丝就绕在钉子上,这样家家便连接电话了。既有了电话,许多有趣的事也就从此发生。

一鸣到自己的房子里去,叫总局说道:"请接二三八九"。

大牛在家里说道:"喂,你哪里?"

一鸣回答道:"我是一鸣,你是大牛吗?今天你的家里怎样?"

大牛答道:"啊!我未曾把烟囱装好,那烟几乎把我的房子熏坏了。你呢?"

一鸣说:"我正在这里做门,现在要重做呢。再会!"[2]

············

附:幼稚教育原则(1926年)[3]

(1)丰富儿童经验(直接经验、间接经验);

(2)有用的动作(是否能引起儿童全副精神的?做了以后能否得着

---

[1] 引自《活教育的教学原则》(1948年),见《陈鹤琴全集》第五卷,江苏教育出版社2008年版,第69页。
[2] 引自张宗麟:《幼稚园的社会》,海豚出版社2012年版,第60页。
[3] 引自《幼稚教育》(1926年),见《陈鹤琴全集》第二卷,江苏教育出版社2008年版,第20—26页。

有价值的结果？是否能引起其他有益的动作）；

（3）完美的环境（教师、设备、适宜的教材）；

（4）检查体格及智力；

（5）与家庭合作；

（6）游戏化的教学法；

（7）暗示性的教学法；

（8）精密的辅导；

（9）充分的预备；

（10）美术思想；

（11）医药知识；

（12）和蔼可亲；

（13）公允的态度。

第六节　直观性教学与"活的教育"

陈鹤琴记述了自己早年遇到的一件事情。有一次他向一位6岁的小女孩问道："你看见过松鼠吗？"小女孩回答："看见过！"陈鹤琴又问道："有多大？"小女孩举起两手的食指在空中拉开约有两寸的长度并回答道："这样大！"陈鹤琴再问："你在什么地方看见的？"小女孩很干脆地回答："在书上！"然后，她拿出一本油印的图画书给陈鹤琴看，图画书印刷得很粗糙，画面上的松鼠非驴非马，一点也不像。陈鹤琴认为，儿童的谬误观念来自于这种"死图"，若要使儿童知道关于松鼠的知识，应该带儿童去树林中观察活松鼠，或将松鼠放到儿童面前，这样才能使儿童得到关于松鼠的正确观念。他强调：儿童对于环境中各种事物的认识一定要眼睛能看到，耳朵能听到，手能触摸到，才能了解事物的真相和性质。[1]陈鹤琴相信,环境是经验之源;经验是思想之基;儿童所接触的环境愈广,所得的知识当然愈多;"用眼的学习比用耳的学习准确"[2],所以应该使儿童与环境有充分的接触。捷克教育家夸美纽斯曾将"直观性教学"过程概括为:由简单到复杂,由具体到抽象,由事实到结论,由易到难,由近及远,实例先于规则。[3]陈鹤琴写道:一方面,"儿童的思维发展是从具体到抽象的,儿童在发展初期,形象思维多于概念思维,因此形象式的直观教学法对于发展儿童的思维是有很大帮助的"[4]。另一方面,儿童在广泛研究大自然中各种现象的同时,还必须与儿童本身的生活联系起来。儿童是知识与学习的真正主人,儿童的"经验"属于儿童自己;教育寓于生活之中。儿童的经验通过活动或游戏发源、激励、延伸;儿童的世界,是儿童自己去探讨,去发现,去创造的。儿童自己求来的知识,才是真知识;儿童自己所发现的世界才是真世界。"做中学,做中教,做中求进步。"因此,父母或教师应当培养、鼓励儿童的独立思考能力,发现、探索自己的世界。学校举办的各种活动、课程,教师可以暂时不将结果、结论直接揭示,应当让儿童自己去实验、思想、求结果。儿童在学习过程中采用的方法、思路、结论不一定正确,教师不应当越俎代庖,而是从旁指导儿童研究与思想的方法。因为"直接经验,自己思想,是学习中的惟一门径"[5]。

鼓楼幼稚园创园之初,"以自然科为中心来编制课程"被作为幼稚园实验的最初目标之一,"幼稚生的户外生活要多"(陈鹤琴语),将儿童从狭小的"幼稚监狱"(教室)中解放出来,在广阔的大自然中焕发天性、增长经验与知识、获得自主、自动能力。陈鹤琴、张宗麟认为,户外的

---

[1] 参见《怎样做人民的幼稚园教师》(1950年),见《陈鹤琴全集》第二卷,江苏教育出版社2008年版,第438页。
[2] 引自《几条重要的教学原则》(1928年),见《陈鹤琴全集》第四卷,江苏教育出版社2008年版,第38页。
[3] 引自《夸美纽斯的教育理论》,见《陈鹤琴全集》第五卷,江苏教育出版社2008年版,第276页。
[4] 参见《夸美纽斯的教育理论》(1955年),见《陈鹤琴全集》第五卷,江苏教育出版社2008年版,第275页。
[5] 引自《活教育的教学原则》(1948年),见《陈鹤琴全集》第五卷,江苏教育出版社2008年版,第69页。

教学比起室内的生活更能激发儿童的热情。实行"自然教育",重视儿童直接经验的积累、扩充、升华。儿童对自然感兴趣,看到田野的花草,就会采一朵来问教师;看到花木间的蝴蝶昆虫,也会捉来细致研究一番;有时还会收集地上的外观色彩漂亮、精美或形状怪异的石头,整理后陈列出来。陈鹤琴对幼儿园或学校教学提出要求,一方面,凡是儿童自己能够做的,应当让儿童自己做。"做了就与事物发生直接的接触,就得着直接的经验,就知道做事的困难,就认识事物的性质。"[1]陈鹤琴的朋友、教育家雷震清(1904-1984)在 1927 年《教育杂志》第十九卷二号发表文章,将幼儿园开设自然科目的归纳为五项:(1)欣赏自然之美景;(2)注意环境之事物;(3)陶冶爱物之观念;(4)获得摄生之知识;(5)增进儿童之健康;(6)适应自然界的均衡现象。[2]

当时,鼓楼幼稚园经常带领儿童去码头、工厂,了解市井民风;一周至少四次带领儿童去野外活动,为儿童充分地思考创造机会。在陈鹤琴、张宗麟看来,凡是与人的生活相关的自然、社会现象都属于"自然"范畴。幼稚园教学应该充分考虑儿童的个性,适应儿童的个别兴趣与需要,对普遍采用的"班级制"(团体式)课程及教法予以改变。陈鹤琴认为,幼稚园课程与活动并不是按着几位教师的想法而拟定的,并且是多方的,不是专一的,是可以变化、变更的。变化、变更的依据是儿童的经验、兴趣,包括因儿童新的发现而产生的临时兴趣。在他的观念中,自然与社会都是儿童的学习课堂,种植庄稼、蔬菜和饲养家畜等都是儿童可以开展的活动。他主张教师应当从大自然中追求、探讨教学资源;幼稚园在发展儿童的知识与技能的时候,必须广泛地研究大自然中的各种现象,并且必须和儿童本身的生活联系起来。他用文字描绘了一幅图景:

---

[1] 引自《活教育的教学原则》(1948 年),见《陈鹤琴全集》第五卷,江苏教育出版社 2008 年版,第 67 页。
[2] 引自雷震清著:《幼稚园的自然》,海豚出版社 2012 年版,第 3—4 页。

在浓荫绿草的田村山野之中，和活泼的儿童讲故事做游戏等，是何等有趣的事情，非但儿童会格外地感到兴趣，就是教师也感觉到在野外精神倍增，在施教上也更容易些。所以我们对于到野外去是不辞辛劳地做去。[1]

第七节　整个的教育

陈鹤琴倡导"整个教学法"，即将儿童所应该学的东西整个地、有系统地去教儿童学。他认为，旧的教材的内容将孤立、碎片化的知识堆砌，以"灌输式"或"填鸭式"方式强行使儿童接受，全然不顾儿童的身心能力与需要。这不是真正的教育。[2]在他看来，儿童的生活是整个的，所以教材也必定要整个的、互相连接的，不能是四分五裂的；幼稚园课程不应各自独立，彼此隔绝，什么音乐是音乐，故事是故事，相互间不发生影响、关联。他认为，幼稚园各科功课可以打成一片。在儿童能够学与应当学的东西中，不能漫无限制、零零碎碎、毫无系统，"总必定要有一种组织，在相当范围内，使其成为一个系统并使各科目中间互相连接起来发生关系"[3]。对于儿童的学习内容以及价值的选择、判定，可以有三个标准：第一个标准，凡儿童能够学的东西就有可能作为幼稚园的教材；第二个标准，凡教材需以儿童的经验为根据；第三个标准，凡能使儿童适应社会的就可以取为教材。[4]他注意到了欧美各国幼稚教育发展的三方面趋势，第一方面注重儿童自由活动、户外活动；第二方面

---

[1] 引自《一年来南京鼓楼幼稚园试验概况》（1926年），见《陈鹤琴全集》第二卷，江苏教育出版社2008年版，第7页。
[2] 参见《世界儿童互助运动——从儿童互助说到师范教育运动》（1947年），见《陈鹤琴全集》第四卷，江苏教育出版社2008年版，第336页。
[3] 参见《我们的主张》（1927年），见《陈鹤琴全集》第二卷，江苏教育出版社2008年版，第78页。
[4] 参见《我们的主张》（1927年），见《陈鹤琴全集》第二卷，江苏教育出版社2008年版，第77页。

厘定课程、规定标准；第三方面重视不同年龄阶段儿童教育之间的相互衔接，即"蒙养园"至"幼稚园"至小学。

陈鹤琴将自己提出的教学法称为"整个教学法"，主张将幼稚园课程打成一片，成为有系统的组织；同时利用儿童天天所接触、生活的两种环境，即自然环境、社会环境作为这种整体教学方法的课程中心。在课程过程中，将故事、歌谣、游戏、绘画、手工、音乐及表演围绕同一主题相互衔接，形成"单元"；处处要儿童参加，使儿童高兴学、高兴做。[1] 幼稚园在编制课程时应注意"对于事物的研讨要有系统，注意事物发展的规律，以及事物与事物之间的联系，不能将一件一件的事物孤立起来，使儿童对于事物的发展得不到一个整个的概念"[2]。陈鹤琴主张，幼稚园在编写儿童故事时，应该注意到故事组织的完整性与内容的连贯性。他写道："故事组织的完整，适合于儿童的学习心理。儿童对于组织完整、意义联贯的事物，容易学习，容易了解。而对于那些零星破碎、漫无组织、孤立片断的事物，不易学习，不易了解。凡愈容易了解的，儿童愈喜欢去学。换言之，就是组织完整，意义联贯的事物，儿童便喜欢它。"[3]

20世纪20年代，国内幼稚园大多仿照美国、欧洲及日本等国幼稚园课程制度实行分科教学，分为公民、游戏、自然、图画、手工、故事、谈话、读法、数目等科目。（见附录1）陈鹤琴认为，此种"论理式"，即以学科内容为中心的分类法与小学采取的分科教学基本相同，各科目之间相互独立，界限分明，不符合幼稚时期儿童"整体性"的认知特点，这一分类法是模仿大学的。大学生的文化程度高、知识深，采用分科教学使知识系统化；然而小学生、幼稚生的认知能力更适合整体性教

---

[1] 参见《我们的主张》(1927年)，见《陈鹤琴全集》第二卷，江苏教育出版社2008年版，第78页。
[2] 引自《幼稚园的课程》(1951年)，见《陈鹤琴全集》第二卷，江苏教育出版社2008年版，第457页。
[3] 引自《活教育的教学原则》(1948年)，见《陈鹤琴全集》第五卷，江苏教育出版社2008年版，第95页。

学。如果一定要采取分科方式,高年级可以采用,低年级则不宜采用。[1]他观察到一种教育上的现象,小学或幼稚园的课程将国语、算术、社会、自然、图画、手工、唱歌、游戏、故事、卫生等科目分得清清楚楚、相互分隔。如一个教师教同一级儿童的不同课程,上国语课时教的内容是"蜜蜂",上图画课时教的内容变成了"兔子";手工课教"折船","唱歌"课教《麻雀和小孩》,故事课讲《小猪过桥》,同一个儿童在上不同课时常常感到摸不着头脑,教师也不得不忙于应付。他认为,这样的课程设置方式违反了儿童"整体性认知"的心理特点。因此,他开始研究在美国已经有人在实行的另一种课程分类方法,它以儿童活动为根据或中心,将各学科内容衔接、融合,打成一片,力图使课程内容、形式满足儿童日益增长的身体、认知与活动能力。这一类课程分类被称为"活动课程",分五大部分:开始的活动;身体上的活动;家庭的活动;社会的活动;精巧的活动。其中"开始的活动"指儿童初进幼稚园时需养成的各种习惯,如知道放毛巾和帽子、认识教师等。"活动课程"的核心在于其目的、实施过程与方法需要经过事先设计,通过合作学习体现教育的"社会化"性质。在陈鹤琴看来,"分科"与"活动"两种教学形式各有特点与侧重,可以根据教学内容综合运用。

陈鹤琴写道:

以上两种分法,在形式上似乎大不相同,但是在实施上只要能活用,二者毫无分别。例如做一个请客的设计,以第一种分法,图画、手工、读法三科是做请柬和装饰房间;音乐、节奏、游戏、谈话,故事开会的时候用得到;如何做客,如何做主人是公民科;如何买东西、烧东西等就是常识;利用吃的物品,装饰房子的花草就可以教自然;计算来客,付买东西的钱是引起数目观念的好材料。再看看这个设计合于第二种分

---

[1] 参见《整个教学法》(1928年),见《陈鹤琴全集》第二卷,江苏教育出版社2008年版,第165页。

法吗？体力的、家庭的、社会的三项活动包含得最多了；做请柬、烧东西等不是要精细的活动？至于开始的活动，那随处包含在里面。[1]

1947年，陈鹤琴在《活教育》杂志上发表的《中国儿童教育之路》一文中阐述了建立儿童教育体系构想。他提出，儿童教育范围不应仅局限于学校（幼稚园），还应将社会和家庭的教育包括在内，实现三者之间"相辅而行"与"有机的联系"。在他看来，由于儿童生长、发展的连续性特点，儿童自初生开始具有接受并对外部刺激产生反应的能力，并且随着身体、智力发展与活动范围扩大、经验不断丰富，学习能力不断增强，因而各阶段教育形式与内容应是"整体的"、相互联络的，而不是"割裂的""分离的"。幼稚园是6岁以下学龄前儿童接受教育的专门机构，由于不同年龄阶段儿童之间存在生理与智力等方面的差异，如2岁儿童与5岁儿童无论如何不能做同样的活动，因此不宜"放在一起教养"。他根据自己早年对儿童心理研究的经验，提出将幼儿园分为三个阶段：第一阶段"乳儿组"（1岁左右尚未断乳的儿童）；第二阶段"步儿组"（1岁半至3岁半儿童）；第三阶段"幼儿组"（3岁半至6岁儿童）。在他的设想中，在"早教"阶段，对于"乳儿组"阶段儿童，应该注意营养、卫生习惯、身体发育等方面工作，确保儿童身、心健康；对于"步儿组"阶段儿童，应该培养儿童的基本动作，发展儿童的语言技能。经过"乳儿期""步儿期"两个阶段，儿童进入"幼儿组"阶段，逐渐具备言语、饮食、起居、行走等方面的独立能力，因而可以发展儿童的社交知识，具备相应的与他人交往的能力，培养"社会性"，培养儿童之间的合作精神。他认为，儿童从一个阶段进入另一阶段的过程中，应有过渡适应阶段，如小学一年级可以实行"幼稚园化"，使处于"游戏"或"活动"状态的儿童逐渐进入课堂学习状态，以打通幼稚教育与小学教育之

---

[1] 引自《幼稚教育》（1926年），见《陈鹤琴全集》第二卷，江苏教育出版社2008年版，第31页。

间存在的"鸿沟"。他强调,根据陶行知先生倡导的"生活即教育"学说,儿童教育是整个教育的一部分,因此"儿童教育是不能够和生活脱离的。"[1] 他提出,"幼稚园包括了这三个阶段,就成了一个有系统的组织,可以和小学教育紧紧衔接起来了。"[2]

附 1

美国哥伦比亚大学师范学院附设幼儿园课程[3]

序号	科目名称	内容
01	音乐	听、唱和玩各种极简单的乐器
02	节奏	跳舞、击节等动作
03	游戏	
04	自然科	动植物、化学、物理、地理、天文等常识
05	公民	本科即社会和家庭生活教材的本体
06	手工	使用剪刀、贴图、做泥土、缝纫,简单的竹工、木工等
07	图画	
08	故事	
09	谈话	
10	读法	此科鼓楼幼儿园亦开始实行,惟国内采取者尚少
11	数目	幼稚生谈不到算术,只能数数目
12	旅行	

第八节 教师是儿童的朋友

陈鹤琴作为中国"新教育"运动早期的参与者与推动者之一,主张"解放儿童""发展儿童个性"与建立教师与儿童之间的新型关系。他强调,在幼稚园教学过程中,儿童、教材、教师是"教育上的三大要素",三者的关系,儿童是主体、教师度量儿童的能力与个性,用种种适宜的

---

[1] 参见《中国儿童教育之路》(1947 年),见《陈鹤琴全集》第四卷,江苏教育出版社 2008 年版,第 310 页。
[2] 引自《中国儿童教育之路》,见《陈鹤琴全集》第四卷,江苏教育出版社 2008 年版,第 313 页。
[3] 引自《幼稚教育》(1926 年),见《陈鹤琴全集》第二卷,江苏教育出版社 2008 年版,第 31 页。

方法，把教材介绍给儿童。[1]在幼稚园教育环境中，教师因素是最重要的因素，高于一切设备；"倘使得着优良教师，就能'事半功倍'"（陈鹤琴语）。陈鹤琴指出，由于幼稚园儿童身体、心理"娇嫩"，经不起任何波折，因此幼稚园教师须具有两方面素质方能胜任：一方面素质是教育者的情怀与教学技能；另一方面素质是医生的态度，教育与保育并重，遇到突发事件可以镇静、谨慎地应对，同时具有医药方面的常识。[2]

幼稚园教师与儿童之间可以有三种关系：第一种是监督管理者；第二种是放任、旁观者；第三种是材料提供者与参与者、欣赏者。陈鹤琴主张，教师是儿童队伍中的一员，二者是朋友关系。他不赞成幼稚园教师像私塾先生那样"尊严"得使儿童感到害怕。如果教师与儿童非常亲近，如同亲密朋友那样，则容易明了儿童的性情能力，教起来容易引导，学起来容易听从。他写道："一个教师如果像工头一样站在学生的旁边，指挥这个，命令那个，而自己却十指不沾。这是顶坏的现象，也是顶笨拙的教学方法。"[3]陈鹤琴还批评了一种现象：教师像工头一样站在儿童旁边指挥、命令，自己却十指不沾。他主张，教师一定要参加到儿童的队伍里面去，共同游戏、共同工作，这样才能深切地认识儿童、指导儿童。他写道："假定没有爱护儿童的心肠，虽你'满口珍珠'，但结果仍会和儿童格格不入。"[4]

在幼稚园教学过程中，儿童的自由、自主、自动性发展与教师或家长的作用应是统一的、融合的，而不是对立的、分隔的。教师、家长在教育教学过程中，要发现、发展儿童的才能，满足儿童的需要，而不是以消极的管理忽视积极的启发，处处限制儿童的活动，或批评、讥笑儿

---

[1] 参见《幼稚教育》（1926年），见《陈鹤琴全集》第二卷，江苏教育出版社2008年版，第16页。
[2] 参见《幼稚教育》（1926年），见《陈鹤琴全集》第二卷，江苏教育出版社2008年版，第26页。
[3] 引自《怎样做人民的幼儿园教师》（1950年），见《陈鹤琴全集》第二卷，江苏教育出版社2008年版，第439页。
[4] 引自《怎样做一个理想的教师》（1939年），见《陈鹤琴全集》第四卷，江苏教育出版社2008年版，第242页。

童，摧残儿童的成长。对于幼稚园与教师而言，研究儿童心理，顺应儿童天性与成长规律是幼儿教育改革与发展的前提。[1] 幼稚园教材既要详细规定的同时，又要"活用"，不能"死用"；幼稚园要建立各种成绩标准，以测量、检验教学质量。幼稚园儿童因年龄、能力缘故，处处要教师从旁指导。教师不仅是儿童成长过程的观察者，更是儿童健康、行为、学习、生活习惯养成的把舵者、指导者、欣赏者与环境、材料提供者。同时，教师还负有养护、照看儿童的责任。儿童在自由活动的同时，教师的协助与指导不可或缺，因为"幼稚生所接触的人，除父母以外，只有教师是他们最有力的指导者"。[2] 儿童在"自由""自动"的同时，必须要养成服从的习惯。一方面，这种习惯是父母、教师慢慢训练出来的，其目的是适应社会生活；另一方面，"服从"可以保护儿童增进自动的能力，做有益的活动。[3] 陈鹤琴写道："幼稚生是娇嫩的，经不起什么波折，所以平日保护方面应该十分注意，一旦遇到不幸，教师尤宜有医生的态度——镇静谨慎。同时需有医药上的普通知识……"[4]

陈鹤琴主张，儿童的大部分活动应在户外开展，大自然中的飞鸟走兽野草闲花可以引发儿童的注意力、兴趣；新鲜的空气、明亮的日光都是使儿童强身健体的要素。他描绘了一种景象：在空旷的野外，教师可以随地施教，看见什么，就可以教什么；教师与儿童一道唱歌、做游戏、画图画、讲故事……教师既要充分利用大自然大社会中的活教材；又要掌握各种表情达意的工具，如言语、文字、图画、音乐等，使教学活动内容更生动、更丰富，更能起教育作用。[5] 陈鹤琴提出，幼稚园教师应当有充分的训练，不仅要善于唱歌、弹琴、绘画、语言表达，以及各种

---

[1] 参见《幼稚教育之新趋势》，见《陈鹤琴全集》第二卷，江苏教育出版社2008年版，第101页。
[2] 引自《幼稚教育》(1926年)，见《陈鹤琴全集》第二卷，江苏教育出版社2008年版，第22页。
[3] 参见《怎样教小孩》(1937年)，见《陈鹤琴全集》第二卷，江苏教育出版社2008年版，第660页。
[4] 引自《幼稚教育》(1926年)，见《陈鹤琴全集》第二卷，江苏教育出版社2008年版，第26页。
[5] 参见《怎样做人民的幼儿园教师》(1950年)，见《陈鹤琴全集》第二卷，江苏教育出版社2008年版，第441页。

技能，还需要熟悉自然界的现象、社会的状况；具有丰富的常识并了解儿童的心理。他列举了两条理由：其一是因为儿童是很难教的，虽然儿童的年龄相差不多，但是各自的智力、个性却有差异，且注意力薄弱，所以教师不能一律采用呆板的教法，而应当因材施教，满足儿童各自不同的需要，这就需要教师具有充分的学识与高超的教学技术、方法，因此"非有特别训练的教师，实在不能胜其任"；其二是儿童开始学的时候，应当学得好。"所以要教小孩子教得好，必定要在第一次的时候教得好"，"这样说来，教师非得有充分的训练不可"。[1]对于儿童所发生的各种问题，尤其是性格、行为方面的问题，教师不能仅凭一些表面现象做出简单判断或结论，头痛医头，脚痛医脚，而应采取医生的态度，从调查、研究着手，找到引发儿童失常情态的原因，采取正确的方法"对症下药"。

陈鹤琴引用17世纪捷克教育家夸美纽斯所说"太阳底下没有比交给教师的职务更崇高更优秀的了"，强调教师工作对于儿童成长的重要性。他写道："亲爱的教师们，儿童的命运，掌握在你们手里，只有认识儿童，爱儿童，才能发展儿童的才能，光明的、和平的、快乐的世界完成的一天，也就是我们的任务完成的一天。"[2]他要求教师首先要做到热爱儿童，公平地对待儿童。因为"热爱儿童，是做一个优良教师的起码条件"。他曾用"迷路的羔羊"与"迷失方向的小船"比喻刚刚离开父母、家庭进入幼稚园的儿童，由于恐怕失去了依靠，茫茫然无所适从，产生强烈的孤独感，此时教师成为儿童除父母以外，最可依赖的人。对于这些儿童，教师可以引领他们了解、认识幼稚园环境，逐渐消除陌生感，增进熟悉程度并产生感情。在这一过程中，幼儿教师的性格、态度、言谈、举止、服装等都对儿童的心理，以至于性格产生影响。他提倡"积

---

[1] 参见《我们的主张》(1927年)，见《陈鹤琴全集》第二卷，江苏教育出版社2008年版，第83页。
[2] 引自《重视儿童的力量》(1947年)，见《陈鹤琴全集》第四卷，江苏教育出版社2008年版，第340页。

极的教育",以引导方式纠正儿童不良行为。他写道:"活教育不是消极的,是积极的。你不要禁止小孩子不做这样,不做那样,你要教小孩子做这样、做那样。你不要禁止乱抛纸屑,你要鼓励小孩子把地上的纸屑拾起来,丢在字纸篓里。你不要禁止小孩子在墙上乱涂,你要鼓励小孩子把肮脏的墙壁怎样刷白。你不要禁止小孩子高声说话,你要鼓励小孩子在公共场合怎样轻轻地讲话。一切的一切,你要用鼓励的方法来控制儿童的行为,来督促儿童的求学。消极的制裁不会产生多大的效果,有时候反而容易引起他的反感呢!"[1]

陈鹤琴列举幼儿教师应具有的优良素质、品格包括:(1)和蔼可亲;(2)不发脾气;(3)帮助别人;(4)不自私;(5)身体健康;(6)对同事必须合作;(7)对工作具有高度热情,富有创造性;(8)决不灰心,克服工作中遇到的困难;(9)对学问要做到"学习,学习,再学习"。在他的期待中,幼儿教师应该具有多方面的知识与才艺,以满足儿童的各方面需求,许多儿童临时发生的兴趣可以成为良好的教育契机。教师需要掌握的教学技术:(1)能讲动听的故事;(2)能编歌谣谜语;(3)能画图;(4)能做手工,如纸工、木工、布工、漆工等;(5)能唱歌;(6)能奏一种乐器;(7)能种花种菜;(8)能玩简单的科学把戏;(9)能布置教室;(10)能做点心和烧菜;(11)能做初步的急救工作。[2]

---

[1] 引自《活教育的教学原则》(1948年),见《陈鹤琴全集》第五卷,江苏教育出版社2008年版,第72页。
[2] 参见《怎样做人民的幼儿园教师》(1950年),见《陈鹤琴全集》第二卷,江苏教育出版社2008年版,第441—444页。

第六章
幼稚园课程与教学法

> 幼稚园这种教育机关，在中国本来是没有的。现在我们既然来创办这件事，就应当先自己问一问，用种什么目标，怎样的办法。倘是一些主张都没有，仍旧像中国初办教育时候，今日抄袭日本，明日抄袭美国，抄来抄去，到底弄不出什么好的教育来。
>
> ——引自陈鹤琴《我们的主张》

1925年秋天，在陈鹤琴的亲自指导和参与下，以鼓楼幼稚园为实验基地，由张宗麟、甘梦丹等负责制定、实施课程试验方案，经过改造、调整、修订、完善，总结出一整套幼儿园教学原则，以及符合儿童特点与教育目标的课程与教学法体系，强调课程应根据自然现象更替与人生的实际活动进行编制，以使儿童理解真实的生活与环境，丰富其经验。这套体系曾于1928年5月被作为国家教育当局制定并颁布的《幼稚园课程暂行标准》蓝本向全国推广。由此，南京鼓楼幼稚园以"科学化""中国化"课程与教学法实验为标志，成为中国现代学前教育发展的里程碑。

陈鹤琴写道："我们办幼稚园究竟为什么？我们教育儿童究竟要教养到什么地步？什么技能什么习惯儿童应当养成的？什么知识什么做人态度儿童应当学得的？以上这几种问题，办幼稚园的大概都没有想过，或想过而不去研究的。结果这些办幼稚园的，天天虽忙忙碌碌，到底没有什么成效，而儿童也没有什么进步。"[1] 他认为，幼稚园应该建立符合儿童认知与学习特点的课程体系以及标准，"要知道没有具体的标准，

---

[1] 引自《现今幼稚教育之弊病》(1924年)，见《陈鹤琴全集》第二卷，江苏教育出版社2008年版，第3页。

就不容易看出办学的成绩，也不容易改进教授的方法，做教师的糊里糊涂一天一天地教去，做儿童的也懵懵懂懂地一天一天地过去，而一般做父母的也不去督察督察"[1]。

在陈鹤琴看来，幼稚园不仅是儿童自由、快乐的场所，更是与大学、中学、小学具有同样性质的教育机构。幼稚教育应当适应两方面需要，一是儿童的需要，不但要符合儿童当前的需要，还能引发儿童新的需要；二是社会的需要，即社会对于儿童道德、行为的规范与要求。幼稚生学习的内容，除了知识、技能以外，还应包括道德、卫生的习惯等；不仅应增强身体素质，还应发展社会性与认知、学习等能力，以适应未来社会生活。其中，儿童的健康，包括卫生习惯、生活技能是基础。因为儿童的智力、行为都与健康密切相关。陈鹤琴写道："要知道强国，必先强种，强种先强身，要强身先要注意幼年的儿童。"[2] 因此，幼稚园首先应该注重儿童的身体，不仅从观念上引起重视，更要在内容、实施过程方面体现"具体化""规范化""标准化"的科学态度与精神。

教育的内容是广义的，不是狭义的；形式与方法是"活"的，不是单一的、"死"的；"游戏化"是幼稚园教学的基本方式，理由是游戏是儿童的生活，也是儿童的本性，儿童在做游戏状态下，情绪是高涨的，精神是快乐的。同时游戏"可以发展儿童的身心，敏捷儿童的感觉，于儿童的生活有莫大之助益，所以幼稚园应当采用游戏式的教导法去教导儿童。"[3] 因此，无论什么工作都可以化作游戏，前提是教师应具有相当能力。陈鹤琴认为，幼稚园教师应该具有优良的道德质量，待人和蔼可亲、满面笑容；身体健康、性格温良，不发脾气，乐于助人；热爱儿童，公平对待儿童；与同事合作、交流；对工作高度热情、富于创造性、决

---

[1] 引自《现今幼稚教育之弊病》(1924年)，见《陈鹤琴全集》第二卷，江苏教育出版社2008年版，第3页。
[2] 引自《我们的主张》(1927年)，见《陈鹤琴全集》第二卷，江苏教育出版社2008年版，第79页。
[3] 引自《我们的主张》(1927年)，见《陈鹤琴全集》第二卷，江苏教育出版社2008年版，第82页。

不灰心；注意学习。在教学技术方面，幼稚园教师应该具备"全面性"，成为"多面手"，不仅会讲动听的故事或歌谣、谜语；会画图、做手工、唱歌、演奏乐器；还会栽花植草种菜、布置教室；能带领儿童做各种游戏；能做点心、烧菜；能做初步的急救工作。

陈鹤琴写道：

> 儿童从母亲的怀抱走到教师的身边，从熟悉的环境走到陌生的环境，这在他的情感上会引起很大的波动。在这个时候，他很需要人关心他，爱护他，使他不觉得从家庭走进幼稚园，像是失去依靠似的觉得孤单、寂寞。因此，教师一定要跟儿童建立友谊，使儿童觉得你是他的朋友、他的伴侣，他很信赖你。[1]

幼稚园课程设置应能适应不同环境、不同兴趣与能力的儿童。儿童在生活中所处的两种环境，一种是自然的环境，一种是人的环境，形成对于儿童"经验"的"刺激"与补充、扩大，这一过程就是"学习"过程。从此意义上可以说，儿童的教育过程就是儿童的成长与生活过程。儿童在生活环境中受到的所有刺激，包括生理发展产生的要求与来自外界环境引起的刺激，其中后者又可以分为两部分：日常生活的刺激与教育的刺激。所谓"日常生活的刺激"来自于儿童生活的现实环境中，包括家庭、儿童之间、教师、社会、自然界等；所谓"教育的刺激"是指在日常所有的刺激以外各种并非在一处地方所能接受得到的新事物。陈鹤琴进一步解释："所谓搜罗各地方之特别事物来刺激儿童，使儿童能因之生出种种新需要，教师再设法来适应他们的新需要，这是教育所起到的作用。"[2]

幼稚园教育一方面要重视儿童的"天性"与"个性"、"自由度"；另一方面，幼稚园必须编制课程，其内容与形式应该是经过预先设计的、

---

[1] 引自《怎样做人民的幼稚园教师》(1950年)，见《陈鹤琴全集》第二卷，江苏教育出版社2008年版，第441页。
[2] 参见《幼稚教育》(1926年)，见《陈鹤琴全集》第二卷，江苏教育出版社2008年版，第29页。

整体的，而不是随意的、零散的。课程计划、方案或教学法的设计、制定与实施过程，应该是多元、多方，可以调整的、富于弹性的，而不是单一、教条、僵硬、固定不变的。墨守单一的方法将会束缚儿童天性的多方发展。陈鹤琴提出："凡是儿童能够学的而又应当学的，我们都应该教他"；"幼稚园的课程可以用自然、社会为中心"；"幼稚园的课程需预先拟定，但临时得以变更"。[1]幼稚园教材、课程、教学法既要适合儿童生长规律、特点与经验，又要"整体性"与"系统化"，所有教育组织形式以儿童"经验"与生活过程、生活环境中的事物为中心并形成相应的目标（包括单元目标、总目标）；凡是儿童能够学的东西都可以成为幼稚园教材；凡教材需以儿童经验为根据；凡能使儿童适应社会的，就可取为教材。"所有的课程都要从人生实际生活与经验中选出来。"[2]教学内容组织以"单元"为中心，各"单元"规模或范围依教材内容的广或狭而定其大小；各科知识相互衔接、融合，构成完整的教学体系，使儿童既可以自始至终地了解、学习每一事物的整体全貌及发展过程，又可以深入研究事物的特性，即"单元教学法"。

"读法教学法"是陈鹤琴教学法的重要组成部分，也是鼓楼幼稚园早期进行的课程试验最重要的内容之一。幼稚园作为儿童成长的必经阶段与基础、桥梁，其教育性质是明确的。语言文字是发展儿童思维的重要工具，也是儿童生活中不能缺少的环境与经验，可以根据儿童身心发展阶段、能力，采取游戏化、整体化方式，对5岁以上幼儿园儿童进行适量的识字教育，将各种教学形式衔接、融合，实现包括认知、审美、思维、表达与社会性等在内的儿童早期发展目标。

20多年后，陈鹤琴在中央大学教育系讲授幼稚教育课程，一度仅

---

[1] 参见《我们的主张》(1927年)，见《陈鹤琴全集》第二卷，江苏教育出版社2008年版，第75—84页。
[2] 引自《幼稚教育》(1926年)，见《陈鹤琴全集》第二卷，江苏教育出版社2008年版，第27页。

有4名学生选修这门课程，上课时采用座谈形式，如同朋友之间谈话，娓娓道来。有时候，陈鹤琴带着学生参观鼓楼幼稚园，一边参观，一边讲解，一边讨论。课程结束时，陈鹤琴要求学生们每人写一篇学习心得作为考试，有一位学生在学习心得中写道："我们需要大田种麦，而不是花盆栽花。"他对像鼓楼幼稚园这样花园式的幼稚园在广大农村是否可以推行表示怀疑。陈鹤琴在阅卷后将这位学生请到办公室，对他说道："你的文章见解很好。我们办幼稚教育就是要大田种麦，让全国城乡幼儿都能得到科学的启蒙教育。但你知道大田种麦需要麦种，这麦种从哪里来呢？当然也可以向外国去买。但从外国买来的麦种能适应中国的土壤和气候吗？你没有认识到我办鼓楼幼稚园就要为大田提供中国麦种这个目的……"[1]

第一节　幼稚生应有的习惯和技能

20世纪20年代，美国一些心理学家开始研究并制定幼稚园课程标准，其中包括卫生习惯、情绪上的习惯、智力上的习惯、动作上的习惯、行为上的习惯。陈鹤琴也认为，幼稚园所有的工作都应当有一定的标准，无论考察、甄别品行、习惯，或检验、测验技能、知识都要有对应的标准，如果没有标准，则无法检验教育的成效。他写道："做父母的不知道他们的小孩子在幼稚园里究竟怎样，做教师的也不知道他们的学生究竟怎样，大家糊里糊涂地过去。小孩子一到了足岁，不问他的程度如何，能力如何，我们就给他一张修业证书，送他到一年级去。反过来说，有了标准，做教师的常常可以考察小孩子的成绩，究竟他们的学业有没有进步，他

---

[1] 引自陆敏：《麦种的故事——为什么要办鼓楼幼儿园》，见陈秀云编选：《我所知道的陈鹤琴》，金城出版社2012年版，第305页。

们的长处在哪里，短处在哪里。考察之后，就可以想方法去补救，去奖励。这样说来，标准的规定实在是一桩很重要的事。"[1] 著名教育家俞子夷（1886-1970）将陈鹤琴称誉为"永远微笑的儿童教育家"。他写道：

> 他（注：指陈鹤琴）的姿势最使我羡慕。无论上课、开会、谈话，他总是始终坐得挺直，从不见他撑了头，弯了腰，曲了背，露出一些疲乏的神情。立时、走时，也是这样，就是打招呼行礼，他上半身的弯度，也是很小的，并且在背后看不到弧形的曲线。"正直"可以代表他的形象。……[2]

鼓楼幼稚园创办之初，将培养儿童良好习惯作为实验的目标之一。在陈鹤琴看来，教育的首要目标是"做人"，即"培养公民"。实现这一目标的基础或起点是幼年时期养成良好生活习惯，包括身体、情操、行为、仪表、审美、智力发育、生存能力、社会交往能力、生活技能等。一方面，"习惯养得好，终身受其福，习惯养得不好，则终身受其累"（陈鹤琴语）；另一方面，习惯是"行"不是"知"，要养成习惯，非"实行"或"做"不可。因为养成良好生活习惯是教育的功效之一，要实现这一功效，必须要解决两个问题：（1）幼稚生应该掌握多少必需的习惯；（2）怎样养成这些习惯。1925年，陈鹤琴、张宗麟、俞选清草拟《幼稚生应有的习惯和技能表》并在鼓楼幼稚园试验，继而在南京全市幼稚园，以及燕子矶、晓庄等乡村幼稚园推行。该表将"习惯"分为四大类：第一类"卫生习惯"；第二类"做人习惯"（个人的、社会性的）；第三类"生活的技能"；第四类"学习的技能"（游戏运动、表达思想、日常知识）。

第一类"卫生习惯"中列明32项幼稚生应养成的日常生活习惯，如"不吃手指"；"每天至少刷牙两次"；"慢慢地吃东西"；"坐立的时候，胸

---

[1] 引自《幼稚教育之新趋势》（1927年），见《陈鹤琴全集》第二卷，江苏教育出版社2008年版，第101页。
[2] 引自《永远微笑的儿童教育家》（1940年），见《我所知道的陈鹤琴》，金城出版社2012年版，第12页。

膛挺直，头也端正"；"不随地吐痰"；"每天大便一次"；"早晨刷牙、洗面以前不吃东西"。第二类"做人的习惯"分为"个人的"与"社会性的"。"个人的"习惯，如"准时到幼稚园"；"不容易哭"；"喜欢唱歌"；"用过的东西放好并且放得很整齐"；"不说谎"；"认识自己家的住址和家长的名字"。"社会性的"习惯，如，每天第一次见到熟人能招呼；爱爸爸、妈妈，听爸爸、妈妈的话，帮助做家务事；爱教师、听教师的话，帮教师做事；爱哥哥、弟弟、姐姐、妹妹，有东西和他们同玩、同吃；至少有一个最好的朋友；不独占玩具；做事、游戏都依照次序，不争先；对贫苦的孩子没有轻视的态度；对不幸的儿童能表示同情；人家说话不去中途插嘴；到公园里去不损坏任何花草物件。第三类"生活的技能"，如会自己吃饭；会穿、脱衣服；会自理大小便；会上下阶梯，互换左右脚；能辨别盐、糖、米、麦、豆、水、油等；会洗澡；会洗碗碟；会扫地；会抹桌、会拔草。第四类"学习的技能"，包括（1）游戏运动的技能：如"会上下滑梯"、"会做竞赛游戏五种"、"会做团体游戏五种"、"会跳绳"、"会遵守简单的规则"。（2）表达思想的技能：如会说日常方言；会叙述简单的事情；会认识日常字200~300个；会背诵歌谣30首；会写自己的姓名；会依琴声击拍；会画简单自由画；会搭积木成有意义的东西；会表演简单故事；会写日记。（3）日用的常识，如辨别红、黄、青、白、黑、紫等常用的颜色；辨别冷暖的缘由；识别动、植物20种；识别动物的雌雄；会数1~100；会做10以内的加减；知道日、月、时间；辨别东、南、西、北的方向；知道钱币单位的价值；明了身体各部的组织与用途；会保护两盆花不使干死。

1927年，陈鹤琴在《我们的主张》一文中提出："幼稚园应当有种种标准可以随时考查儿童的成绩。"他认为，幼稚园的教育目标、内容应该具体化，儿童在幼稚园里养成的德行、习惯、技能、知识等都应该有相应的标准可供测量、检验。幼稚生养成种种优良习惯必须从日常生活习惯开始培养，培养儿童自身的生活、生存能力，发展社会性，使儿童逐渐适应环境，将来能够改善并创造新的生活。在他看来，儿童仅张扬"个性"是不够的，而应健全"人格"。儿童养成良好生活习惯是建筑健全人格的基础。他写道："所以我们考查品行，应当有品行的标准；甄别习惯，应当有习惯标准；检验技能，应当有技能标准；测验知识，应当有知识标准。知道幼稚生的成绩，就可以施相当的教育：成绩好的，可以格外鼓励他上进；成绩坏的，设法补救。这样一来，好的坏的都有相当的教育，这样说来标准是实行优良教育的根据。"[1]

对于这份《幼稚生应有的习惯和技能表》中的"社会性"内容、目标，主持此项试验的教育家张宗麟在《幼稚园的社会》一书中阐述道：（1）互助与合作；（2）爱与怜；（3）顾到别人；（4）明了生活的根源；（5）领悟人类生活的纵横两方面，即现实生活与时代潮流；（6）从实际改起。他强调了上述"社会性"内容实施时的三条底线：第一条是"我们无论怎样改变幼稚园的活动，决不可以改到竞争一途"；第二条是"倘若把幼稚园的活动变到个人的自私自利，或某一阶级的自私自利，那就是走入了死胡同"；第三条是"在这个时代再不应该使孩子发生皇帝梦，也不应该使孩子只崇拜金钱、崇拜武力"。[2]

1928年5月，全国教育会议授权大学院（后改组为教育部）组织中小学课程标准起草委员会编订中小学课程标准，其中幼稚园课程标准由陈鹤琴、郑晓沧、张宗麟、葛鲤庭、甘梦丹、杨保康等教育专家参与制定，鼓楼幼稚园实行的《幼稚生应有的习惯和技能表》与音乐、故事和儿歌、游戏、社会和自然、工作等教学试验内容及标准被作为主要蓝本与参照依据。1929年8月，这份《幼稚园课程暂行标准》由教育部正式颁发并向全国各地推行。

---

[1] 引自《我们的主张》(1927年)，见《陈鹤琴全集》第二卷，江苏教育出版社2008年版，第84页。
[2] 参见张宗麟著：《幼稚园的社会》，海豚出版社2012年版，第28—31页。

附：幼稚生应有的习惯和技能表

第一表　卫生习惯

1. 不吃手指。

2. 不是吃的东西不放进嘴里去。

3. 落在地上的东西必须洗濯后再吃。

4. 不用手指挖鼻子、耳朵。

5. 不用手指擦眼。

6. 常修指甲。

7. 每天手脸洗得干净。

8. 每天至少刷牙两次。

9. 吃东西以前要洗手。

10. 大小便以后洗手。

11. 不流口涎。

12. 不拖鼻涕。

13. 常带手帕。

14. 打喷嚏或咳嗽时，用手帕掩着嘴巴、鼻子。

15. 慢慢地吃东西。

16. 不沿路大小便。

17. 坐立的时候，胸膛挺直，头也端正。

18. 内外的衣服都很干净。

19. 不喝生水。

20. 运动出汗以后不即刻脱衣乘凉。

21. 不带零食到幼稚园里来。

22. 不多吃糖果。

23. 不随地吐痰。

24. 嘴里有食物时，不讲话说笑。

25. 到外边去知道穿衣戴帽。

26. 知道远避患传染病的人。

27. 会拍苍蝇、蚊子。

28. 果壳不抛在地上。

29. 起卧有一定的时间。

30. 每天大便一次。

31. 不用手抓饭菜吃。

32. 早晨刷牙、洗面以前不吃东西。

第二表 做人的习惯——（甲）个人的

1. 准时到幼稚园。

2. 听到铃声，就到目的地去。

3. 不容易哭。

4. 喜欢唱歌。

5. 喜欢听音乐。

6. 不容易发脾气。

7. 起坐轻便。

8. 开关门户要轻，放椅子也要轻。

9. 走路轻快。

10. 用过的东西放好并且放得很整齐。

11. 说话不怕羞，又能说得清楚。

12. 衣服等物能够放在一定的地方。

13. 不说谎。

14. 能够独自找快乐。

15. 离开座位，桌椅放好。

16. 爱惜玩具和纸笔等。

17. 爱护园里的花草、动物。

18. 拾起地上的纸屑等件放到纸篓里去。

19. 能够预测极简单的结果，如放碗在桌边，知道要落地打碎等。

20. 知道自己做的事情的好歹。

21. 不怕雷。

22. 不怕猫、狗、鸡、鸭。

23. 不怕昆虫如蚕、蝶之类。

24. 一切事情能够自始至终地做，做好一个段落方才罢手。

25. 不狂叫乱跑。

26. 做错的事直接爽快地承认，不推诿给别人。

27. 不乱涂墙壁、地板、桌椅。

28. 认识自己的东西。

29. 认识自己家的住址和家长的名字。

第三表　做人的习惯——（乙）社会性的

1. 对国旗及孙中山先生遗像能行敬礼。

2. 每天第一次见到熟人能招呼。

3. 爱爸爸、妈妈，听爸爸、妈妈的话，帮助做家事。

4. 爱教师，听教师的话，帮助教师做事。

5. 爱哥哥、弟弟、姐姐、妹妹，有东西和他们同玩、同吃。

6. 爱小朋友，有东西同玩、同吃。

7. 知道亲戚会相当称呼。

8. 不和人相骂相打。

9. 至少有一个最好的朋友。

10. 对新来的或幼小的朋友不欺侮，又能帮助他们。

11. 不独占玩具。

12. 进出门户不争先。

13. 做事、游戏都依照次序，不争先。

14. 对贫苦的孩子没有轻视的态度。

15. 会说"早"、"好"、"谢谢"、"对不起"、"不客气"、"再会"等。

16. 做值日生做得好。

17. 能赞赏他人之美，不嫉妒。

18. 走路靠右边走。

19. 知道最常用的手势的意义，如点头、招手等。

20. 知道同学的姓名。

21. 知道老师的姓名。

22. 能摹仿别人可爱的动作。

23. 不讥笑人。

24. 能同小朋友合做一件事。

25. 对不幸的儿童能表示同情。

26. 对客人有礼貌。

27. 不虐待佣人，有事相劳，有礼貌。

28. 能慷慨拿出自己的东西和小朋友同玩。

29. 不抢东西玩，不抢东西吃。

30. 不得别人允许不拿他的东西。

31. 人家说话不去中途插嘴。

32. 到公园里去不损坏任何花草物件。

第四表　生活的技能

1. 会自己吃饭。

2. 会自己喝茶。

3. 会戴帽子。

4. 会穿、脱衣服。

5. 会穿脱鞋子、裤子。

6. 会洗手。

7. 会洗脸。

8. 会刷牙。

9. 会擤（音：xǐng）鼻涕。

10. 会自理大小便。

11. 会快步跑。

12. 会上下阶梯，互换左右脚。

13. 会关门窗。

14. 会拿碟、碗、杯，不打破。

15. 会端流动物不泼翻。

16. 会上下船、车。

17. 能辨别盐、糖、米、麦、豆、水、油等。

18. 会搬椅子、凳子。

19. 会洗澡。

20. 会洗碗碟。

21. 会扫地。

22. 会抹桌。

23. 会拾石子。

24. 会拔草。

第五表　游戏运动的技能

1. 会拍球。

2. 会打秋千。

3. 会上下滑梯。

4. 会驾三轮车。

5. 会溜雪车。

6. 会玩跷跷板。

7. 会走独木桥。

8. 会掷球、接球。

9. 会滚铁环。

10. 会爬梯子。

11. 会爬绳梯。

12. 会摇木马。

13. 会拉小黄包车。

14. 会推小手车。

15. 会玩小双兔。

16. 会做竞赛游戏五种（如掷石、传花、占座位等）。

17. 会做团体游戏五种（如猫捉老鼠、捉迷藏、种瓜、老鹰捉小鸡等）。

18. 会跳绳。

19. 会舞木剑、竹刀。

20. 会射箭。

21. 会掷石子。

22. 会遵守简单的游戏规则。

第六表　表达思想的技能

1. 会说日常方言。

2. 会讲简单的故事。

3. 会叙述简单的事情。

4. 会认识日常字 200~300。

5. 会背诵歌谣 30 首。

6. 会唱歌 20 首。

7. 会写自己的姓名。

8. 会读一二句的故事。

9. 会听故事明了大意。

10. 会依琴声击拍。

11. 会独自唱歌娱乐。

12. 会画简单自由画。

13. 会涂色。

14. 会画有意识的故事画。

15. 会剪贴。

16. 会剪贴成有意义的故事。

17. 会搭积木成有意义的东西如屋、车等。

18. 会替玩偶组织家庭。

19. 会抚爱玩偶。

20. 会替玩偶穿脱衣服，睡倒床上。

21. 会表演简单故事。

22. 会写日记。

第七表　日用的常识

1. 辨别红、黄、青、白、黑、紫等常用的颜色。

2. 辨别明暗的色彩。

3. 辨别冷暖的缘由。

4. 识别植物 20 种。

5. 识别动物 20 种。

6. 识别动物的雌雄。

7. 知道花、种子、果实的用途。

8. 会数 1～100。

9. 会做 10 以内的加减。

10. 知道日、月、时间。

11. 辨别东、南、西、北的方向。

12. 知道尺、寸、升、斗。

13. 知道钱币（大洋、角子、铜元）的价值。

14. 能买玩具。

15. 知道水的三种变态（水、蒸汽、冰）。

16. 会养护蚕。

17. 知道青蛙、蝴蝶、蛾等的变态。

18. 知道国庆纪念、国耻纪念等日子。

19. 知道当地的地名。

20. 知道当地名胜三处。

21. 明了身体各部的组织与用途。

22. 会种豆子等，会掘番薯、萝卜等。

23. 知道开会的仪式。

24. 会保护两盆花不使干死。[1]

---

[1] 引自《幼稚生应有的习惯和技能表》(1927 年)，见《陈鹤琴全集》第二卷，江苏教育出版社 2008 年版，第 90—97 页。

第二节 单元教学法

"单元教学法"是鼓楼幼稚园实行的主要教学方法。所谓"单元"指学习内容相对完整的段落或部分,根据教材内容可分为"大单元"和"小单元",其中"大单元"可分割为相互连接的若干"小单元",经过一定设计与有序排列,从而使儿童活动不再是任由放纵、漫无边际的"天性"使然,更是成为建立在儿童兴趣与需要基础上的具有目的性、程序化、标准化特征的教学基本构架。陈鹤琴认为,相对于流行的"自由教育"理论,"设计"一词未免显得"旧"了,然而对于初创时期的中国幼稚园而言,迫切需要解决的问题包括怎样教、教什么、教了有什么效果在内的具体教学内容与系统化教学组织问题,即编制出一套符合儿童特点、可实施的教学大纲,以及提高教师素质。实现这些目标不能仅凭主观臆造,而是需要扎扎实实的科学试验,分析并解决具体问题。

在陈鹤琴教育学说中,儿童的活动组织依据两个原则进行:一是"根据儿童的生活需要",二是"根据儿童的学习兴趣"。前者重视活动的内容应能满足儿童的生理、心理需要,以及适应生活环境的需要,如培养生活能力、扩大经验、提高认知与思维,以及创造未来生活等需要,即教学的"目的性"。后者强调,儿童是学习的主体,教育内容与形式应该合乎儿童的兴味、兴趣,包括临时发生的新需要或兴趣相应变化,顺势而为教材、教法、教师。以及所有预先设计的教学单元内容、目标不应是强制的,应该是"活"的,可变、可延伸的。其作用是培养儿童自动学习与记忆能力,延长学习的时间,即教学的"主体性"。陈鹤琴指出,在幼稚园至小学阶段,教学的目的是在使儿童获得均衡的发展,而不是专门培养某方面一技能,或偏重于某一特殊学科,出现畸形发展的趋势;

不能让刚出芽的幼苗早熟结果。[1]

根据"整个教学法"原理,"单元教学法"大多以自然、社会等儿童熟悉的情景或过程作为"内容中心",按照事物类别、进程或季节、时段等节点划分为相互连接的若干"单元",强调事物之间的相互关系与发展的连续性,培养儿童"完整的""规律性"思维认知能力。"单元教学"设计的依据是儿童的需要、儿童的兴趣;以游戏与活动为主要载体或形式,其目标一方面使儿童处于热烈、活跃的亢奋状态中,激发儿童发现、求知与创造的潜能,寓教学于活动或游戏之中;另一方面使这些游戏与活动始终具有明确的教学目标与秩序感。在这一过程中,教师与儿童一道参与活动与游戏,其作用还包括:(1)提供材料;(2)启发儿童进入境界;(3)指导儿童开展研究;(4)欣赏儿童成绩、评定学习结果。

在制定幼稚园课程内容与选择教材过程中,应以儿童生理、心理的发展与认知特点进行排序,所有儿童环境内所能接触的事物,包括已有的经验、未来的需要都可以列入课程内容与教材范围,由儿童已有的经验引导至新的经验。课程与教材内容排序应遵循三项原则:(1)由已知到未知;(2)由具体到抽象;(3)由主要到次要。[2]

教师在编制与实施课程计划时需要进行三个阶段工作。

第一阶段:教师准备阶段

(1)教师在未定课程以前要随时留意儿童的行动、好尚与兴趣之发生、持久等状况。

(2)教师要明了儿童心理的普遍原则。

(3)教师要调查当地的社会情形,与大多数儿童家庭的状况。

(4)教师要熟悉当地的自然界现象与普通自然物的生长状况。

---

[1] 参见《活教育是怎样实施的》(1944年),见《陈鹤琴全集》第二卷,江苏教育出版社2008年版,第280页。
[2] 参见《新实习》(1936年),见《陈鹤琴全集》第五卷,江苏教育出版社2008年版,第170页。

第二阶段：课程准备阶段

（1）预定活动单元要合于当时儿童的需要与社会上自然界将有或已有的东西。

（2）每一星期预定的单元，要多于两个以上，以便儿童不做甲可以有做乙的机会。

（3）每一单元的细目要详细分析。

（4）每一单元应用的材料教师要充分预备。即使有许多材料，应该儿童做的，教师也应该下功夫计划，方才不失帮助者的本位。

（5）预备工作至迟必须早三天做。

第三阶段：课程实施阶段

（1）引起动机可以用环境的刺激，也可以用谈话的刺激。

（2）引起动机以后，急需决定目标与应做到的结果。

（3）做的时候要采取分工的原则。

（4）做的时候要多方变化维持儿童的兴趣。

（5）可以有相当的训练，不过不要太枯燥。

（6）每一个大单元不能继续做了，可以在分段里停止。

（7）做了一段就要有讨论和批评，鼓起继续做的兴趣。

（8）在一个单元没有做了的时候，忽然来了一个有力的刺激，儿童的兴趣忽然转移了，那么应当依照儿童的兴趣，领导他们做去。千万不要固执预定的单元与材料。[1]

在陈鹤琴、张宗麟、俞选清的主持下，鼓楼幼稚园开展"单元课程活动"试验，根据一年中各节气、时令安排教学活动，制定《一年中幼稚园教学单元》（附件1），力图使儿童在真实的生活环境中运用具体材料从事建设活动，同时"把各科教学集中于一个中心活动，儿童可以从

---

[1] 参见《幼稚园的课程》(1928年)，见《陈鹤琴全集》第二卷，江苏教育出版社2008年版，第115页。

中广泛地学习知识、练习技能"[1]。在他们的设想中，各教学分单元大致分为三种类型，第一种类型是选择已经或将要发生的事件作为单元课程或活动中心，将与之相关的事物、知识分层扩展、延伸，形成"多元化"特征的课程或活动体系，注重培养儿童的"社会性"知识与能力。第二种类型是选择儿童生活中发生的，或临时发生的情境、事物，如景物、事件等，使课程与活动内容更符合儿童的兴趣，利用儿童主动、自动的潜能，激励儿童发现、认识事物，提高学习兴趣与能力。第三种类型，在教学形式方面，将多种科目、教学形式打成一片，围绕同一中心，相互衔接、融合，形成"多元""多方"与"整体化"格局。

他们认为，相对于分科教学的"课程"而言，单元活动更适合儿童心理特点，并"更接近于现代社会文化错综复杂的组织"。在幼稚园设计教学活动方案时，采用"单元活动"，将幼稚园培养目标（包括习惯养成、知识及技能学习等）与生活环境打成一片。陈鹤琴强调："至于教材内容，更应采取大自然、大社会的直接知识。"[2] 在这一过程中，由于儿童的天资与经验、能力的发展程度不一样，幼稚园教学内容与方式、方法"需预先拟定，但临时得以变更"，以满足个性不同儿童的需要。与此同时，幼稚园所有的教学活动应是儿童自己的，自发、自动的；教师的作用体现在提供材料、指导方法与欣赏、评定结果方面；教师是儿童的朋友。张宗麟阐述设计此项试验方案的要点：（1）留心儿童的动作；（2）临时的遭遇；（3）有意的刺激；（4）丰富的原料品与适当的工具；（5）指导组织，引进思考；（6）随时息手，随处抬头；（7）习惯训练。[3] 在"单元课程活动"实施过程中，如果临时发生事件使儿童的兴趣、注意力迁移，教师应有能力顺势、适时调整已拟定的方案或程序以满足儿童的新需要。

---

[1] 引自《低能儿童之研究》(1948年)，见《陈鹤琴全集》第一卷，江苏教育出版社2008年版，第548页。
[2] 参见《低能儿童之研究》(1948年)，见《陈鹤琴全集》第一卷，江苏教育出版社2008年版，第547页。
[3] 参见张宗麟著：《幼稚园的社会》，海豚出版社2012年版，第38—40页。

1926年11月29日至12月5日,鼓楼幼稚园进行以"张先生回家嫁妹"为中心的一周单元活动(附件2),目的在于发展儿童的社会性认知、能力,以及初步的礼仪、地理、语言、数字等日用生活常识等。本单元活动中的"张先生"指张宗麟,当时他打算回绍兴老家操办妹妹的婚事。幼稚园将这一事件作为"单元主题"开展教学法试验。首先,儿童们围绕"张先生回家目的"以及"准备什么礼物"这一中心开展活动:包括:(1)知晓张先生回家的目的,讨论应该送给张先生的礼物;(2)研究张先生家乡的位置,以及回家的路线、方式;(3)给张先生写信,表达对于教师的敬爱与想念。其中的设计思路,每一个事件与活动单元可以引发出另一个新事件或新的活动单元,如"写信""寄信"程序,由写信引到邮局,又由邮局引到邮票;从新邮票可以引到旧邮票,从旧邮票可以引到搜集旧邮票。"搜集旧邮票又是一个很好的活动单元了。"[1]

在鼓楼幼稚园的单元课程试验方案中,注意到选择儿童生活环境中熟悉的自然景物、现象与社会情形作为课程中心内容,并将内容范围延伸至相关事物,形成"大单元",从而使儿童的经验、视野逐渐丰富、开阔,思维能力不断延伸、增强,科学观念、审美意识开始建立。据记载,幼稚园教师在制订课程试验计划时,通常在前一周讨论、制订下一周试验的纲要,分头去找材料与参考书、实物及其他材料,周一开始实施。有的时候遇到社会上或儿童生活中发生新的事情,儿童的兴趣转移,如邻家新添小狗、小猫等,课程单元课程中心随着儿童兴趣转移至新的事物。因此,每日开始工作前,通常在上午8时30分至9时与当日工作结束后,通常在16时30分以后,教师们都要开会研究或小结,以使课程单元中心内容与儿童兴趣同一趋向,其内容大多由儿童生活环境与儿童经验范围内选择。

---

[1] 参见《幼稚园的课程》(1928年),见《陈鹤琴全集》第二卷,江苏教育出版社2008年版,第115页。

"满山枫叶红似火,遍地秋草黄如金。"秋将尽,冬方始,黄花野果,俯拾即是,农家之收获,常人之腌藏,皆忙碌异常。儿童见此景况,即学校不加指点,能不油然发生一种兴趣。本园环境,富有自然的美,左为北极阁,小山屹立;右为大旷地,野草平铺,颇饶农村风味,加之园内几方隙地,尽辟花园菜圃,到这时黄花盛开,番薯、白菜都渐渐地成熟,所以本月课程,大都以此为中心。——引自《民国十五年(1926)11月份的课程实验报告》[1]

当时,鼓楼幼稚园设计了以"公园"为单元中心的课程试验方案。其中公园包括临近的鼓楼公园与距离稍远的秀山公园,前者在幼稚园附近,幼稚园经常组织儿童在公园里游戏;后者需乘由东南大学提供的马车前往。张宗麟回忆:"我们计划在大自然中来教育幼稚生,所以每星期中至少有三次出外旅行。好在那时的南京城,旷野多于街道,尤其是鼓楼以西一带尽是小山坡。几千上百亩的农场是我们几十个幼稚生的教室,也是我们幼儿园新课程的实验场。"[2] 与此同时,课程试验围绕同一单元中心或活动主题,将各科教学内容及形式相互衔接、融合、延伸,形成完整教学过程。(参见附件2、附件3)陈鹤琴提出,编制教学或课程大纲,不能凭主观地、脱离实际地凭空臆造,而要通过科学试验,多方了解、多方面探讨和分析,才能找到问题的症结所在与解决问题的途径、方法。教师设计的活动方案或计划,应顾及儿童的兴趣及其自发活动。教师选定自然或社会中心后,各科教学围绕单元中心主题选取教材;同时各科教学根据儿童年龄选取不同程度的教材。他不赞成对儿童进行教育只限制在几堂课内,而是课堂内、外相结合;同时,幼稚园教学也不能像对大学生那样,一科一科地去教,各教各的。各科围绕单元中心取材,体

---

[1] 引自《课程试验报告》(1927年),见《陈鹤琴全集》第二卷,江苏教育出版社2008年版,第120页。
[2] 引自张宗麟:《二十年的老师》,见《我所知道的陈鹤琴》,金城出版社2012年版,第17页。

现教材内容相互之间联系的"整体性"。"单元中心"由"大自然、大社会"取材，充分考虑到儿童的认知特点与科学依据，即儿童在生活中能够接触到的，能够看到的，听得见并能理解的，儿童自己可以"做"的。[1]

在编制课程时，陈鹤琴等人设想了三种方法：圆周法、直进法、混合法。

（1）圆周法：各班预定的单元相同，研究的事物也相同，取材内容随儿童年龄的不同而分别予以适当的教材和分量。在幼稚园教学中，各级、班儿童在同一"活动主题"或"单元中心"下，分别选择不同难度的教材，教师需要考虑儿童心理、身体的成长、发展程度分别设计、安排不同的活动与材料。然而，陈鹤琴对此并不感到满意，由于教材题材、内容大同小异，又是统一的，因而不适应儿童各自的"差异性"与"需要"，造成如年龄大的儿童所得到的知识较少，不能满足其需要；还有一类情形是智力高的儿童不满足幼稚园各项活动，甚至产生厌烦情绪。

（2）直进法：将儿童生活中可能接触到的事物，按照事物的性质和内容的深浅分别安排在相应年龄段的班级中，如小班研究猫和狗，中班研究羊和牛，大班研究马和虎。对于此种人为凭主观规定教学内容的方法，陈鹤琴觉得并非自己的初衷，自己也不感到满意。

（3）混合法：结合以上两种方法的长处，在编制课程时，第一步，将幼稚园时期儿童在生活中可以接触到的事物列举出来；第二步，将这些事物及任务按照内容深浅程度与儿童年龄特点的认知能力予以增减。如研究"猫"主题，小班的儿童仅观察其形态与生活情形；大班的儿童可以研究猫的眼睛、瞳孔和脚踝、爪子。又如，小班的儿童可以从"马拉车""放风筝"或"水井打水"等活动中观察并感受到"力"的现象；

---

[1] 参见钟昭华：《陈鹤琴的幼儿教育思想在南京鼓楼幼儿园实施的回顾》，见《我所知道的陈鹤琴》，金城出版社2012年版，第28页。

大班的儿童可以对拖拉机、起重机的工作原理进行研究。[1]二十多年以后，陈鹤琴坦言："那时候我们没有什么教学经验，也没有什么参考材料，幼稚园应该怎样教，教什么，教了有什么效果，简直一无所知。经过这一期试验，我们稍微知道了一点，但还不够具体，不够系统，还没有形成真正的单元教学体系。……"[2]

附1：

一年中幼稚园教学单元

时间	活动名称
9月	1. 我们的幼稚园 2. 欢迎会 3. 秋天的水果 4. 我们园里的花草树木
10月	5. 秋天的收割 6. 庆祝国庆 7. 雨和水 8. 水里有什么生物 9. 菊花开了 10. 秋天到了
11月	11. 检查体格 12. 旅行去了 13. 总理诞辰 14. 衣服的来源 15. 开恳亲会
12月	16. 冬季的御寒物 17. 怎样预防白喉 18. 下雪了 19. 动植物怎样过冬 20. 冬天的花 21. 水缸结冰了 22. 过新年

---

[1] 参见《幼稚园的课程》(1951年)，见《陈鹤琴全集》第二卷，江苏教育出版社2008年版，第458—459页。
[2] 参见《怎样试验幼稚园课程》(1964年)，见《陈鹤琴全集》第二卷，江苏教育出版社2008年版，第463页。

续 表

时间	活动名称
1月	23. 邮局做些什么事 24. 交通的方法 25. 放寒假了
2月	26. 我们开学了 27. 我们的小动物园 28. 常见的家畜
3月	29. 纪念孙中山先生 30. 怎样种树 31. 春天快到了 32. 放风筝 33. 纪念黄花岗烈士
4月	34. 庆祝儿童节 35. 春天的花 36. 蜜蜂的生活 37. 蝌蚪变青蛙 38. 种牛痘
5月	39. 养小鸡 40. 燕子来了 41. 鸟类的家 42. 蚕宝宝 43. 园内的果子长熟了 44. 麦的收割 45. 恳亲会
6月	46. 蚕宝宝做茧了 47. 美丽的蝴蝶 48. 可恶的蚊蝇 49. 夏天的生活 50. 暑期到了

附2："张先生回家"课程方案内容

张先生回家的原因？

——张先生为什么又要回家去了，我们小朋友应该怎样？

——前个月张先生为什么不对小朋友说明，匆匆地回家去了呢？你们记得写信给他吗？

——这次他又要回家去,我们请他来报告。

——请张先生来谈话,问张先生几时动身?问张先生家里的情形怎样?

送给张先生的礼物?

——张先生喜欢什么东西?小朋友自己做的,张先生非常喜欢。

——小朋友做些什么呢?有许多东西,如泥做的或样子太大的东西,张先生是带不回去的。

——小朋友大家来做,画几张好看的图画,剪贴几样好东西,刺绣几张好对象,既便于携带,又很有趣。

——张先生也送礼物给小朋友。小朋友喜欢什么?猜猜张先生要送什么?

张先生的家乡与亲人?

——张先生家在哪里?

——张先生回家途经上海、杭州,小朋友有去过上海、杭州的吗?

——张先生的家乡有山有水,又有很好看的鱼、花、鸟和可爱的小朋友。

——张先生家里有白发老母、将出阁的小妹妹,小朋友可以想一想,张先生回到家里见到母亲时的情形?你们见到自己母亲时又怎样?

张先生回家路线、交通工具?

——张先生回家的路线与交通工具

☐坐马车到下关; ☐坐沪宁线火车到上海;

☐坐沪杭线火车到杭州; ☐坐轮船过钱塘江;

☐坐长途汽车到绍兴城里; ☐坐小船到家里。

——这趟张先生回家要用多少钱?

☐马车费1元; ☐沪宁线火车票3元;

☐沪杭线火车票2元； ☐饭费1元；

☐长途汽车票2元； ☐乘小船1元（坐轮船是义渡不需花钱）。

☐算一算总共几元钱？

张先生的信来了，我们来写封回信吧！

——这是张先生写来的信，读信。

——张先生已经到了上海，写信送到邮筒里去；

☐邮差把信送到邮局里去；

☐邮务员看过邮票，盖过邮戳，送到火车上去；

☐火车把信带到南京来，到了北门桥邮局；

☐北门桥的邮差把信送到幼儿园里来。

——读张先生来信：

☐内容，☐信封上的邮票、邮戳等；

——给张先生写回信

☐写些什么话，或者画一张图画，如小兔子娶新娘、小宝宝跳舞图；

☐小朋友一起写了一封信："张先生：你的信收到了。你到家了吗？你的妹妹好吗？我们盼望你快些回来！"

☐怎样写信封；☐寄信的手续；☐邮票的种类与面值；☐明信片；

☐用浆糊封住信封送进邮筒去。[1]

附3：课程中心"游公园"

（1）游公园。

（2）关于公园的常识：如票价、规则、园名、园中的景物、去的方式与途径、路的远近等。

（3）画记忆画：将在公园所见事物画出来。

---

[1] 参见《幼儿园的课程》(1928年)，见《陈鹤琴全集》第二卷，江苏教育出版社2008年版，第112—115页。

（4）用积木搭建公园中的建筑物。

（5）唱与游公园相关的歌谣，如公园中的花草、动植物等。

（6）用图画或手工表现秀山公园里的铜像、鼓楼公园里的鼓楼等具有标志性的景物。

（7）讲关于发生在公园里的故事，如在上海外国公园不许华人入内等无礼行为。[1]

附4：课程中心"我们园里的花草树木"

1. 常识

（1）研究

☐现在园里有什么花和树木？

☐认识几种花和树木——鸡冠花、凤仙花、茑萝、夹竹桃、葱白兰、月季、八月菊、胭脂、松树、柏树、冬青、蔷薇、梧桐树、槐树、黄杨等。

☐注意它们的生长和状态。

☐树木和花的用处。

（2）实行

☐观察每种秋花和树木。

☐注意花子。

☐收集每种花子。

☐注意落叶树和常绿树。

2. 工作

（1）园艺

☐收集花子并清理园地。

☐观察落叶。

---

[1] 参见《幼稚园的课程》(1928年)，见《陈鹤琴全集》第二卷，江苏教育出版社2008年版，第136页。

□预备收起花子。

□种植其他东西。

（2）图画

□自由画。

□涂色。

□水彩画。

（3）木工

□钉成几只小桌子和小凳子，已完成的加以油漆。

□用木头搭建一间"小屋子"。

（4）打印图

□按照设计图纸，由儿童自由选择、设计、着色。

（5）剪贴

□自由剪贴——秋天的花。

（6）积木

□在平台上搭大"房子"。

（7）沙坑

□布置小花园。

3. 音乐

□唱歌。

□节奏。

4. 故事、儿歌

（1）故事。

（2）儿歌。

（3）游戏。

（4）读法

☐认识几种花和树木的名字。

☐幼儿园课本。

☐记日记。

☐看字画图。

☐认识生活中的常见字，如爸爸、妈妈、姐姐、哥哥、妹妹、鸭子、鸽子、青蛙先生。

☐自由阅读。

（5）数法

☐识、写数字。

☐数人数。

☐与数字有关内容的游戏。[1]

第三节 生活历、日课表

在鼓楼幼稚园课程实验中，编制符合本地自然社会情形、适应儿童认知特点的"生活历"，形成按照全年自然节气与重要社会性事件排序的"大单元"，作为设计、实施全年教学方案、计划的基本框架、教学要点，相当于通常所称的"教学计划大纲"。编制"日课表"，相当于现在普遍实行的"日程表"，其目的在于"科学化"安排、管理幼稚园一日生活与学习，包括幼稚生的课程、活动、游戏以及健康、卫生、营养等内容。幼儿在一天的生活、教学与教育活动中，精神充沛，情绪饱满、愉快，秩序井然，以获得身心健全的发展。

---

[1] 参见《一年中幼稚园教学单元》(1935年)，见《陈鹤琴全集》第二卷，江苏教育出版社2008年版，第296—299页。

生活历

陈鹤琴认为，对于教育来说，自然与社会蕴藏着丰富的、"活"的资源，儿童的知识性、社会性学习建立在"经验"与"思想"，即"生活"基础之上。儿童的直接经验是儿童学习的起点；儿童的生活过程充满知识与教育；"丰富儿童经验"与"做"是儿童智力发展的重要途径。

在鼓楼幼稚园编制《幼稚生生活历》的过程中，根据江南一带的季节、时令、自然现象与社会常识与儿童在日常生活中可能接触到的事物，一年中各季节的节期、气候、动物、植物、农事、风俗、儿童可以开展的游戏项目以及儿童疾病防治等，都可以作为"活动中心"或"单元课程"的内容。其目的不仅使儿童了解、学习自然、社会知识；同时，引导儿童通过对本国与本地自然、社会情形与文明、文化传统的了解，"养成适合于某种社会生活的人民"（张宗麟语）。陈鹤琴、张宗麟希望这份《幼稚生生活历》仅作为设计单元课程中心的参考与助手，在使用时不必教条、刻板。

陈鹤琴记述：

我国现行学校制度，每逢纪念日、节气都放假，此事太无道理。错过很好的教育机会，任令儿童在家里莫名其妙地度过去，可惜之至。外国学校对于纪念日和节气，重视得很，西洋的圣诞节、感恩节，日本的天长节、樱花节，都是举国若狂，此时就可以教给儿童许多东西，实在是组织课程的大根据地。……[1]

---

[1] 引自《幼稚教育》(1926年)，见《陈鹤琴全集》第二卷，江苏教育出版社2008年版，第30页。

附1：

幼稚生生活历[1]

活动\月份	节期	气候	动物	植物（花草）	农事	儿童玩耍	风俗	儿童卫生
1	元旦	冰、雪、西北风	金鱼、鸽子	芽、腊梅	葱、韭、胡萝卜	新年锣鼓	新年礼	冻疮、伤风
2	立春、旧历新年	冰、雪融化、东风	猫、鼠、狗	水仙、葱、大蒜	菜、麦地除草	迎灯、放爆竹	迎春	伤食、曝日之害
3	中山先生逝世纪念；黄花岗烈士纪念；百花节（阴历二月十二日）	植树节、春分	燕子、蜜蜂	梅花、嫩叶、兰	孵小鸡	放鹞子	赛会	喉症
4	清明节	春雨	蝴蝶、蚕	桃花、笋、桑、豆花	种瓜、做豆腐	斗草	扫墓	牛痘
5	国耻、岳飞诞辰	换季	蛙、黄莺	蔷薇、野生植物	收麦、播种、养蚕	草地跳跃、翻筋头	竞渡	灭蚊蝇卵
6	立夏、端午	黄梅雨	萤火虫、牵牛虫	石榴、牡丹	插秧、除草	寻贝壳	送礼（？）	洗澡
7	暑伏	雷雨、虹、大热	蝉、蚱蜢	荷花、牵牛花	收瓜	寻藏（寻瓜游戏）	丧葬（？）	受暑
8	立秋、林则徐禁烟	流星、凉风露	蟋蟀、纺织娘	茑萝松、凤仙花、鸡冠花	种荞麦、收稻	车子	七巧	受凉、疟疾
9	中秋、孔子诞辰	明月、大潮、秋风	蜗牛、河蚌	菱角桂花	收山芋、玉蜀黍、棉花	滚铁环、旅行	赏月、观潮	痢疾
10	国庆、重阳节	换季	螃蟹、虾	菊花	种豆、麦，拔萝卜等	旅行、踢毽、赛果子	登高	眼疾

---

[1] 引自《幼稚园的课程》(1928年)，见《陈鹤琴全集》第二卷，江苏教育出版社2008年版，第118页。

续 表

活动月份	节期	气候	动物	植物（花草）	农事	儿童玩耍	风俗	儿童卫生
11	中山先生诞辰	露、霜	皮虫、鹰、鸭	红叶、野果	耕田、收白菜、做各种腌腊制品	赛果子跳绳	做寿(?)结婚(?)	感冒
12	蔡锷恢复中华共和、大除夕	西北风、冬至	羊、牛、麻雀	月季、干草	修理农具、修茅屋	踢球、拍球	腊八	龟裂、冻疮

注：本表系根据江浙两省情形所拟的，表中有（？）的系当时发现得最多的事情。

附2：日课表

"日课表"指幼稚园每日活动与游戏、课程的时间与内容安排或计划，也是儿童在幼稚园生活的基本程序，目的是使幼稚园工作、课程有序、全面，同时培养儿童的规律性、规则性等良好行为习惯。

陈鹤琴举例：

某幼稚园冬季课程表[1]

上午

8时50分以前　儿童陆续来园。

9时~9时15分　开朝会，唱朝会歌、请安歌或检查清洁等。

9时15分~10时30分　做设计活动。其中有手工、图画、唱歌、表演、布置、自然、谈话或出游等。

10时30分~11时　进点心。吃点心时，或唱歌或讲故事，或奏乐器使儿童欣赏。

11时~11时30分　儿童自由活动。往往是户外活动，有时继续做

---

[1] 引自《幼稚园的课程》(1928年)，见《陈鹤琴全集》第二卷，江苏教育出版社2008年版，第117页。

设计活动。

11时30分　放学。唱放学歌，做放学再会的活动。

下午

1时50分以前　儿童陆续来园。

2时~2时30分　自由活动。

2时30分~3时　读法或游戏。

3时~3时30分　唱歌或继续做设计活动。

3时30分~4时　谈话或读法或出游。

4时放学。也唱放学歌，做放学再会等活动。

这所幼稚园下午的儿童与上午的儿童稍稍有些不同。不到4周岁的儿童，下午不必来。所以他们下午的活动，略略偏重于读法与自由活动。很有些小学一年级的气味。

陈鹤琴提出，在儿童在园时间方面，城市幼稚园与农村幼稚园的儿童在园时间可以不一样，如城市幼稚园通常上午以2小时30分为标准，下午至少要2小时，或者可以酌情加长；而农村幼稚园因家长忙于生产、生计，儿童在园时间最好延长至上下午各3小时。春、夏、秋三季每日上下午的儿童到、离园时间可以提前。在幼稚园活动与课程方面，由于教学活动是整个的，一段做完就可以自然接续下去，不必生硬地分节、分科。再有，每所幼稚园制定的日课表，不要拘泥不变，要常常变化，使儿童如过日常生活一样。"我们知道幼稚园不是'人的机械养成所'。"[1]

怎样使用"日课表"？固定内容、形式一成不变呢？亦或漫无中心、随心所欲呢？陈鹤琴认为，"日课表"是需要的，其内容与形式应能反映儿童经验，富有教育意义；各项活动、课程应该体现出整体性、连贯性，相互联系，"注意事物发展的规律，以及事物与事物之间的联系"，帮助

---

[1] 引自《幼稚园的课程》(1928年)，见《陈鹤琴全集》第二卷，江苏教育出版社2008年版，第116页。

儿童抒发知、情、意，培养儿童健全的生活，而不应"将一件一件的事物孤立起来，使儿童对于事物的发展得不到一个整个的概念"。[1] 同时，"日课表"不是"死"的、一成不变的，而是"活"的，可以依据儿童的兴趣或临时发生的情境进行伸缩、调整的。

陈鹤琴写道：

儿童的兴趣，是由于环境的刺激而产生的，譬如研究"端午节"这一个单元，到节日后的第一天，在早会时候，儿童一定有说不完的话，一个接一个，重复又重复，大家争着要述说过节的情形。在这种情形之下，早会的时间，应该依儿童的兴趣，略予延长，决不可拘泥于十分钟、一刻钟的早会时间而减少儿童的兴趣。再如研究"蚊蝇"这一个单元，在工作的时候，儿童一定很起劲地做苍蝇拍，那么工作的时间也可以延长。[2]

1929年6月，《儿童教育》杂志第一卷第八期刊载屠哲梅女士撰写的《南京鼓楼幼稚园实施概况》一文，其中披露了鼓楼幼稚园一日教学生活日程，即"日课表"，整理如下：

南京鼓楼幼稚园日课表

时间	内容
上午 8时至 8时50分	儿童陆续到园，在室内或户外自由活动。户外有各种运动游戏的设备，如秋千、滑梯、三轮车、黄包车、木马、沙盘等。室内有积木、泥工、纸工、穿珠、剪贴、画图、阅书、拼图等各种玩具。室内外的各种设备都让儿童任意选择去活动。这种设施，一方面可以利用这时间，让儿童一到园里，就去自由工作，不致东挨西挨坐坐，没有兴趣，或者感觉不愉快，想回家去；一方面可以使儿童多得到学习的机会，养成他们自动做事的好习惯，发展他们的个性。教师应当在开园以前将活动的各种用具、玩具等陈列在桌子上；或者放在相当的地方，使儿童看得到，拿得去玩。同时教师须立在一旁，随时地指导他们，如有不去活动的小朋友，就用暗示的方法，或者和他们一同去玩。几日后，他自然能慢慢自动地去玩了。

---

[1] 参见《幼儿园的课程》(1951年)，见《陈鹤琴全集》第二卷，江苏教育出版社2008年版，第457页。
[2] 引自《怎样编排幼稚园的日课表》(1948年)，见《陈鹤琴全集》第二卷，江苏教育出版社2008年版，第428页。

续 表

时间	内容
8时55分至 9时05分	摇铃。在10分钟之内先让小朋友进房间换衣、鞋等准备，然后出来静坐在椅上，由值日生整理玩具、揩黑板、撕日历、转星期牌，检查没有签到的小朋友。然后，教师弹琴，小朋友起立，将椅子放入桌下，顺序听琴，走朝会圈，唱早会歌，或请早安，有时做自由动作，或自由谈话、检查清洁等。
9时15分至 9时45分	常识科。我们教常识大概以自然为中心，有时以故事、社会风俗、纪念日等做中心。教授方法以实物观察为主，有时用挂图、谈话、故事、唱歌、谜语等施教。
9时45分至 10时15分	手工或图画。如积木、纸工（扯、褶、剪、构、编）；泥工、穿珠子、穿针板、刺绣、缝纫，以及简单的日常工艺。作业前小朋友自己去拿用具，作业后也由小朋友自己整理；同时将小朋友的作品进行自我点评。
10时15分至 10时30分	休息。如天晴，最好都在户外太阳下活动；室内如有未收拾清洁的地方，班上的小领袖要来扫除整理。
10时30分至 11时	点心。其间，小朋友学习说"谢谢"，讲礼貌，同时养成守秩序习惯。
11时至 11时30分	音乐。课程分为4种，包括（1）节奏，合琴的节拍走、跳、跑各种动作，或简单跳舞等。（2）唱歌表情或音程练习。（3）欣赏中西曲调，钢琴或留声机的各种音乐。（4）乐器用锣、鼓、钟、铃、磬、木鱼节拍、钢琴；或者用留声机的调子合拍打敲。
11时30分	上午课结束，儿童离园。
下午 14时至 14时20分	故事或游戏。
14时20分至 15时	读法。教材除用儿童日常简单语句或儿童短篇故事外，歌谣、儿童诗、儿童自述的句子均可。
15时至 15时30分	音乐。
15时30分至 16时	自由活动，或画图、手工、积木及康乐活动、室内清洁等。
16时	离园。

第四节　幼稚园教材——《幼稚生工作簿》

20世纪三四十年代，在陈鹤琴主持下，鼓楼幼稚园先后编订《我的工作簿》与《幼稚生工作簿》两本幼稚园教材，根据季节、时令变化与社会情形，以及儿童自身的认知能力，将儿童在各年龄段中应该学习的自然、社会常识等内容串连成为系统的教学单元或知识板块，其中包括自然、游戏、故事、常识、习惯、读法、识数等科目内容与图画、手工、游戏等教学方式。教学目的：（1）培养儿童自动的能力；（2）发展儿童正当的习惯；（3）灌输儿童适当的知识；（4）引起儿童阅读的兴趣。"做"是儿童扩充经验、学习知识与培养技能的主要途径，因此两本教材重视"操作性"与动手能力的培养。"从'做'的里面，小孩子就可以学得各种应当学得的东西。"同时，教材中的认字识句内容采用了"游戏化"教学，使儿童产生兴趣，乐于学习。[1]儿童可按照课程内容依次将每日活动内容体现在《工作簿》上，作为儿童成长与知识、技能学习记录。《我的工作簿》（上下册，陈鹤琴、屠哲梅、丁光燮编纂）与《幼稚生工作簿》（陈鹤琴编，朱铭新、邢舜田绘图）分别由商务印书馆、儿童书局出版。

1947年，上海儿童书局出版陈鹤琴编，朱铭新、邢舜田绘图的《幼稚生工作簿》丛书（共12册），书中内容根据教育部颁布的小学幼儿园课程标准编制，采用整体教学与单元制思路、方法，根据儿童心理，采用各种图画、手工、游戏等科目以及着色、配合、剪贴等形式，包含自然、游戏、故事、常识、习惯、读法、识数等科目内容，每册附彩色活页手工图2幅，专供儿童剪贴之用。这套丛书的编辑主旨：[2]

---

[1]　参见《幼稚生工作簿》(1947年)，见《陈鹤琴全集》第三卷，江苏教育出版社2008年版，第470—471页。
[2]　参见《幼稚生工作簿》(1947年)，见《陈鹤琴全集》第三卷，江苏教育出版社2008年版，第470页。

（1）培养儿童自动的能力；

（2）发表儿童正当的习惯；

（3）灌输儿童适当的知识；

（4）引起儿童阅读的兴趣。

陈鹤琴编选的幼稚园教材有三个显著特点：一是注重"做"，所有课程都要求儿童自己动手"做"，因为"做"能引起儿童兴趣，并能使儿童学到东西，即"做中学"。二是各教学科目融合，相互衔接，形成"单元化"整体，包含各方面的教育目标。三是图文并茂，在课本中的插图多为素描，以供儿童随意着色，使儿童自觉养成"做"的习惯。教材采用中"单元式"编排，围绕各课程中心，将文字学习与认知、语言、画图、手工、游戏、良好习惯培养等教学目标相互关联，充分整合，使儿童可以在课程实施过程中学习各种知识，培养良好习惯，进入"做中学"境界。陈鹤琴将"做"详解为四个方面:(1)儿童可以画的;(2)儿童可以唱的;(3)儿童可以想的;(4)儿童可以玩的。[1] 在陈鹤琴心目中，儿童教材的内容与形式应能引起并支持儿童的兴趣，是"活"的教材，不是"死"的教材。

在这套《幼稚生工作簿》丛书中，编者按照一年四季的时间排序，选取儿童熟悉的，具有标志性的事物作为各单元主题，包括：(1)过新年;(2)小鸡多可爱;(3)儿童节;(4)动物园;(5)小狗真好玩;(6)那个跑得快;(7)虫儿大会;(8)小牛做饼;(9)国庆节;(10)圣诞老公公。

---

[1] 参见《国语教科书要怎样编的》(1944年)，见《陈鹤琴全集》第四卷，江苏教育出版社2008年版，第173页。

【例1】[1]《过新年》课程单元

目次：

儿歌：雪和麻雀

自然：堆雪

读法：小白兔

故事：龟兔赛跑

常识：谁会跳

读法：庆祝新年

习惯：跌倒爬起

卫生：手帕

识数：数目人

卫生：刷牙

剪贴：配图

游戏：抢椅子

习惯：不要哭

剪贴：配头

【例2】《圣诞老公公》课程单元

目次：

自然：冬至节树

工作：小小星

读法：小猴子、象

常识：天冷了

卫生：吃糖果

故事：唱得真好

---

[1] 参见《幼稚生工作簿》(1947年)，见《陈鹤琴全集》第三卷，江苏教育出版社2008年版，第472—635页。

木工：飞机、桥

拼图：白熊

着色：圣诞老人

读法：母鸡、公鸡

习惯：大家一齐来

游戏：雪人

故事：快快做工

着色：雪景

工作：小黑猫

工作：小兔

附1：[1]

我的工作簿（上册）

小朋友		飞 鸟	
1	中国小朋友	1	鹦鹉
2	英国小朋友	2	喜鹊
3	美国小朋友	3	乌鸦
4	意国小朋友	4	鸟
5	瑞士小朋友	5	翡翠鸟
6	荷兰小朋友	6	黄莺
7	德国小朋友	7	翠鸟
8	日本小朋友	8	燕
9	法国小朋友	9	雁
10	苏联小朋友	10	猫头鹰
11	北冰洋的穴居小朋友	11	鹰
12	非洲小朋友	12	海鸥
13	老人	13	鹤
14	滑稽人		
15	活动人		

---

[1] 参见《我的工作簿》上册（1938年），见《陈鹤琴全集》第三卷，江苏教育出版社2008年版，第44页。

续表

家畜		鱼虾	
1	猫	1	金鱼
2	狗	2	鳜鱼
3	猪	3	黄鱼
4	羊	4	鲤鱼
5	牛	5	鲫鱼
6	骆驼	6	蟹
7	驴	7	虾
8	马	8	青蛙
9	鸡		
10	鸭		
11	鹅		
12	鸽		
野兽		昆虫	
1	蝙蝠	1	蝴蝶
2	松鼠	2	蜂与蜂箱
3	兔	3	蚱蜢
4	猿猴	4	蝉
5	鹿	5	蟋蟀
6	熊	6	天牛
7	虎	7	纺织娘
8	狮	8	蜻蜓
9	象	9	蚕

附2：

我的工作簿（下册）[1]

花木			
1	方形花	19	菊花
2	十字形花	20	水仙花
3	圆形花	21	梅花
4	半圆形花	22	百合花

---

[1] 参见《我的工作簿》下册（1938年），见《陈鹤琴全集》第三卷，江苏教育出版社2008年版，第157页。

续表

		花　木		
5	蒲公英	23	荷花
6	玫瑰花	24	向日葵
7	燕子花	25	野菊花
8	郁金香	26	书签
9	蔷薇	27	图案
10	蜀葵	28	柏树
11	桃花	29	树
12	油菜花	30	法国梧桐树
13	十来红	31	桑叶
14	甘菊	32	牵牛花叶
15	牵牛花	33	掌状叶
16	鸡冠花	34	叶边
17	罂粟	35	树叶人
18	玉兰花		
		果子菜蔬		
1	桔子	11	苹果
2	一盘果子	12	枇杷
3	葡萄	13	樱桃
4	香蕉	14	莲蓬
5	柿子	15	杏子
6	红菱	16	西瓜
7	梨	17	藕
8	石榴	18	果子人
9	桃子	19	菜蔬
10	荸荠	20	菜蔬人
		玩具用具		
1	麻雀（面具）	20	猫头鹰篮
2	鸡（面具）	21	蝴蝶篮
3	米老鼠（面具）	22	果篮
4	猫（面具）	23	盒
5	狗（面具）	24	杯
6	猪（面具）	25	气球
7	熊（面具）	26	烛与烛盘

续 表

玩具用具			
8	羊（面具）	28	灯笼
9	马（面具）	29	摇马
10	牛（面具）	30	摇椅
11	兔（面具）	31	床
12	猴（面具）	32	摇床
13	虎（面具）	33	圆桌
14	狮（面具）	34	房子
15	象（面具）	35	中华人民共和国国旗
16	老人（面具）	36	英国旗
17	花篮	37	美国旗
18	一篮红蛋	38	法国旗
19	兔篮	39	日本旗
27	灯罩	40	苏联国旗
交 通			
1	帆船	4	火车
2	轮船	5	飞机
3	汽车		
风 景			
1	落日	3	雪人
2	新月		

附3：

幼稚生工作簿（目录）[1]

序号	科目	课程内容
1	儿歌	雪和麻雀
2	自然	堆雪
3	读法	小白兔
4	故事	龟兔赛跑
5	常识	谁会跳
6	读法	庆祝新年

---

[1] 引自《幼稚生工作簿》(1947年)，见《陈鹤琴全集》第三卷，江苏教育出版社2008年版，第472页。

续 表

序号	科目	课程内容
7	习惯	跌倒爬起
8	卫生	手帕
9	识数	数目人
10	卫生	刷牙
11	剪贴	配图
12	游戏	抢椅子
13	习惯	不要哭
14	剪贴	配头

第五节 游戏式教学法

福禄贝尔认为，游戏是幼儿时期最纯洁、最神圣的活动，是组成儿童学习和生活的一个重要因素，是人类在童年时代中最快乐的一种现象。[1] 游戏直接影响儿童的生活和教育，使儿童的创造性得到充分发展[2]。他曾呼吁："母亲啊，培养儿童游戏的能力吧！父亲啊，保卫和指导儿童的游戏吧！"[3] 陈鹤琴将游戏称为儿童的"天性"与"第二生命"，也是儿童早期学习的基本方式。他主张，应该利用儿童的"天性"实施教育，转移儿童的情绪，利用外界的刺激与内部的冲动引发儿童的动作。"儿童总是喜欢游戏的，而且他游戏的时候，会忘记了自己，用全副的精神，去做他的游戏。"[4] 儿童在游戏过程中，不仅可以发展身心，敏捷感觉，还对儿童的生活产生影响。游戏对于儿童的积极作用体现在四个方面：（1）可以发展儿童的想象力；（2）可以丰富儿童的科学知识；（3）可以增加儿童的兴趣；（4）可以培养儿童做人的高贵质量，包括合作、诚实、

---

[1] 参见单中惠主编：《西方教育思想史》，教育科学出版社 2007 年版，第 266 页。
[2] 参见单中惠主编：《西方教育思想史》，教育科学出版社 2007 年版，第 260 页。
[3] 参见单中惠主编：《西方教育思想史》，教育科学出版社 2007 年版，第 266 页。
[4] 参见《我们的主张》(1927 年)，见《陈鹤琴全集》第二卷，江苏教育出版社 2008 年版，第 81 页。

勇敢等。[1]在他的理想中,每一所幼稚园都应该有一个很好的花园,儿童经常在露天环境下游玩、鉴赏、学习、自由工作。因为"幼稚园"这个名词的意思本是一个花园,让小孩子在里面自由活动,随意游玩,吸收新鲜的空气,享受天然的美景。然而,中国的许多幼稚园并不是一座花园,简直是几间房子,小孩子从早到晚差不多都是在那里生活。"有的幼稚园只有一间房子,没有什么空地可以自由娱乐。把活泼的儿童关在里面,过一种机械式的生活;像这种幼稚园,真是还不如不办来得好。"[2]与此同时,广阔的大自然、大社会都是儿童游戏、活动的场所,儿童们自由地工作、游戏,跳跃、奔跑、歌唱;山丘、树林、花圃、农场、码头,以及火车站、工厂等成为儿童增长身体、丰富经验、学习知识的教室或课堂。据亲历者回忆,20世纪30年代初期,鼓楼幼稚园的游戏场是一片大草坪,四周栽种四季常青的花木,房屋周围种植了四季不同的花卉。园内专门开辟小花园、小菜园、小动物园;室内各角落摆放玩具、纸张、剪刀、画笔、乐器、图书画册等,供儿童随意使用。

陈鹤琴主张,幼儿的大部分时间应在户外活动,呼吸新鲜空气,在日光下开展各种游戏活动。他亲自设计六面平台、摇马、秋千,以及儿童可以推、拉、跑的小车与练习滑跑的溜冰车。不久后,陈鹤琴在六面平台下方又设计了一个大沙坑,使儿童可以玩沙。

陈鹤琴认为,幼稚园进行的儿童游戏活动应是有目标、内容与秩序的教学动作或行为,即"有用的动作"。这一主张延续了他的老师、美国进步主义教育家克伯屈提出的"在教育上的动作,是要件件都有目的的"观点。对于儿童动作是否有用的判断标准有三:一是能否引起儿童全副精神的,即能否引起儿童兴趣,在其能力范围内愿意并可以去做的;

---

[1] 参见《教孩子们玩什么》,见《陈鹤琴全集》第三卷,江苏教育出版社2008年版,第1页。
[2] 参见《我们的主张》,见《陈鹤琴全集》第二卷,江苏教育出版社2008年版,第82页。

二是做了以后能否得着有价值的结果，对儿童的身心发展与习性、习惯培养产生积极影响；三是是否可以引起其他动作，尤其儿童自发的动作。他相信，幼儿园所有课程、活动都可以化作游戏。有时因极平常的一个活动可以引起人生最有用的一大串活动来，合成一个设计，同时"某种动作里的几个重要元素，能影响到别种动作，因此可以有益于人生"[1]。同时，实现这一目标的关键在于教师的能力。

陈鹤琴举例：如教儿童辨识颜色，不必拿出某种颜色或色纸来识别，可以让儿童使用各种颜色画图或使用各种颜色来做禽、兽、昆虫的游戏，"非但可以教颜色，并且可以教自然科呢！"[2] 又如，教儿童识数，可以进行各种识数游戏；教儿童识字，可以采用识字牌、缀法盘、轮盘等教、玩具。其他如玩小宝宝请客等游戏，可以培养儿童待人接物的良好习惯等。同时，儿童在幼儿园里的规定活动（包括游戏）或课程之外，应有自由活动的时间与空间，使儿童可以按照自己的兴趣与爱好从事自己想做的工作，或游戏、画图、手工，或唱歌、跳舞、搭积木；或阅读、听故事；或喂养小动物，打理花、草等，教师需要了解、掌握儿童不同的性格、爱好或习惯，对儿童的活动提供非干涉或干预性质的指导、帮助，使儿童在活动中有所收获。

陈鹤琴认为玩具与游戏在儿童教育中不可或缺，判断一种玩具的教育价值可以有以下标准：（1）要能启发儿童的思想，如儿童拼图、七巧板等；（2）要能陶冶儿童的情绪，如洋娃娃、乐器；（3）要能发展儿童创造力，如各种积木；（4）要能唤起儿童尚武的精神，如枪、炮、军舰模型等。他对购置玩具提出几点要求：（1）国货；（2）坚固耐用；（3）式样美观；（4）大小合度；（5）没有危险性。[3] 儿童玩具还应具有集体游戏、

---

[1] 参见《幼稚教育》（1926年），见《陈鹤琴全集》第二卷，江苏教育出版社2008年版，第22页。
[2] 引自《幼稚教育》（1926年），见《陈鹤琴全集》第二卷，江苏教育出版社2008年版，第24页。
[3] 参见《儿童玩具与教育》（1939年），见《陈鹤琴全集》第三卷，江苏教育出版社2008年版，第409—410页。

多动作性、大肌肉运动、适合儿童的生理与体力、发展儿童社会性等功能特性，训练儿童合作、组织能力，增进儿童身心快乐。[1]

教育家钟昭华（1901—1994）记述：

……

幼儿在课内学会了音乐游戏、讲演故事、唱歌跳舞，他们都会自动集合起来，在游戏场上表演；外出旅行时也会带了纸笔即景画画。教师为娃娃家编织毛衣、帽子，有几个女孩子，很想学会编织，跃跃欲试，教师就教她们学打毛线围巾、帽子。老师启发几个男孩子为娃娃家做点事，他们就为娃娃家钉制床、桌、椅等。儿童在自由活动时间内，既愉快又忙碌，当他们看到游戏场上满地落叶，就主动用小推车把树叶捡起送到厨房当柴烧；他们对小动物很爱护，总是不忘按时去喂食；有的喜欢滑滑梯、爬直梯、荡秋千、摇木马、骑车、拉三轮车或推着各种车辆进行游戏活动。在室内活动的，有的画画、阅读图书；有的搭小积木、玩识字牌、得赏盘；也有的玩娃娃家。每人都能做自己喜爱的工作，满足自己的爱好，各得其所。

……[2]

第六节　读法教学法

在中国20世纪二三十年代的学校课程体系中，"读法"一词有广、狭二义解释，广义解释为"普通各科教学法中之国语科教学法，分为读法、话法、缀法、书法四项"；狭义则专指"话法"教学。[3] 在陈鹤琴教

---

[1] 参见《怎样锻炼小孩子》（1951年），见《陈鹤琴全集》第三卷，江苏教育出版社2008年版，第34—35页。
[2] 引自钟昭华：《陈鹤琴的幼儿教育思想在南京鼓楼幼儿园实施的回顾》，见《我所知道的陈鹤琴》，金城出版社2012年版，第29页。
[3] 参见唐钺、朱经农、高觉敷主编：《教育大辞书》，商务印书馆1933年版，第956页。

育学说中,"读法"包括学话、说话、歌谣、故事与认字,这些都是儿童在生长过程中需要而又应当学会的技能。尽管"读法"的目标是"字汇",却不能被简单理解为符号的"熟记"或"强记",而可以当作图画或一种游戏。

在中国,早期蒙养院(园)或幼稚园的保育内容大致分为四类:(1)游戏(随意游戏、同人游戏);(2)歌谣;(3)谈话(要求叙述清楚、顺畅、有序,声调适当);(4)手技(包括纸工、泥工等手工作业、栽种及观察植物生长)。其保育原则规定为"当体察幼儿身体气力之所能为,心力知觉之所能及,断不可强授以难记难解之事,或使为疲乏过度之业。"[1]其中,并不包括幼儿早期认字、识数。受到欧洲自由教育影响,这些幼教机构强调幼儿的性情兴致与身体、心力限度,重养不重学;在一些"日本式"蒙养院或幼稚园中,仍保留了一些东方传统教育追求,重视幼儿时期的知识及技能训练,倡导"养成异日受教之根柢"的宗旨,包括幼儿的早期知识、技能性学习,为小学教育做准备。教学科目既有"谈话""行仪"等"修身"类科目,也有"读方"(即识字)、数方(即数字)与手技(手工、玩具)、乐歌、体育、游戏等知识、技能类科目。与此同时,强调"幼稚园非讲学之地,惟发其天然知识使自习之,异日用心不觉其烦,得自然之进步"。[2]

民国初期,福禄贝尔与蒙台梭利等西方现代教育学说开始在中国沿海城市传播,以蔡元培、陶行知、陈鹤琴为代表的教育家提出一系列尊重儿童、发展儿童个性、崇尚儿童自然等新教育主张。自1912年9月民国政府教育部颁布《学校系统令》等法令,确立学制系统(又称"壬

---

[1] 引自《奏定蒙养院章程及家庭教育法章程》(1903年),见舒新城编:《中国近代教育史资料》(中册),人民教育出版社1961年版,第388页。

[2] 参见《湖南蒙养院教课说略》(1905年),见舒新城编:《中国近代教育史资料》(中册),人民教育出版社1961年版,第392—393页。

子癸丑"）；1922年9月教育部又颁布《学制改革系统案》(又称"壬戌学制"），确立了幼稚园教育在学制上的独立地位。在沿海大城市一些"日本式"幼稚园，除了开展游戏、谈话、手工、唱歌、图画、积木等活动类科目以外，还教授识字、习字、算术等知识类课程；而在一些"欧美式"幼稚园，不仅有精良的设备、美丽的园舍、丰富的玩具，还有儿童的自由活动[1]。当时，中国国内教育界人士对于"幼稚园应否有读法"问题一度争论激烈。在陈鹤琴看来，2岁至6岁阶段是儿童成长的基础时期，不仅具有"好群""好玩"的特性，还具有"可教性"，如日常语言、动作、习惯道德等都是幼儿时期应该学会的人生必需技能；一些知识类科目如自然、语言、图画、常识等，在幼稚园里都可以教的，识字也应包括在其中，但是幼稚园儿童学习识字的方法不能是死记硬背或"灌输"的方式，而是根据儿童身体、心理特点循循善诱、因势利导，采取"读法"方式，综合各种教学形式或手段，使儿童在游戏情境中完成学习过程与目标。因为，"读法"本身具有"游戏"性质，实际上也可看作为一种融合了游戏、故事、歌谣等多种教学形式的综合性"游戏"。显然，陈鹤琴主张幼稚园作为教育机构，所有的教学活动应包含教育内涵并课程化。

1925年秋天，在陈鹤琴主持下，由张宗麟、屠哲梅等人进行教学法试验，第一项试验的教学法就是"读法教学法"，其中包括7种方法：[2]

（1）游戏法：使用一种类似麻将或扑克牌样式的教具，每组6人，从事先拟定约250字的《幼稚生字汇表》中抽出字汇，每字至少2块，做"凑对子""拼句子"等游戏。

（2）故事图画法：使用油印的简单图画作为教材，引起儿童听故事的欲望或兴趣，由教师按照图画内容讲故事，同时将内容相同的图

---

[1] 参见何晓夏主编：《简明中国学前教育史》，北京师范大学出版社2014年版，第150—151页。
[2] 参见《一年来南京鼓楼幼稚园试验概况》(1926年)，见《陈鹤琴全集》第二卷，江苏教育出版社2008年版，第6—7页。

画分发给儿童们并暗示在图画上着色；儿童拿着画笔在图画上着色后，教师将儿童希望表达的意思用木制空心印章显现出字或写下来再读给儿童听。

（3）歌谣表演法：一种方法，使用"歌谣图"（类似于现今"绘本"），先做游戏，次口授歌谣，再看图，次念歌谣；另一种方法，先看图，次念歌谣，次表演，次念歌谣。

（4）自述法：事先准备一本小册子，教师将儿童要表达的意思或语言记录下来，再由儿童逐字识认。

（5）随地施教：儿童画好一张画，教师就势教会识字。

（6）采用教科书：儿童自由灵活地选择阅读指定图书，教师从旁指导。

（7）复习法：儿童学习教材内容容易感到枯燥无味，因此采用一种名叫"幼儿园缀法盘"的教具，使儿童边玩边学，刺激学习兴趣。

陈鹤琴相信，幼稚园可以有"读法"；幼稚园阶段的儿童不仅可以唱歌、背诵童谣、说谜语、阅读简单的书籍，也有初步识字的能力与需要。语言文字是发展儿童思维的重要工具，也是儿童求知与发展思维的需要，可以根据儿童的兴趣，利用儿童的好奇心，在游戏的情境与过程中找到机会进行识字教育。儿童可以在学习语言的同时，学习"读法"（包括识认字），如先讲一段"猫"的故事，再教一个"猫"字，并展示一张相关图片、图画，儿童在听故事过程中，对故事情节留下深刻印象，在情绪高涨、情趣浓厚的状态下学会识字。"字"不是一件神秘的东西，可以当作图画看的。写字也不可当作极神妙的事情看，也可以当作涂鸦看。无论图画、手工、读法，都是儿童发表自己意见的方式，都可以做的。"读法"也是一类游戏，不仅可以静态下游戏，还可以以活动方式进行。

陈鹤琴强调，不能将"读法"简单理解为符号的熟记，即"识字"，重点在于对"字"含义的领会，在教学过程中应充分考虑儿童的能力、需要与兴趣,其目的是"使儿童不感到读书是痛苦的"。[1]

鼓楼幼稚园试验了7种读法教学法:

(1)方块字:用骨牌或厚纸方块制成"字块",每个字部首偏旁用颜色标记,可进行"凑对子""成句子""竞赛"等游戏。

(2)圆球子:准备100只小圆球,分为两组,一组写名字,如大狗、小狗、黄婆婆等;另一组写动作,如跑得快、吃饱了、偷鸡、捉兔子等。游戏时将各组中名词与动作对应互缀,连成完整句子。

(3)游戏歌谣法:教师教唱示范,儿童跟唱并开始游戏,边游戏边唱。游戏结束后,教师要求儿童将刚才的游戏表示出来,先将事先准备好相关内容的范画向儿童展示,再让儿童在勾勒线条的轮廓图上涂色,最后根据画面内容用歌谣或字句表达出来。教师在玩和吃点心的时候都在唱,儿童也跟着唱。教师将歌谣内容在黑板上写下来,暗示儿童去读、认。

(4)故事法:将故事、看图、涂色、剪图、贴图等教学形式相互衔接,综合运用。如教师讲了一个《拔萝卜》故事后,将故事中的人、物分别油印成图片,儿童将图片上的人、物分别涂色。最后,在教师的指导下,将涂了色的人、物剪下来,根据故事内容、情节组合成完整画面。还有一种类似方法:儿童画成图画或做成手工之后,教师指导儿童将图画或手工作品内容表达并形成字、句,教师将这些字、句在黑板上写出来,教儿童认读;或将这些字、句油印成篇或册,分发给儿童,日积月累,随时学习。

(5)随时施教:看到什么东西就教什么东西;走到哪里就教到哪里;随时随地都可以教;就地取材,所谓"遍地黄金,俯拾即是"。在施教过程中应注意以下几点:观察儿童的需要;同一时间内不能有三种以上材料;不可常常用单字,也不可只注意名字,应该常常有简短的完全句

---

[1] 参见《幼稚园的读法》(1928年),见《陈鹤琴全集》第二卷,江苏教育出版社2008年版,第175—176页。

子；每次新材料最好附着一个故事；可以使用教科书，注意朗读的强调，必须一句一句地读。

（6）自述法。不仅经常给儿童谈话、图画、唱歌、手工、表演等机会，满足儿童发表自己意见的欲望，还可以在儿童认识一些字、句以后，学习用文字表达自己的意思。教师将儿童要表达的意思或想说的话略略变化一下，写在儿童的小本子上，儿童顺着字或句子读下去，既学会了表达，又学习了识字。

（7）拼句子游戏。将分别标有名词、动词、形容词的圆子放在同一圆盘内，儿童按照教师示范的句子将不同的圆子连缀成句。[1]

陈鹤琴特别指出，幼稚园的读法教学与小学国语科教学不同，不能将小学国语科的教法引入幼稚园教学过程，二者不同之处体现在以下方面：(1)幼稚园的读法是整个的活动，至少是各科的中心。小学国语科，大多数因为教科书的关系，不是这样的。(2)小学国语科包括语言、读文、作文、写字四种活动。幼稚园仅限于读法，作文、写字还谈不到。(3)小学读文有朗读、默读，幼稚生只有朗读。(4)注音字母在幼稚园里绝对不用。(5)补充材料，幼稚园里非常难加，这是因为能力的关系。所以在幼稚园里无所谓正文，也无所谓补充材料。[2]

陈鹤琴提出，幼稚园读法最重要的目的是使儿童在快乐的状态下学习。他与张宗麟、屠哲梅等参考社会上流行的小学一年级国语课本，挑选出253字，编制了《幼稚生读法字汇表》。他要求编制读法教材时应遵循下列原则：(1)要有文学意味，句子是美的，意义是含蓄的。(2)可以发展儿童想象的神话物语。根据故事教读法，故事是读法教学优良的材料。(3)应时、应景的，符合儿童的直接经验。下雪就教雪，下雨可

---

[1] 参见《幼稚园的读法》(1928年)，见《陈鹤琴全集》第二卷，江苏教育出版社2008年版，第176—184页。
[2] 参见《幼稚园的读法》(1928年)，见《陈鹤琴全集》第二卷，江苏教育出版社2008年版，第184页。

教雨；北地多教寒温地带的东西，南方多教热带的东西。（4）教幼儿的句子应是完全的句子，意思要完整，有意义，容易教、学；实际上，教单字比教句子更难。（5）多用有韵的材料，读起来顺口、悦耳。（6）字句反复的机会多，尤其在散文体故事中应注意此点。（7）插入近于国语的方言，增加教学的趣味性，使学习者发笑。（8）每次生词不能太多。（9）每次的分量不拘多少，最要紧的是把一件事情说得完全，至少要把一段事情说得完全。（10）不要太偏重日用字，可以使用儿童口吻形容事物。（11）可以模仿动物的声音，也可以模仿外地人口音，但是不能将语言与文字分离，也不能用文言文教幼儿。[1]

显然，陈鹤琴主张幼稚园儿童有能力并且可以学习识字，经过在鼓楼幼稚园进行读法教学法试验，印证了他的观点，儿童喜欢游戏，可以通过各种游戏式的教学法，对5岁儿童进行识字教育；儿童对社会和自然环境总是有很大的兴趣，可以在这些活动中找出机会来进行识字教育；儿童爱听故事，可以利用图画故事来进行识字教育。[2] 成人为儿童选择读物时应考虑到儿童的年龄与能力，不宜太难，以适当发展眼动的习惯，培养、鼓励儿童阅读的习惯与兴趣；此外，测试儿童阅读能力可以采取朗读或发表读后感等方法。

陈鹤琴列举了自己在实验、实践后得到的感悟：

（1）汉字由笔划所构成，非字母所拼成，其中笔划的多少与儿童认识的难易程度之间关系并不大。

（2）有人以为汉字难认与否，以两边相称与否及其笔划是否直线为其条件之一，实际上并不一定。

（3）对于一些形、意较复杂的字可以从字本身"质量"改善入手，

---

[1] 参见《幼稚园的读法》(1928年)，见《陈鹤琴全集》第二卷，江苏教育出版社2008年版，第185页。
[2] 参见《幼儿园应该进行识字教育吗？》(1956年)，见《陈鹤琴全集》第二卷，江苏教育出版社2008年版，第487页。

不用追求数量。

（4）对于儿童适合学习识字年龄阶段（4~6岁）可以教识多少字，应该经过大规模试验，编制字汇表。

（5）儿童初学识字时不能分字汇的个数，有时三或四个单字同音，也有儿童分辨不出同音字现象，尽管如此，儿童的进步已经不小了。

（6）对于一些儿童说来，在分别已认识字汇顺序的正确排列方面显得进步较慢。

（7）儿童因观察力不足，对于相似字容易看错。由此教师在教学过程中，可以着重指出字与字在"象形"与笔划特点等方面的分别，以帮助儿童记忆。

（8）字是抽象符号，而儿童平时所接触的大多为实物，因此读法教学较其他科目教学难度要大一些。可以先学会一二十个较容易的基础字，日积月累，积累愈多，教学愈易。

（9）利用联念教读法。例如儿童最难认的字，教师可以讲故事并重复，使儿童在听故事时将注意力集中在这个难字上面；将一些抽象的字在讲解时与一些实物的外形相比较会取得较好功效，如"羊"字的两点为犄角；"牛"字伸出的笔划如"独角牛"等。

（10）做游戏故事歌谣法，不如以音乐相联之歌谣法为有效。

（11）在幼稚园读法教学中，怎样教学时间分配最经济？每日应教最佳次数；是否每次都教"读法"；教学之后儿童有否有不良反应等，尚待进一步研究。

（12）有时儿童不愿意学习或做任何事情，也不愿意看见任何带有字的玩、教具；有时却能拿着一本无图画的故事要教师念或教。

（13）凡教读法若用故事法时，需全部一次教完，不能分成几段。教单字比教句子困难，儿童虽不能全句每字都认识，却能顺口而读，初时只能认识一部分，久而久之，识得的字汇数量逐渐增加。

（14）读法教学最难解决的问题是复习。如果稍不留意，儿童容易感到枯燥无味，产生厌恶情绪，前功尽弃。教师在应对这类问题时可以采取的方法：利用儿童的竞争心，组织识字比赛；利用儿童好读故事的心情，请儿童尽力读下去，直至兴趣衰退为止；如果中途遇到生字，教师可以从旁提示，然而并不强迫儿童记牢。"如此久而久之，随处复习，则其字就认识了"；利用游戏。[1]

附：幼稚园读法字汇[2]

这张字汇是根据鼓楼幼稚园儿童口语的记载，参考商务、中华、世界三书局的国语读本第一册里的生字表，并对照陈鹤琴儿童字汇编成的。

花 鸟 草 水 马 树 羊 猪 鸡 猫 风 兔 牛 狗 人 球 鼠 雨 手
门 儿 园 头 脚 眼 睛 耳 朵 嘴 身 衣 服 太 阳 天 屋 内 书
家 饭 事 朋 友 孩 叶 竹 鸭 河 地 鱼 纸 剪 刀 田 车 脸 食
筷 蜜 蜂 秋 千 锣 鼓 工 鸽 蝴 蝶 蚂 蚁 气 图 时 候 狐 狸
钱 船 豆 角 国 火 山 春 虫 街 雪 冬 旗 叫 唱 开 吃 笑 飞
着 看 跳 歌 捉 是 到 来 有 跑 做 逃 说 坐 站 起 走 去 拍
出 进 要 听 话 拿 踏 煮 买 卖 洗 读 学 玩 吹 打 没 同 问
落 放 回 游 哭 种 丢 写 画 举 得 张 教 造 咬 爱 切 睡 要
给 发 遇 怕 可 以 抓 加 减 骑 想 敢 游 戏 我 过 跟 般 向
倒 跌 踢 缝 从 爬 变 成 动 行 烧 道 知 把 能 用 见 抱 喜
欢 好 老 白 红 这 大 小 只 个 下 一 二 两 三 四 块 里 点
字 上 九 十 中 绿 黄 黑 青 五 六 七 哥 糖 茶 子 前 他 弟

---

[1] 参见《幼稚教育》(1926年)，见《陈鹤琴全集》第二卷，江苏教育出版社2008年版，第45—47页。
[2] 引自《幼稚园的读法》(1928年)，见《陈鹤琴全集》第二卷，江苏教育出版社2008年版，第186页。

们 力 仙 敲 你 月 少 多 亮 明 后 香 夏 丫 外 追 针 线 铜 珠 海 京 寄 葡 萄

第七节 幼稚园的故事

1928年5月,《幼稚教育丛刊》刊载陈鹤琴、张宗麟合写《幼稚园的故事》一文,阐述了讲故事在幼稚园教学过程中起到的作用,以及如何编故事;怎样讲好故事等。在他们看来,讲故事不仅使儿童精神上感到愉快,更是良好的学习方式。在一所幼稚园里,如果有了几位善于讲故事的教师,真可以使儿童变成故事迷,可以使全园的气氛愉快活泼,既有歌声、笑声,又有儿童可爱、活泼的身影,教师也更加快乐,幼稚园成为真正的乐园。

一、幼稚园为什么要讲故事?

陈鹤琴、张宗麟在文章中列举了10项理由:

(1)使儿童愉快。讲故事使儿童感到精神愉快,引起读书的欲望与要求,通过模仿故事中的人物,改善自身行为。(2)学习语言。儿童在听或复述故事时学习了许多语言。(3)涵养性情。故事中形形色色的人物与情节中的喜怒哀乐对于儿童产生影响,引起性情的改变。(4)增进知识。故事内容中的各种自然现象、社会习俗,以及国家、世界或家庭发生的事件都能作为故事素材,丰富儿童的知识。(5)引起儿童想象,并组织这些想象。常听故事的儿童往往也喜欢讲故事,儿童在讲故事时可以将许多幻想组织起来,成为一个故事,逐渐发展成为思想。(6)陶冶嗜好。儿童都会有自身的"嗜好",怎样避免儿童养成不良嗜好,同时培养优良嗜好？爱听故事就是一种优良嗜好。故事中对于人物行为、动作的叙述可以间接或直接对儿童产生影响，引发新的"嗜好"。(7)增进友谊。在幼儿园或家庭，可以通过讲故事增进幼儿与教师、家长之间亲密的感情。"尤其对教师，因为讲了故事，可以格外地爱慕。儿童的爱是真的，获得儿童的爱，在教育上是无上的成功，因为儿童既然爱了，那教学上的进行就很顺利了。"(8)抑制恶感。故事中的勇敢侠义、爱怜仁慈，可以使儿童反省，也可以消泯各种恶劣情感。(9)培养发表能力。随着故事情节起伏，儿童情感、思想经常会以动作的形式表现或表白出来，"对猫也可以表情，对木头也可以发表思想，不必拘泥于写、说、跳舞、游戏、唱歌等动作"。(10)随机应变。故事中人物在应付环境时的一言一行与讲述者随机应变、触发急智的叙述，引起儿童兴奋，同时儿童领略到故事的"当儿"。[1]

二、怎样对幼稚生讲故事？

在幼儿园教学中，如何讲好故事应包括三方面因素：讲故事的人及技术、方法，讲故事的环境与儿童喜欢怎样的故事。

首先，讲故事的人及技术、方法。教师或家长在给儿童讲故事时应遵循的原则：

——要精神同化；

——要彻底了解；

——要有感到十分兴趣的态度；

——要有自然的姿势与动作；

——要有适当的言语与语调。

---

[1] 参见《幼稚园的故事》(1928年)，见《陈鹤琴全集》第二卷，江苏教育出版社2008年版，第188—189页。

陈鹤琴、张宗麟强调：故事不是物质，而是情感，充满情感，才能使故事的真情实意充分表达出来并收到故事的真价值。对于讲故事者来说有两句口诀，一句"不固执有我，处处要以儿童之心为心"；另一句"我是故事中人物"。当讲故事者变身为故事中的人或动物时，所谓"同化"，在成人看来或许并没有什么特别，而以儿童的眼光看起来更有情趣，这时的教师或成人会成为儿童的朋友。教师或成人在讲故事前要对故事内容进行彻底了解、心领神会，将故事变成自己的故事，如同故事是从心坎里自然流淌的一样。讲故事者在讲故事时，一方面应能做到"神化"，表现出丰富的兴趣，使儿童逐渐进入故事情境。"兴趣是故事的原动力"（陈鹤琴、张宗麟语），讲故事者保持自己心情快乐，将自己变成儿童，故事才能讲得好。另一方面，讲故事应讲究技巧，不仅表情、语言丰富，姿势与动作也很重要。在幼儿园故事教学中，教师应善于"装手势"。"我们说某件东西的大小，不必说明大到怎样，小到怎样；有尺寸的，有分量的，只要两手张开和缩小，再加上面上的表情，就已经够了。还有许多动作，言语表示不出来的，用手势一做，就显出来了。也有许多举动，用言语表示起来，要说好几句，倘若用手势来表示，也就很不费力地做出来了。"[1]

言语（包括用词）与音调（语调）是讲故事者需掌握的最重要技术，应注意以下方面：（1）字句要文雅；（2）注意句读和段落；（3）字音清晰；（4）抑扬变化；（5）快慢顿挫；（6）形容毕肖；（7）调息与发音之高低。[2]

给儿童讲故事需要适当的环境。在幼稚园课程实施过程中，教师可以利用环境引发儿童爱听故事的动机，触景就讲，教育机会无时无处不

---

[1] 引自《幼稚园的故事》(1928年)，见《陈鹤琴全集》第二卷，江苏教育出版社2008年版，第191页。
[2] 参见《幼稚园的故事》(1928年)，见《陈鹤琴全集》第二卷，江苏教育出版社2008年版，第191—192页。

在。例如组织儿童到野外郊游，儿童捉到一只蝴蝶，教师可以讲一个与蝴蝶有关的故事，以说明蝴蝶的各种特性。又如邻家的猪圈里新添了三只小猪，教师可以讲以小猪为主题的故事。儿童在吃点心前后是很好的讲故事时机，因为此时儿童们已经安静下来了，教师只要微微一笑，手势一扬，儿童就能受到充分暗示，听故事的效果最好。儿童喜欢看图，教师可以将图上的内容编成故事讲给儿童听，帮助儿童理解、学习。当儿童不愿意听故事时千万不要强迫，尤其是年龄太小的儿童，由于看图画与辨别语言能力较弱，或身体不好、故事不合胃口等原因，教师应顺其自然，因势利导，或另择其他方式，避免儿童产生对于故事的厌恶感或习惯。教师讲故事时，每个故事不宜太长，听故事儿童的人数不能过多，十五六人较适宜，座位排列呈弧形，教师坐在近圆心点。如果儿童兴趣散失了，宁可中途停止不讲，下次再讲，不可养成儿童随便听听、随便走开的习惯。教师在给儿童讲故事的过程中可以使用一些道具，以渲染故事的气氛与效果，如图画、道具等。一些如头饰、面具等简单道具可以组织儿童动手制作，以引发其表演动机。幼儿园教师在讲故事时，切忌穿着华丽夺目的衣服。讲故事前，教师也不宜突然换一件衣服，以免儿童的注意点会游移到教师的服装或配饰上。"闪光的衣服，大红大绿夺目的服装，都是有妨害于讲故事的。"[1]

三、故事的组织与种类

幼稚园故事在组织上应当完整，不仅可以讲述，还可以进行表演；故事基本结构由开场白、正本、转机、结案四部分组成，所有词句不要失却"儿童化"。具体要求：（1）开场白要简短；（2）正本叙述明晰，

---

[1] 参见《幼稚园的故事》(1928年)，见《陈鹤琴全集》第二卷，江苏教育出版社2008年版，第192—194页。

事实逼真;(3)转机要有波折;(4)结案要简明,切不可添加道德训语。陈鹤琴、张宗麟举例:如《伊索寓言》故事,把故事的寓意很显然地讲了出来,使听者扫兴。要知道故事尽管可以包含至理大道,但必须在讲时隐隐地披露出来,不必在故事讲了之后添一句教训话进去,使儿童觉得你是要教训他,不是讲故事的。[1]

(一)儿童喜爱听的故事种类

——物语;

——有音韵的故事;

——神话;

——奇异的故事;

——英雄故事;

——历史故事;

——笑话。

(二)幼儿园故事应具有标准

——富于动作的;

——人物情节要在儿童经验范围以内的;

——富于本地风光;

——切勿带着很多的道德训义;

——全篇一贯;

——突然变化;

——开门见山;

——结果显然;

——富于重复性(语句、动作、事物、情节、组织等);

——词句要简短明了;

---

[1] 参见《幼稚园的故事》(1928年),见《陈鹤琴全集》第二卷,江苏教育出版社2008年版,第195页。

——词句要合于原意；

——插入有音韵的词句。

四、每个故事都可以表演吗？

教师讲了一个故事，引起儿童兴趣，可以暗示儿童进行表演。表演前，教师为儿童准备道具、分配角色、指导排练。幼儿园进行故事表演应符合下列条件：

——故事本身要动作多，说白少，甚至哑口表演都可以。

——故事要简单明了，切勿有深奥的哲学意义与道德训诫。

——动作人物要变化出奇，不是呆板的。

——每个故事倘若预备表演了，就应该做一个设计的单元，至少要用这个来做各种活动的单元，一切做的，画的，读的……都以此为着眼点。

——每星期可以讲十几个故事，但是每星期至多练习一个正式的表演。[1]

五、"鸟言兽语的读物"应该打破吗？

1931年3月5日，上海《申报》刊登署名何健的文章《咨请教育部改良学校课程》，将小学课本中如"狗说""猫说""牛公公"等贬斥为"充溢行间，禽兽能作人言，尊称加诸兽类，鄙俚怪诞，莫可言状"；批评"天天帮人造屋，自己没有屋住"与"拳头大，臂膀粗"等语"不啻鼓吹共产，引诱暴行"，主张此类儿童读物与教科书"不切实用，切宜焚毁"，需另选"中外先哲格言"作为教材，"查改良课本，为现实切要之图。"不久后，

---

[1] 参见《幼稚园的故事》(1928年)，见《陈鹤琴全集》第二卷，江苏教育出版社2008年版，第199—200页。

国民政府教育部接受了此项"咨请",下令将"鸟言兽语"类童话与带有"左翼"色彩的儿童文学读物一并列入查禁之列。[1]

这项"禁令"颁布后,引起国内许多教育界人士激烈反对。陈鹤琴提出两个问题:(1)这种读物小孩子喜欢听喜欢看喜欢讲吗?(2)这种读物小孩子听了看了讲了,究竟受到什么影响?在他看来,尤其是七八岁以内的儿童,对于鸟言兽语的读物,是很喜欢听,喜欢看,喜欢表演的。"鸟言兽语"读物对于年幼的儿童来说,如同喝奶一样是不可缺少的营养。

陈鹤琴写道:

最后我要慎重声明的,鸟言兽语的读物,自有它的相当地位,相当价值,我们成人是没有权力剥夺儿童所需要的东西的,好像我们不能剥夺小孩子吃奶的那一种权利一样。不过,小孩子到了大的时候,我们应当供给他看别种材料。犹如奶吃了,再给他吃别的营养料一样。[2]

第八节　儿童美术教育

鼓楼幼稚园创办之初,陈鹤琴将自己对于儿童绘画的研究工作作为幼稚园课程试验内容继续进行。他对儿童画研究情有独钟。他希望自己能够在儿童的自由表达、想象与教师的启发、指导之间找到一种平衡方法,一方面,包括儿童美术在内的艺术教育应更多注重儿童的个性、儿童的天真、儿童的创作;另一方面,艺术需要掌握专门技能,艺术教育必须要遵循经验、规律与教师的指导。他将儿童通过涂鸦形式绘画表达认知、意思、想象力与个性、天性作为幼儿园教师指导儿童学习绘画

---

[1] 以上内容参见王泉根:《三十年代中国儿童文学现象的历史透视》,载《西南师范大学学报》哲学社会科学版,1997年第二期。

[2] 引自《"鸟言兽语的读物"应当打破吗》(1931年),见《陈鹤琴全集》第四卷,江苏教育出版社2008年版,第101页。

所应关注的重点;而将运用艺术工具表现艺术技能、技法的适龄阶段划在九岁十岁以后。他强调:"在那时候,我们就可以乘机慢慢地教导他,可是不能过分地注重艺术技能,而忽略思想;也不能只顾收效,而不顾儿童能不能够领会你的教法。所以我们要教他艺术的时候,要顾到他们的能力,所谓'循循善诱'、'因材施教'是了。"[1] 陈鹤琴认为,艺术教育应该能够激发儿童的想象力与创造性,需要进行改革。儿童艺术教育发展的趋势已从注重知识、技能逐渐向注重儿童的个性、天真、创造性发展。然而,陈鹤琴却对"儿童自由"显得有些徘徊与保留。他写道:"然而九岁以前,可否一点不要教授关于艺术的知识、艺术的技能呢?那也不然。在儿童觉得有意思而不能发表的时候,你尽可以暗示他、帮助他。倘使他没有觉得需要,我们当然不必帮助他,但是他画得不像而不能代表他的意思,做教师的似有指点他的必要。"[2]

1925年,陈鹤琴、张宗麟、俞选清等进行"图画教学法"研究,将所有儿童的图画保存在箱子里,每张图画上注明年、月、日,以及儿童作画时的状态;是否有教师帮助、写生或临画;是否有范画;是否受到故事或其他事物启迪,其中也包括一鸣自一岁零一月在家里受到执笔学画的作品。通过对比、研究,他们总结了儿童初期学习绘画特点、阶段、指导原则、指导方法、选择素材标准、教学步骤、心理学教法、儿童需学会的图画技能等。据亲历者回忆,当年鼓楼幼稚园组织儿童外出参观或旅行时,提前准备带上纸和笔用于途中即景画画;回来后,教师通过游戏或图画让儿童表达各自不同的感受。陈鹤琴认为,儿童绘画是一种"创造的艺术",不仅应学习技能,更要注重儿童的个性与天真。同时,画图又是一种专门的技术,各种图画都要学,不学是不会画的。《幼稚

---

[1] 引自《创造的艺术》(1930年),见《陈鹤琴全集》第四卷,江苏教育出版社2008年版,第89页。
[2] 引自《创造的艺术》(1930年),见《陈鹤琴全集》第四卷,江苏教育出版社2008年版,第89页。

生的图画》(陈鹤琴、俞选清合著)写道：

  小孩子拿了一支红的蜡笔画了红的图画，我们就可以从旁教他红的颜色。他画了几件东西，我们就可以教他数数看；这样，他有时候，慢慢儿就会数数目了。我们还可以教他认字。在他所画的图上，我们可以替他写一两个字给他看……叫他来比较比较看。这样一来，从前他所不注意的，现在注意到了；从前所未观察的，现在观察得周详了。[1]

一、儿童初期学习图画特点

  (1)儿童早期学习字、画的特点与普通成人不同。儿童早期学习字、画由左上方入笔向中部卷入，成人写字、画图笔顺通常自左而右，自上而下。研究这一问题的意义在于，找到一种指导儿童学习写字、画图的正确方法。(2)儿童开始画图时，通常是人或物体外形。比如画人头，仅画一个头颅轮廓，眼、鼻、口、耳等器官的形状、位置"非初画所能"。(3)儿童画了外形轮廓之后，再加画具体的事物，如画人脸时，先画眼、口，次之耳、鼻，再次之为头发，最后是手、足。儿童在画手的时候，位置往往与耳相近，或高于耳；画足的时候，总是画在头的下端。(4)儿童在作画时，经常先画身外之物，如先画衣服后画手；先画手中所执物件后画足趾、头劲；先画手后画手中所执的花；先画衣服，后画纽扣等。(5)几乎所有儿童画最初都是静状，如画人时必为呆立；即便是画故事画，人物姿势也是静状。儿童何时可以画出动态姿势，尚待进一步研究。(6)儿童初学画时只能画平面画，有的立体事物也只能平面呈现。如画人骑马时，骑马者的两脚必同在一边；所画物体不分远近、明暗。据西方学者对于儿童画研究结果，表现远近与明暗等技法至早需要在七八

---

[1] 引自《幼稚生的图画》(1927年)，见《陈鹤琴全集》第二卷，江苏教育出版社2008年版，第169页。

岁时开始学习,到 10 岁时可以掌握。(7)儿童初学画阶段,大多为正面画,少侧面画,这是因为儿童对于正面记忆较多并反映到画面中原因。(8)儿童所画的对象必为常在其经验中的,若该物非常在其经验中,或不能入于经验中者则不能画出。(9)儿童初为记忆画,就其从前所有经验而画,虽有临本与实物,不能照临,亦不能写生。(10)临画比写生画可以早养成,此中当然与有程度深浅之别。惟临本之画多于平面的,而写生则需立体。且临本可以一目了然,而写生则逐步观察,大非易事。[1]

二、儿童图画学习阶段

——着色;

——剪贴;

——涂鸦;

——轮廓画;

——印影画(描图);

——填图(局部的、整个的);

——比较。如教师将马、牛图画向儿童出示,并且指出异同的地方来,儿童下次再画马、牛时就能分辨差异了。

——塑图。将儿童依自己的愿望或想象中物体轮廓画在厚纸上,用黏土或油泥(注:橡皮泥)依轮廓大小堆在图上,塑成立体图形。儿童需要什么形就塑什么形。[2]

---

[1] 参见《幼稚教育》(1926 年),见《陈鹤琴全集》第二卷,江苏教育出版社 2008 年版,第 32—33 页。
[2] 参见陈鹤琴、俞选清撰写:《幼稚生的图画》(1927 年),见《陈鹤琴全集》第二卷,江苏教育出版社 2008 年版,第 172—173 页。

三、怎样引发儿童绘画的动机

儿童学习绘画经常需要引发动机，最容易的方法就是"暗示"。在幼稚园中，只要教师自己画或暗示几个儿童一道画，其他儿童也会跟着画起来，逐渐养成"自动性"。"总之，儿童画图，最好有个动机。这个动机怎样发生的，那也不拘，由他人暗示引起的也好，由自己发动的也好。"[1]

四、指导儿童学习画图的原则

——要自己画。不要用范画去限制他，发展儿童自由表意的能力。

——要指导。图画要自己画的，但是必须指导。"小孩子若是随便自己乱画，没有教师的指导，那也万万画不好的。有许多地方他想画出来，但是画不出来，或者竟画错了。只要我们一指导他，他就能明了，就能画出来的。"[2]

五、指导儿童学习图画的方法

——暗示。引起儿童画画的动机与兴趣，最容易的办法就是暗示，指导儿童看图画，引起儿童兴趣，暗示儿童画出对象的轮廓；可以把儿童生活经验中知道的东西、听到过的故事简单地画出来。

——着色。在画出的轮廓中着色，此步骤为儿童学画最重要的手段之一，儿童可以从中学习各种颜色的名称与配色方法等知识、技能。

---

[1] 参见陈鹤琴、俞选清著：《幼稚生的图画》(1927年)，见《陈鹤琴全集》第二卷，江苏教育出版社2008年版，第170页。

[2] 参见陈鹤琴、俞选清著：《幼稚生的图画》(1927年)，见《陈鹤琴全集》第二卷，江苏教育出版社2008年版，第170—171页。

——比较。展示不同的人形，请儿童自己比较其中最佳者，以促进其自己图画之改进。又如，指导儿童观看名画、范画，引起儿童欣赏，经教师略略提醒，儿童再展纸涂笔。

——填图。如在兔儿拜月亮图画中，加画盘子与果品；在空船的画面上增添双桨等。

——形状。指导儿童辨别物体的外观形状，培养观察能力。

——变化。观察、了解从鸡蛋到小鸡的变化过程。

——以手工为助。将画图与手工结合，如请柬、贺年片等制作。[1]

六、选择儿童图画素材的标准

——根据儿童的经验。

——要有代表性质的，如鸭与鹅特征的相同与差异之处。

——所选择的材料是要容易画的。[2]

七、儿童图画教学步骤

——看图。

——暗示。

——鼓励。

八、几种心理化的教学法

——儿童学画，由简单到复杂，如先学画直线，再学画方、圆等形状，

---

[1] 参见《幼稚教育》(1927年)，见《陈鹤琴全集》第二卷，江苏教育出版社2008年版，第33页。
[2] 参见《幼稚生的图画》(1927年)，见《陈鹤琴全集》第二卷，江苏教育出版社2008年版，第174页。

然后才能学画扫帚。又如画人头，不能在一个时期内件件教导，而先以几个器官为基础，如眼、口、鼻等，然后渐渐增加耳、眉、发、手、脚等。

——儿童初学画时可画对象并非所有事物，只能限制在数种之中，可拟定儿童每一时期应学画的内容、技法等标准与各种画法的学习步骤、次序。

——儿童初学画时可以根据自己的记忆、经验，不必临摹范画，也不必对照实物标本写生。儿童的记忆、经验经常不够准确，可以将儿童的画作与实物、模板相对照，以使儿童受到启发，对自己的作品进行修改、完善。

——在幼稚园图画教学中，儿童临摹实物早于写生，因为"写生为立体，儿童所难能，若简要之临本，多于平面，较易为功"。

——教师指导、校正的重要性。可采取的方法包括：示以实物或范本，使儿童自己改正；教师用色笔在需改正之处标注，叫儿童重画一张；如果有现成的图画标准，也可使儿童予以对照。

——图画不一定使儿童非画成一形，更非单独使之画成人物。有时可以使画图与他科连成一个教学历程，有时可以使之观察人物等形状。其方法有：着色，剪图与贴图，拼图，故事，旧教科书等。

九、儿童需学会的几种图画技能

儿童学习图画技能应以儿童能力所能及者为标准。

——形状。方、圆形状可以不教，儿童自然能领悟。人或物的形状在应教范围。

——颜色。教儿童辨识颜色及名称，知道如何利用颜色；且同一颜色及各种颜色都有深浅之分；两种颜色或两种以上颜色可以调和成另一种颜色，尤其在水彩画中。

——远近。儿童到了一定年龄之后，可以掌握绘画中远近的技巧。"明了远近，在图画上可以帮助不少"。（陈鹤琴语）

——大小。教会儿童在图画中区分大小并不容易，如果儿童能分别会出大或小的形状，有助于学习远近的技巧。

——明暗。"此为西洋画上最紧要之点"。（陈鹤琴语）指导儿童观察实物的明暗，以及在图画上表现明暗效果，对儿童自然常识有益，应该教会儿童，在实际上也能够教。[1]

30年后，陈鹤琴在自己教育生涯的最后一篇重要学术论文《从一个儿童的图画发展过程看儿童心理之发展》中，借鉴了美国心理学家麦卡蒂（Stella Agnea McCarty）研究结论，将儿童绘画分成四个时期（如下表）：[2]

序号	名称	儿童绘画特点与学习方式
1	涂鸦期	儿童开始时都是随便乱涂的，绘画实际上被作为一种游戏，纯粹是为了满足他自己用画笔在纸上随便画来画去的愿望，至于所画成的东西还是没有意义的。儿童在纸上不停地画圈或无意义的线条（波形图、乱丝图、饼图），口中有时还会发出声响。通过这些游戏，儿童逐渐不自觉地学会了发出各种声音和执笔画图的方法。
2	象征期	在这个时期里，儿童的图画由圆形逐渐分化，开始能把自己涂鸦出来的东西赋予了意义，如一个圆圈成了一个人；一条直线就是树。这样，虽有一定的象征意义，但还不能真正地表现出对象的真面貌。

---

[1] 参见《幼稚教育》(1926年)，见《陈鹤琴全集》第二卷，江苏教育出版社2008年版，第33—36页。
[2] 参见《从一个儿童的图画发展过程看儿童心理之发展》(1956年)，见《陈鹤琴全集》第一卷，江苏教育出版社2008年版，第561页。

续 表

序号	名称	儿童绘画特点与学习方式
3	定型期	在这个时期里，儿童所画的图画随其心理而发展，绘画技法从简单逐渐到复杂。已能表达出对象的某些特点，例如人是有圆圆的头的，头上还有鼻子、眼睛等。这些外形已和别的动物不一样了，但还是呆板的、无生气的，缺乏透视和立体感，也不能表达出光线的明暗。在这个时期，儿童的方位观念逐渐发展（从正面到侧面）；画面内容从呆板到有生气；开始能够辨别男、女性别和年龄特征；儿童图画内容反映出儿童经验。儿童绘画已经可以基本反映客观现实，其技术亦能掌握绘画的基本方法，掌握立体布局、色彩、动态等基本绘画技术，儿童开始写生、临画，以及按照自己意愿自由绘画，逐渐显现出透视、明暗、气氛、结构等方面的准确性、真实感。在这一阶段，儿童在写生的同时，扩大眼界、丰富经验，提高观察力、辨别力，促进绘画技术的提高。
4	写实期	儿童的图画发展到了这个时期，可以说是最高的阶段了。在这个时期里，儿童的图画除了已能正确地画出事物的形状外，还能注意到透视、明暗、气氛、结构等方面，试图表达出事物的真实感和审美感。

第九节 儿童音乐教育

陈鹤琴坦承自己缺乏音乐天赋与才华，也没有受过音乐方面的专门训练。他与音乐仅有的接触是他在美国纽约哥伦比亚大学攻读硕士学位期间，结识了一位名叫华罗（Walo）的来自非洲国家的王子，俩人交情甚笃。王子说了一口流利的英语，打了一手很好的网球,还会吹短号（注：一种乐器）。有时，到了晚上，他们在一起娱乐，王子吹短号，陈鹤琴弹奏曼陀林（注：一种乐器，英文 mandolin）。有一年平安夜，他在原籍德国的老师家做客，老师用德文唱《平安夜》与德国宗教改革家马丁·路德作词的一首歌，师母弹钢琴伴奏，他的印象是前者非常优雅，后者非常雄壮。陈鹤琴临回国前，王子赠送了一把曼陀林作为纪念品被他一直珍藏，有时取出来为孩子们弹奏。

陈鹤琴的家庭共有七个子女，他的夫人早年就读女校家政专业，会弹钢琴。他十分注重自己的子女在童年时期学会一项以上的艺术技能，长子一鸣1岁刚过就开始画画，长女秀霞、次女秀煐6或7岁时开始学习钢琴。在他看来，音乐要从小学。世界上的音乐家，都是自幼开始学起的，普通的儿童学习音乐，也必须从小学起。大时学起来，是学不好的。[1] 同时，家庭应为儿童营造良好的艺术环境，首先是音乐环境，父母能够随时随地唱歌或吹、弹奏乐器，家庭充满了音乐氛围，使儿童不知不觉地爱上音乐。有一天，他来到女儿音乐教师的家中做客，发现音乐教师的6岁女儿已经能分辨出钢琴弹奏出的不同音调、音程，这与女孩子的家庭环境有关，同时说明儿童的听觉分辨能力是可以从小训练的。或许，正是因为这样的原因，他十分强调儿童从小学习音乐与环境熏陶、影响的重要性。

陈鹤琴次子一飞（1929—2016）记述：

回忆我童年时，每天晚饭后是我们全家最快乐的时光，母亲和大姐弹钢琴，父亲弹曼陀林，大家一起唱歌，唱得最多的是"One Hundred and One Best Song"（《一百零一首优秀歌曲》）中的民歌。歌本是父亲在1919年留学美国回来时带来的，也是他的最爱。有一首歌我们特别爱唱："Home Sweet Home"（注：中文译名《可爱的家》），歌中唱道："我的家庭真可爱，美丽清洁又安详，兄弟姐妹很和睦，父亲母亲都健康。虽然没有好花园，月季凤仙常飘香。虽然没有大厅堂，冬天温暖夏天凉。可爱的家啊，我不能离开你，一切恩惠比天长。……"[2]

陈鹤琴深知音乐在儿童教育中的价值与重要性，无论中国古代的孔子倡导的"六艺教育"，还是近代德国幼儿园创始人福禄贝尔的专著《慈

---

[1] 参见《为儿童造良好的环境》（1935年），见《陈鹤琴全集》第二卷，江苏教育出版社2008年版，第640页。
[2] 引自《各省伴随我的人生路》，见陈一飞著：《一飞自述》，金城出版社2013年版，第244页。

母曲及唱歌游戏集》(1843年),都将音乐作为儿童所应养成的基本素质之一。1905年,湖南蒙养院设立谈话、行仪、读方、数方、手技、乐歌、游戏等教学科目,将乐歌的教育功用概括为"培养美感,高洁心情,涵养性情"。[1]1926年,陈鹤琴的助手张宗麟在江浙一带进行幼儿教育调查后,对于中国幼稚教育日益呈现的"外国化"倾向感到担忧,儿童从小被"洋歌"浸染,将对儿童的成长产生影响。当时有一些教育界人士拟定音乐教育目标:(1)能代表中华民族性的;(2)发扬民族的美德的;(3)适合民族的程度的。[2]翌年,陈鹤琴在《幼稚教育》杂志发表的《我们的主张》一文提出:"我们主张幼儿园应当特别注重音乐",其理由有二,一是为了满足儿童的欲望,以发展儿童的欣赏能力,培养儿童歌唱的技能;二是唤起全社会的爱国精神。他写道:"而我们中国的情形,简直可以说要找一个大家能唱的歌曲也找不出来,甚至于连一个国歌也不能普遍的会唱。在这种情形之下,个人的情感、团体的精神如何可以充分地表现出来呢?"[3]他指出,音乐教育的价值在于,在音乐的"洗练"过程中,节奏使儿童身体与精神产生共鸣共感,表现出规律、节度的动作;同时,和声与旋律使儿童的内心感受到和谐与纯真,养成"统一性"。音乐不仅丰富儿童的生活,培养儿童的意志,陶冶儿童的情感,并且能激发儿童表现真实自我的欲望或需求,导向于创造性的发展。为此,陈鹤琴提出:"我们要将音乐的生气和兴味,渗透到儿童生活中去,使儿童无论在学习、游戏、劳动时,都能有意志统一、行动合拍、精神愉快的表现,使儿童生活音乐化。"[4]

---

[1] 引自《湖南蒙养院教课说略》(1905年),见舒新城编:《中国近代教育史资料》(中册),人民教育出版社1961年版,第395页。
[2] 参见张宗麟:《调查江浙幼稚教育后的感想》(1926年),见《陈鹤琴全集》第二卷,江苏教育出版社2008年版,第87页。
[3] 参见《我们的主张》(1927年),见《陈鹤琴全集》第二卷,江苏教育出版社2008年版,第80页。
[4] 参见《让儿童生活音乐化》(1949年),见《陈鹤琴全集》第四卷,江苏教育出版社2008年版,第345—346页。

1929年8月,教育部颁布的《幼稚园课程暂行标准》[1]中将音乐排列在课程范围之首,规定了音乐课程的目标、内容、学习标准。

目标:(1)满足唱歌的欲望;(2)启发并增进欣赏音乐的技能(包括口唱和乐器的两种);(3)发达节奏的感觉,并训练节奏的动作;(4)发展亲爱协同等的情感;(5)引起对于事物(如猫、狗、耕田、洗衣之类)的兴趣。

内容:(1)在各种场合中,听、唱音乐时应有的表情(如家庭生活、纪念日或庆祝日、自然现象、爱国、社交等);(2)节奏听力训练;(3)欣赏、辨别各种乐器(如小锣、小鼓、小木鱼等)的声音;(4)演做(如听音起、坐、立、行等)。

学习标准:(1)唱歌的声音清晰,拍子大致无误;(2)对于简单的律动(如快、慢、高、低等)有辨别和反应的能力;(3)明了四首以上歌词的意义,并能表情;(4)有独唱两首歌词的能力。

鼓楼幼稚园从建园伊始,便将音乐教育作为最重要的课程之一,陈鹤琴聘请了自己好友刘崇本的夫人、时任东南大学附中音乐教师甘梦丹来园执教。数年后,毕业于杭州弘道女校幼师科,年仅23岁、精通音乐的屠哲梅(1905—1979)接任鼓楼幼稚园主任。当时,幼儿园的音乐课程内容,一方面是欣赏指导,引导儿童由听觉感到音乐的节奏、和声、旋律等,引起儿童对音乐、歌曲的自发要求,达到表达儿童情感,以至"引导儿童以快活的精神来创造自己的生活"的境界。[2]另一方面,在故事、游戏中穿插唱歌、跳舞等表演。教师在指导儿童学习唱歌时,应注意示范发音方法。通常唱歌的发音方法有两种,正确的方法是声音从胸、腹腔中发出,不正确的方法是从喉咙里干榨。教师校正儿童在发音方法

---

[1] 参见《教育部颁发幼稚园课程暂行标准》(1929年),见《陈鹤琴全集》第二卷,江苏教育出版社2008年版,第155页。

[2] 引自《让儿童生活音乐化》(1949年),见《陈鹤琴全集》第四卷,江苏教育出版社2008年版,第346页。

上出现的错误的最好方法是将两种不同的发音方法进行对比，使儿童可以较容易分辨。1934年，陈鹤琴前往欧洲11国考察教育，回国后特意带回来一个套手木偶，鼓励教师为儿童们多做一些形象生动的木偶，为幼稚园增加新的、活泼的表演内容，使儿童们感到快乐。

20世纪二三十年代时，社会上适宜儿童特点的音乐、歌曲数量、种类非常有限，陈鹤琴与鼓楼幼稚园的教师开始从西方音乐作品中寻找符合幼稚园教学要求的教材资源。他认为，社会上流行的歌曲并不都是适宜儿童唱的，选择儿童歌曲，一定要考虑到适宜性，除了在内容的教育价值方面进行取舍，歌词有声有色、健康、快乐、易懂；在形式方面，曲调、节奏要优美、活泼，儿童一学就会，一记就牢，一唱就会手舞足蹈地表演起来。[1]

1934年由陈鹤琴主编，屠哲梅、陈尧圣编译的《四季故事歌唱集》（原著者Louie E.De Rusette，英国）由儿童书局发行。这本书的特色是将故事与唱歌打成一片，在讲故事时穿插生动的歌曲，"可以把故事讲一段，唱一唱，再讲一段，再唱一唱；同时小孩子听了故事以后，也可以跟着唱唱"。陈鹤琴称赞这种方法"对于儿童教育开辟一条新途径"。[2]1935年，陈鹤琴与屠哲梅合编《世界儿童歌曲集》，收录曲目30首，均为西方名曲译作，少部分曲目由原谱重新填词，如《小兵丁》曲调与大部分歌词来自欧洲，分别是小兵丁、小农夫、小工人、小学生，最后一段歌词系重新填写："我们都是中国人，中国人，中国人。我们都是中国人，大家要合作；这样做，那样做；那样做，这样做。我们都是中国人，大家要合作。"书中曲目大多充满童趣，以寓言、童话的形式表现大自然中的景象、各种动植物，如《大肚胖子》《小蜜蜂》《农夫耕田》《小小星》《小狗》等；此外陈鹤琴为次

---

[1] 参见《〈儿童歌曲〉卷头语》，见《陈鹤琴全集》第四卷，江苏教育出版社2008年版，第349页。
[2] 参见《〈四季故事唱歌集〉序言》（1934年），见《陈鹤琴全集》第四卷，江苏教育出版社2008年版，第347页。

子一飞、四女秀兰填词的歌曲《上山打水》唱道："一飞秀兰爬上高山去，去打一桶冷泉水，一飞跌倒打破头脑，秀兰跟着滚下来。"[1]

1939年，陈鹤琴、钟昭华、屠哲梅合编《世界儿童节奏集》，收录贝多芬、莫扎特、舒伯特、海勒、勃拉姆斯等欧洲古典音乐家的名作，由各种不同的律动、舞蹈、节奏乐、表演、欣赏等韵律活动曲以及儿童歌曲组成并附有钢琴伴奏琴谱，可供教师们弹奏。在乐谱的字里行间，不时出现注明各种动作的相关提示，如《三只熊》里"爸爸熊说，太烫太烫，我们去散步吧"，《花的生命》里"春天，和暖的太阳把雪花赶走"、"春雨一滴一滴下来"。从一定意义上说，节奏是按照时间的分配引起人体的感觉并形成规律性动作，由节奏训练调节、改善儿童动作、行为或游戏是音乐教学的重要目标之一，如《打气》(蛙跳动作)，割草(兔子跳)。《睡眠仙子》乐曲提示："慢慢地进来，作睡眠姿势，好孩子渐渐睡下。"《小兔子》乐曲提示："第一只小兔子跑出来，第二只小兔子跑出来，第三只小兔子跑出来，第四只小兔子跑出来(作兔子跳)。"

在此之前，鼓楼幼稚园组织的各项活动经常利用音乐来配合，如体操、舞蹈、唱歌、律动（听音动作）、小乐队、音乐游戏等；每日上午例行音乐课30分钟；平时在餐点与午睡时间，教师弹奏轻柔的琴声使儿童们安静下来。音乐活动内容有：

（1）唱歌：唱歌的内容是结合教育、教学的要求来进行的，有合唱、分组唱，也有独唱和表演唱，要求孩子唱歌时，歌声自然，不大声喊叫。

（2）音乐律动：听音乐的节奏合拍进行动作，如四肢、头部、腰部的各种动作；拍手、点头、弯腰、走步、跑步、跳跃等活动；模仿小兵丁走路、青蛙跳、马跑、鸟飞、鸭子走路、小兔子跳等。

（3）舞蹈：要求动作简单整齐，使孩子们能学会相互配合，听了音

---

[1] 引自《世界儿童歌曲（第一集）》，见《陈鹤琴全集》第三卷，江苏教育出版社2008年版，第273页。

乐的节奏，学会手和脚的基本动作的练习，如：走成圆圈；手拉手；整齐地向前、后，或向左、右方向走；或跳各种动作；或者两人拉手、交换位子及转圈等动作。

（4）小乐队：有双铃、木鱼、滴答板、大鼓、小锣、小磬、小钹、摇鼓等，和着音乐伴奏敲打，有次序的、分部分的、单独的和集体合奏，能分轻重、快慢整齐合奏。

（5）音乐游戏：

请朋友的游戏——听了音乐邀请朋友，同时手脚做动作，两人手拉手，学会跑跳步。

抢椅子的游戏——椅子的数目要比孩子的数目少一，游戏时总有一个孩子抢不到椅子。游戏开始，孩子听了音乐跑步，音乐停止时，孩子赶快占坐一把椅子，坐不到椅子的孩子，拿了一把椅子离开游戏，其他孩子再继续游戏，坐到最后一把椅子的孩子成为获胜者。……[1]

第十节 幼稚园环境与设施

陈鹤琴认为，幼稚园作为适宜儿童特点的教育环境，一是要审美，在室外尽可能开辟草坪、花园、菜圃，栽种树木、花草，使儿童在优美的环境中培养情感，陶冶性情。二是要科学，组织儿童动手栽培植物，布置园庭，从事浇水、除草、收获种子等劳动；经常指导儿童观察并研究自然界的事物、现象，"从园地的栽培管理，动物的饲养以至日月星辰的变化，鸟雀鸣虫的歌声，通过儿童的双手和感官，使儿童对自然界的事物得到正确的认识，使儿童懂得自然界与自然现象之间的关系"[2]。因

---

[1] 参见周淑钟：《鼓楼幼稚园对幼儿进行教育与教学的情况》，见《陈鹤琴全集》第二卷，江苏教育出版社2008年版，第473页。

[2] 参见《论幼儿园的环境布置》(1951年)，见《陈鹤琴全集》第二卷，江苏教育出版社2008年版，第475页。

此，幼稚园应是儿童的乐园，除了游戏室、工作室之外，还应该有一个很好的花园，使儿童在一日之中可以游戏、观赏、学习。环境是教育的组成部分。"艺术化"的环境使儿童产生美感与快乐的情绪；苍翠的树木、鲜艳的花卉和各种小动物，以及丰富多彩的图片、装饰物等使儿童爱美的天性得到发展，陶冶性情与心灵。在他的想象中，幼儿园除了室外的花坛、菜圃、小动物园，还可以挖一个池塘，养上一些鱼、鹅，池塘边栽上几株垂柳。园圃蔬果生长过程与小动物的饲养，以至日月星辰的变化和鸟雀鸣虫的歌唱，都能通过儿童的双手与感官，刺激、丰富儿童的经验，演化为知识。

陈鹤琴在留学美国的最初两年，在主科以外，选修了许多门课程，既有政治学、经济学、心理学、生物学、地质学、动物学，也有牛奶学、鸟学、园艺学、养蜂学、汽车学等，获得了丰富的知识，养成了多方面的爱好、兴趣，对于他回国后创办幼儿园与小学校极有裨益。在他看来，自然界可以说是幼稚园最好的教室或设备资源，教材、教具随处可见，俯身可拾，关键在于是否引起使用者的注意与重视。

20世纪30年代，鼓楼幼稚园又一次扩建，包括扩建园舍、扩招幼稚生名额、充实设备、布置室内外环境等。这一时期，幼稚园园舍改造，增加儿童午睡的地方和班级活动室；不久后，又扩建礼堂，平时用活动木板隔成两间活动室，可用于上课；开大会时拆去木板，恢复礼堂功能。为此，陈鹤琴多次亲临园所指导，与教师、家长商量、研究改造方案。教学所需的唱机、收音机、大积木、摄影机、钢琴等都是来自家长们的热心捐助。教室内，儿童使用的课桌、椅由陈鹤琴亲自参与设计。为使儿童能在活动室内自由游戏或参与活动，专门辟出不同角落用于安放各种学习、游戏工具，如玩具、小工具、材料、纸张、铅笔、画笔、乐器、图书画册，以及娃娃家摆设的各种小家具，供儿童随意取用。据亲历者回忆，当时鼓楼幼稚园新开辟了一片大草坪作为儿童的游戏场，草坪与园舍周围分别栽种四季常青的花木与四季不同的花卉；此外，园内还有一个专为幼儿开辟的小花园，里面设置花坛、小亭，种植了樱桃树、桃树、枣树等；不远处，有一片小菜园，种植了豆类、菜、瓜及多种蔬菜，并备有一些小工具，供幼儿参加劳动时使用；还有一片养殖区，饲养鸡、鹅、兔等，供幼儿观察、识别、饲养。时任幼稚园主任的钟昭华记述：在幼儿一天在园生活时间内既可做与教学有关的事，也可让幼儿做自己喜欢的事。"在自由活动时间内，更多的是让幼儿按自己的兴趣与爱好，做他们自己想做的事。例如：有的游戏，有的画画，有的在游戏场上唱歌、跳舞、讲故事、搭积木等；或阅读图书，或喂养小动物，我们完全让幼儿自己去做、去玩，没有什么固定的形式，也不干涉幼儿的活动，但教师必须了解幼儿自己想做、想玩的动机，以便随时对幼儿进行引导教育……"[1]

陈鹤琴主张，幼稚园室内布置时可以开设自然陈列窗或生物角，使儿童栽培植物，观察植物的变化；可以将鱼或蝌蚪等放在鱼缸内，让儿童饲养并观察它们的生活状态。同时，还可以陈列儿童的作品，包括画图、剪贴、纸工、泥工、木工及其他手工，作为对儿童的一种鼓励。在这一过程中，要注意实时性，否则会失去布置的意义和价值。各种有教育意义的图片、挂图、画片等都可以在布置室内环境时被采用。他写道："布置环境，应根据自然现象和社会情况，在各个幼儿园[2]现有的条件下，领导儿童一同布置，使儿童从布置环境之中，认识四周环境中的事物，了解事物与事物之间的关联；使儿童从改造环境之中创造环境，并培养儿童坚毅、积极、合作、互助等优良质量。"[3]他提出幼儿园布置环境应遵循三项原则：（1）环境的布置要通过儿童的双手和大脑，加深儿童对环境

---

[1] 引自钟昭华：《永远微笑的儿童教育家》，见《我所知道的陈鹤琴》，金城出版社2012年版，第27页。

[2] 新中国成立后，"幼稚园"改称为"幼儿园"。

[3] 引自《论幼儿园的环境布置》(1951年)，见《陈鹤琴全集》第二卷，江苏教育出版社2008年版，第478页。

中事物的认识，也更加爱护。因此，做教师的应该学会如何领导儿童运用大脑和双手来布置环境。（2）环境的布置要常常变化。幼儿园在布置环境时，可以根据社会活动与自然现象，需要经常变化。如气候图、整洁表等表格，也要经常变更。这样，儿童才能得到教育。（3）高度应以儿童的视线为标准，使儿童在观看的时候不用高仰脑袋，十分吃力。[1]

陈鹤琴详细研究了幼儿园点名与小学生排队、礼貌等问题。在幼儿园可以采用游戏方式，使每日幼稚生点名从简单、呆板的逐个应答变得更生动、有趣。如教师使用画有各种人物、动物、植物图形挂图，由小朋友挑选自己喜欢的对象并作为"替身"，每日早晨来园时自己在"替身"旁边的空格内打上记号（如"√"或"+"），教师也可以在"替身"下面标注小朋友姓名，不但使小朋友可以学会"自动"，喜欢来幼儿园，还可以帮助小朋友认字呢！

陈鹤琴认为，"玩"对儿童的"好处"有：（1）可以发展儿童的想象力；（2）可以丰富儿童的科学知识；（3）可以增加儿童的兴趣；（4）可以培养儿童做人的高贵质量，包括合作、诚实、勇敢等。因此，"好"玩具应具备的条件有：（1）儿童可以玩的，不是看看的；（2）多变化的，如积木、竹圈等，儿童玩得不生厌；（3）儿童要用思想、辨别力，认识力才能玩得起来。[2]他主张，幼儿园的环境，包括各种设备、设施，尤其是户外玩具不仅应该完美、完善，引发儿童的个性，满足儿童游戏、运动的需要；还要"因地制宜""就地取材"。他曾在《活教育》杂志上介绍过一种取材于东方特产"竹子"制作的玩具"彩色竹圈"，可以在地面上搭建各种平面、立体的图形，其教育价值与来自西方的"积木"一样，可以启发儿童的思想，发展儿童的创造力，开拓儿童的想象力；还可以

---

[1] 参见《论幼儿园的环境布置》(1951年)，见《陈鹤琴全集》第二卷，江苏教育出版社2008年版，第476页。
[2] 参见《教孩子们玩什么》(1951年)，见《陈鹤琴全集》第三卷，江苏教育出版社2008年版，第1—2页。

鼓励儿童观察大自然，锻炼儿童的意志，陶冶儿童的情操。

1935年夏天，陈鹤琴从欧洲教育考察回国不久，来到鼓楼幼稚园。他带来了一件小礼物——布袋傀儡小黑猪（也称"木偶"）。在世界各国，傀儡戏（即木偶戏）在民间流行，西方许多幼儿园、学校将这种由人为操控的表演形式应用于教学过程，将各科教材内容、形式通过戏剧形式相互联络、融合，使儿童的观赏不仅是娱乐，而且是学习的过程。在幼儿园进行傀儡戏（即木偶戏）表演需要的设备很简单，一个"戏台"，用木条钉成可以折叠的架子即可；几个"傀儡"（即木偶），可以自制，也可以用其他玩具代替。"傀儡戏"（即木偶戏）表演方法较简单，仅用手套在布袋里操纵；表演内容可以来自故事，也可以是教材，经过多动作、多变化的表演，其间穿插儿歌、舞蹈、音乐，使儿童在得到愉悦快感的同时，学习欣赏、表达与知识。陈鹤琴对于自己这项"试验"感到"沾沾自喜"："傀儡戏在幼稚园是不大多的，恐怕只有在南京鼓楼幼稚园试验过。现在我们在幼稚园又来提倡了。"[1]

在陈鹤琴看来，多数儿童能够同时玩、多动作、团体化的运动器具与仅能使少数儿童享用、少动作、个人化的运动器具相比较，前者的教育功能更好。如"浪木"只能一个儿童独自玩，"浪船""跷跷板""秋千"却可以两个以上儿童一起玩，儿童之间可以协同、配合；又如"滑梯"，可以采用仰体或俯身的不同姿势滑下，同时还可以许多儿童有秩序地爬上滑下，无论在动作数量与"团体化"方面超过"秋千"。然而，"秋千"能使双腿、双臂的大肌肉一同得到运动，相比之下，"跷跷板"仅能活动脚尖上的小肌肉与小腿的大肌肉。从肌肉动作力度角度，两者相比，"秋千"又更好一些。陈鹤琴提出"社会化"的运动器具比"团体化"的运动器具要好。前者是指如木球、棒球等一些体育竞赛项目，需要团队成

---

[1] 参见《教孩子们玩什么》(1951年)，见《陈鹤琴全集》第三卷，江苏教育出版社2008年版，第7页。

员之间的协同、合作、互助、牺牲，"一是训练儿童怎样合作；二是培养儿童怎样组织；三是增进儿童身心的快乐"，其中还应包括集体的凝聚力、荣誉感与竞赛规则。"团体化"游戏更重视"秩序"与"规则"。在重视运动器具包含教育价值与功用的同时，还要考虑到儿童的"适宜性"与"危险性"因素；其中"危险性"来自两方面，一方面由于制造过程造成质量缺陷；另一方面由于管理与操作不良或失当引发的事故。对于以上两方面，"我们做教师的应加以特别注意。"[1]陈鹤琴注重儿童游戏与玩具的研究、开发，强调游戏中"有用的动作"与教玩具包含的教育价值，由他主持的幼儿园或幼儿园师资培训机构注重根据教学需要开发各种游戏，并设有专门小工厂，设计、制造教、玩具，形成教学研究实践实验—教玩具制造"一条龙"体系。

陈鹤琴记述：

"嘟——嘟——嘟——"一个小朋友嘴里像汽车似地吹着；"呜——呜——呜——"，又一个小朋友嘴里像火车似地喊着；"好玩，真好玩！"还有一个小朋友在旁边叫着。三十来个男女小朋友像海里的带鱼咬着尾巴排成单行一个一个从爬梯上爬上平台，又一个一个在滑板上滑下来。如此循环游戏，川流不息。一清早，就有许多小朋友来玩。下课了，一听见摇铃休息，也就有许多小朋友跑出来玩。下午下课放学，就又有许多小朋友不肯回家，还要到这里来玩。

究竟这是一个什么运动器具呢？何以有如此大的吸引力呢？何以个个男女小朋友都不会玩厌呢？

25年前，我在南京为鼓楼幼稚园的小朋友建造了一个游戏平台。不久江浙各省规模大的小学也就仿造了。[2]

---

[1] 参见《怎样锻炼小孩子》(1951年)，见《陈鹤琴全集》第三卷，江苏教育出版社2008年版，第34—36页。
[2] 引自《怎样锻炼小孩子》(1951年)，见《陈鹤琴全集》第三卷，江苏教育出版社2008年版，第34页。

> 坚持学校是社会进步和改革的最基本的和最有效的工具，是每个对教育事业感兴趣的人的任务。
> ——约翰·杜威

第七章
现代小学教育学说

自 1928 年秋至 1939 年秋，陈鹤琴主持公共租界工部局华人教育事务长达 11 年。有数据显示，当时公共租界内的华童总数比西童多 9 倍，但进入租界内所设学校的华童人数却比西童少。陈鹤琴主持公共租界华人教育事务以后，增加华童学校数量，从而使这一状况得到改观。在这期间，他先后创办了 7 所小学（附设幼稚园）、1 所女子中学、4 所工人夜校。

据《上海近代教育史》记载：

1927 年中国发生大革命，武汉人民收回了租界，南京国民政府继续奉行收回教育主权的政策。上海收回教育主权的呼声很高，市教育局对此做了规定，教会学校的校长原为外籍人的，大都改由中国人担任。1928 年，经华董华委们决定，由林康候委员亲赴南京，聘请陈鹤琴来沪出任华人教育处处长。陈鹤琴就任后，租界教育的变化很大，华童学校数量增加，教育的内容、方法、管理等都大有不同……[1]

陈鹤琴在大力开办学校的同时，亲自参与制定的办学宗旨、培养目标和课程、教学法，以及设施设备所体现"现代化"学校模式，使

---

[1] 陈科美、金林祥：《上海近代教育史》，上海教育出版社 2003 年版，第 505 页。

这些学校以校园规模、师资队伍、教学水平、艺术教育、体育活动等综合实力名闻沪上。对于陈鹤琴等中国教育家来说，一方面要引进、接受、吸收西方新教育观念，使中国教育走出"重伦理、轻科学"的封闭状态，走上一条"民主化"（普及教育）"科学化"（学校制度、课程、教学法改革）的道路，发展现代学校；另一方面又要在吸收、学习现代生活方式的同时，保留、传承历史悠久的中华文明，"导引国民精神生活与实际生活臻于健全与畅遂"（陶行知语），培养具有现代素质的"新公民"，推动中国社会改造与转型进程；同时，在大、中、小学校广泛采用来自西方的"新教育"观念以及审美、课程、教学法、管理制度等，使以租界内学校为标志的上海教育成为国内"现代学校"的样板与标志。陈鹤琴对小学教育进行实践、研究、总结，与其在儿童心理研究、家庭教育、师范教育、特殊儿童教育等领域取得成就共同作为陈鹤琴现代儿童教育学说组成部分。

陈鹤琴对小学教育特点、规律进行的研究、实践，力求体现"现代化"办学目标。在他看来，教育的根本目的在于通过培养合格的公民，实现改造生活、推动社会发展与进步的目标。因为"现在的儿童，就是未来的主人。社会的进化，国家的繁荣，要看这些未来主人的品格才智如何而定。培养这些主人的品格才智，端赖优良的儿童教育……"[1]与此同时，"教活书，活教书、教书活"与"读活书，活读书，读书活"对学校教育及教学过程、教师素质提出了新的境界、要求。教学资源"生活化""社会化"，教学内容和方式与国家命运密切关联，从而使教育或学校与社会生活衔接，即"社会化"，学生从狭小的"课堂""知识"局限中进入"真实"的自然、社会环境中去学习、求知、求技能、学做人。"教师不是简单地从事训练一个人，而是从事于适当的社会生活的形成"（杜威语）。

---

[1] 引自《儿童教育的根本问题》(1934年)，见《陈鹤琴全集》第二卷，江苏教育出版社2008年版，第645页。

陈鹤琴指出，小学教育的课程、教材、教学方式、方法应适合儿童心理发展与认知特点，以"学"定"教"，即"科学化"（包括科学数据的采用、科学态度的确立）；同时，站在儿童立场考虑、审视，即"儿童化"（包括：引起儿童兴趣，满足儿童需要）。教师要有热爱儿童基本情感、素质，同时应当充分利用儿童直接经验，重视"主动性"与"做"，研究教学过程，改善讲授方法，注意培养学生独立学习、工作的能力，并使之成为学习的主人。在他看来，教师在教育过程中的作用不可或缺，教育的进步与学校发展在相当程度上取决于教师，教师的重要性在一切设备之上。从一定意义上说，儿童的命运掌握在教师手中，教师是儿童最可信赖的亲密伴侣、朋友、楷模，教师的人格、信念、学识、技能、言谈举止对于儿童的行为、审美产生直接影响。一个教师如果希望学生有好的表现，自己先要有好的表现。教师的行为习惯、人格修养都可以在学生们的行为上表现出来。教师在教育教学过程中，应树立正确的教育信念与教育观，激发儿童的热情，提高儿童的兴趣，启迪儿童的智慧，积极发展儿童的才能与创造力，使儿童成为生活与学习的主人。教师应对儿童的学习、工作进行指导并鼓励、参与、欣赏儿童的活动，不能处处限制儿童的活动，或批评、讥笑儿童，摧残儿童的成长。儿童时代是一生的黄金时代，充满着天真烂漫，这也是一生中最值得纪念的。

"师范"是师资的"出产处"，也是教育的"船舵"。优良的学校教育取决于师资素质，因此，培养优良的国民师资，要从改进师范教育做起。师范教育一定要实验，包括课程、教材、教法以及学制等，只有经过实验，才能获得切实的改进。

陈鹤琴写道：

我们不愿墨守旧规，去贻误子弟。我们要研究所用的教材，是否适合儿童的需要。我们要研究教法，是否能够引起儿童的兴趣，启发儿童的思想，培养儿童的创造能力。我们要研究种种教学上的设施，是否合于儿童的心理。我们更要检讨以往，策励将来，把所有的教材重新估量，把所用的教法重新研讨。[1]

第一节 陈鹤琴心目中的理想学校

陈鹤琴 6 岁时丧父，家道中落，债台高筑，依靠母亲替人洗衣勉强度日。他读过 6 年私塾，没有读过正规小学，学习内容从《百家姓》《三字经》《神童诗》《幼学琼林》到"四书五经"(《大学》《中庸》《论语》《孟子》)，先后换了 3 位先生，最后转到了陈家私塾。教书的是一位老先生，平日嗜好鸦片。早上学生进到课堂，老先生还在被窝里。上课的时候，老先生显得没精打采，随便教教，从不讲解书的内容。陈鹤琴记述："结果，我虽然读了三年书，还不及你们在小学里读半年呢。而且读了，完全不明白书中的意思，好像是小和尚念经，随口乱念，一点也不懂。这种教育实在是害人呢！"[2]然而，少年时期贫困生活与母亲的教诲、道德教育，以及毛笔字、作对子、游戏、体育活动等在他的人生中打下深刻烙印。经过了 6 年私塾，陈鹤琴进入杭州的教会学校蕙兰中学，因为年龄偏大，加上私塾的功课几乎等于零，幸得学校的师资水平高，加上自己的刻苦努力，他在 4 年半时间里读完了 5 年中学的课程，这时他已经 19 岁了。因此，他对小学教育重要性深有体会，他认为小学教育是国民教育的基础，也是人生的基础。从一定意义上说，其重要性超过中学、大学教育。陈鹤琴研究儿童生长与发展过程，将儿童 7 至 12 岁阶段称为"儿童后期"。这

---

[1] 引自《〈小学教育〉发刊词》，见《陈鹤琴全集》第四卷，江苏教育出版社 2008 年版，第 245 页。
[2] 引自《我的半生》(1941 年)，见《陈鹤琴全集》第六卷，江苏教育出版社 2008 年版，第 505 页。

一时期，儿童的身体、骨骼开始健全，精神、情绪饱满，活动范围与能力扩大、增强，经验、知识、语言逐渐丰富，思想力与社会性得到发展。同时，这一时期也是儿童接收文化最好的时期，"几千年来文化的传递实在是儿童期的功用（陈鹤琴语）"。

陈鹤琴提出，根据世界进步教育潮流趋势，儿童的健康与公民训练是小学教育最应强调的方面。小学是教育的根本（陶行知语）。儿童时期，尤其是小学阶段的教育与国家未来命运与社会改造、进步密切相关。首先，教育不仅是读、写、算等学习过程、形式、内容，教育前提是儿童身心健康，因为儿童身心方面发生的任何缺陷都将使其学习受到影响，健全的精神寓于康健的身体，因此学校应该特别注意卫生教育、卫生设施及卫生训练。其次，学校教育根本目标是培养健全的社会公民。陈鹤琴写道："现今社会个人主义太盛，只重个人发展，只顾个人的安乐、幸福，而对他人的安宁、利害不恤、不顾。这样的弱肉强食，争夺抢杀还成什么世界？所以一定要注意公民的训练，培养对于人类的同情心，注意儿童的自治能力，组织团体生活，使他们成为一个社会健全的分子。"[1]

在陈鹤琴理想中，一所学校应该拥有适当、整齐、清洁、乐园般的优美环境；应该拥有一位工作能力强、胜任愉快的校长和一群受过专门训练、善于指导学生的教师。在他看来，学校环境、气氛与教师职业素养，以及课程设置对于学生道德、情感与公民道德、行为习惯、秩序等会产生潜移默化影响。他将当时在上海本地的外国学校与中国学校进行对比后发现，中国学校的教室或是"充满着恐怖的气氛，儿童对教室视为可怕的牢狱"，或是过于放纵，"儿童入教室后，仍旧人声嘈杂，紊乱不堪，教师要花许多时间去维持秩序，方能渐渐地安静下来"。而在外国学校，

---

[1] 引自《一个理想的小学校》(1928年)，见《陈鹤琴全集》第四卷，江苏教育出版社2008年版，第35页。

"平时儿童在操场上时,很活泼地运动,而一进教室就安静下来,秩序井然。楼上楼下三层都是教室,没有一点嘈杂的声音……"[1]陈鹤琴提出,学校管理者对办学质量与学生成绩不仅需要调查、了然于胸,还需要使用工具与方法进行科学评测,范围包括:(1)学生成绩,包括智力、学力;(2)教师,包括人格、学业、教学经验、教学技能、教室管理;(3)教材;(4)校长;(5)经费;(6)设备;(7)行政与组织;(8)学生年龄;(9)缺课问题;(10)课外活动。[2]

据记载,陈鹤琴创办的工部局西区小学(现上海市静安区第一中心小学前身),各类设施齐全,室内有暖气、沙滤水饮用设备、装有煤气灶的厨房、礼堂等,教室宽敞明亮,全部一面采光,座位按学生身材高矮排序,专设音乐、自然、劳作、美术等功能教室。学生卫生间数量达几十个,以适应不同年龄儿童的生理需求。每所学校操场宽阔,不仅设有升国旗的旗杆与做操的"司令台",还开辟运动场、游戏场,安装篮球、排球架等运动设施,安装秋千架、滑扶梯、木爬梯、跷跷板、木马,还有供儿童游戏的专用大沙坑,如同"儿童乐园"。当时,在学校里建有可容纳四五百人的大礼堂兼放映场,可放映科教片、纪录片。他主张,学校的设施、设备应有利于学生身体、行为、智力的发展,如教室朝向、座位排列、课桌课椅以及卫生设施等。他在自己创办的学校中,倡导"德智体美并重"办学方向,重视音乐、美术、体育等课程,从儿童兴趣出发,培养儿童的创造能力,鼓励儿童全面发展。

20世纪40年代陈鹤琴来到江西办学,他发表了一篇标题为《小学标准校舍设计》的文章,阐述了他对学校校舍建筑的具体要求。

建筑校舍条件:

① 方向:校舍的方向,最好朝南。为什么缘故呢?朝南的房子,

---

[1] 引自《一个理想的小学校》(1928年),见《陈鹤琴全集》第四卷,江苏教育出版社2008年版,第34页。
[2] 参见《调查小学之方法》(1924年),见《陈鹤琴全集》第四卷,江苏教育出版社2008年版,第5页。

日光充足，冬暖夏凉。

②光线：一定要相当充分，窗户一定要开得多，开得大。窗户要开得多大呢？窗户的总面积须等于地板面积的六分之一到四分之一。

③通风：内地的房屋建筑简陋，通风可不成问题。如建筑坚固，通风的设备必须要有的。摇头窗是通风的一种设备，照例摇头窗应设在南北两面，以便空气对流；若是为求设备完善起见，上下墙壁或东西墙壁开一气洞，以便热气从上头出去，冷气由下头流入。

④地势：校舍的地势，必须高爽。为了避免潮湿，地板应当有的。不但如此，地板应当离地至少3尺。为什么缘故呢？地势一高，住在里面的人，精神舒畅，地下的空气就可以流通，潮湿就可以避免了。

⑤沟渠：还有房子四周的沟渠，必须流通，否则夏日容易生长蚊蝇，而屋基也会被水冲毁的。[1]

第二节 爱国、爱人、爱学问

1928年陈鹤琴执掌上海公共租界工部局华人教育事务后，倡导"爱国、爱人、爱学问"学校教育方针和提出"团结活泼，遵守纪律；清洁健康、生活快乐；做事勇敢、和气且恭敬"具体要求。在他心目中，学校应该是使儿童充满活力、有道德与文化、能遵守秩序、有创造力的教育环境。儿童的康健与公民训练是学校教育的基本内容。"爱国"不仅是空洞概念或口号，而是精神、信念与具体行动，从"爱人""爱学问"开始做起，训练具有民主、科学精神的健全公民。（参见附件1）

1927年国民政府执政以后，大力倡导"忠孝仁爱信义和平"，即"八德"，倡导"礼义廉耻"即"四维"等"国本"和"国纲"，坚持"中

---

[1] 引自《小学标准校舍设计》(1942年)，见《陈鹤琴全集》第四卷，江苏教育出版社2008年版，第250—251页。

体西用"观念，一些持"守旧"观念人士将中华民族日渐"衰弱式微"原因归咎于"道德"丧失。1931年日本觊觎东北，国内时局日益紧张，蒋介石作为国家最高领袖在公开演讲中，将"忠""孝"作为"民族立国之大本"，声称"今当国家民族危急之时，全国同胞必先竭尽忠孝，对国家尽其至忠，对民族行其大孝"。[1]

陈鹤琴等教育家认为，"爱国"不是将"道德""伦理"和经书以灌输、生吞活剥或"反刍"方式强加于儿童，而不问儿童能否了解、接受。"爱国"不能只是说教，更要从内心精神、信念与情感方面感化儿童，要从加深儿童对自己生长国家国情的认知开始，用悠久、灿烂中华文化、文明，辖地辽阔、纵横驰骋的山河故土，丰富多样的自然物产、风光等将"国家""民族"概念、知识、历史、文化等深植于儿童内心，培养儿童的"情怀"与"精神"。对于儿童来说，选择或改编适合儿童心理特点的内容、体裁形式，采取"儿童化"阅读、表演等方式，引起儿童的浓厚兴趣，使儿童接受、接纳。

1931年"九一八"事变后，全国掀起爱国高潮，上海、南京、北平等城市学校开展"国难教育"，在"租界"特殊环境下，教育家采用各种方式激发学生爱国精神。一些学校利用一些重大事件发生时间（如中国与帝国主义列强签订各种不平等条约等，称"国耻"）"相机教学"，包括："碰机会"（如碰到不平等条约纪念日等）"找机会"（如带领儿童参观国货展览会或到黄浦江边观看外国银行、外国轮船等）"造机会"（用暗示方法，利用儿童好奇心开展教育）等教学方法，利用有力"时机"对儿童开展教育。在编选相关教材之前，充分考虑到儿童的特点、吸收能力与学习兴趣，并符合"儿童化"（适合儿童口吻，切合儿童的生活）"心理化"（打破伦理的排列，改用心理的组织）和"文学化"（含

---

[1] 陈科美、金林祥：《上海近代教育史》，上海教育出版社2003年版，第385页。

有文学的趣味，酌加诗歌的作品）原则与标准。在1929年出版的《儿童教育》杂志上刊登的"教材"：

我不愿欺侮他人，也不愿被他人欺侮。

多用中国货，少用外国货，就是救中国。

一个国家，用强暴的力量，夺别国的利益，这就叫帝国主义的国家，我们要打倒他的。

为什么要反抗压迫我们的国家？因为他们欺侮我们，使我中华民族不能兴盛。

为什么要联络以平等待我的民族？因为他爱护我们，助我中华民族独立平等。

你姓张，我姓张，
你我同姓又同乡，
几百年前同祖同爷娘。

我姓张，
你姓王，
他姓康，
几千年前也是同祖同爷娘。

一个国家，好比一只汽船；
政府里的官，是把舵的水手；
全国人民是坐船的主人。

一个国家好比一辆汽车；

政府里的官应该像车夫；

全国人民，是坐车的主人。

政府好比是一个机器，

人民好比管理机器的主人。[1]

据资料记载，1933年工部局颁布学校公民训练标准，规定：体格训练（养成整洁、卫生的习惯，快乐活泼的精神）、德性训练（养成礼、义、廉、耻的观念，亲爱精诚的德性）、经济训练（养成节俭劳动的习惯、生产合作的知能）、政治训练（养成奉公守法的观念、爱国爱群的思想）"四大目标"与"公民训练原则"，强调公民训练与教育过程及环境的融合、衔接；给予儿童自觉、自省及自求改善的机会；个别训练与团体训练并重；教师以身作则，师生合作，"以收潜移默化之功"等。

1935年3月，陈鹤琴结束欧洲11国教育考察后回国，带回了一本外国妇女杂志，刊有国外妇女用自己制作布袋木偶小动物在家里给孩子们表演的照片。他将这本杂志与一些外国木偶实物造型和南洋皮影创作资料交给美术教师虞哲光，他曾叮嘱道："凡是儿童所喜爱的玩意，都可以革新，利用来对儿童进行思想教育。木偶戏等于立体故事，有会活动玩具的功效，是教育的利器。"此后，虞哲光受到启发，亲自编写剧本，并在学校中组织儿童演出木偶戏《卧薪尝胆》《木兰从军》。陈鹤琴观看演出后非常兴奋，赞扬道："这真是儿童课外的活教育，一定要好好使他发展。"[2] 陈鹤琴认为，中国受到外国侵略、欺侮的原因之一，在于中国人自身缺乏"团结力"，如"一盘散沙"。然而"沙子里的石英，

---

[1] 原载《儿童教育》第一卷第八期，1929年6月出版。

[2] 参见虞哲光：《陈鹤琴和中国现代木偶戏》，见陈秀云编写：《我所知道的陈鹤琴》，金城出版社2012年版，第67页。

加以熔炼便为最有力的玻璃，可以造望远镜、显微镜等高度的文明器物。我们青年正像沙子里的石英，联结起来便是无限的力量"。[1]青年不是属于自己的，而是属于国家的。（参见附件2）

陈鹤琴认为，培养学生"爱国"精神应从"情怀"开始培养，对学生进行自然、历史方面教育，加深学生对于生长于斯祖国的深切了解，包括对于"租界"特殊环境以及形成原因、发展经过、社会现状进行观察、思考。1938年后，上海"孤岛"形势更加危机，投身于抗日宣传与难民教育的陈鹤琴、陈选善等主编了《小学自然故事》《中国历史故事》，分别作为"自然教材"与"社会教材"在各学校中使用（参见附件3），其目的很明确，使学生从"科学"与"历史"两方面对自己国家深入了解，认识自然、社会发展进程与规律，树立"爱国""立国""建设"的信念、信心。

据《上海近代教育史》记载：

工部局所属的华童小学创办年代较晚，在陈鹤琴主持下，学制课程悉按中国政府规定办理，但在具体的教学实践中，各个学校的教师灵活掌握，各有特点。如历史课讲鸦片战争、"五口通商"、侵占香港等，对林则徐表示崇敬；在"八一三"战争爆发前讲"西安事变"等。地理课上，师生相互问答：东三省有哪些铁路？我国的首都在哪里？学生经济困难，美术课虞哲光先生则利用削铅笔留下的木屑、马路上废弃的车票、香烟画片等不花钱的材料，教学生们贴出各种艺术品；常识课从周围事物讲起，要学生观察狮子等动物的头和脚有何不同；讲火的发展，讲火柴、煤油和电等，引发学生的学习兴趣。[2]

陈鹤琴对社会上经常出现的人与人之间相互倾轧和只顾自己、罔

---

[1] 引自《在孤岛上怎样做个好青年》（1938年），见《陈鹤琴全集》第六卷，江苏教育出版社2008年版，第236页。
[2] 陈科美、金林祥：《上海近代教育史》，上海教育出版社2003年版，第527页。

顾他人等现象深恶痛绝，他提出，儿童应从小学会"爱人"，在家庭中，父母需教育儿童养成顾虑他人的"安宁之道"。因为人的"社会性"决定，人在社会中生活一定要懂得与别人很好地相处。他主张，做人求学做事的出发点都是一个"爱"字，"大至世界，小至夫妇、朋友都应该相亲相爱"；同时"人与人之间的往还，应在均衡的状态下生存发展。换句话说，惟有互惠平等，彼此提携，方才能持久"，即"做人"对待他人要公平；要克己恕人、舍己为人；要替他人着想，不分贵贱，尊重他人人格。[1] 此外，个人乐观性格与宽宏的气量很重要，能够帮助人的人一定能爱人的；能够爱人的，一定能帮助人。陈鹤琴告诫家长：教育儿童时不宜用抽象的说教，而要用具体行动，如在家庭成员生病时，做父母的可以带领儿童探视病者，低声轻步，表示出体恤、安慰的意思。此外，在"美德"各项内容中，儿童应学会"同情"。陈鹤琴写道："若社会里没有同情行为，尔虞我诈，人人自利，社会也不成社会了。"[2]

1935年后，国内局势日趋紧张，上海教育界发起"国难教育"运动，陈鹤琴发表文章，号召儿童教育要有急切应变的特殊设施，做好非常时期的准备，随时准备投入国家战时活动。1937年"八一三"事变后，大量难民涌入上海，社会各界广泛动员，开展大规模救济难民运动。在陈鹤琴赞许下，他的女儿们在自己家的客厅里办了一个识字班，专收街上失学的儿童。据陈鹤琴三女儿陈秀云回忆，当时她只有10岁，因个头小，只好站在板凳上在黑板上写字。陈家三姐妹在父亲带领下来到难民收容所，为许多遭到敌机轰炸受伤或失去父母的婴儿喂食、喂奶、换药、包扎伤口。

陈鹤琴写道："如何养成人生观的'为己'或'为人'，动物里面，

---

[1] 参见《活教育》(1947年)，见《陈鹤琴全集》第六卷，江苏教育出版社2008年版，第253—258页。
[2] 引自《家庭教育》(1925年)，见《陈鹤琴全集》第二卷，江苏教育出版社2008年版，第608页。

除蚂蚁和蜜蜂是为他的而外,其他都是为己的。人呢,小孩子尚在动物性时代,所以多半是为己的,因此,特别要在这时期悉心教育他为人,爱人,教孩子们去做一个'为人'的人。因为,惟有做一个'为人'的人,才能得到真快乐,真幸福!"[1]

附件1:

工部局小学校歌

陈鹤琴　词

喂!我的学校,

教我们学的是什么?

喂!我的学校,

教我们做人怎样做?

团结活泼,做事勇敢,

清洁健康,生活快乐,

遵守纪律,和气且恭敬,

爱国爱人,还要爱学问。

啊!我的学校,

我时时刻刻都爱你!

啊!你的教训,我句句都记在心里。[2]

附件2:《小学自然故事》编辑大意

一、编辑旨趣

(一)精选代表事物,切合课程标准;

---

[1] 引自《为人的人生观》(1944年),见《陈鹤琴全集》第六卷,江苏教育出版社2008年版,第252页。
[2] 陈鹤琴:《陈鹤琴全集》第四卷,江苏教育出版社2008年版,第114页。

（二）丰富教材内容，提高教学效能。

二、编辑体裁

（一）用生动的"导言"，引起学生研究的动机；

（二）用"观察""实验"的方法，灌输学生科学的知识；

（三）用问题式的讨论，发展学生的思考力；

（四）评述"参考材料"，补充讨论的不足；

（五）附"测验题"，考查学生所获得的经验；

（六）附"参考书"供给学生自修和参考之用。

三、本书用法

（一）本书各单元分册装订，俾使自由选用；

（二）本书以"做"为中心，指导学生在做里求真理；

（三）另编指导书，详载本书的教学方法。

各册（共40本）书名如下：

第一组：《空气的压力》《火怎样会烧起来》《为什么要呼吸》《我们的呼吸器官》《日常用的水》《天气的变化》《植物怎样生长》《食物的来源》《食物与营养》《调味品》。

第二组：《我们的消化器官》《光的研究》《怎样学照相》《我们的眼睛》《热的研究》《我们的衣服》《我们的房屋》《机械之母》《太阳和星球》《我们的地球》。

第三组：《日食月食潮汐》《我们的身体》《常见的鸟兽》《奇怪的磁石》《伟大的电》《电铃和电话》《电光和电热》《声音的研究》《我们的耳朵》《文字的传达》。

第四组：《电话》《无线电》《筑路造桥》《各种车辆》《轮船》《飞机》《怎样预防传染病》《普通的疾病》《常备的药品》《生物的进化》。[1]

---

[1] 参见《〈小学自然故事〉编辑大意》(1939年)，见《陈鹤琴全集》第四卷，江苏教育出版社2008年版，第160页。

附件3:《中国历史故事》编辑大意

一、编辑目的

（一）研究民族过去的经济生活，来改善我们现代的经济生活；

（二）研究民族过去的文物制度，来创造我们现代的文物制度；

（三）研究民族过去的发展过程，来了解我们民族今后应走的方向；

（四）研究民族过去失败的因果，来指导我们做人立国的方针；

（五）研究民族过去奋斗的精神，来激发我们的民族意识，加强我们救国的信念。

二、内容

（一）不替皇帝一家说话，要替人民大众说话；

（二）不替英雄个人捧场，要说团结合作的力量；

（三）不搬出陈旧古董，要和现实有密切联系；

（四）不注意朝代改换，要注意社会的发展；

（五）不仅仅回忆过去，要做我们现代的借鉴。

三、体裁

（一）用浅近的文字，引起"容易懂容易记"的兴趣；

（二）用完整的故事，引起"读了再读"的兴趣；

（三）用生动的图画，引起"看了再看"的兴趣；

（四）用问题的讨论，引起"想了再想"的兴趣；

（五）用诗歌的练习，引起"唱了再唱"的兴趣。

各册（共40本）书名如下：

第一组:《衣食住怎样来的》《中华民族的来源》《黄帝灭蚩尤》《夏禹治水》《两次大革命》《封建制度》《古代的大圣人——孔子》《卧薪尝胆》《陶朱公救国救民》《秦始皇统一中国》。

第二组:《万里长城》《黄河》《黄河流域的文化》《楚汉的战争》《王

荞改革政治》《立功异域的张骞和班超》《苏武牧羊北海》《马援平定安南》《鞠躬尽瘁的诸葛亮》《隋炀帝开运河》。

第三组：《江南文化的繁荣》《长江》《唐太宗发扬国威》《玄奘到印度》《三大宗教传入中国》《纷乱的五代十国》《大政治家王安石》《精忠报国的岳飞》《蒙人的远征》《马可波罗游中国》。

第四组：《郑和下西洋》《中西文明的交流》《粤江》《史可法为国牺牲》《黑龙江》《太平天国》《中华民族的形成》《革命领袖孙中山》《中华民国的成立》《中国的铁路》。[1]

第三节　训育难于教育，人格重于知识

陈鹤琴认为，中国教育弊病在于对教书上课与知识灌输的过度重视，而忽视道德与人格培养。许多学校制定了限制、束缚学生行为的规则、条例，采取如"关夜学""站壁角""关暗室"等措施对"违规"学生进行惩罚。学校中规定"不准赌博""不准吸烟""不准骂人""不准随地吐痰"等，倘若违反，轻则记过，重则开除。实际上，开除违纪、违规学生对于学校来说有利于治校、管理，然而对于犯错的学生而言却是"多么严重的一桩事"（陈鹤琴语）。这些措施引起的后果并不能真正达到使学生"乐于为善，勇于改进"目的，因而是"消极"的，"训育"不是单靠所谓"训练"所能收效。陈鹤琴写道："我们要问学校的环境是不是适宜于儿童的教学？我们要问学校有没有相当的教学设施？有没有相当的教学机会来满足儿童的需要，来发展儿童的身心？"[2]

陈鹤琴举了一个例子：有一所学校，学生非常顽皮，不时会有教师

---

[1] 参见《中国历史故事》(1938年)，见《陈鹤琴全集》第四卷，江苏教育出版社2008年版，第485页。
[2] 引自《怎样矫正学生的过失》(1939年)，见《陈鹤琴全集》第四卷，江苏教育出版社2008年版，第119页。

受到被暗中射来"弹豆"袭击,校方感到气恼。有一次一位教育家应邀来学校演讲,居然也挨了一粒"弹豆",当时也在场的校长感到很难为情,然而这位教育家却并不太在意,反而与校长讨论怎样利用学生正当的"尚武"精神。隔了几天,这位教育家又来到学校讲演,绝口不谈几天前受到"弹豆"袭击的事,却带了几副弓箭教学生射箭的正确方法,学生们争先恐后参加学习。从此以后,学生们在课余之暇都去练习射箭了,"弹豆"袭人现象在校园中绝迹。这个例子说明,学生要有相当活动的机会,才能发挥相当的能力,培养相当的人格。也就是说,在学生训育问题上,"不应当用消极的方法来取缔学生的行动,应当用积极的方法去鼓励他们教导他们"。[1]陈鹤琴指出,游戏与运动可以锻炼身体,增强智力,更重要的还是在培养人格。游戏或运动中包含着许多做人(合作、牺牲、公平、诚实等)道理,正如英国人常说"英国立国的精神是在运动场上培养的"。在欧美学校中,教师在教育学生时很少用"不要""不许"等禁止性词语,而以"可以""做"等鼓励性、引导性词语。如将"纸屑不应随地乱抛"改为"请将纸屑投入纸篓",其中的关键在于学生实际行动,而不是仅将"禁止乱抛纸屑"标语贴在墙上就算了事。陈鹤琴指出,这样以"积极的"鼓励引导、取代"消极的"禁止、惩罚是学校训育(德育)观念上的一个转变。

20世纪30年代,许多学校要求学生在上课前或下课后须排队,鱼贯而行,出入教室。陈鹤琴认为,这一做法值得讨论,一是在成人社会中是否有此种形式与必要?二是排队进出教室,对于学校秩序究竟有多少好处?在他看来,一方面,中国社会需要建立类似"排队"等社会秩序,如到火车站购买车票、去戏院看戏,以及各种公共场所,这些"公民素质"训练理应在学校中进行,由此学生"排队"训练不仅需要,并且刻不容

---

[1] 引自《怎样矫正学生的过失》(1939年),见《陈鹤琴全集》第四卷,江苏教育出版社2008年版,第120页。

缓。与此同时,培养学生"自动"意识与习惯更为重要。陈鹤琴写道:"依我们的理想,是要学生自动地依着次序鱼贯而行,不争先,不吵闹,静静地进去,轻轻地出来。但是学生没有达到这一步之前,我觉得排队的训练是万不可少的。但是等到学生能够自动地依照次序进出教室,这种机械式的排队,就可以立刻取消。"[1]

陈鹤琴指出,礼貌是人与人交往的一种不可缺少的形式,也是"做人"不可或缺的部分。在学校教育中,礼貌训练必不可少。在学校中的礼貌可分为两类:一类是平时的礼貌,如每日早晨学生与教师第一次相遇,可以相互行鞠躬礼,并道一声"先生早""老师早"或"小朋友早""同学早";每日下午学生与教师第一次相遇,相互行礼、问候或打招呼;学生之间每日早晨或下午第一次相见时也要相互打招呼。

有一次,一位新来的教师对陈鹤琴说:"我有些怕进教室。"陈鹤琴问道:"为什么?"该教师讲述了自己经历的一件事:有一次他到一个教室去上课,刚一进门,一名学生站起身来高声唱数"一",全体学生起立接着唱数"二",学生向教师鞠躬并等教师还礼后又唱数"三"才整齐地坐下。下课时,按照同样礼仪又走了一遍程序。然而,这位教师来到另一个教室,情形完全不一样,教师仍在前面等着学生唱数"一、二、三",然而学生们却动也不动,教师只好默默地开始授课。这位教师来到第三个教室,刚一站定,学生们一齐起立并鞠躬,教师还礼后开始上课。陈鹤琴认为,这是由于三个不同班级学生所受不同"礼貌"训练所致。他提出判断学生对教师采取何种礼貌最相宜的标准:(1)所行的礼貌,是否在社会上通行的;(2)行这种礼貌,时间是否经济?根据这两项原则,第一种唱数"一二三"方式在社会上不通行且在时间上不经济;第二种学生对教师进教室授课毫无表示显然没有礼貌,也不可取;第三

---

[1] 引自《再和小学教师谈谈》(1930年),见《陈鹤琴全集》第四卷,江苏教育出版社2008年版,第108页。

种方式,教师一进教室,学生起立并鞠躬,教师向学生还礼后学生就座并开始上课,下课时亦然。此种方式较适宜。陈鹤琴提出:校长在进入教室以前,须先叩门,进入教室后先向教师打招呼,教师再示意学生起立表示敬意。当校长陪同客人参观时,学生对参观者在校长或教师未介绍前,不必有所表示。如果校长或教师对参观者进行介绍后,学生们须起立,向参观者行礼并表示欢迎。

陈鹤琴曾在南京鼓楼幼稚园做了一个实验,在墙上挂了一些标语、挂图、图画等,内容包括道德、行为习惯等。过了一个多月,陈鹤琴产生疑问,这些花费了许多钱与精力、时间挑选并装配镜框、挂在墙上的图画究竟有多大用处呢?儿童究竟有没有看见?对于图片内容是不是知道?知道多少呢?于是,他请幼稚园教师将所有画面一起翻过来,再由小朋友逐一说出每幅画面内容,结果10个小朋友中仅有1或2名小朋友能够记起其中部分内容。试验之后,陈鹤琴请幼稚园教师将这些图片内容向小朋友们详细讲解,过了几周,他再去向每名小朋友逐一提问,结果小朋友都能记得图片中主要内容及意思。这个试验说明,仅在校园、走廊或教室里张贴、悬挂图片、标语等是不够的,一定要向小朋友详细讲解其中的内容,不仅如此,还要行动,要"做"。

陈鹤琴主张,教室中不应放置痰盂,以免儿童在暗示下滋生并养成"吐痰"欲望;纸篓应安放在教室内隐蔽地方,防止学生养成顺手乱丢东西的不良习惯。在许多学校中,经常见到在墙壁上敲钉子挂图或画、贴教学成绩等装饰品,若进行更换就会使墙面造成损坏,无意中对于学生产生不良影响,可以采取其他适宜方法进行补救。陈鹤琴在自己创办的幼稚师范中向学生提出"日行一善"信条,其中"善"的含义:凡是有益于人的事都是善,包括帮助别人、捡起地上撒落的纸屑和乱抛的小石子或说一句使别人感到快乐的好话等,随后他要求学生们做出郑重宣誓并签字。教师们每周都对学生的日常行为进行考察并加以评语。

陈鹤琴认为,训育不仅是知识的问题,而且是一种行为的问题。他倡导儿童"行动"与"做"的关键是培养遵守道德的习惯与自觉性、自动性。若要使行为变成习惯,就要在学生的心境中引起热烈的情绪,使儿童树立高尚的思想与坚定的意志,因此态度一定要郑重;因为习惯的养成,不是短时间可以做到的,因此教师应当常常注意、时时留心,使学生行动不要有例外或中断、间断,以达到自然而然地步。同时,要维持学生高涨的兴趣,比赛是很好的方法,自己与自己比赛,自己与他人比赛,比赛结果可以采用统计图、挂图等予以表示。[1]

20世纪40年代,陈鹤琴在自己主持的"幼师"(幼稚师范)中对两个班级采用"荣誉考试"方法,不设监考教师。陈鹤琴对班上的学生说:"今天我们举行考试,你们要我监考呢,还是你们自己考试不必要人监考?"学生们回答:"随便。"陈鹤琴又说:"你们一班马上要毕业了,到这样的时候,假使对自己的人格还不能尊重,对自己的荣誉还不能够保持,那么,怎能到社会上做人做事呢?我相信你们已经能够尊重自己,所以今天我预备让你们自己考试,我不在旁边监考。"然后,他宣布了考试办法与题目后转身回到办公室。有的教师对此将信将疑,便去考场查看后反映,考试情形果然很好,各人俯头写自己的试卷,绝无偷看别人和作弊举动,比平日教师在旁边监考似乎还要安静些。

陈鹤琴认为,学校应采取"积极的教育",引导、激励学生"自觉""自动",对于少数违纪学生采取惩罚措施,是一种不得已而暂时使用的教育。在"惩罚"作为一种制度不能被废除的情形下,学校与教师对于"惩罚"适用范围与方法应该予以审择、限制。学校施行"惩罚"应遵循以下原则:(1)教儿童明了规则的意义。新生入校之初,教师

---

[1] 参见《儿童训育应该怎样实施的》(1941年),见《陈鹤琴全集》第四卷,江苏教育出版社2008年版,第126页。

应该将学校规则做详细解释，使儿童知晓什么应当做，什么不应当做；（2）使儿童了解规则是公共应守的纪律。守规则是服从公众。因此学生犯了过失，并不是不服从教师，而是不服从共同的规则；（3）惩罚不得妨害儿童身体。任何有妨儿童身心的惩罚方法，切不可使用；（4）惩罚不得侮辱儿童人格。儿童没有一个是不好的，不过是偶尔犯了过失，要被惩罚，目的是教儿童下次不要再犯。惩罚儿童是惩罚他的过失，并不是惩罚他的人格。所以，一方面惩戒儿童，一方面应尊重儿童的人格；（5）惩罚不得妨害儿童学习。陈鹤琴反对许多学校对学生采取如"立壁角""面墙壁""站门外""关夜学""罚抄书""停止学生户外活动"等惩罚措施。他认为，这些方法都是妨害儿童学习，有违惩戒的本旨；（6）在可能范围内须尽力顾全名誉。除不得已时切勿在大众前施行惩戒，以保全儿童的体面；（7）须鼓励儿童勇于改过并引起儿童的自爱。[1]

陈鹤琴提出训育十三条原则：

原则一：从小到大（教育人要从小注意起。习惯养成由"渐"而来，"慎始"）；

原则二：从人治到法治（人治易受环境变迁影响，法治则是一种衡量人与事物准尺，相对稳定）；

原则三：从法治到心理（教师一定要懂得儿童心理，仅寻法理不能完全解决训育问题）；

原则四：从对立到一体（教师与学生应当站在同一条战线，共同生活，共同学"做人"）；

原则五：从不觉到自觉（训育的目的是使学生转变为自觉的青年，唤醒心中的"小狮子"）；

原则六：从被动到自动（培养学生自动、自治能力）；

---

[1] 参见《谈谈学校里的惩罚》（1934年），见《陈鹤琴全集》第四卷，江苏教育出版社2008年版，第116—117页。

原则七：从自我到互助（培养学生互助习惯）；

原则八：从知到行（训育工作要获得成功，也一定要"行"）；

原则九：从形式到精神（训导工作并不重在表面，而应重在精神，"诚于中而形于外"）；

原则十：从分家到合一（训导是全体教职员的责任，将分家了的"训"与"教"重新联接起来）；

原则十一：从隔阂到联络（学校与家庭采取"双规行动"督促学生，相互联络）；

原则十二：从消极到积极（应当满足儿童合理要求与需要，积极的鼓励比消极的制裁来得好）；

原则十三：从"空口说教"到"以身作则"（担任训导工作的人，必须自身保持高尚的道德，处处地方以身作则）。[1]

第四节 将学校教育与现代生活打成一片

陈鹤琴作为陶行知（1891—1946）倡导"生活教育"学说及教育运动的积极响应者、参与者、推动者，重视学生"直接经验""教学做合一""互助性学习""将学校教育与现代生活打成一片"。

在杜威教育学说中，学校不仅是"学习功课的场所"，而且是一种"生动的社会生活的真正形式"；以"灌输知识"为目的而组织的"实物教学"不能代替"直接知识"，或与生动的、丰富的"感官生活"相比拟。杜威写道："文字记忆力在所指定的课业中能得到训练，推理力也能在数理课程中得到一定的训练。但是，这同必须去做那些事情、有实际的动

---

[1] 参见《训育的基本问题——确立训导原则》（1946年），见《陈鹤琴全集》第五卷，江苏教育出版社2008年版，第103—110页。

机在推动并预见到实际的效果从而获得注意力和判断力的那种训练相比较，毕竟总是有点间接的、空洞的。"[1]陈鹤琴提出，儿童生活在"客观环境"（包括自然环境、社会环境）与"主观环境"（包括生理环境、心理环境）之中，经过相互渗透、变化，构成丰伟内容的现实社会，自然现象的更新、社会关系的演变都能引起儿童的兴趣与好奇心，促使儿童"主动性"学习。因此，儿童教材的编排要走向"现实化""科学化""专门化"道路。[2]

陈鹤琴推崇陶行知先生倡导"生活教育""教学做合一"教育学说与方法。陶行知先生曾将20世纪二三十年代中国教育状况形容为："教死书，死教书，教书死；读死书，死读书，读书死。"陈鹤琴提出，应将这种"腐化教育"变为前进的、自动的、活泼的、有生气的教育。陈鹤琴倡导，不墨守旧规，贻误子弟；研究所用的教材，是否适合儿童的需要；研究教法，是否能够引起儿童的兴趣，启发儿童的思想，培养儿童的创造能力；研究教学设施，是否合于儿童的心理。[3]

1933年，工部局北区小学几位教师根据教育部颁布小学课程暂行标准，编订《小学低年级常识教学纲要》（简称《教学纲要》）并在工部局所属各小学一二年级中试行，按照不同阶段儿童特点，将不同内容以单元形式组织，暂定一年级15个单元，二年级13个单元。每一单元教学时间以2或3周为标准，如内容充实，可延长为30天。各单元内容：

一年级：（一）秋天；（二）家畜和家禽；（三）蔬菜；（四）冬天；（五）春天的植物；（六）养蚕；（七）养蝌蚪；（八）麦；（九）气候；（十）夏天；（十一）城市；（十二）乡村；（十三）国庆；（十四）我们的学校；（十五）植树节。

---

[1] 参见《学校与社会》，见赵祥麟、王承绪编译：《杜威教育名篇》，教育科学出版社2006年版，第15页。
[2] 参见《现代课本编排的新趋势》(1947年)，见《陈鹤琴全集》第四卷，江苏教育出版社2008年版，第194页。
[3] 参见《〈小学教师〉发刊词》(1939年)，见《陈鹤琴全集》第四卷，江苏教育出版社2008年版，第245页。

二年级：（一）火的进化；（二）水；（三）我们的身体；（四）鱼；（五）房屋；（六）春天的虫鸟；（七）衣服；（八）最古时候的人；（九）冷地方的人；（十）热地方的人；（十一）行的研究；（十二）黄花岗；（十三）我们的国家。[1]

在《教学纲要》中延续了陈鹤琴于1924年至1927年在南京鼓楼幼稚园开展教学试验所倡导的课程思想，根据儿童认知发展规律，从感性经验逐渐向理性认知过渡、发展，步步深入，从浅至深，内容涵盖"自然""社会"。教学准备工作包括两方面：一方面研究教学纲要，把握适宜机会激发儿童兴趣，引导儿童学习，所谓"教学时机"；另一方面，准备适宜"教学条件"，包括搜集学习材料、提供充分的标本、模型、挂图、试验仪器，以及可供利用的一切场地和设备，所谓"教学环境"。陈鹤琴写道，教学进行中要顾到儿童的兴趣，学习经济，各科联络等方面，对于下列几点，特加注意：

（1）引起动机后，让儿童提出问题，设计进行计划，甚至抛弃了自定进程的大半亦所不惜。竭力采取设计教学、问题教学的精神和方法，以谋符合儿童的需要，发生自然的兴味中心。

（2）出外观察调查，事前接洽妥当。教学时间的支配，随着儿童学习的便利，活用原定的日程表。

（3）常识科须与各科充分地联络。各科如由一教师担任，可以变更原定各科时间，依着设计进行教学；各科如由其他教师担任，由常识科教师通知各科教师。[2]

据陈鹤琴记述，有一次他在学校巡视过程中，有一位小学"常识

---

[1] 参见《小学低年级常识教学纲要经过》(1933年)，见《陈鹤琴全集》第四卷，江苏教育出版社2008年版，第196页。

[2] 参见《小学低年级常识教学纲要经过》(1933年)，见《陈鹤琴全集》第四卷，江苏教育出版社2008年版，第197页。

科"教师向他反映,学校配备用于教学的标本、模型、仪器等数量太少。这所学校地处一处小菜场附近,他回答道:"你的标本就在你的前面,你买了鱼来,就可以看见鱼的动作、鱼的沉浮;你买了一只萝卜或几粒豆,你就可以研究它的形态和生长程序;你在这环境里,尽可研究一年四季的东西,不一定按照书本的内容呆板地去教学。"他还听说,有一位教师在课堂上讲授"萝卜",此时正值萝卜生长季节。他觉得,这位教师舍掉这样好的实物仅采用挂图教学,可说是一种"最笨劣而又无意义的教学法"。另一次,陈鹤琴在上海的百货公司看见一个像钟表表盘般的"玩具",买回后将其改造为学习数学的教具"九九数盘"。他引述陶行知先生的话,大意是,宇宙的一切都是教材。有许多教师拿一本死书,把自然的、活的教材,都遮没了。我们要把书本抛在旁边,张大眼睛去看看世界,这样才算是一个理想的教师。[1]

当时在工部局西区小学中有一位名叫王志成的教师是一位南洋归侨,他在课堂上向学生讲述帝国主义侵略弱小民族,侵占殖民地的罪恶历史。还有一位教师名叫马精武,在课堂上出过一道作文题《繁华的上海》,学生们在写作时描写了在十里洋场繁华景象背后,大量"朱门酒肉臭,路有冻死骨"的惨状发生。有一篇作文写道:"瞧一瞧外滩,有一座和平之神的铜像,在走过不几步侵略中国的巴夏礼铜像,虎视眈眈看着他的后辈继续在侵略中国,黄浦江里的帝国主义兵舰大炮口,还朝着我们的土地,这难道是上海的繁华吗……"[2]

1934年陈鹤琴与梁士杰、陈剑恒共同主编了一套儿童国语教科书,根据中国南、中、北不同地区的自然、人文特点及儿童认知规律,分编为《儿童南部国语》(8册)、《儿童中部国语》(8册)、《儿童北部国

---
[1] 参见《怎样做一个理想的教师》(1939年),见《陈鹤琴全集》第四卷,江苏教育出版社2008年版,第242页。
[2] 引自王树勋:《工部局西区小学的创建》,见陈秀云编选:《我所知道的陈鹤琴》,金城出版社2012年版,第61页。

语》(8册），课文与练习并重，文字与图画兼施，每册内容组成"大单元"，其中包含若干小单元，各单元之间相互衔接，"各以各该流域实际的儿童生活为出发点，竭力避免虚妄、神秘、怪诞诸弊害"。[1]该套教科书出版后，受到教育界高度评价：以直观材料引导，根据生活环境分部互用，适合儿童心理与个性需要；取材切于儿童生活环境，因地制宜、因材施教；内容与形式新颖、图文并茂，穿插歌谣，视听效果兼备；课文与练习打成一片等，受到教育界一致好评："这对于儿童的领会，必有极大的助力"（蔡元培语）；"继分部教科书而起的，还要有人进而编辑特殊民族的教科书"（陶行知语）；"因地制宜与因材施教，同样的重要。因材施教，是谋教法的适应个性；因地制宜，是谋教材的适合地方环境"（俞子夷语）；"我读了以后，觉得该书对于吾国各地儿童与小学教师，好比贡献了一架新式耕田机，可以畅快地去开垦荒原。今后决不致再强迫南方儿童在汗流满面的时候，读雪菩萨的课文，或在北方硬说菠萝长在大树上了"（张宗麟语）。"该套教科书富于弹性，可以伸缩以适应教学的时间与空间，解决了长期教科书上未解决的难题——能运用真正适切于儿童经验与环境的空间材料，是其优点。且因分部互用，即可由精读而获得环境内较详的一切事物；复由略读而记取整个全国的概念。至于内容与形式的新颖别致，犹其余事。实为教科书中之杰作"（陈伯吹语）。

据记载，前工部局小学的常识课教学在使用教科书时注重"活用"，采用"大单元教学"，由各校常识课任课教师分工编辑适合各级学生程度的"大单元教材"，依据教育部颁布《课程暂行标准》编订小学各级常识教学纲要，并在工部局辖属各小学实施。常识课教学内容涵盖自

---

[1] 参见《为新编儿童国语教科书出版给采用者的一封信》(1934年），见《陈鹤琴全集》第四卷，江苏教育出版社2008年版，第162—163页。

然现象、社会生活、生理及卫生常识等，注重利用儿童直接经验，满足儿童求知需要，引导儿童进入学习境界。（参见附件1）在教学过程中，各大小单元教学要目、次序，以及自定教学进程、时间可视需要而定，以体现"尊重儿童个性"与"活"的教学特点。教师对于教材把握可根据两项原则：第一，教师根据儿童生活需要拟定教学纲要，把握引起儿童兴趣的适宜时机进行教学，使儿童通过学习获得全部概念、系统性知识，并明了事物之间相互关系；第二，利用偶发事项，提出中心问题的研究，改变因教师预定纲要带来教学活动过于呆板的现象，解决儿童因个性、兴趣、能力等不同引起"难易程度不一"问题。[1]（参见附件2）同时，重视各科特性，划清彼此间界限，如常识课与自然课，前者注重观察现象并讨论、研究；后者注重图表、模型、标本、仪器等，一方设问，另一方解答，再将正确答案以试验结果演示出来，使学生得到正确、丰富、新鲜的知识。[2]

陈鹤琴认为，家庭作为儿童最重要的生活环境，应当与学校相互沟通、衔接。一方面，一些家长对于学校教育毫不关心或缺乏信仰；另一方面，一些教师对于教学方法，过于主观，既不反省自己，也不愿与家长沟通，指定许多繁重的功课要学生回家完成，学生经常要熬到半夜，感到疲惫不堪，造成了学校、教师与家庭之间的隔阂。陈鹤琴提出，可以由教师与家长共同组织教师家长会，施行学校与家庭的联络事宜；同时，校长、教师要经常进行家访。普通的事情可由教师访问，每一学期中凡未与教师谋面的家长至少要访问一次；特殊的事情则应由校长出面、商谈。教师或校长与家长交流、商谈时，应注意下列各点：（1）报告学生在学校学习、出勤等情况；（2）询问学生在家生活的情形；（3）报告

---

[1] 参见王志成：《谈谈常识教学》，原载《小学教师》第二卷第七期，1941年。
[2] 参见王修和、朱缉熙：《参观工部局北区小学记》，原载《小学教师》第二卷第三期，1940年6月。

学校实施的方法;(4)询问家长对于学校各科教材及教法的意见;(5)询问家长对于管理或训导及课外活动各方面的意见;(6)观察家庭教育的实际情况。在家庭访问过程中,教师可以与家长进行沟通:(1)家长可以帮助学校做事;(2)家长应与学校共同研究儿童教育;(3)家长应时常到学校来参观。[1]

附件1：四年级上期常识大单元—我们的上海（教学要目）

1. 上海的位置。

2. 上海的租界的历史。

3. 上海和国内外的交通。

4. 上海的人。

5. 上海的工商业。

6. 上海的自来水。

7. 上海的邮政局。

8. 上海的电报局。

9. 上海的电话。

10. 上海的电灯。

11. 上海的车辆。

12. 上海的公园。

13. 上海的报纸。

14. 上海的慈善机关。

15. 上海的安全设施。

16. 上海的医院。[2]

---

[1] 参见《学校与家庭怎样沟通》(1939年),见《陈鹤琴全集》第四卷,江苏教育出版社2008年版,第127—128页。
[2] 引自杨志先:《小学中年级常识教学》,原载《小学教师》第二卷第七期,1941年。

附件2：常识教学要点

1. 常识教学重在经验的获得，故应力避空讲而注重实做。

2. 经验的获得必须亲自观察调查，试验栽植、饲养等，经验的扩充，必赖联想，不能用直接方法，求得经验，必须籍文字的阅读经验既经获得和扩充后又当用记载方法保存起来，用发表方法复演出来。关于这几点，在教学时要随时随地加以注意。

3. 关于间接求得经验的指导，若靠教者口授令儿童笔记或板书后由学生抄写，材料较长者恐太浪费时间，教者可以编印单本或表解或说明，分发儿童指导他们从文字上以求得经验。如有现成可用的补充读物，亦可购发儿童。

4. 关于出外观察、调查，事前须接洽妥当，对于儿童当印发指导书和记载表等。

5. 教学常识，教师必须在事前作充分之准备。

a. 研究教学纲要，有无困难问题。

b. 调查学校附近可资教学的材料和场所。

c. 收集参考书报，加以研究。

d. 调查校内原有的实物、标本、模型、挂图、试验仪器，以及一切供利用的环境和设备。

6. 教学动机引起后尽量使儿童提出问题，讨论进行计划，要采取设计教学的精神和方法，以符合儿童的需要，俾发生自然的兴味中心。

7. 每一小中心（依作业言）或每一周（依时间言）须有一个结束，结束方法，测验、填表、填图、答题均可，如用题目五个或十个，须成整数，以便记分统计，无论表、图、题目，均须油印，以免儿童抄写之劳。

8. 每一大单元结束方法，分量可以酌增，如认为非必要时，省去亦可，但须将儿童平日的记载发表等，代为装订一本，抽出一节总温习，使儿童对于本单元获得整个的经验。

9. 常识笔记的批改应注意内容的正确，有错误处加以符号"？"，令儿童自己改正。[1]

第五节　小学课程与教学法研究

陈鹤琴写道："以前的小学教育与幼稚教育像是隔了鸿沟一样，现在看来不妥。要把小学一年级与幼稚园沟通，并且希望二年级与幼稚园也要打通。"在他的想象中，小学一、二年级的教室应包括学习、工作、自由活动与游戏、教具材料四大功能，儿童可以在"自由"状态下进行学习，学习内容包括书本学习与"工作"（即"做"）。在他看来，儿童发展是一个"整个"过程，儿童由幼稚园初进小学时，身体、心理需要经过一段"过渡期"才能适应；学习状态由以"动"为主的"户外游戏"逐渐向"动静结合"和以"静"为主的"课堂学习"转变，因此小学低年级教学方式也应根据这一特点进行调整，以适应儿童身、心变化与发展的需要。

陈鹤琴设计了一份教室组织示意图[2]：

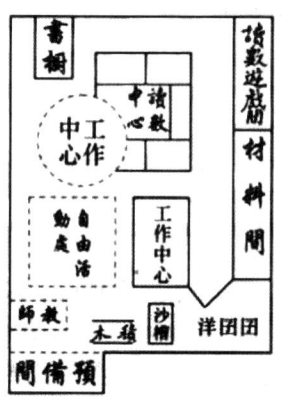

---

[1] 引自杨志先：《小学中年级常识教学》，原载《小学教师》第二卷第七期，1941年。
[2] 参见《一个理想的小学校》(1928年)，见《陈鹤琴全集》第四卷，江苏教育出版社2008年版，第36页。

陈鹤琴认为，儿童在小学时期应在"智育""学习力"与"系统性知识"方面打下牢固基础，如记忆力、注意度、学科观念、学习方式及习惯、控制力等。在他看来，儿童的大部分过失是由成人教育不当所造成。普通的儿童都是好的、可教的，有一些儿童所以会不大好，其责任应该由教师承担。陈鹤琴写道："普通的教员往往迷信儿童所以不好，是因为儿童的根性不好，把自己肩头的一切责任都一起堆在儿童的肩头上！这样的教员，对于自己的教材，自己的教学法，当然都不会研究到底好不好，而求改进；则儿童们又安得而不糟糕呢？"[1]

陈鹤琴将九岁以前儿童在"智育"与"学习力"发展方面特点归纳：

记忆力方面，儿童年纪愈小，则记忆力愈弱，不过记忆之保存，则愈小愈好，此因儿童的神经系统小时候易受训导，并因小时思想不复杂的缘故。儿童九岁以前，听觉的记忆比视觉的记忆好，九岁以后，视觉的记忆比听觉的记忆好，这是天然的支配。听觉的记忆最发达之限度至十四岁止，视觉的记忆最发达之限度至十五六岁止。儿童视觉的记忆，具体的东西易记，抽象的文字不易记。

注意力方面，（1）注意度。儿童注意度不大，所以心理学家主张"一物一时"。（2）注意的久暂。儿童的注意亦甚暂，所以课程不可太长，最好是起头短些，以后慢慢加长。（3）注意的形式。儿童与成人最不同的地方，即是儿童纯用感觉，不用思想。故儿童用书字句上，应注重感觉方面，由感觉而引导思想，如"很白"二字，改为"雪白"更好，"很红"二字，改为"血红"更好。

知觉方面，儿童的知觉与编书之形式，大有关系。据美国学校所通行之标准，（1）纸要白，不要有光的，要厚重，不要稀薄的；（2）说明要浅显，不要太详；（3）墨水要黑；（4）行列不可太长，以90毫米

---

[1] 引自《小学教育问题》(1930年)，见《陈鹤琴全集》第四卷，江苏教育出版社2008年版，第50页。

为限；（5）对于初学者，行列不要在字的中间断落；（6）旁边的小字说明，可不要用；（7）页边要阔；（8）形式要清洁雅观。[1]

1930年陈鹤琴在一次讲演中谈到普通小学开设算术（数学）、国语（语文）课程问题。他思考，有一种现象，许多小学生不喜欢甚至讨厌算术课的原因，或许是因为算术课太难，儿童往往做不出，因而失去兴趣，以至于更加学不会，甚至放弃。他提出疑问，小学低年级学生有没有必要学习"算术"呢？不学的理由有三，（1）算术太难，儿童非到可以学算术的相当时候，勉强他学也不能学会；（2）即使能够学算术，但没有学别的功课重要，同时成就比学算术大；（3）儿童不能懂得算术题中的文字，因此算术也做不出。他提出，小学生在一或二年级可以不学"算术"，而将时间让出来多学习"国语"；到了三四年级的时候再开始学习算术，这一时期儿童的理解力增强，"或者费不到三四个月的功夫就可学会"。他以自己为例，因为儿时读"私塾"，没有上过正规小学，毫无"算术"基础，进了中学以后却没费很大工夫就把"算术"学会了。当时，美国一本教育杂志刊载文章，某学校有一位儿童，"英语"水平已在六年级，但"算术"成绩仍停留在四年级。后来，经过心理学诊断、分析后得知，这个儿童做"算术"的时候，先要将数字转换成某种具体对象才能计算出来，如计算"8+4=？"时，先将数字"8"与"4"分别想象为苹果，再用"8个苹果"加上"4个苹果"，才能得出正确答案。这个例子说明，儿童的能力是存在差异的，因此教师应对一些学习遇到困难的儿童进行具体分析，找出困难原因所在，并予以个别指导。[2]

陈鹤琴提出一个问题："算学"是最早的一种科学，历史悠久。因为"算学"的出现，才产生天文学、数学、物理、化学等学科，因此"算

---

[1] 参见《编译儿童用书与儿童心理》(1921年)，见《陈鹤琴全集》第四卷，江苏教育出版社2008年版，第2页。
[2] 参见《小学教育问题》(1930年)，见《陈鹤琴全集》第四卷，江苏教育出版社2008年版，第47—48页。

学"可以说是科学的基础。在各国教育中,从小学一直到大学都很注重"算学",在旧式小学课程中,算学(亦称算术)是三科(读、写、算)之一。然而,"'算学'既然这样重要,这样有趣,何以世界各国的儿童,喜欢'算学'的这样少呢?这个问题实在太重要了,我们应当加以彻底的研究"。陈鹤琴认为,儿童对于数字与计算的理解需要过程才能形成"观念"与能力,先后经历七个阶段:(1)数目观念渺茫;(2)1与多数之别;(3)口述数目;(4)数物;(5)认物(6)识数;(7)计算方法。由此,"数学观念是慢慢发展的,我们做教师的不必强其速进";同时,教师在教计算方法,如四则运算时,一定要教儿童学得很熟,直到产生"机械式反应"时,才可放手。因为"算学"(包括计算公式、方法)是科学的基础,基础一定要打好。[1] 在他看来,许多儿童不喜欢"算学"原因应归咎于教学方式、方法上存在缺陷,包括:(1)教材太深奥,儿童尚未养成数目观念,失去兴趣,进而更加学不会,因此产生厌恶感。(2)教法太呆板。实际上,教师可以利用儿童的生活环境进行教学。(3)教法不合数目观念的发展。教师可以根据儿童数目观念认知与发展特点分步骤进行教学。(4)教师应对个别儿童学习情形加以关注并指导。[2]

陈鹤琴写道:总而言之,算学是一种很有兴趣的玩意儿。教得好,教材选得巧,小孩子一定喜欢学。教得不好,教材也选得不当,小孩子当然不喜欢学了。现在中外小孩子之所以不喜欢算学,我们可以明白了。愿我们做教师的应当善自警惕,使小孩子的前途不致被我们摧毁。[3]

在陈鹤琴看来,国语教学不能仅限于教科书,而应"多用各种补

---

[1] 参见《数学观念是怎样发展的》(1928年),见《陈鹤琴全集》第四卷,江苏教育出版社2008年版,第58页—60页。
[2] 参见《为什么小孩子不喜欢算学》(1942年),见《陈鹤琴全集》第四卷,江苏教育出版社2008年版,第62—64页。
[3] 参见《为什么小孩子不喜欢算学》(1942年),见《陈鹤琴全集》第四卷,江苏教育出版社2008年版,第65页。

充材料"。[1] 他提出，可以对"语体文"（白话文）教学中"朗读""背诵""默写"程序的必要性予以研究，如"语体文可以朗读，但不可打起了从前读文言文那种滥调乱哼，应该用读语体文的调子朗读才对"。又如，小学一二年级记生字与默写对于儿童而言，呆板死记无意识的生字是否必要？实际上，儿童只要养成看书的兴趣，每一篇课文中若有5个生字儿童可以认识2或3个字就可以，"只要教他们多读几本书，生字的认识与熟读,在这样一遍一遍地重复中,当然会训练起来"。同时，因为儿童"好动"特点，在识字教学过程中可以打破"呆板机械的方法"，采用"生动的游戏的方法"。陈鹤琴感叹：中国缺少适合儿童阅读的"韵文"，如诗歌。大多数古代流传下来的诗词韵文是为成人而做的，内容反映成人"爱情"或"人生苦闷"，不是儿童所能了解的生活，不适合儿童阅读。因此，中国的儿童诗歌还是一个处女地，有待于进一步开垦呢！[2]

陈鹤琴提出，可以采取美国教育家华虚朋（C.W.Washburne，1889—1968）倡导"文纳特卡制"中"个别教学"方式指导儿童"读法"（识字）教学，包括五个步骤：

步骤一，用阅读测验来断定每个儿童的阅读能力。

步骤二，要使每个儿童多看适当的读物，教室内应有阅书处的设备。

步骤三，儿童不要在班上朗读，浪费全体儿童的时间；若要儿童朗读，以便考查儿童的读音能力，那只要对教师个人朗读就是了。

步骤四，有三种方法考查儿童的了解能力：口头问答、书面报告、口头报告。

步骤五，各个儿童在读法课可以随时升级，同时毋须调换班次。[3]

---

[1] 参见《小学教育问题》(1930年)，见《陈鹤琴全集》第四卷，江苏教育出版社2008年版，第48页。
[2] 参见《小学教育问题》(1930年)，见《陈鹤琴全集》第四卷，江苏教育出版社2008年版，第49页。
[3] 参见《文纳特卡制中的读法》(1931年)，见《陈鹤琴全集》第四卷，江苏教育出版社2008年版，第94页。

陈鹤琴发现，儿童阅读效率可以通过观察儿童"眼动"节奏与频率进行了解。"读法"好不好，观察"眼动"便可知晓。一般说来，善于阅读的儿童看起书来，眼睛眨动有节奏，他的眼睛会一停一动地看过去；看完了一行，看第二行，又是一停一动地那样看下去。停的时候，他的眼睛不只看一个字，可以同时看见好几个字或好几句。反之，阅读能力薄弱的儿童看起书来，眼睛看一个字向前动一动，停一下，或者回转来，再停一下，在一行文字中，眼睛停的次数很多，几乎每一个字都要停一停。陈鹤琴阐释道：阅读能力薄弱的儿童看起书来，他的眼睛停的次数为什么比较多，而停得没有节奏呢？这是因为当初所看的读物太难，到了后来习以为常，以后看一个字，眼睛就要停一停。所以最初的时候，就是在眼动习惯未养成之前，我们给儿童看的书要容易；倘使太难，使他眼睛动得不得当，而养成一种不适当的动作，那到后来就不容易改了！所以对于阅读能力薄弱的儿童，我们最好给他看很容易的书，教他看得快，使他养成适当的眼动习惯。[1]

1931年《儿童教育》杂志第三卷第五期刊载陈鹤琴的《文纳特卡制中的读法》一文。该文介绍了美国教育家华虚朋于1919年在美国芝加哥文纳特卡镇公立中学创建的教学组织形式，特点是根据规定的具体学科内容目标，实行学生自学与教师个别指导相结合的教学方式；同时通过团体活动培养学生"社会意识"。

陈鹤琴认为，小学书写教学，首先要重视儿童执笔的动作、姿势，他通过观察得出一个结论："'执笔'在学校中是一个大问题。武断地说一句，在一学校中，有60%以上的学生执笔都是执错的。再武断地说一句，学校中教学生执笔要怎样执的，恐怕十个中找不出一个。"[2] 对于

---

[1] 引自《文纳特卡制中的读法》(1931年)，见《陈鹤琴全集》第四卷，江苏教育出版社2008年版，第95页。
[2] 引自《笔要怎样执的》(1929年)，见《陈鹤琴全集》第四卷，江苏教育出版社2008年版，第69页。

一向注重儿童养成良好习惯的陈鹤琴来说，正确的执笔姿势与运笔书写方法在儿童开始学习时就应予以重视，因为"执笔"姿势与字写得好坏密切相关。小学写字教学中，要明确"书法是一种工具的学科，目的在养成儿童以文字记录或发表的能力。在中国，书法又是一种美术，但小学生学习书法的目的却不着重此，实际上应以实用技能的获得为主要的目标"。同时，小学写字教学应设立具体标准作为教学依据，共有4项：（1）正确；（2）整齐；（3）迅速；（4）美观。其中对于低年级应注重前两项，要求学生对于日用的字写得清楚、整齐，使人阅读时能"一目了然"；高年级则应在前两项基本要求基础上，兼顾到后两项。[1]

第六节 儿童画——创造的艺术

美国心理学家弗里曼（Freeman）著作《小学各科心理学》将图画归类于"知觉性学习"，图画包含认识形象与表现形象双重性质，其中前者是基础。在学习图画过程中，儿童拿起画笔在纸上作画，即"做"是学习图画中最重要的元素。画图动作能使图形认识格外充分；敏捷的探试能使我们看图看得格外清楚。知觉的发展不在于新印象的加添，而在乎旧印象的组合。辨识对象或事物的能力发展与否，不仅靠感官的感觉力发展的敏捷程度，还要看人们从对象或事物中得到的感觉能不能组织起来，成为"有意义的结晶体"。因此，指导儿童发展"知觉"，若要"知物"必须"格物"，所谓"格物致知"。教师不应让儿童'袖手旁观'，仅仅得到一种含糊的印象，应当用种种问答、种种讨论的方法来引导儿童去考察详情，鉴别异同。在这本书中，作者对儿童画的学习特点进行总结：（1）儿童的绘画能力大抵与儿童身体、心理的发展阶段有密切关

---

[1] 参见《写字教学中的各项问题》(1933年)，见《陈鹤琴全集》第四卷，江苏教育出版社2008年版，第75页。

系，即儿童能不能执笔或儿童能不能分析对象并了解对象各部分之间的相互联系。（2）早期儿童画大多是符号式的图画。（3）从过渡期到青春期的儿童描写能力发展得很快，随着智力发展，儿童逐渐学会运用画法。（4）几何画与图式画所表现的是对象的构造与各部分之间的相互关系。（5）图示画发生得很早，几何画大概要到青春期才能发生。（6）儿童画图的能力发展有迟有早，有高有低。所以人们在教儿童画的时候，一方面要注意一个普通儿童的特别性质，一方面也要顾到相同年龄中不同儿童的个别差异。[1]

陈鹤琴在1930年出版的《儿童教育》第二卷第六期发表一篇题为《创造的艺术》的文章，里面提到三位著名的奥地利儿童画家，其中一位名叫奇泽克（Cizek），他提过一个口号，即"揭开盖子"（take off the lid），意思是儿童绘画应该在自由状态下进行。他在招收学生时，只收4岁至14岁之间的儿童，尤其是贫苦家庭的儿童，理由是富裕人家的子弟，经验较丰富，所看到过的美术作品较多，留下了印象与经验，影响儿童自由表达自己的意见与思想。他主张，儿童绘画应该按照儿童自己的感觉。他觉得头是大的，就画得大些；他觉得四肢是小的，就画得小些。成人没有干涉儿童创作的权利。陈鹤琴听说，奇泽克的画室完全是私人创办，凡是来学画的，必须来画室里学，他主张儿童自由并孜孜不倦地教儿童已长达40年，可惜后来被政府当局勒令停办了。除奇泽克以外，还有另外两位儿童画家，一位叫西特（Thetter），另一位叫罗西（Roth'e）。西特在教儿童学画时先让儿童观察对象的性质和环境，参考相关的古画与名画，经过讨论与研究，由儿童发挥想象力进行自由创作。例如，教儿童画一只狗，他会先让儿童实地观察

---

[1] 参见《小学各科心理学》（原著美国心理学家弗里曼，陈鹤琴、陈尧昶合译，1940年），载《陈鹤琴全集》第四卷，江苏教育出版社2008年版，第409—415页。

狗的生活、狗的形状，再看关于狗的各种图画，然后叫儿童随意发挥，或用蜡笔，或做模型，或雕刻，或用油漆，或用木炭，任由儿童凭兴趣或喜好选择，毫不加以成人主观的束缚。这种教法与奇泽克不同，但在尊重儿童的个性，注重儿童的创作，维护儿童的天真等方面，他们是共同的。罗西主张，儿童所画的图画可以很浪漫、奇特，甚至古怪，要把儿童情绪生活充分地表达出来，激发儿童创作的想象力，而不必过多考虑艺术的技能、知识。与欧洲儿童教育家倡导"自由"与"个性"教育趋势对照，在此之前美国一些儿童教育家对艺术教育改进的主张显得"保守"、缺少创造性，其中以哥伦比亚大学师范学院艺术科的教授道（A·W·Dow）与芝加哥大学艺术学院的教授沃尔特·萨金特（Walter sargent）为主要代表，他们分别在美国的东、中部倡导开展艺术教育，训练教师，使艺术教育进入学校并占有相当的地位。他们主要做了三方面工作：（1）搜集关于艺术讨论的各种材料，依照各级学生的程度，编成有系统的教科书；（2）将艺术的基本元素，如结构、图案、曲线、匀称、调和等，对照名画进行解释，使教师实地应用；（3）将图案、色彩搭配的知识推广、应用到日常生活中并进行普及。他们在教一年级儿童画麻雀时，教师发给儿童一张麻雀轮廓图与一张空白纸，二者之间衬着复写纸，用铅笔依轮廓画一只麻雀。画好以后，依轮廓线剪下来，着上颜色，放在桌上。儿童通过这样的方法了解麻雀的形状——不必多加思索，只需模仿，体现不出任何个性与创造。他们在教二年级以上儿童时，教师按照教材分级教授各种绘画技能、知识，如配景远近、敷色、取景，使儿童掌握绘画技巧，实地绘画。这样以模仿为主的教学法在美国曾经很受欢迎，主要原因是：（1）因为按照教材授课，教师有章可循，容易上手；（2）使用这样教法容易在短时间见到成效。针对以道、萨金特为代表，强调以知识、技能为主的艺术教育主张，许多欧美艺术家提出儿童艺术教育应该发展个性、尊重自由、注重创作的改革口号，强调以儿童为中心，智慧与技能都要受儿童的支配，不应该让知识、技能来支配儿童，由此掀起了一股改革浪潮。陈鹤琴认为，中国许多学校、幼儿园在实施"艺术教育"课程时，仍然在"依样画葫芦"，从根本上说，这样的教法所注重的是艺术的知识或技能，而不是儿童的个性与创造。他指出，包括美术教育在内的艺术教育，在重视技能的同时，应兼顾到儿童的个性、天真与创造性。同时，艺术是一定要教的，人类所有的经验，都应当利用。因为"儿童若是没有相当的技能，断画不出很好的作品"；"倘使不教而让儿童自己去瞎摸，那是太不经济了"。[1]

陈鹤琴将欧美国家学校开展艺术教育称之为"创造艺术教育"，其特点有二：(1) 艺术的材料非常丰富，各式各样的材料应有尽有；(2) 艺术一科已经与各科有相当的联络。他强调："这两点也是艺术教育必需的条件。"他进一步举例："从前教图画，与各科是没有什么关系的。现在则不然，艺术科在课程中占很主要的地位。比如在社会科，他们做一个城池的小模型；在地理科，他们计划一张地理图；在历史科，他们画一张战争的图画；在工艺科，他们画一张发明经过的事实图；在演戏剧时，他们自己做衣、染色、制作布景，等等。"[2]

1934年7月28日至1935年3月7日陈鹤琴一行前往欧洲11国考察教育，参观幼稚园、学校，与国外教育界同行进行交流。在奥地利，陈鹤琴见到这位仰慕已久的儿童画画家奇泽克。他来到主人的画室，琳琅满目、各种各样的儿童作品使他目不暇接，既有整幅的儿童画，也有立体的雕刻，还有大幅水彩画，几十幅图画各不相同，每一幅都是原创

---

[1] 参见《创造的艺术》(1930年)，见《陈鹤琴全集》第四卷，江苏教育出版社2008年版，第88页。
[2] 参见《创造的艺术》(1930年)，见《陈鹤琴全集》第四卷，江苏教育出版社2008年版，第88—89页。

作品,没有一幅是临摹的仿品。画家指着墙上一幅画面是骑兵的画作说:"这是一个14岁的儿童画的。"陈鹤琴发现,画面人物很生动。画家告诉他:"这个儿童,当初不知道马腿怎样画,跑来问我,我回答他说'我不知道'。他没办法,只得停笔不画了。有一天晚上,在路上有一队骑兵经过,儿童就瞪着眼睛,仔细看着骑兵所骑战马的腿、蹄怎样行进,看过后回到画室,很快将未完成的画作画好了。"画家接着说道:"这就是我的教法。我是不教的,要儿童自己去注意,自己去画,自己去创造。儿童思想是很宝贵的,我们不要把成人的见解注入在他的脑海里,什么希腊的雕刻,什么罗马的名画,都不应当给儿童看。给他们看了,就得到了这些名画、雕刻的印象,这种印象影响他们的创作。"最后,画家强调:"要他们的创作超过前人,绝对不能模仿前人的作品。前人的作品,无论怎样好,你若去模仿他,总不会比他好。这样我们后人的美术,永不能超过前人的成绩了,这样美术就不会进步了。"

画家带着陈鹤琴来到一幅初学绘画儿童的画作前,指着画面中的人物形象(图1)说:"你看,这幅画是一个4岁儿童画的,画面上的人物,有这样大的一个头,这样细的一个身子,我们成人看起来,一定很奇怪。"

(图1)

画家解释道："其实从儿童的眼光看起来，一点不稀奇。儿童看起人来，只看到一个人的一个大头，头上的两只眼睛，一个鼻子，一张嘴巴，什么耳朵、头发、眉毛，他都没有看见，所以他不画。一个人的身体，他看得不重要，只画一条直线来表示，两只手比两只脚重要，手有手指头，脚和脚趾头他没有看见。陈先生，你倒想想看，我们成人有什么权利去改正这张图画呢？这个儿童看起人来，只看见一个大的头，我们为什么一定教他画得小一点呢？他看见身子是没有多大用处的，他只看见一条直线，为什么我们一定要他画出一个立体的圆柱形呢？"

陈鹤琴有些不解地问道："是的，不去校正他，就让他这样错误下去，将来会不会总是这样画，没有进步呢？"

画家耐心地回答："儿童大一点，观察力强一点，他自然而然会画对的。我们不要促成他早熟，不要把成人的意见注入到他的脑子里去。"

陈鹤琴又问道："你的教学，究竟有什么原则做根据？你对儿童画有什么主张？"

画家陈述自己的观点：

第一，男小孩女小孩不应当在花园里发育，应当在旷野里生长的。儿童应得着自由，不受环境的束缚，不受社会的支配，应当很自然地、很自由地发育滋长。

第二，小孩子像花草一样，他的发育，也依照永久不变的公律，花草需要日光、雨水、空气、营养，儿童需要自由，需要自然发展。做教师的，做父母的，不要束缚他的思想，不要压迫他的生长。

第三，小孩子获得知识，必须经过各种感官，一种感官是不够的。比如研究一只牛，不但用眼睛看它的形状，还要用耳朵听它的声音。你要用手摸摸它的身体，也许你要用脚和它比赛跑路，看看牛究竟跑得快不快。这样一来，你对牛的认识，格外深切了，你若是只听得它"哞！哞！

呣！"的声音，而没有看见它的形状，一旦在路上看见它，你会不认识它是牛的。

第四，小孩子并不知道比例，所以他画起图来，就画得不对，但是我们不必去校正他。

第五，埃及、巴比伦和中国的艺术，好像小孩子生长那样自由发展的。

第六，艺术是艺术，科学是科学，艺术不应该受科学的影响，一受科学的影响，就不是艺术了。所谓大是大，小是小，大小是不能够相同的。

第七，现代的艺术是算术是生理，其实艺术是情感。亚洲有艺术，欧洲还没有得到，欧洲所得到的是科学。中国应当小心防备，不要把古代所留存下来的艺术，被欧洲的科学所侵蚀。

第八，小孩子的作品，不要修改，工作要让小孩子自己做的。

第九，要注意小孩子的创造性，是他所画的东西，都要有创造的意味。

第十，要发展人类的本质，要注意真理，注重现实。[1]

第七节　图文并茂——儿童教科书基本特点

陈鹤琴认为，对于儿童教科书，应以儿童的审美眼光进行评价，因为儿童对图画特别感兴趣，因此要对教科书的插图与封面进行"精细研究"。对于一本儿童教科书来说，生动的故事、适宜的文字量、有趣的书名与美丽的封面、适当的大小、彩色的插图、鲜明的字体等完美统一，图文并茂，这样才能引起儿童选读的兴趣，满足儿童阅读的需要。在国外，教科书大都由教育专家编选。世界上最早在教科书中插图的教育家

---

[1] 参见《奥国儿童画家》(1943年)，见《陈鹤琴全集》第四卷，江苏教育出版社2008年版，第92页。

是 17 世纪捷克教育家夸美纽斯（J. A. Comenius，1592—1670）所著的《世界图解》(*The World Sensible Thing Pictured*，又译《感觉世界图解》），1658 年在德国纽伦堡首次出版，被誉为"世界上第一部依据直观性原则编写的幼儿看图识字课本"，全书由插图、解说（拉丁语）、民族课文组成，共有 150 篇课文，每篇课文及序言、结束语都附有插图，共计插图 187 幅，内容丰富，图文并茂，自出版后，受到社会各界广泛欢迎，盛行欧洲长达 200 年。

20 世纪 30 年代由中华儿童教育社编辑印行的《儿童教育》杂志第三卷第八期刊出《儿童教育专号》，讨论关于儿童教科书的编辑问题，其中有一篇陈鹤琴撰写的文章《低级国语教科书的形式应当怎样的》(署名陈子芹)。文章引用美国教育家的研究结果，认为影响儿童选择读物的 4 项因素：(1) 书籍的外观、形式；(2) 书籍的大小；(3) 封面颜色，按照儿童所喜好排序：蓝（青）、红、黄；(4) 书名及各章节标题，具体要求有三，一是描写儿童经验的；二是叙述一种动作的；三是文字要生动的。在文中，陈鹤琴分析了当时中国国内出版的《儿童国语教科书》《基本国语教科书》《标准国语教科书》《中华国语教科书》等小学低年级国语教材，指出了教材在编辑形式方面存在呆板、无生气、不合儿童心理等缺陷，提出具体改进建议：(1) 书中应当多插图，至少应占页面的四分之一，大的全页图画比各处插入的小图画，容易引起儿童的兴趣；(2) 对于颜色，儿童最喜欢粗浅、明显、饱和的原色。年岁大一些的儿童，喜欢浅淡而文雅的颜色；(3) 图画要富于动作而带滑稽性的；(4) 图画要能描写故事的；(5) 书中多插入儿童所熟悉的故事。此外，陈鹤琴还提出，由于儿童的注意力容易涣散，认识的广度又很短，因此每页行数不宜太多，至多不能超过 12 行，上下内外的边距不宜太窄，各不得少于 1 寸。对于插图画面的要求：(1) 图中主要的意思要画得鲜明，并画在主要的地位；（2）背景应当有，不要太精细、太多，以免喧宾夺主，弱化主要意思效果；（3）插图中采用"轮廓画"比"精细画"来得更好一些，理由是儿童可以依画面形象的轮廓着色，培养儿童"动手"与"做"的能力。

1944年陈鹤琴在《活教育》杂志第三卷第四、五期发表文章《国语教科书要怎样编的》，阐释自己对于儿童教科书改进的具体建议，分编制、内容、文字、形式四方面，其中教科书的形式包括了对于插图与封面设计的要求。

插图：

儿童对于图画特别感兴趣，所以教科书的插图就非"精细研究不可"（陈鹤琴语）。

第一，要注意插图的颜色。插图的颜色又是插图中最重要的部分，它的分数占总点20%。颜色以温柔悦目、饱和鲜明而有深浅色调的为最好；其次则为夺目而饱和鲜明和对比悦目的色调；其次则为原色强烈而饱和的，非常鲜明而不触目的，再其次则为强烈触目饱和而鲜明的。

第二，要注意插图占全面的百分数。插图占全面的百分数最好是多于50%，其次要多于35%。因为插图面大，小孩子容易感到兴趣。

第三，插图要精细、夺目，排列要适当。

第四，插图要有特性。插图应当是滑稽的、有动物的，描写一个故事的。其次富于动作而有故事性的。

第五，插图大小要适当。

封面：

封面在教科书的形式中占有重要的地位。

第一，要注意封面的颜色，最好是蓝色，其次是红色，再其次是黄色；

第二，要注意封面画。封面画也很重要，它占了总分数6%；

第三，要注意颜色的饱和与鲜明。[1]

20世纪30、40年代陈鹤琴主编了多本儿童教材或读物，体现了符合儿童特点、满足儿童需要、教育目标明确、生动活泼、图文并茂等理念、风格。陈鹤琴指出：作为一个儿童读物作家，要认识儿童，了解儿童，更重要的是同情儿童，爱儿童，这样产生的作品才是儿童所需要、所喜爱的。中国儿童作家缺乏这种精神，大儿童（指成人）没有钻进小儿童圈子里去。缺乏对儿童生活的研究，是不能写出好的读物的。好的儿童读物应该引导儿童的思想走向创造的路，儿童读物的目的，不仅要灌输文字，而且要灌输思想、知识，如用故事反映科学事实，引起儿童对于科学的兴趣；要启发儿童的创造性。他写道："陶行知先生曾经说过成人做的文章要小先生改，我发现小朋友的思想是我们想象不到的。儿童有创造性，我们要发现他们并启发他们。要给儿童看各种东西，要丰富他们的经验，使他们能深思。牛顿看见苹果掉下来，发现了地心引力，为什么其他人不能发现，这就是深。深与广，是培养儿童创造力的重要因素。"[2]

1931年上海儿童书局出版《好朋友》丛书（陈鹤琴主编，潘抑强、沈善芝助编），共14册，各册名称：《小豆儿》《小猫》《小鸡》《蚕宝宝》《松鼠变色》《找姑娘》《水果》《飞禽》《昆虫》《家畜》《野兽》《加法算术歌》《减法算术歌》《谜语》。如《水果》一册中开卷文字：

小朋友，你要知道这本书里说的各种小水果吗？

1. 你先看每页上面的句子，猜猜看，这是说的什么水果？
2. 再把图里的数目字，用铅笔从（1）画到（2），从（2）画到（3），

---

[1] 参见《国语教科书要怎样编的》(1944年)，见《陈鹤琴全集》第四卷，江苏教育出版社2008年版，第182—186页。
[2] 引自《钻进儿童圈子里去才能写出好的作品》(1948年)，见《陈鹤琴全集》第四卷，江苏教育出版社2008年版，第102页。

这样一直画下去,画出一个完全的图来。再看,这是什么水果的图?

3. 如果写不出水果的名字,就在这一页的后面去找。这一册里各种水果的名字是:

苹果　香蕉　桃子　枇杷

西瓜　葡萄　石榴　生梨

柿子　甘蔗　荸荠　蜜桔[1]

这一年陈鹤琴与宋文秉、宗振襄等合编的一套小学生读本丛书《分年儿童图画诗歌》(共计12册)出版,书中收编从100多种刊物精选出的诗歌作品或改写作品,根据儿童年龄与学级分编成册。这套丛书的两个特点,一是选择材料具有儿童特点,同时富于教育意义,便于儿童领悟。具体选材标准为:(1)有欣赏价值的;(2)文字明白浅显、自然流畅的;(3)音韵调和的;(4)能开发思想的;(5)能陶冶德性的。二是在各篇作品中插图,使儿童从欣赏图画入手,引发研究文学的兴趣。[2]陈鹤琴在选编儿童教科书时注重将书中文字描写的内容用图画方式介绍给儿童欣赏与绘画,引发儿童阅读文字的兴趣。

第八节　谁是成功的教师——小学教师基本修养

陈鹤琴认为,教师是教育改良与社会进步最重要的因素之一;"爱儿童""教做人"与"培养健全公民"成为所有教师都应具备的基本素质与首要任务;教师的观念、视野、境界与研究态度、专业技能等标志教育发展水平与趋向。教师的道德、质量、观念、修养以及言行举止对于儿童成长产生直接影响,学生是教师的一面镜子。在教育及教

---

[1] 引自《好朋友》(1931年),见《陈鹤琴全集》第三卷,江苏教育出版社2008年版,第454页。
[2] 参见《分年儿童图画诗歌》(1931年),见《陈鹤琴全集》第四卷,江苏教育出版社2008年版,第603页。

学过程中，教师的作用无可或缺，其重要性在一切设备之上。

陈鹤琴指出，教师的道德、质量、修养直接影响儿童成长与发展。在教育儿童过程中，教师是儿童除父母之外最有力的指导者，更是儿童健康行为和学习、生活习惯养成的把舵者，是儿童生活、学习环境的提供者，是儿童学习成绩的欣赏者。从一定意义上说，儿童的命运掌握在教师手中，教师不仅是对学生成长产生影响最大的教育环境因素，也是最可信赖的亲密伴侣、朋友。现代教师的地位与作用由监督、管理与知识灌输转向启发、激励与开发智力。教师应成为儿童的朋友，而不是像私塾先生一样保持威严，使人望而生畏。

在陈鹤琴心目中，一个好的教师应当具有优良的质量，因为，教师本身的质量是养成儿童品格的重要因素，这样才能养成儿童良好的品格。教师的言行举止，表情衣饰，无形之中对儿童产生深刻影响。教师应成为道德的典范，不仅作为学生的楷模，也是社会的榜样。同时做一名合格的教师，不仅要具备良好的个人道德、性格、修养，还应了解儿童的心理发展规律，掌握教学方法、技术，还负有养护、照看儿童的责任，"尤宜有医生的态度"（陈鹤琴语），陈鹤琴将"做一个理想的教师"需要条件归纳为三项：（1）要有健全的身体（包括：健康的身体、愉快的心情、和蔼的态度）；（2）要有爱护儿童的心肠（包括：公平对待儿童、了解并认识儿童、因材施教）；（3）要有研究的态度（包括：因地制宜）。[1] 教师的性情、道德、观念、人格、学识、审美、技能、言谈举止等对于儿童的道德、行为与智力、学习发展产生直接影响。陈鹤琴指出，教师应具有"慈母的性情"与"爱护儿童的心肠"，只有这样才能进一步了解儿童，并与儿童站在同一立场，以带领儿童、教养儿童。做一个优秀教师的基本条件包括：了解儿童、热

---

[1] 参见《怎样做一个理想的教师》（1939年），见《陈鹤琴全集》第四卷，江苏教育出版社2008年版，第242页。

爱儿童，耐心与爱心，处处以身作则；其中，热爱儿童是做一个优秀教师的起码条件。教师对待儿童须有相当的耐心与爱心，因为"有耐心才会仔细地研究问题，才会慢慢地克服困难，而达到目的，完成任务。爱儿童才会很好地带领儿童，教养儿童"。[1]

陈鹤琴倡导，教师在教育教学过程中，应树立正确的教育信念与教育观，激发儿童的热情，提高儿童的兴趣，启迪儿童的智慧，积极发展儿童的才能与创造力，使儿童成为生活与学习的主人。教师应成为儿童的领袖与朋友，指导并鼓励、参与、欣赏儿童的活动，而不是处处限制儿童的活动，或批评、讥笑儿童，摧残儿童的成长。

1928年陈鹤琴应邀在无锡中学实验小学发表演讲，经整理后，刊登在同年出版的《儿童教育》杂志第一卷第一期上。在这篇演讲开头，他首先谈到教师问题。陈鹤琴将"成为一个好的教师"归纳为四个要素：(1) 要有慈母的性情，强调教师用感情来感化儿童，并对儿童行为产生影响。(2) 怀疑的态度与研究的精神，用科学的头脑去研究分析、求得客观的标准，以谋教育的改进。(3) 改造环境的精神，利用日常用品改造成为教具，因地制宜。(4) 要亲身去做，具有"农夫的身手"，以身作则，示范并感化儿童。[2] 在这次演讲中，陈鹤琴对于一种现象表示反感：学校气氛紧张，教师一幅严厉面孔。在他创办的学校中，包括闸北普通阶层家庭子弟集中的小学，大部分学生是被认为"顽皮"的工人子弟，学校秩序却井然有序，学生彬彬有礼，"这就是能以感情去感化他们的结果"。[3]

据陶行知先生记述：有一次，一位青年找到陈鹤琴要求应聘成为小学教师，陈鹤琴递给青年一支铅笔和一张纸，请他将自己的姓名、履

---

[1] 引自《如何使幼稚生适应新环境》(1951年)，见《陈鹤琴全集》第二卷，江苏教育出版社2008年版，第454页。
[2] 参见《一个理想的小学校》(1928年)，见《陈鹤琴全集》第二卷，江苏教育出版社2008年版，第32页。
[3] 引自《一个理想的小学校》(1928年)，见《陈鹤琴全集》第四卷，江苏教育出版社2008年版，第32页。

历写下来。这位青年拿起铅笔后,习惯性地将铅笔尖在舌头上舔了一下,蘸蘸湿,陈鹤琴认为这是一个不好的习惯,会对儿童行为产生影响,最后这位青年没有被录取。陶行知评价:"陈教授对这些细微处极端重视,这是他对儿童的极端负责。"[1] 教育家俞子夷对陈鹤琴描述为:"圆圆的脸孔,健美的脸色,再加上一副永远不分离的微笑,使得和他接触的人,个个发生好感和愉快。即使在研究很严重的问题时,他发言仍夹些微笑。他的语言虽不像音乐,但是这一个微笑却很容易使听者乐意接受……和颜悦色下,只听得他轻快平静的声音,我没有看见过他发怒。"[2] 有亲历者回忆,陈鹤琴在教育子女、儿童或学生时,很少直接批评、指责,而采取"暗示"方式表明自己的观念与态度;在待人接物方面,从不"噜苏的谦恭",而是和颜悦色、简捷爽直。他一向认为,学校教育不应是消极的管理,而应是积极的引导、启发、激励,使学生成为学校主体。

陈鹤琴指出,一个优良的现代教师应具备的修养,一方面是身体与精神的健康,另一方面是广泛而正确的知识;不仅应该学习哲学,以健全自己的思想与工作态度;还应该学习社会科学,包括政治、经济、社会、历史,观察现实社会的现象、状况,对自己生活的社会环境充分了解,顺应现实世界的大势与趋向;与此同时,学习自然科学,了解大自然的奥秘。他写道:"现代教师的理论修养,并不是单以武装自己的思想为终极目标。主要的,他应当把自己的正确的知识与态度,转化为儿童的知识与态度。因此,教师们除了一般的修养之外,更特别要注意到教育学术的修养,加强教育学术的认识与运用,这样来达到预期的效

---

[1] 参见《陶行知谈陈鹤琴》,见《陈鹤琴全集》第六卷,江苏教育出版社2008年版,第318页。
[2] 引自俞子夷:《永远微笑的儿童教育家》(1940年),见《陈鹤琴全集》第六卷,江苏教育出版社2008年版,第468页。

果。"[1]在教师"专业性"方面,教师不仅应该以儿童心理为教学依据,还应该了解"学科心理",将儿童心理学原理应用到学科上去,一方面研究儿童怎样学习,即"儿童学习过程"与"状态""特点";一方面研究教材,即何种教材适合儿童的心理与能力。[2]学生学习应经过四个步骤:(1)动机;(2)环境;(3)自习;(4)辅助。任何学习都应成为学生"自主""自动""自助"习惯与行为,其中学生"自发"动机,需要教师引发、支配、指导,学生开始学习的时候,教师须"特别留意,特别慎重"。与此同时,小学教师应成为教学"多面手",不仅具有合作心、热心、守正、坚忍、振作等"道德";还应具有各科教学的经验,包括读法、语言、拼法、算术、史地、公民、卫生、书法、体育、科学初步、音乐。同时,指导儿童、参与学校管理,包括注册保管、制作报告、指导游戏、监护儿童行为等。[3]

1949年陈鹤琴在《教师进修》杂志上发表一篇文章《谁是成功的教师》,文中引用欧美教育各国流行的计分评量表,作为对教师素质评价标准,包括两类:一类是品格、素质;一类是道德、技能(见表7-1);文中引用美国教育家芬纳拟定了一份评价表,作为教师自我检查、评量依据,内容包括身体、言行、生活、职业、工作、待人态度与方式等各方面,将良好的生活、行为习惯、社会性、专业性等方面作为评价教师职业素质的标准。陈鹤琴指出,测量或评价工作或学习成绩,不能仅凭主观臆断,应当采用科学态度与方法,制定客观、具体、详尽的标准,才能真实、有效。(见表7-2)做教师难,做一个成功的教师更难。但是做教师的,谁不想做一个成功的教师?

---

[1] 参见《教育工作者的修养》(1948年),见《陈鹤琴全集》第四卷,江苏教育出版社2008年版,第326页。
[2] 参见《〈小学各科心理学〉卷头语》,见《陈鹤琴全集》第四卷,江苏教育出版社2008年版,第388页。
[3] 参见《谁是成功的教师》(1949年),见陈鹤琴:《怎样做小学教师》,华东师范大学出版社2013年版,第25页。

表7-1　教师应具备的素养[1]（注：标题为本书著者添加）

1. 品格、素质方面。

（1）普通品格。	健康、仪表、声音、辞令、机敏、同情心、合作心、热心负责、诚恳忠实、进取精神。
（2）特殊品格。	a. 对于琐碎事情的兴趣； b. 对于各儿童的兴趣；明慧的忍耐心； c. 明晰的头脑及和蔼的性情。

2. 道德技能方面。

（1）教室管理。	上、下课；进出教室；空气；座次；课内秩序等。
（2）仪容言动。	态度、举动、体格、衣履、语言等。
（3）教材及教法。	组织、复习旧课、指定工作、矫正、活动等。
（4）学生反应。	兴趣、发问、反应等。

表7-2　教师自我检查评量表[2]（注：标题为本书著者添加）

（1）我的仪容。 a. 我的仪容已尽我所能使我感到可爱吗？ b. 我好好地整饬，使头发清洁，双手及指甲经常清洁吗？ c. 我的牙齿及口腔气味表示饮食适当和口腔卫生吗？ d. 我保持直立的姿势，而不依靠书桌吗？ e. 我的头部正直，两肩向后，胸部凸出，足趾支持体重，两臂及两腿舒适地摆动，显得风度优美吗？ f. 我避免坐立不定和用手指旋转铅笔等癖性吗？

---

[1] 参见《谁是成功的教师》(1949年)，见陈鹤琴：《怎样做小学教师》，华东师范大学出版社2013年版，第25页。
[2] 参见《谁是成功的教师》(1949年)，见陈鹤琴：《怎样做小学教师》，华东师范大学出版社2013年版，第26页。

（2）我的康健。
a. 我具有康健而产生的充沛的体力吗？
b. 我的卫生习惯是合理的和有规律的吗？我得到充足的新鲜空气和阳光吗？我有适当的饮食习惯吗？我适当地休息和锻炼体格吗？
c. 我免除健康上的缺陷和可以医疗的慢性疾患吗？
d. 我戒除有害健康的习惯吗？
e. 我能控制我的神经，而不在事后做不负责的推托吗？
f. 我能常年保持有余的精力，而不致发展成慢性的疲劳吗？
g. 我心情愉快，容光焕发，显示心理上和精神上的健康吗？

（3）我的谈话。
a. 在公开场合和私人谈话中，我的谈话能予人以良好的印象吗？
b. 在轮到我说话时，我不垄断他人的谈话时间吗？
c. 我曾察听自己的声音，知道确是悦耳的吗？
d. 假如我有了语音的缺陷，如发音含混、鼻音，或者音节不清等，我有过适当的矫正吗？
e. 我说得相当慢吗？
f. 我每天练习，以期养成清澈的发音和清晰的语音吗？
g. 我常常在增加我的字汇吗？对于发音尚不确知的字，我查阅字典吗？
h. 我经常注意改进我的国语，使之作为学生的模范吗？

（4）我的待人。
a. 即使在别人嘲笑我的时候，我仍能保持幽默感吗？我常常笑，而笑得颇有风趣吗？
b. 我对人讲话委婉而和悦，不过分地率直吗？
c. 我遇致怒之事，仍能保持心平气和，以免自己的感情受伤，而得批评和建议的益处吗？
d. 我从从容容地和他人会晤，正视对方的眼睛吗？
e. 我在宴会时有良好的礼貌吗？
f. 我所写的信富有趣味吗？
g. 我抑制自己，不过分用"我"字吗？
h. 我能充分地报道时事、音乐、文字、运动以及其他方面的情形，不使我的谈话只限于"本行的事"吗？

（5）我的职业。
a. 我是一个本地教育会、省教育会及全国教育会的会员吗？
b. 我从专门的阅读、联合会、暑期学校、旅行等来充实我的教学吗？
c. 我已研究过遵守我的职业的道德规律吗？
d. 我能体味教师职业的重要性，并且熟知它的历史吗？我宁愿教书而不愿做其他的事情吗？
e. 由于自我检讨、指导员的建议，或应用新法实验，我曾发现我的教学弱点，并且努力克服吗？
f. 我曾将我的教课经验撰文发表吗？
g. 我至少用薪水的百分之一来购买经过选择的书籍吗？
h. 在人类福利方面，我至少选择一个重要的范围而做一个忠诚的研究者吗？

（6）我的学生。
a. 我像对待朋友一样地和学生相处，并且建立了相互了解、信任和尊敬吗？
b. 我对每一个学生有真诚的兴趣，使他们感到公平无私吗？
c. 学生有机会和我讨论编级及其他的问题吗？
d. 我的教课是否有良好而有效的计划，使学生们都能真正地学习？学生喜欢我的课吗？
e. 学生对所教的作业和指定的课业，觉得清楚理解吗？
f. 我利用有兴趣的班级活动，来获得良好的秩序，且使每个学习者都做相当的贡献，而非由于勉强服从吗？
g. 对于学习有困难的儿童们，我在课外给以指导，而不引起全班注意他们的行为吗？
h. 我的教室整齐清洁吗？对于我的学生们是一个可爱的儿童之家吗？

（7）我的同事。
a. 我对于同事们的友谊良好吗？
b. 我和同学们、学校行政当局和教育局合作吗？
c. 我对于教室以外的事，如餐厅和运动场的监护等，尽了我应尽的责任吗？
d. 我有庆贺同事们职务上的成功的雅量吗？
e. 我按时地和准确地撰写报告和记录吗？
f. 我认为教师会议是一个学习的机会吗？
g. 我把决不诽谤同事这件事作为一个永久的规约吗？
h. 我能改变我的计划来配合他人的计划吗？
i. 我忠于我所参加的职业团体，并且将它的利益置于自己的利益之上吗？
j. 我履行诺言及义务能够使人信赖吗？

续 表

（8）我的社会生活。
a. 我是一个好邻居吗？
b. 我真正的住在这里，还是做一个流动的教师，兴趣和活动均集中在外面呢？
c. 我参加社会活动吗？我投票选举吗？
d. 我访问学生的家庭，俾能明了他们的背景和需要吗？我向父母们表示我对他们的孩子真诚地感兴趣吗？
e. 我是父母教师联谊会的活动分子吗？
f. 我所教的课业和社会生活相配合，使之变成活的教学吗？
g. 我的社会的及道德的标准与我的职业相称吗？我在校外择交谨慎吗？
h. 我重视本地的风俗吗？

> 什么是真正的教育呢？它就如同是一位园丁的艺术，在他的照看下，百花齐放，万木争春。
>
> ——裴斯泰洛齐

第八章
师范教育

师范教育是陈鹤琴现代儿童教育思想组成部分之一。他对于师范教育的情感与理解，不仅来自于他自身的"师范教育"背景，还由于他怀有的教育理想与信念。他深知师范教育对于儿童教育的重要性，师范教育是师资的"出产处"，也是教育进步的"原动力"，培养优良的国民师资，提高教育质量，要从改良并提高师范教育水平做起。因此，"要培养优良的国民师资，必定要改进现阶段的师范教育"[1]，一方面要引起国家教育当局的重视，发展更多师范学校，培养、训练大量师资，另一方面通过社会大力提倡，使全社会和广大父母都能意识到教育的重要性，将儿童送进教育机构，从扩大师资需求方面，推动师范教育进步。与此同时，师范教育还承担为民众教育培养师资，推动社会教育进步的责任。

在陈鹤琴看来，教育与"师范"是"专业"，应"审慎选择"与科学对待，师范教育不能墨守成规，更不能臆断空谈，而是要实际行动起来，根据本国国情进行研究、实验，并在此基础上进一步充实、改善，培养出"特立独行""多才多艺"的国民师资。师范学校的教师与课程既

---

[1] 引自《师范教育为什么要实验》（1942年），见《陈鹤琴全集》第五卷，江苏教育出版社2008年版，第28页。

要在深度上学习，又要将重心放在学以致用的原则上，学习的内容要以实际需要为主，对于师范生而言，实习是"专业化"训练中必不可少的一门功课。他将"学生出去就不会上课"称为"今天整个中国教育的大病"，并警告说"一定不能再走这条老路，否则一定要失败"。

我们同学应自许是中国幼稚教育的播种者。

我们的同学应自信是活教育运动的开拓者。

我们的同学应自勉着永远做一个教育工作者。

最后，谨以"教不倦，学不厌"两语，与各位同学共勉！[1]

——陈鹤琴

第一节 教育情怀与信仰

追溯陈鹤琴投身教育并将其作为终身事业的初衷，可以从四个方面考察：（1）窘迫、贫困家境与压抑人才的社会环境，导致陈鹤琴二哥阿垚因个人才华不得施展而抑郁夭折，由此深感发现、栽培人才需要社会环境予以保障；（2）陈鹤琴早年在私塾与中学、大学学习经历，以及不同的教师形象与教学风格给他留下的深刻印象及影响；（3）从中学时期开始受到宗教精神的感染，树立"爱人""牺牲""奉献"与"服务"的人生信念；（4）国外教育的影响，包括在哥伦比亚大学受到的教育专业训练与参观黑人教育家创办学校后受到的精神震撼、感染。

陈鹤琴在《我的半生》中记述了在清华学校读书期间做的两桩"很有意义的工作"，都与教育有关，一桩是在学校内办了一所校役补习学校，专为校内从事杂务的校役接受教育而设；另一桩是在学校

---

[1] 引自《〈国立幼专第四届毕业纪念册〉序》(1948年)，见《陈鹤琴全集》第五卷，江苏教育出版社2008年版，第125页。

附近城府村办了一所义务小学，学生大都来自农村家庭。他怀着"人生以服务为目的"信念，一人兼了两所学校校长，教员由同学们轮流担任。后来，陈鹤琴在回顾自己当初办学动机时坦言：当时他与几位同学创办青年会，一方面互相砥砺，以身作则，劝导同学们"皈依真道"，另一方面开展社会服务，提倡教育，体现"博爱"精神。陈鹤琴同窗、挚友郑宗海记述："当时清华园一带村庄，南起大钟寺，西至海淀，早就踏满了这个青年天使的足迹。每到圆明园的废墟映着夕阳残照的时候，他才和一班野老邨童分别回校。有时还需上夜课，那便须携着灯笼，从这些稀疏村落，又沿着曲径驰道，迤逦而归了。"[1] 从那时起，陈鹤琴开始了自己的教育家生涯。

陈鹤琴对于教师职业的观念，也是在清华学校读书时形成的。由于他的少年时代是在私塾度过的，先后拜了四位先生，换了三个私塾，亲身体会到传统教育的死板与严厉。陈鹤琴15岁时来到杭州进入蕙兰中学接受正规教育，用超出常人的勤奋与毅力赶上因私塾"死教育"被耽误的学业并取得优异成绩，由此体会到了"方法"的重要性。19岁时他考上了圣约翰大学，有一位教拉丁文的巴顿（Barton）先生常常使学生感到畏惧，每当学生回答不出问题，他就"总是凸着眼睛，伸着手指严厉地说道'Come on!Come on!'"。[2] 直到半年后考取了清华学堂（后改为清华学校），他接触到的外国教师学识广博、认真严谨、待人诚恳、性格开朗、富有活力，与中国传统教育中"先生"形象大相径庭。陈鹤琴记述："最受我们欢迎的要算那位音乐教师了。她的名字叫西利（Seelye），举止稳重，谈吐风雅。她待我们年轻的学生犹如她的小弟弟，教我们唱歌，教我们做人……"[3] 最使陈鹤琴难以忘怀的两

---

[1] 引自郑宗海：《行年五十尚婴儿》(1941年)，见陈秀云：《我所知道的陈鹤琴》，金城出版社2012年版，第8页。
[2] 引自《我的半生》(1941年)，见《陈鹤琴全集》第六卷，江苏教育出版社2008年版，第517页。
[3] 引自《我的半生》(1941年)，见《陈鹤琴全集》第六卷，江苏教育出版社2008年版，第521页。

位德高望重的师长,一位是时任清华学校教务长张伯苓;一位是时任清华学校校长周诒春。前者声若洪钟,说起话来非常动人;体魄魁梧,望之令人油然起敬。后者则办事认真、毫不敷衍;强调遵守规则与法治;读书要研究透彻,不要马马虎虎、一知半解;做事要实事求是,脚踏实地,从小做到大,从低做到高。陈鹤琴记述:"周校长处处能以身作则,不爱名,也不贪利,说起话来总是诚诚恳恳,切切实实。清华校长换了好几位,而养成清华纯洁学风的,就是周校长。凡是在清华读过书的,没有一个不爱戴他。他真是我们的良师呢!"[1]

1914年8月陈鹤琴结束了在清华学校的学业,登上了前往美国留学深造的邮轮。他先后在美国两所著名学府深造,1914至1917年在约翰·霍普金斯大学学习普通学科,获得学士学位;1917年至1918年在哥伦比亚大学师范学院攻读教育与心理学,获得硕士(教育和社会学)学位;1918年至1919年上半年继续在哥伦比亚大学深造心理学博士学位,后因签证到期等原因,中断学业回国。陈鹤琴形容自己初到约翰·霍普金斯大学时曾像"海绵似的"吸收各种知识,"凡百事物都要知道一些,有一些事物要彻底知道"。他的学习课程包括:政治学、市政学、经济学、教育学、心理学、地质学、生物学、动物学、植物学等。当时,他不仅可以运用英文、德文、法文进行交流,还在教授的指导下开展各种观察、实验、研究,通过显微镜,发现自然界中各种奇妙现象,引发浓厚兴趣,开阔眼界,丰富知识。

陈鹤琴回忆:"动物学也是非常有趣的。我们的教授安德鲁(Andrew)教得真好。讲演是很少的,我们天天在实验室里工作。我记得他讲演总是在我们实验之后进行的。这是一种科学上的归纳法。他先教我们去实验,去研究。我们对实验有什么不了解,当然可以去问他,但是他总是

---

[1] 引自《我的半生》(1941年),见《陈鹤琴全集》第六卷,江苏教育出版社2008年版,第521—522页。

把结果严守秘密的，等到我们一起做好了，才肯告诉我们，指出我们的错误，比较我们的结果。这种教法真是好极了。现今我国学校里的教员还不是拿着书本死教？还不是把活的科学用死的注入法讲死了吗？"[1]

美国学校与教授十分强调观察、实验的"广泛兴趣"与"直观性"学习、研究、教学方式、方法对陈鹤琴产生深刻影响。他深切感到，对于学习者而言，"最重要的不是许许多多死知识，乃是研究的方法和研究的精神"；"方法是秘诀，方法是钥匙，得到了秘诀，得到了钥匙，你就可以任意去开知识的宝藏了"。[2] 郑晓沧评论："因陈君向来喜欢做观察实验功夫，实有科学家的精神。但后来仍旧拿这种功夫回到'人'的研究上去……"[3]

1917年陈鹤琴在约翰斯·霍普金斯大学完成本科学业，转入哥伦比亚大学师范学院专攻教育学科。这一时期，美国进步主义教育权威、哲学家、教育家约翰·杜威（John Dewey，1859—1952）已经退休，另一位美国进步主义教育代表人物、杜威的学生基尔帕特里克成为陈鹤琴崇拜的"偶像"。他记述："基氏是师范学院里最著名而最受学生欢迎的一位教授。在他的班上听课的，总是拥挤不堪，每学期总有几百人，不但学生人数多，而且学生之杂为任何大学、任何学科所不及。他的班上学生有从本国来的，有从英国来的，有从法国来的，有从西班牙来的，有从墨西哥来的，有从非洲来的，有从亚洲来的。男女老少，各种人类，一应俱全。基氏为什么有这样的魔力呢？他的思想有魔力，他的教法有魔力。他是主张言论自由、思想自由的。他不肯抹杀别人的思想，也不肯放弃自己的思想。他要集中各种见解、各种思想来解

---

[1] 引自《我的半生》(1941年)，见《陈鹤琴全集》第六卷，江苏教育出版社2008年版，第536页。
[2] 引自《我的半生》(1941年)，见《陈鹤琴全集》第六卷，江苏教育出版社2008年版，第537页。
[3] 参见郑宗海：《珠玑满幅，美不胜收》(1925年)，见《我所知道的陈鹤琴》陈秀云编选，金城出版社，2012年1月，第6页。

决疑问,来解释难题。所以他所用的教法是独出心裁而能刺激思想的方法。他不用注入式的讲演法,他用启发式的问答法。这种问答法很有点像希腊哲圣苏格拉底(Socratis)的问答法。基氏先让学生自由分成几十个小组。这种小组生存时期以一学期为限。在未讨论问题之前,先发给我们一张纸,上半张印了十来个问题,下半张印了十几种参考书。各小组自己认定了问题之后,学生课后到图书馆去看参考书,看了参考书,先在小组会议里互相检讨,互相切磋。一到上课时,各组提出意见,意见各有不同,思想各有分别,辩论就开始了。一个问题先由基氏提出之后,班上任何人都可起来表示意见,贡献意见,批评别人的意见,指谪别人的错误。等到各方的意见充分发表后,他老人家起来,对各种意见下一个总检讨。有错误的,他指出错误;有真理的,他指出真理,把一个问题解答得清清楚楚。这种教法是兴奋剂。学生都愿意绞脑回肠去研究问题,检讨问题,辩论问题。在他的教室里二三百个学生没有一个会打盹,没有一个会偷看小说,没有一个不竖起耳朵、提起精神去参加辩论,贡献意见!"[1]

据档案数据记载,陈鹤琴在哥伦比亚大学师范学院攻读硕士学位期间曾先后学习的课程包括教育心理学、教育哲学、中学教育组织结构、学校体制比较学、宗教心理学、思维心理学、社会机构、特殊儿童心理学等。授课导师包括克伯屈(Kilpatrick)、孟禄(Monroe)、布里格斯(Briggs)、拉塞尔(Rassell)、斯威登(Swedden)、鲁格(Rugg)、斯特雷耶(Strayer)、塞勒(Sailer)、帕克雷(Bugloy)、凯内奇(Carnoy)等知名教授。

1917年冬天陈鹤琴曾随由知名教育史家孟禄(Paul Monroe,1869—1974)组织的考察团前往美国南方考察黑人教育,先后参观位于弗吉尼

---

[1] 引自《我的半生》(1941年),见《陈鹤琴全集》第六卷,江苏教育出版社2008年版,第538页。

亚洲的汉普顿学院（Hampton Institute）与位于亚拉巴马州的塔斯基吉学院（Tuskegee Institute），两所学校都以开办面向社会地位低下的黑人群体的学校教育著称，前者由白人将军阿姆斯特朗（S.C.Armstrong）创办，后者由黑人教育家华盛顿（Booker T.Washington）创办，在汉普顿学院，他看到学院中的黑种人学生与白种人学生、黄种人学生地位平等，没有分别；家境贫困的学生可以通过从事校园工作换取学费、膳食费，尤其是黑人女学生围了雪白的围巾，戴了雪白的帽子，比北方许多社会底层的黑人妇女显得更清洁、美丽。在塔斯基思学院，他了解到学校全部校舍都是由学生自己建筑的，学生学会用脑用手，这也是孟禄博士带领他们来此地参观的目标之一。这次考察之旅使陈鹤琴感到了教育改变命运的巨大力量。他写道："一个到了19岁开始读书的黑奴，能够努力奋斗，教导群众，为社会谋幸福，为民族增光荣！我们自命为优秀分子，曾受过高等教育，应如何奋发惕励，为国努力呢！"[1]

通过五年留美学习，陈鹤琴接受美国进步主义教育学说浸濡与正规的专业训练，树立了教育信仰与观念，学习并掌握了一整套科学方法，这奠定了他在回国后从事教育实验、研究、实践的主要源泉与目标。他坚信，教育可以改变人生，在这一过程中，校长的人格与处事方式对于养成一所学校纯美校风来说至关重要；教师的品德、性格、境界与学识对于学龄期儿童思想、个性与学业进步产生直接影响。他将师范教育形容为"教育进行中的船舵"，不仅由于他学习与职业经历都与"师范"有关，还在于他对"师资"、对教育事业重要性的认识与感情，因而情有独钟。他认为，培养大量优良的教师是教育发展的前提，也是师范教育担负的责任。教师的人格、审美、研究与实验态度、专业精神都是师范教育的内容。"师范教育好，造就师资也好，师资

---

[1] 引自《我的半生》(1941年)，见《陈鹤琴全集》第六卷，江苏教育出版社2008年版，第541页。

既然好了，办的教育就不会不好了"。[1] 他的工作搭档陈选善（1903—1972，著名小学教育专家）指出了"师范教育"真谛：第一，教育是一种专业。教师需要经过"基本训练"与审慎选择，因为"教育是一种专业"。第二，即使受过训练的教师仍需要进行包括"在职训练"在内的"进修"，可以理解为"继续教育"。因而实行"辅导制"，以"帮助教师解决教学上的问题，谋专业的进步"。[2]

然而，当师范教育地位与作用被广泛共识并确认之后，20世纪20年代中国教育界普遍担忧的问题，一是提高"师范教育"质量与水平，以满足数量日益增多小学、中学对合格教员的需求；二是防止"师范教育"因设施、教学水平相对落后等原因使外国教会势力"乘虚而入"，导致"教育主权"旁落他人。陶行知批评中国师范教育"或是从主管的头脑中空想出来的，或是间接从外国运输进来的"。他提出警告："这种师范教育倘不根本改造，直接可以造成不死不活的教师，间接可以造成不死不活的国民。"他将"旧师范教育之如何改造，新师范教育之如何建设"形容为"国家所托命"与"中国今日教育最急切的问题"。[3]

第二节　中国师范教育改造

据资料考证，最早将"师范"作为学校类别，其汉语名词是由日本人创立，意指训练师资的专门学校。清光绪二十九年（1903年）继《钦定学堂章程》（史称"壬寅学制"）后，奉朝廷指令，管学大臣张百熙、山东学政荣庆、湖广总督张之洞等人参照日本学制拟定《奏定学堂章程》（史称"癸卯学制"），成为中国近代第一个正式施行的学制，

---

[1] 参见《师范教育的根本问题》(1928年)，见《陈鹤琴全集》第四卷，江苏教育出版社2008年版，第26页。
[2] 参见陈选善：《教育学说与实施的沟通》，原载《小学教育》第一卷第一期，1939年。
[3] 参见陶行知：《中国师范教育建设论》(1926年)，见《中国教育改造》，商务印书馆2014年版，第79页。

其中包括《奏定初级师范学堂章程》《奏定优级师范学堂章程》，从而将"师范"作为学校类别正式固定并沿用至今。1912年2月清朝最后一位皇帝宣告退位。同年民国政府教育部先后公布《师范教育令》《师范学校规程》，规定师范学校以造就各级学校教员为目的；师范学校建制一律"公立"，办学经费由各省或国库"支给之"；同时规定"师范学校、高等师范学校学生免纳学费，并由本学校酌给校内必要费用"。[1] 同时强调"修身"内容："在养成道德上之思想情操，勉以躬行实践，且为师表之品格，并解悟高等小学校及国民学校修身教授法"；"修身首宜采取嘉言懿行，就学生平日行为，指示道德要领，渐及对国家社会家族之责务，兼受伦理学大要及教授法与演习礼仪法"；"讲经要旨，在讲明吾国古先圣哲相传人伦道德之要，尤宜注意于家庭社会国家之关系，以期本经常之道，适应时世之需……"[2]

随着新教育日益普及，学校数量骤然增多，选择、训练更多合格的师资成为当时教育界面临的急迫工作。时任"南高师"教务主任、留美博士郭秉文（1880—1969）感叹道："合格教员选择之难，为吾国近世教育进行之一大障碍。"他在《中国教育沿革史》一书中写道："事实上，中国是在没有充足教员的情况下对全球1/4人口进行教育工作的。假如没有如此严重的教员短缺问题，中国新教育的发展或许比期待的还要快；假如中国新教育能够招募旧式学校中的教员，则学校增加虽多问题也不会如此之难。不能这样做的原因在于，中国旧学校教员的素养不符合新学校的需要。尽管有大量旧学校中的教职员赋闲，也不能在新学校中找到出路。许多中国科举时代的旧学人才缺乏新学校教育所需的知识和技能。在旧的教育制度下，没有教员资格的检定，大量儒士只需在科举考

---

[1] 参见舒新城：《中国近代教育史资料》，人民教育出版社1961年版，第708—711页。
[2] 参见舒新城：《中国近代教育史资料》，人民教育出版社1961年版，第712页。

试中考得第一个功名，便都可以设馆授学。这些教员除了遵循私塾早已形成的遗规和习惯，无须检定书，没有强制要求的教科书和课程表。这些人或被聘到学生家中开课受徒，或在自己家中授课。这种私塾的学生总人数很少超过20人，教学方法注重记忆而非发展理解能力。而在新教育制度下，教员的地位与所面对的情境则大不相同。他必须掌握的不仅是经学和做文章，须教一个班的学生而不是一个人，而且新学校中教员须注重发展学生的推理能力而不仅是记忆力。旧式私塾先生不容易适应新学校的秩序，他们已经养成了保守的特性，不肯轻易放弃已经习惯了的旧式教学法。尽管如此固执，但在试图使用新学问、新教授法时，他们也不得不承认其灵便和自己显得笨拙。由于担心出错，他们一旦进到新学校依然要紧紧抱着教科书，谨守其范围，少有变化。他们仍然有意无意地过于偏重记忆力，自己不试图思考，也不喜欢适应学生的快速思考。在他们看来，现代教育学是一种如此新的科学，以致他们或者根本就无法欣赏，或能欣赏到却不能熟练和有效地运用其价值……"[1]

当时，政府当局和民间通过各种方式寻找合格师资满足学校发展需要，第一个来源是教会学校毕业生；第二个来源是声誉卓著的学者；第三个来源是聘请外国教师；第四个来源是招聘海外留学生，主要是在日本与欧、美发达国家深造、成绩优异的留学生。对于师范学校而言，因其性质是为普通学校培养、训练合格师资，学校教育关系于社会进步，因此教员素质与教学法改革显得更为重要。1919年8月正在哥伦比亚大学师范学院准备博士论文的陈鹤琴中止了学业返回国内，应邀来到南京高等师范学校（简称"南高师"）担任教育科心理学教授。这所学校前身是中国国内最早的高等师资培训机构之一，创办于光绪二十九年（1903年）的三江师范学堂（1905年改为两江优级师范学堂，简称"两

---

[1] 引自郭秉文：《中国教育制度沿革史》（储朝晖译），商务印书馆2014年版，第157页。

江师范"),1915年9月在原"两江师范"旧址上成立南京高等师范学校,由原江苏教育司司长江谦(1876—1942)担任校长,留美博士郭秉文(1880—1969)担任教务长。1919年9月郭秉文继任校长,陶知行(后改名行知,1891—1946)担任教务主任兼教育科主任,聘请一大批海外归国留学生担任教授,推行一系列改革措施,与北京高等师范学校(简称"北高师",1912年创办,首任校长陈宝泉)一道被誉为中国"新教育摇篮"。有数据显示,至1918年10月"南高师"教职员合计94人(其中美籍3人)。

在许多教育家看来,中国教育进步的引擎在于师范教育的改造与建设,教师,尤其小学教师的薪酬与社会地位有待于提高。随着教师社会地位提高,师范学校所受重视程度随之提高;同时,小学教员自身素质、修养,包括各学科综合能力应当进一步加强。教育家蔡元培(1868—1940)强调小学教员在社会上的位置最重要,形容"其责任比大总统还大些";因此"师范生的程度,必须各科都好",甚至"一个师范生可以办一个小学"[1],即所谓"通识教育"。师范学校应消除自身存在的弊病,适应教育逐渐普及后社会对教师日益增加的需求,同时改造师范学校体制、课程与教学方法,培养作为未来教师的师范生的实际教学能力,使他们成为"新教育"倡导者、推行者。陶行知将师范教育建设作为中国教育改造的重要内容,他在《中国师范教育建设论》一文中将师范学校建设基本问题确定为:(1)教材,即"运用环境之已有的事物去引起学生之活动"。(2)教法,即"要什么,学什么;学什么,教什么;教什么就拿什么来训练教师"。(3)怎样选择师范生,即"谁在那儿教,谁喜欢教,谁能教得好就应当训练谁"。他提出中国师范教育改造具体措施:(1)消除"两个隔阂",即师范学校与附属学校的隔阂;

---

[1] 参见蔡元培:《对于师范生的希望》(1921年),见《蔡元培选集》,中华书局1959年版,第176页。

附属学校与实际生活的隔阂;(2)培植学校"生活力",训练具有"生活力"的教师,培养具有"生活力"的国民。因材施教,因地制宜。[1] 他站在"生活教育"立场,主张"师范学校是要运用环境所有所需的事物,归纳于他所要传布的那所学校里面,依据教学做合一原则,实地训练有特殊兴味才干的人,使他们可以按着学生能力需要,指导学生享受环境之所有并应济环境所需"……[2]

第三节 "师范教育下乡"与"艺友制"

1926年1月陶行知在《新教育评论》第一卷第6期撰文,倡导"师范教育下乡运动",目的在于解决乡村学校教师短缺困境,以通过普及乡村教育,实现改造乡村,进而推动社会进步理想。他认为,中国的师范教育,过多注重于书本教学,忽视教学实践是造成学校教育"死读书"和"读死书"现象的根本原因。师范教育在课程、教法等方面应区别于普通学校,充分体现"师范"的特点;同时,师范教育须改变"专注书本教学"传统观念与做法,重视"实习"与"教活书""活教书""教学做合一,学由于行"。

几个月后,陶行知又在《新教育评论》杂志发表《天将明之师范学校——江宁县立师范学校半日生活记》一文,称江宁县立师范学校实行生活化、社会化新型办学方式为"天将明的生活",与之相对照,更加感到"中国的师范教育过了二十多年的黑夜生活",由此"现在居然要天明了,要看见阳光了,要吸收朝气了,真是爽快啊"![3] 这所学校根据陶行知先生提出乡村学校标准校长三层资格,师生共同"每天天没

---

[1] 参见陶行知:《中国师范教育建设论》(1926年),见《陶行知全集》第一卷,四川教育出版社1991年版,第90—97页。
[2] 参见陶行知:《中国师范教育建设论》(1926年),见《中国教育改造》,商务印书馆2014年版,第74页。
[3] 参见《天将明之师范学校》(1926年),见《陶行知全集》第一卷,四川教育出版社1991年版,第62页。

有亮就起来过着农夫的生活，大家都快乐得不得了"。陶行知先生所提出的乡村学校标准校长的三项资格：（1）他要有农夫的身手；（2）他要有教师的头脑（注：后改为科学的头脑）；（3）他要有社会改造家的精神。在参观过程中，陶行知在学校里吃了一餐饭，由身着围裙的教员、学生执掌灶台，每桌三碗菜：一碗红烧肉，一碗炒白菜，一碗青豆煮豆腐。餐后，陶行知激动不已，甚至想向全国县立师范学校建议两句口号：一句是"不会种菜，不算学生"；另一句是"不会煮饭不得毕业"。陶行知写道："我参观之后觉得有三种感触，一是该校有贫而乐的精神，从校长以及教员、学生都有这贫而乐的精神。全校四十人，每月只有经费二百元，已有两个月没有发了，这不是用钱很少吗？社会待他们虽然冷淡，但是他们并不因此灰心，他们只是勇往直前地奋斗。二是该校有学小学的虚心。我曾说过，办中学要多学小学，少学大学。办师范更应学小学。师范学校的职务是要采取优良小学的办法训练学生，以广流传。该校聘请尧化门、燕子矶两校教员帮助训练学生，他们放弃了一般师范学校的空架子，宁可虚心受小学之指导，这种不耻下问的态度实是一切进步之母。三是该校有远大的前途，影响所及，可以为中国师范教育开一新纪元⋯⋯"[1]

　　1927年3月15日中华教育改进社试验乡村师范学校（简称晓庄师范）在位于南京城郊和平门外、劳山山麓的小庄村（后改为晓庄）举行开学典礼。"师生们一早从暂住地——燕子矶小学出发，穿着草鞋，拿着绳索，扛着帐篷，到了晓庄"后，搭建四顶帐篷，供来宾休息，又用木料搭成高台，向农民借了张八仙桌、几条长板凳。会场布置得十分简朴⋯⋯"[2]陈鹤琴作为参加这场开学典礼仅有的几位嘉宾之一，对于当年

---

[1] 引自《天将明之师范学校》(1926年)，见《陶行知全集》第一卷，四川教育出版社1991年版，第65页。
[2] 参见王文岭：《陶行知年谱长编》，四川教育出版社2012年版，第200页。

情形记忆犹新、激动不已。他钦佩陶行知的高尚人格与非凡的精神、勇气。他记述:"陶行知先生办晓庄师范的时候,指青天为屋顶,指黄土为地板的那种伟大气魄,更是我精神上的鼓励。晓庄师范开学典礼的那一幕情境,给我的印象太深刻了……"[1]

应陶行知邀请,陈鹤琴担任晓庄师范第二院(乡村师范院)院长、指导员,在他的指导下,其助手张宗麟、徐世璧等创建了中国国内第一个农工幼稚园——燕子矶幼儿园。为解决学校师资问题,陶行知提出"艺友制",将学生作为"艺友"送进幼稚园实地学习,由幼稚园中一两位有经验教师"带徒弟"。陶行知对"艺友制"解释:"艺者艺术之谓,亦可作手艺解。友为朋友。凡以朋友之道教人艺术或手艺者,谓之艺友制教育。"同时,陶行知将"教学做合一"确定为实行"艺友制"根本方法,即"教法根据学法,学法根据做法";"共教、共学、共做"[2],陶行知希望将这种新型教师培养方式作为改造传统师范教育模式的新途径,对此陈鹤琴全力支持,一方面将自己主持的鼓楼稚园作为"艺友制"培训中心,并与晓庄师范附属燕子矶幼稚园、樱花村幼稚园、晓庄幼稚园等乡村幼稚园共同形成新型幼稚教育试验的"共同体",并成为不久后创办《幼稚教育》杂志(《儿童教育》杂志前身)与幼稚教育研究会(中华儿童教育社前身)的基本力量;另一方面,陈鹤琴利用担任南京特别市学校教育课课长的身份、声望与影响,向南京女子中学及南京中学师资科征求同意,派遣毕业生到市属各小学作为"艺友"补充师资,进而使"艺友制"超越为乡村学校培养师资力量,而作为推动师范教育改革的一项具体举措。陶行知记载:南京特别市教育局亦拟招收艺友十余人,以培植教育行政人才。现此制推行至为迅速,影响所及,均

---

[1] 引自《创办幼师的动机和经过》(1947年),见《陈鹤琴全集》第五卷,江苏教育出版社2008年版,第36页。
[2] 参见《艺友制教育》(1934年),见《陶行知全集》第二卷,四川教育出版社2008年版,第587页。

有五端：（1）凡有优良教师之学校皆可招收艺友，成为训练教师之中心；（2）附属学校将失去惟一实习场所之资格，倘附属学校欲负训练教师之责，便非根本改造不可；（3）推行义务教育之师资可以增加一伟大之来源；（4）优良乡村小学教师既可招收艺友，自能解除生活上一部分寂寞；（5）根本推翻师范教育之传统观念。[1]

陈鹤琴对陶行知的崇高人格、信仰与其所倡导"生活教育"学说、"教学做合一"教学方法，以及晓庄师范的成功深信不疑，并受到极大的鼓舞。他采用了陶氏语言风格对"艺友制"作用进行概括："打破从前纸上空谈，大书呆子教小书呆子的陋习。简言之，就是教、学、做三者合一"。由于传统师范学校不收膳食学费，因此招收的学生并不一定都以毕业后从事教师职业为己愿，因此"学生毕业之后有的赋闲，有的改行，有的勉强去当小学教师，脑筋中却存满了五日京兆的观念。这种样子办教育，难怪没有良好的结果了"。有人批评传统的师范教育"理论的，书本的，实际不能应用的"，培养的学生"麻木不仁"，"以下乡为畏途"；"平时衣长衣，着马褂，大有举步维艰的现象。叩之以菽麦，则瞠目无以对！如此人物，怎能适应乡村？指导农民？"陈鹤琴认为，办好师范教育，要解决几个学习的根本问题：（1）相当的动机。"教授任何事情，必定要先把学习此事的动机引起方始有效"。（2）相当的动境。"动机的引起，必须先要有某种需要"。（3）充分的自习。学习的人有了需要，有了动机，才能把学习的事当作切身的问题，不需要外力的压迫，自动地去做。这种自动学习的效率绝大，用其他任何教学方法都是达不到的。（4）相当的辅助。学生一方面自己学习，一方面在遇到困难的时候，还是要教师去辅导指导的。[2]

---

[1] 参见《艺友制的教育》（1934年），见《陶行知全集》第二卷，四川教育出版社2008年版，第589页。
[2] 参见《师范教育的根本问题》（1928年），见《陈鹤琴全集》第五卷，江苏教育出版社2008年版，第26—27页。

陈鹤琴对社会上幼稚园教师训练班、研究会以及主要由教会学校开办的幼稚师范科"颇有雨后春笋，蓬勃生长之势"感到欣慰，同时，对于当局不重视幼稚教育，导致仅有的几所开设公办师资培训机构没多久因经费短缺等原因相继停办，幼稚教育师资基本出自教会学校开办的幼稚师范培训机构的现象而感到无奈与遗憾。他提出，第一，应从国家教育政策层面进一步提高对于幼稚教育的重视程度，改变幼稚教育在学制上的附属地位现状，确定其学制地位，并由政府统筹全国的幼稚教育经费。第二，由教育界共同努力提倡，使全国的父母们普遍地认识到幼稚教育的重要性，送他们的儿女进托儿所、婴儿园和幼稚园。社会上需要迫切了，稚儿教育就自然而然更易发展了。第三，大量地造就幼稚师资。[1]这时，在他心中对于创办一所专门"造就大批幼稚师范师资"的学校抱有极大的信心与期待。

第四节　新实习

1936年上海儿童书局出版了一套师范学校教材读本，其中一本《新实习》（见附1）由陈鹤琴、阴景曙合编，全书分五编，分别为总论、参观、见习、试教、讨论，总计26章，对于师范生"实习"的意义、流程、方法、评价进行详细阐释。书中材料出自陈鹤琴多年对于小学教育与教学过程进行深入研究积累的经验、思考，并根据官方颁布的师范学校课程标准编辑而成。与传统师范学校注重教程、规范相区别，陈鹤琴将研究重点定位在"实习"环节。在他看来，尤其对于未来小学教师而言，实习是教师专业化训练中不可缺少的环节，也是将教育理论与计划实施于实际、实践的教学活动，师范生通过"实习"积累与掌握"做"的经验、技术，

---

[1] 参见《从幼儿园说到幼稚师范教育》(1942年)，见《陈鹤琴全集》第五卷，江苏教育出版社2008年版，第32页。

其意义超过仅从课堂与书本中获取知识，因而应该引起教育、教学研究者的足够重视。陈鹤琴写道："抽象的知识和原理，可由教室内学习而得；实际的经验和能力，全由实习试验而来。学生在教育上的修养，抽象的知识和原理，固属紧要；而实际经验和能力，尤为贵重。实习就是要使知识化为能力，理想化为经验，实为师范教育的焦点。"[1]将"实习"纳入"生活教育"学说与"教学做合一"教学法范畴予以全新阐释，从而使师范教育，乃至教育体系发生"质"的改变，由各环节分隔到相互联络并形成一体；由重"教"到重"学"；由重"书本""知识"到重"实践"与"做"。由此，"新实习"可被理解为师范教育的"创新"与学习方式的"革命"。

实习的目的：

——使学生明了实习的原理、原则，以增进其信念；

——使学生获得小学教育实施的经验；

——使学生熟练小学教员业务上的技能；

——使学生切实明了小学行政的实际及处理方法。

实习的价值：

——学理的认证；

——能力的获得；

——知识的真切。

实习的步骤：

——参观；

——见习；

——试教。

陈鹤琴相信，直接经验对于学习者的重要性，而"教学做合一"是近代教育发展的"新动向"，也是"教学方法上的一个很大的成功"。将

---

[1] 引自《新实习》(1936年)，见《陈鹤琴全集》第五卷，江苏教育出版社2008年版，第130页。

"实习"理论基础建筑在"教学做合一"原理之上,赋予了"实习"新的境界与价值。教育家陶行知倡导"生活教育"学说,提出"教学做合一"方法论,强调以"做"为中心,并作为"真教"与"真学"的基础,以及"真知识"或"伪知识"判定标准。陈鹤琴不仅对这一学说坚定支持、积极响应、深信其中的科学性、生命力,并且在自己的工作领域中努力付诸实施。他指出:"实习是一个活动,这个活动,对事说是做,对己说是学,对人说是教。"他进一步举例:"比如试教生领导儿童扫地,这就是做。因指导扫地而得知如何扫法,才可使地面更为清洁,并得知扫地是一件劳苦的事,同时会想到成天劳动的劳力,是格外辛苦的。因扫地而增进整理清洁的能力,改变处世待人的态度,这便是学;因为自己对于扫地有了经验和能力,而使领导下的儿童都有了扫地的本领,这便是教。"[1] 他出了四道研究题:(1)"教学做"的关系如何?(2)实习和"教学做"有什么关系?(3)什么是伪知识?(4)你对于"教学做"有什么批评?很显然,对于陈鹤琴而言,将"教学做合一"作为理论基础,使师范生"实习"成为推动师范教育改造的力量与具体抓手,与陶行知对于中国师范教育建设的观点、措施形成呼应之势,体现陈、陶之间在精神与事业上的"同志""同道""同行"与高度默契的一致性。

在"生活教育"学说与"教学做合一"方法论体系中,新型"师生关系",即"师生制"是重要条件,也是"新实习"的前提、基础与新意所在。陈鹤琴写道:"师"是"教师","生"是"学生",凡是在教师的立场上,教学生生活上的各种知识技能,就是"师生制"。他试图以"孔子弟子三千,贤者七十二"为例,证明"师生制"合理性。他将"师生制"优点归纳为两方面:从"教"的方面,教师能做到"以身作则";从"学"的方面,可以克服"班级制"埋没儿童个性的缺陷,使学生自由学习,"不

---

[1] 参见《新实习》(1936年),见《陈鹤琴全集》第五卷,江苏教育出版社2008年版,第132页。

论愚笨的或是聪明的，都得个别发展，不致有互相牵制的现象"。在陈鹤琴看来，在"师"，即"指导者"的"范教"与"试教生"的"参观"后，前者与后者进行讨论、交流，既符合"以身作则"原则，也能"适应个性"原则，"在这样的指导之下，收效是很大的"。[1]

　　陈鹤琴将陶行知在八九年前对"艺友制"内涵阐释应用到师范教育，并作为"新实习"理论依据，提出"艺友制师范教育"概念。他指出："师范教育的功用是培养教师。教师的生活是艺术生活。教师的职务也是一种手艺，应当亲自动手去干。那些高谈阔论、不屑与三百六十行为伍的都不是真教师。学做教师有两种途径，一是从师；二是访友。跟朋友操练比从师来得格外自然，格外有效力。所以要想做好教师，最好是和好教师做朋友。凡用朋友之道教人学做教师，便是艺友制师范教育。"[2]

　　陈鹤琴沿用陶行知于1928年在《艺友制师范教育答客问——关于南京六校招收艺友之解释》中[3]对"艺友制"进行"原汁原味"式的说明：首先，"艺友制"不能取代师范教育。师范学校应该根本改造，不能废除。艺友制是要和师范学校相辅而行的，不是拿来替代师范学校的。当时社会上形成将"师范"与普通中学合并的潮流"欠深谋远虑的"。其次，不能将"徒弟制"简单看作"艺徒制"，"'艺徒制'师范教育"（陈鹤琴语）提法并不妥当。"徒"是步行的意思。师傅带领徒弟一同步行固然很好，若是有的师傅坐着汽车而要徒弟跟在后面跑，那就不好了。平常工匠待艺徒如奴仆，秘诀心得又不肯轻传，以致事业不能进步，光阴多耗于没有教育价值之工作。（注："教育"二字为陈鹤琴所加）"所以'艺徒'一词，最好不再沿用。换一个'友'字，则艺徒的好处一概吸收，坏处一概避免了"。（陶行知语）

---

[1] 参见《新实习》(1936年)，见《陈鹤琴全集》第五卷，江苏教育出版社2008年版，第133页。
[2] 参见《新实习》(1936年)，见《陈鹤琴全集》第五卷，江苏教育出版社2008年版，第133页。
[3] 原文载《陶行知全集》第一卷，四川教育出版社1991年版，第154—157页。

陶行知在《艺友制师范教育答客问》一文中对"艺友制"内涵表述：艺友制的根本方法是教学做合一。事怎样做便怎样学；怎样学便怎样教。教的法子根据学的法子，学的法子根据做的法子。先行先知的在做上教，后行后知的在做上学。大家共教共学共做，才是真正的艺友制；惟独艺友制才是彻底的教学合一。[1]

陶行知在这篇文章中浅淡地流露出遗憾情绪："艺友制的理论，看起来似乎是站得住，但是有没有地方实行过，结果好不好？"他在文章结尾处写道："现在南京六校已经联合开始招收艺友，市教育局陈鹤琴课长并拟在市立实验小学及幼儿园中试行……"事实上，当时陈鹤琴因应聘前往上海工部局执掌华人教育事务，未能在市教育局学校课任上实施"艺友制"试行计划，或许这也是陈鹤琴在这本教材性质的读本中全面采用"艺友制"与"教学做合一"原理作为自己对"新实习"及师范教育改造的见解的原因。

从现今看来，尽管陶行知、陈鹤琴对于师范教育改造的许多见解、建议与举措容易使人感觉到某些急迫情绪，竭力将新的教育学说、制度与方法在"师范"领域迅速推广开，因而在专业性、系统性等方面显得粗糙、不够成熟。然而在当时社会对于师范教育改革呼声日益强烈的情况下，迅速找到一条适合中国国情，符合科学性与专业特点的路径、方向成为教育家面临的急迫任务。陶行知、陈鹤琴等热衷于教育制度、教育观念与方法改革的新教育家将自己的许多"革命性""创新性"观念、举措聚焦于师范教育领域，试图将师范教育纳入中国教育改造的大格局中，以此实现"教育救国"理想。由此，陶行知、陈鹤琴被称誉为"中国师范教育改革先驱"实至名归。

---

[1] 原载《陶行知全集》第一卷，四川教育出版社1991年版，第156页。

附1:《新实习》要目

第一编　总论

第一章　实习的意义

一、实习的目的

二、实习的价值

三、实习的步骤

第二章　教学做原理

第三章　师生制和艺友制的精神

一、能以身作则

二、能适应个性

第二编　参观

第一章　学校行政参观法

一、要知道学校好坏的原因

二、要考察学校行政的力量

三、要明了学校概况

第二章　教学参观法

一、要有周密的计划

二、要明了教学方法

三、要知道活动的步骤

四、商榷怀疑的问题

第三章　社会教育参观法

一、要明了社会的环境

二、要探寻举办的事业

三、要调查教育的效果

第四章　地方教育行政参观法

一、可以明了各县教育经费的来源

二、可以明了各县教育现状

三、可以明了地方教育行政实况

第五章　结果整理与报告

一、一天的事情

二、整个的单元

三、全校的概况

四、特殊问题

　　编制报告的两个方法：

　　1. 填写表格

　　2. 文字记载

第三编　见习

第一章　学校行政见习

一、推进校务

二、编订行事周历

三、参加研究工作

四、参加集会

第二章　教导见习

一、参加预定活动

二、编制日课表

三、明了记分方法

四、顽劣儿童的训练

五、填写教导日志

第三章　事物见习

一、物品购买与领受

二、校具修理

三、环境布置

四、训练校工

五、填写事务日志

第四章　见习的方法及报告

一、制定见习范围

二、订定见习通则

三、编订见习程序

四、分配见习工作

第四编　试教

第一章　教材的选择及其排列

一、要适合儿童的需要

二、要适合社会的需要

三、要适合时代的需要

四、要适合环境的需要

　　教材排列原则

　　1. 由已知到未知

　　2. 由具体到抽象

　　3. 由主要到次要

第二章　教具的使用

一、可以帮助儿童了解

二、可以发展儿童天才

三、可以帮助儿童记忆

四、可以经济儿童学习

第三章　教案编制法及使用法大要

一、要以单元为起讫

二、要写出教材要目

三、要确定教学目的

四、要准备教具

五、要计划教学方法

第四章　怎样训练视觉及示范

一、识别距

二、眼停时间

三、回复眼动

四、扫视

第五章　怎样引起注意及发问

一、降低刺激界限

二、减少差别界限

三、缩短反应时间

　　怎样引起儿童注意

　　1. 事物新奇

　　2. 方法变化

　　3. 慎重开始

　　4. 偏重感情

　　5. 善用手眼

　　6. 利用问答

第六章　怎样利用暗示

一、易使儿童趋善避恶

二、容易鼓励儿童实践

第七章　怎样形成概念及记忆

一、注重直观

二、多举实例

三、自做提要

四、练习定义

五、考查因果

第八章　怎样训练思考

一、从研究出发

二、从问题出发

三、从发表出发

四、从设计出发

第九章　怎样维持教室秩序

一、消极方面

二、积极方面

第十章　怎样指导儿童学习

一、学习态度的培养

二、学习用具的准备

三、学习方法的指示

四、学习结果的考查

第十一章　怎样处理儿童成绩

一、要用客观方法

二、要利用儿童自动

三、要多奖励儿童进步

四、要多保留儿童原意

　　儿童成绩处理方法

　　1. 布置场所

　　2. 每周揭示

3. 定期展览

4. 永久保管

第五编　讨论

第一章　参观的讨论

一、可以找出理论与事实不符合的原因

二、可以增加服务的信念

三、可以认识现代教育的趋势

四、可以考查各人的观察能力

　　讨论时应注意之点

　　　1. 勿高谈理论

　　　2. 勿做主观批评

　　　3. 要从小处着手

　　　4. 要有结果

第二章　见习的讨论

一、知道小学行政组织有无改善的必要

二、知道现行的教学方法是否适宜

三、知道小学里各项设施是否需要增减

　　讨论对象

　　　1. 行政问题

　　　2. 教导问题

　　　3. 事务问题

第三章　试教的讨论

一、试教的价值

　　　1. 集中指导

　　　2. 指示教学的过失

　　　3. 增进教学技术

二、试教讨论方式

    1. 分组讨论会

    2. 试教批评会[1]

第五节　师范教育"中国化"试验

陈鹤琴对于涉及教育体制、课程与教学法等方面进行试验、改革一方面持积极态度，热情支持，另一方面保持冷静，主张通过"实验"与"研究"，寻找到一条适合自己国情特点的途径，即"中国化"。与陶行知对于"拉洋车"现象反感相同，陈鹤琴批评中国传统的师范教育"只是一味跟着欧美走"。在他看来，师范教育，包括课程、教材、教法等的改进关系到国民师资的培养，当局在出台改革、改进措施前，可以先设立一或两所实验师范学校作为试点，集中财力、物力与专家资源，给予自由实验研究的机会，工作重点有二：一是谋充实现有的师范学制、课程、教材及教法；二是谋新的师范学制、课程、教材、教法的完成。或许可以理解为，无论旧、新教育制度，都存在自身的合理价值与有待完善之处，任何改革措施都应建立在实验、研究基础之上。他于1942年发表《师范教育为什么要实验》一文，文中写道："我国自倡行新教育以来，迄今已四十多年，而其学制时常变更。例如师范教育学制，忽而独立，忽而合并；忽而效法，忽而仿日；忽而五年制，忽而六年制、三年制。每一次学制的变更，对于教育经费的损失固然很大，而对于师范教育的发展，也不无影响。如果乘此师范教育运动重新引人注意的时候，我们为改进师范教育计，为发展国民教育计，来实验和研究师范教育的得失，使未来的师范学制、课程、教材都能日趋完备，这不是很有价值的一件

---

[1] 原文载《陈鹤琴全集》第五卷，江苏教育出版社2008年版，第129—200页。

事吗？"[1]

陈鹤琴举例，欧美国家推行"新教育"都能注意到"适合本国国情"，原因在于这些国家注重实验、研究，诸如"道尔顿制""文纳特卡制""蒙台梭利教学法""德可乐利教学主张"等学制及教育方法，都是经过实验才产生出来，既适应、体现本国教育特性，又对世界教育潮流产生了积极的影响。而中国师范教育"自己不能创立一个适合我国国情的师范教育，只是一味跟着欧美走"现状说明缺乏对师范教育"下一番实验研究的工夫"。陈鹤琴认为，中国的师范毕业生中产生了许多优良师资，其中大多数是他们从教学实践中逐渐培养而来，因为他们在师范学校所受的教育，经常"学非所用"或"用非所学"，许多教学内容不足以适应实际的需要。在他看来，"师范"教育应体现"师范"特点，满足师范生毕业后从事教师职业与工作需要，"学以致用"，改变"师范教育"许多学科与中学在课程、教法等方面相差无几现状。传统"师范教育"注重书本知识性教学，轻视实习、实践是造成儿童"死读书"与"读死书"习惯的根源之一。可以说"过去国民教育的失败，未始非师范教育之失败所使然"。与此同时，师范生还有一项重要使命，做儿童的师表与社会国民的表率，因此"对于他们的人格、学识、技能、服务种种的修养，确非过去一般师范所能完成的"。陈鹤琴指出，师范教育应该在原有的课程、教材及教法基础上实验与改善，否则就不能培养出富有个性、多才多艺的国民师资。

陈鹤琴建议，政府应从国家与教育层面重视师范教育。由政府主办"国立实验师范学校"应完成两大任务：其一，研究和充实、改进现有的师范教育和国民教育；其二，实验如何创造、完成未来的师范教育和国民教育。在学校设施方面应采取措施：（1）教师：组织国内师范教育专家，提供较好待遇，使其能专心研究；（2）经费：由政府当局提供比

---

[1] 原文载《陈鹤琴全集》第五卷，江苏教育出版社2008年版，第28页。

普通师范学校更充裕的经费;(3)学校体制:打破教师上课制度,附设"实验国民小学",开辟"自治实验区";(4)课程:开展"分科"与打通各学科的"混合教学"研究、实验。在他的理想中,新师资注重两方面能力培养,即劳动生产的技能与建设组织的能力。一个优良的儿童教师同时也是一个优良的社会领导者,不但人格、行为可作他人的楷模,服务、为人也是社会的榜样。"这样重大的任务非需要实验师范学校担负起来不可"。

陈鹤琴提出师范教育实验与改革的三个方面:

1. 将现有的师范课程中教育学科内容扩展起来,将它的职能发挥起来,还要将其他普通学科——如国文、数学、理化等区别于普通中学的教材和教法,要使它充分表现师范课程的特性,使师范生的学习与前不同。要养成他们将来不是为着升学,而是具有教育行政的素养与各科教学的技能;到了服务时,无论教学何科或编辑何种教材,都能运用自如;无论办理儿童教育或成人教育,都能得心应手。

2. 研究师范学制,实验课程内容,如何吸收欧美教育的长处而去其短处;如何才能适应我国的国情,使学制"中国化",师范课程也"中国化"。对于教育方法也不一味效法欧美,且要发扬我国固有教育方法的优良传统。不但可使师范教育适合我国之实际,而且使全世界教育思想也受我国的影响。

3. 把师资的意识态度改变过来,怎样使他们彻底认识教育是国家的百年大计,养成他们对教育服务具有坚定的信念、创业的精神,不致像以往的半途而废,或见异思迁。怎样使他们具有科学实验的态度,来谋教育的进步,不像以前读死书,教死书,重蹈失败的覆辙。怎样使他们成为一个文绉绉的新学究,一如往前士大夫的典型,这一种师资,是不合现在和未来的需要了。我们希望将他们培养成能够化民俗,为社会谋幸福的国家基层政治的中心人物。

与此同时，陈鹤琴还有一个理想，创办真正意义上的幼稚师范教育。他认为，过去的幼稚学校大多是由慈善团体或私人开设，这是远远不够的。国家应从民族前途着想，承认幼稚教育应有的地位；重视幼稚教育与幼稚师范教育的特殊性，"大量地造就幼稚师资"。因为"如果全国要普遍设施教育，那么，一定需要大量的幼稚师资，要造就幼稚师资，就先要大量设立幼稚师范"。[1] 他希望，幼稚师范学校培养的学生应了解幼稚教育的重要性，包括：（1）幼教与儿童；（2）幼教与建家；（3）幼教与建国。学习儿童的基本特点以及教养方法；具有幼稚教师应有的素质，包括：（1）幼稚园教师的任务（包括乳儿、婴儿、幼儿之教养）；（2）幼稚园教师的知能与修养；（3）幼稚园教师的训练。还应学习家庭教育课程，包括：（1）使学生认识家庭教育的意义与重要；（2）使学生明了教养儿童的合理方法；（3）使学生具有爱好儿童的热忱与养护儿童的技能。同时，研究家庭教育的特质，包括：（1）家庭教育的对象——儿童；（2）家庭教育的方式；（3）家庭教育的因素、环境，以及家庭与社会的关系、家庭与学校的关系等。[2]

附：幼稚教育课程标准草案

第一　目标

一、使学生认识幼稚教育在建国工作中之地位，以激发其专业信仰

二、使学生明了幼稚教育的演进及各国幼稚教育的概况，以唤起其研究兴趣

三、使学生熟悉幼稚教育之设施，以培养其工作能力

---

[1] 参见《从幼稚教育说到幼稚师范教育》(1942年)，见《陈鹤琴全集》第五卷，江苏教育出版社2008年版，第33页。
[2] 参见《国立幼师的三个课程标准草案》(1945年)，见《陈鹤琴全集》第五卷，江苏教育出版社2008年版，第46—50页。

第二　时间支配

第二学年第一、二学期每周二小时

第三　教材大纲

一、认识幼稚园

（一）参观幼稚园

（二）参加幼稚生的活动

（三）与幼稚教师开一个讨论会

（四）做一个参观报告

二、幼稚教育的重要性

（一）幼教与儿童

（二）幼教与建家

（三）幼教与建国

三、幼稚教育的演进史

（一）幼稚教育的先锋

1. 夸美纽斯（J.A.Comenius，1592—1670）

2. 卢梭（J.J.Rousseau，1712—1778）

3. 裴斯泰洛齐（J.H.Pestalozzi，1746—1827）

（二）幼稚教育的鼻祖——福禄贝尔（Friedrich Froebel，1782—1852）

1. 福氏的生活和事业

2. 福氏的学说

3. 福氏的恩物

4. 福氏教育的讨论

5. 福氏对于教育上的贡献

（三）幼稚教育的理想者——杜威（John Dewey，1859—1952）

（四）幼稚教育的继起

1. 汪伯拉——托儿所

2. 蒙台梭利（Maria Montessori，1870—1952）

（甲）蒙氏的生活和事业

（乙）蒙氏的教育和教具

（丙）蒙氏教育的讨论

（丁）蒙氏对于教育上的贡献

3. 麦克米伦（Margaret Mcmillan）——婴儿园

4. 希尔（P.S.Hill，1868—1946）

四、幼稚教育的新活力

（一）陶行知

（二）陈鹤琴

五、现代幼稚教育的鸟瞰

（一）美国——幼稚园

（二）英国——婴儿园

（三）苏联——托儿所

（四）荷兰——蒙台梭利儿童园

六、幼稚教育的设施

（一）儿童（初生至六岁）

（二）课程

（三）教学

七、幼稚园的教师

（一）幼稚园教师的任务（包括乳儿、婴儿、幼儿之教养）

（二）幼稚园教师的知能与修养

（三）幼稚园教师的训练

八、中国的幼稚教育

（一）中国幼稚教育的回顾

（二）中国幼稚教育的现状

（三）中国幼稚教育的展望

第四　实施方法概要

一、作业要项

（一）参观及报告

（二）讨论

（三）讲习

（四）阅读

（五）报告

二、教法要点

（一）本科教学应将全部教材分为若干单元，用问题方式提出，以提高研究的精神

（二）教学方法以采取分组研究、集体讨论为主

（三）本科教学步骤须从实地观察入手，以引起学习兴趣，供给研讨的实际资料

（四）参考各种有关幼稚教育的书报，以资比较而知取舍

（五）制作各项图表报告，以加强其对于幼教之认识[1]

---

[1]　引自《国立幼师三个课程标准草案》（1945年），见《陈鹤琴全集》第五卷，江苏教育出版社2008年版，第45—48页。

第九章
特殊儿童教育

> 我们应当在可能范围内尽量去努力用后天的力量去弥补先天或后天的不足,使那些一向被人忽略、被人遗忘掉的特殊儿童得到教育与治疗,他们将会和常儿一样愉快地、健康地生活,成长!
> ——陈鹤琴

特殊儿童研究与教育是陈鹤琴现代儿童教育学说组成部分,体现陈鹤琴作为儿童教育家所具有的人道主义情怀与科学精神。在他看来,后天的教育可以弥补先天的不足,所有儿童都是可教的,关键在于人们的教育观念,尤其是教师的素质;与此同时,特殊儿童教育应被纳入国家教育体系,受到社会普遍重视,反映出一个社会、一个国家普遍的文明程度。对于特殊儿童教育来说,自立、自强的精神与生存、生活能力的培养应该成为教育重点,使更多身患各种残疾的特殊儿童都能成为对社会有用的人。

第一节 特殊儿童教育是社会文明标志

在陈鹤琴看来,特殊儿童教育发展水平是衡量一个国家社会制度、文明程度与教育政策、设施进步与否的重要标准,也是政府当局应担负起的责任。1934年7月至1935年3月他应邀赴欧洲11国考察新教育,在英国访问期间,他了解到仅在伦敦,大约有1万名身心残缺的特殊儿童受到社会的关爱,政府为特殊儿童学校提供充足的设备。在欧洲发达国家和社会主义国家苏联,特殊儿童教育作为教育普及的一项重要指标,面向"整个儿童"群体，由国家教育培养。所谓"整个儿童"不仅指有钱或有天赋的儿童，还包括贫苦的、聋的、哑的、残废的、低能的、犯过罪的各类特殊儿童，儿童们分别都能享受到适宜的教育。政府当局为家庭贫困的儿童免费提供膳食。

在此次欧洲之行中，他曾经遇到一位既聋且瞎的残疾人，由于在一所聋哑学校受到教育，可以与人面对面"交谈"。这位残疾人用手摸摸提问者的嘴巴，便知道对方问话内容，然后在提问者手上"回答"。他还见过一位外国的女孩子，年龄已有29岁，智商却只相当于8岁，接受特殊教育后，可以做一手精致的手工。陈鹤琴列举几位闻名世界的残疾人士通过不懈努力取得成功的事实：一位是美国盲人女教育家海伦·凯勒（Helen Keller, 1880—1968）；一位是俄国盲人诗人爱罗先珂（Vasili Eroshenko, 1890—1952）；一位是从小患有小儿麻痹症的美国总统罗斯福（Frankin D. Roosevelt, 1882—1945）。陈鹤琴在一篇文章中提到，在上海曾有一位名叫格罗布赛的法国音乐家，在第一次世界大战中被打坏了一只手，后来装上假肢后，仍能拉一手相当好的小提琴。陈鹤琴试图用更多事实证明残疾人可以通过教育的力量对社会做出贡献，以说服社会应对发展特殊儿童教育给予足够重视。

1935年，华北局势告急，中日之间的战争一触即发，全国上下响起抗战呼声。国内许多团体、知名人士发出号召，文化、教育界人士积极参加教育能否救国的大讨论。此时的陈鹤琴却在考虑另一个更重要、紧迫的问题：战争一旦爆发，成千上万的儿童，其中包括大量身心残缺的特殊儿童所面临的危险处境。同年8月1日是当时中国政府法定的"儿童年"，陈鹤琴在上海《新闻报》上发表《对于儿童年实施后的宏愿》一文，共九条，其中包括：

（1）愿全国儿童从今日起，不论贫富，不论智愚，一律享受相当教育，达到身心两方面最充分的可能发展。

（2）愿全国盲哑及其他残废儿童，都能够享受到特殊教育，尽量地发展他们天赋的才能，成为社会上有用的分子，同时使他们本身能享受到人类应有的幸福。

……

（9）愿全国慈善家和一切成人们，对于凡百救济事业，先从儿童做起，遇到危险，先救儿童。[1]

1948年夏天，陈鹤琴应联合国教科文组织邀请，出席在捷克举行的儿童教育会议。会议结束后，他去美国考察教育，重点是特殊儿童教育。他对特殊儿童教育定义："特殊儿童教育就是对特殊的儿童以有效的适当教育。"[2] 他认为，从事特殊儿童教育，不仅要有对于"人"与"儿童"价值的信仰，还需要足够的物质条件，包括科学的进步与工业的发达。国家的富足，才能产生包括特殊教育在内的优良教育。在发达国家，教育原则是人人要受教育，人人要尽量发展其天赋，在这个原则之下的特殊、残障群体受到国家、社会所给予特殊照顾，并逐渐制度化。在中国，过去仅有教会开设聋哑或盲童学校，因为数量太少只能起到"点缀"作用，抗战胜利后在上海陆续出现面向伤残儿童、特殊儿童的辅导、矫正机构。随着新中国建立，民族的、科学的、大众的特殊儿童教育具备了实施的条件与可能，国家教育部设立特殊教育处，统筹规划、推动特殊儿童教育事业发展。对此，陈鹤琴满怀期待，他写道："所望全国同志，继起努力，共同策进，尤要者是师资的培养为基本工作；我们盼望教育当局允许各大学师范学院或教育学院及师范大学从速添设特殊教育科训练专门人才，替我国特殊教育先奠下基

---

[1] 引自《对于儿童年实施后的宏愿》(1935年)，见《陈鹤琴全集》第四卷，江苏教育出版社2008年版，第330页。
[2] 引自《特殊儿童教育在美国》(1949年)，见《陈鹤琴全集》第四卷，江苏教育出版社2008年版，第320页。

石，千百万的特殊儿童及特殊成人正等候着呢！"[1]

第二节 特殊儿童"可教性"

20世纪40年代中期，欧美发达国家对"特殊儿童"有两种分类方法，一种分为三类：(1)天才、神经质、顽劣、迟钝；(2)盲、聋、手脚残疾、口吃、患肺病等；(3)犯罪、白痴、癫狂等。另一种分为六类：(1)视觉缺陷的儿童（包括全盲、近视、远视、散光）；(2)听觉缺陷的儿童（包括聋哑、重听）；(3)语言缺陷的儿童（包括口吃、口齿不清）；(4)肢体残缺的儿童（包括肢体残疾、大脑伤残）；(5)问题儿童（包括犯罪儿童）；(6)低能儿童（包括智力薄弱、智慧低劣）。在陈鹤琴看来，造成这些特殊儿童"病症"的原因，既有生理因素，也有社会环境与教育方式、方法等因素。特殊儿童是"可教的"，同时来自政府与社会提供的环境与条件。他列举美国社会对特殊儿童给予的重视，以及对以下"六类"特殊儿童进行教育采取的具体措施：

第一类，视觉有缺陷儿童。全盲的儿童可进入盲童学校，视觉有问题的儿童可进入普通学校专设特别班（又称：视力保护班），教室里光线充足，所有设备都有助于保护视力，如特别印制的特大字体课本、被漆成白色的教学黑板、彩色粉笔等。

第二类，听觉有缺陷儿童。聋哑儿童在小学阶段就进入特殊的聋哑学校，小学毕业后可以和正常儿童一道进入普通中学继续学业。对于"重听"儿童，可以在普通学校中专为此类儿童专设"重听班"。

第三类，语言有缺陷儿童。在普通学校专设特别班，运用适当的

---

[1] 引自《〈活教育——特殊教育研究专号〉卷头语》(1950年)，见《陈鹤琴全集》第四卷，江苏教育出版社2008年版，第325页。

纠正方法来弥补缺陷，以使此类儿童恢复正常。陈鹤琴认为，这些儿童在语言方面存在的"缺陷"大部分形成原因来自"后天"，经特殊训练后可以改善或纠正，并不影响在课堂学习。

第四类，肢体缺陷儿童。此类儿童的治疗与矫正必须在特殊学校进行。当时美国芝加哥有一所伤残儿童学校，设施完备。专为大脑伤残儿童而设，在校学生计800多名，从2、3岁幼儿至17、18岁青年。陈鹤琴描述："这些儿童有的是生来残废的；有的是因后天疾病的关系而残废的。他们不会走路，不会坐，也不会取东西，讲起话来或者有困难。但经过了长期的训练和治疗，不会走路的会走路了，不会坐的会坐了，不会取东西的会取东西了，不会讲话的慢慢儿也会讲话了。据该校校长说，这个学校的毕业生，比普通中学的毕业生进入大学的百分比，还要来得高。"[1] 他认为，形成这种肢体残缺而学业优秀现象的原因，并不在于"先天"聪颖，而在于社会给予的重视，包括许多大学为残疾学生提供的"特权"。

第五类，问题儿童。主要指在青少年时期犯罪的儿童，许多是由包括父母离婚等家庭破裂原因造成。儿童因为失去了父母的爱抚、教育，在心理上发生变态，形成反社会性的行为。在美国，专门设有"儿童法庭"，对于案情较轻的儿童予以警告，对于案情较重的儿童则采取送到特殊的学校进行感化教育等措施。

第六类，低能儿童。对于经智力测验或调查等方法检验所判定"智力薄弱儿童"，专设班次，开展有针对性的职业训练，使这些儿童获得有用的技能，"以便独立谋生，成为社会上有用的公民"。[2] 陈鹤琴举例，20世纪40年代后期。美国纽约在普通学校中开设的特别班次（即"特

---

[1] 引自《特殊儿童教育在美国》(1949年)，见《陈鹤琴全集》第四卷，江苏教育出版社2008年版，第321页。
[2] 引自《特殊儿童教育在美国》(1949年)，见《陈鹤琴全集》第四卷，江苏教育出版社2008年版，第321页。

教班")计 1730 班;其他专收"智力低劣"儿童的"特殊学校"或教养机关遍布各地。对于特殊儿童而言,自尊、自爱、自立比书本知识更重要;被社会关怀、帮助以及慈爱心与生存能力培养,掌握生产技能是特殊儿童生存、生活的基础与保障。

陈鹤琴指出,特殊教育是教育的组成部分,关系到千百万特殊儿童的前途、命运,因此必须由国家主办;特殊儿童机构在国内的散布应该呈网状,以适应特殊儿童分布并不平均的"国情"。陈鹤琴认为:"低能的教育是可能的。现在的问题,并非要不要教育或能不能教育的问题,而是如何教育的问题。"[1] 他力图证明"低能儿童"的"可教性"。他指出,进行"低能儿童研究"根本目的在于教育,大部分"低能"儿童是可以教育的,尽管他们不能如常态儿童一样接受普通学校教育,但他们都可以在优良的指导之下发展成为一个有用的人。换句话说,他们都可以在可能范围以内,不必依赖社会的消极救济来过活。[2] 他倡导,可以专门为"低能儿童"设立特种学校与特别班,实现"因材施教";在教育目标与方式方面,不仅是消极的救济与收养,更为重要的是在可能范围内的自理、自立,最终可以融入社会,具体有四项内容:(1)改进低能的健康状态,使能担负日常劳动;(2)建立低能的思想态度,使能了解自身的工作;(3)培养合作习惯,使能适应集体的生活;(4)训练生产技能,使能维持自己的生活。[3]

陈鹤琴写道:教育的对象本来是"有教无类",而国家对儿童犹之父母之对他的子女,必须一视同仁,不能因为他们的身心智力的差别而遂不顾到他,忽略了他的前途,他的幸福。要知道,2700 多万特殊儿童没有享受教育的机会,就等于使国家多了 2700 多万废人,这对国

---

[1] 引自《低能儿童之研究》,见《陈鹤琴全集》第一卷,江苏教育出版社 2008 年版,第 544 页。
[2] 引自《低能儿童之研究》,见《陈鹤琴全集》第一卷,江苏教育出版社 2008 年版,第 542 页。
[3] 引自《低能儿童之研究》,见《陈鹤琴全集》第一卷,江苏教育出版社 2008 年版,第 546 页。

家是何等大的损失？反过来说，如果给他们以特殊教育，他们就可以好好地发展，而增加了极大的力量。[1]

第三节 低能儿童之研究

1948年至1949年期间，陈鹤琴在上海国立幼稚师范专修科讲授儿童研究课程时，对低能儿童心理研究及教育方法进行专门阐释，经整理后，汇编成《低能儿童之研究》，其中包括"意义"，详细介绍西方发达国家对于低能儿童研究的历史与现状；"分类"，列举低能儿童各种症状以及引起原因；"特性"，包括身体、感觉、运动、智力、情绪、社会性；还有"原因""诊断""教育"，共六章，基本反映当时中国心理学家、教育家对于低能儿童现象的认识与研究的水平；同时，将特殊儿童概念从传统的盲、聋、哑、脑瘫、肢残扩延至低能、弱智等"智能"与"心理缺陷"范畴，从而为采取医疗、教育措施进行早期干预、纠正提供了科学依据与可能性。

在陈鹤琴研究中，将"低能"定义为"一个由于遗传原因或生命早期而引起的心理缺陷的人，其智商在70以下，心理年龄不能超过12岁，其对自身及周围的事物，无法以寻常的审慎来处理，因此，他只能生活在优越的环境之中，且不能跟常态的友伴在同等的条件之下竞争，通常所说的白痴、无能、下愚都归属于低能之中"。[2] 西方心理学家、医学家从病原学、临床诊断、行政、社会学等角度将"低能"分为不同类别，陈鹤琴却认为，各种分类方法不能仅将"低能"进行分类，更重要的是应该从不同类别中找到个别特性，并从社会学角度，采用

---

[1] 引自《中国儿童教育之路》(1947年)，见《陈鹤琴全集》第四卷，江苏教育出版社2008年版，第318页。
[2] 引自《低能儿童之研究》，见《陈鹤琴全集》第一卷，江苏教育出版社2008年版，第496页。

智力测验方式确定各类别标准,以作为"因材施教"依据。

陈鹤琴对"低能者"与常态儿童比照进行研究,内容包括:身体(脑、身高、体重、感官、觉官等)、感觉(视觉、听觉、味觉、嗅觉、皮肤的感觉、其他感觉)、运动(动作控制、联合动作能力)、智力(学习力、记忆、注意力、想象力、推断与判断力、说话、白痴学者)、情绪、社会性等方面进行研究性阐述,并将造成"低能"的原因归纳为遗传、疾病、损伤、营养,其中前二者占大多数。陈鹤琴认为,不能将"低能"帽子轻易戴在正常人头上,尤其是学习成绩不好的儿童,也不能将"低能"与学生留级、不驯服、偷窃、贫困程度、家长职业性质相提并论。陈鹤琴写道:"如果留级的儿童都是低能儿童,那其数将不堪设想。假使单凭留级便判断儿童属于低能,那该是多大的错误。有许多发明家与科学家,如爱因斯坦等少年时在学校中也不曾表现出特异的成绩。所以,儿童留级与否,不能视作低能的标准。"[1]因为,从任何一个片面来评价心理的低能都不可靠,需要进行全面诊断,包括心理(智力)测验、访问调查、生理检查、个性考验。在进行智力测验或评估后,必须靠一种医理上的考察来补充。(见附表1)

国外心理学家、社会学家从方便社会对特殊(低能)群体的保护与教育为目的,将"低能"分为8种等级:(1)一无所能的低级(helpless low-grade),即在能力方面具有很严重的缺陷,连日常生活中最简单的工作也都需要别人的帮助。这一类儿童惟一出路只能由公立或私办机构来收养。(2)适应不良的高级(maladjusted high-grade),包括青年与成年早期的心理缺陷者。这一类群体需要一种管理的机关为其提供服务。(3)身体缺陷的高级(physically handicapped high-grade),包括较为聪明的高级低能,他们需要有一种优惠的环境来过平常的生活。(4)适应

---

[1] 引自《低能儿童之研究》,见《陈鹤琴全集》第一卷,江苏教育出版社2008年版,第537页。

良好的青年高级（well-adjusted young high-grade），实际上是一种潜伏的"下愚"（potential moron），尽管不适应在公立学校中学习或容易在社会交往中引起摩擦，但是可以在优惠的家庭中或公立学校的特殊班级生活并接受良好教育。同时，社会应开办一些相应的机构对他们进行短期训练，以及开展家庭访问与父母教育。（5）适应良好的老年高级（well-adjusted older high-grade），在安定的社会情形之下，尚能在社会中自立。（6）衰老的高级（aged and infirm high-grade），由于身体衰老，生命活力消失，因而依赖性增强。（7）临床的变态（clinical anomaly），需要系统的治疗与康复。（8）精神病者（psychiatric cases），如癫痫病、精神变态及其他精神失常的低能，须经精神病院中的特殊的低能部或者其他机构中的精神病治疗部进行治疗。[1]

随着人类社会进步、发展，社会对于"低能"的态度经历了"愚昧期"（18世纪末以前）"发现期"（18世纪至19世纪中期）"教育期"（19世纪中期以后）三个阶段，尤其在20世纪以后取得了长足进步。一些研究"低能儿童"现象的西方教育家认为，低能可以通过正确的训练得到改进。低能儿童经过训练可以学会生活和小心地管好自己。这就是说，如果一个低能儿在身体上和情绪上都在较为健康的环境中成长；如果他们被送去仅仅限于他力所能及的地方学习和训练；如果他离开学校后就能受到适合于他能力的职业训练和工作；如果社团、教会或者其他什么团体都使他获得健康的娱乐和社会接触，事实已表明，他通常能成为一个自立的、有道德的和快乐的社会成员。[2]

---

[1] 参见《低能儿童之研究》，见《陈鹤琴全集》第一卷，江苏教育出版社2008年版，第501—502页。
[2] 参见《低能儿童之研究》，见《陈鹤琴全集》第一卷，江苏教育出版社2008年版，第542页。

附表 1　低能儿特性与症状

项目	特性与症状
低能的身体	（1）脑：所谓"低能"与"常态"，在脑的部分除了神经组织的差异之外，还有联合中枢的不同。联合中枢发展健全的是常态的脑，联合中枢发展停滞或有根本缺陷的则是低能的脑。 （2）身高、体重：低能的身高、体重与常态之间的差别，远不如心理差异之甚。就一般情形看来，低能在身高与体重方面均不如常态，其相差的程度，随心理缺陷的深度而增加，就是说下愚略次于常态，无能次于下愚，白痴则又在无能之下。 （3）退化的缺点（亦称身体方面的变态）：头部形状不对称；下牙床不规则、牙齿不整齐、门牙凸出，智齿永不出现；手缺指头、多指头等；耳朵与眼睛出现畸形；眼睛左右转动迅速；感觉器官畸形。
低能的感觉	（1）视觉：高级低能。对于形状、大小、颜色常不能做精确的分辨，许多无能与白痴，对颜色的知觉，似乎只限于红色，但患色盲的却并不较常态的为多。 （2）听觉：高级低能。在听觉方面，并无重大的缺陷，在低能中耳聋是不常见的，因为他们的听觉不如常人的敏锐，因此大家每以为他们的听觉有毛病，尤其是无能或白痴，其对别人的说话或其他各种声音，每每不予注意，其实这种漠视外界声音的情况，并非由于听觉的缺陷，实由于他们缺乏注意的兴趣之故。假使你用一个碟子或钥匙击出声音，他们也许立刻就会注意这种声音了。 （3）味觉：在味觉方面高级低能也不若常态之灵敏，但不严重，而白痴与无能则常缺乏味觉的能力，他们对于糖、奎宁、肥皂，分别不出其异味，假使在他面前是泥土或玻璃，他全塞进口中，有人更说无能的味觉在发育的早期就根本缺乏了。 （4）嗅觉：（略） （5）皮肤感觉：（略） （6）其他感觉：（略）
低能的运动	低能在动作的控制方面，每不及常人，从把握自由运动的速度及肌肉联合动作的测验看来，低能的成绩均次于常人，他们常表现一种运用左手的倾向，不然则两手的能力亦不相上下。低能联合动作的发展较迟，其学习跳跃、攀登、下楼梯等需要的联合动作，均感困难。有时白痴竟费几点钟于无因之动作，如身体的前后摇摆、走前退后、自己批掌自己的面额，撕拉自己的耳朵、揪抓自己的头发、顿足、佯笑及点头等。

续　表

项目	特性与症状
低能的智力	低能在智力方面的缺陷及其明显表现。 （1）学习：在学习能力方面，低能儿童在学习方面的进步缓慢，其与常态儿童之间的距离，非但不能相合，而且愈趋愈远。这说明低能儿童在学习上是无法与同年龄的常态儿童相争的。在学习的转移方面，低能儿童也不如常态儿童，甚至当学习的情境略有改动时，他们的学习亦就显示出种种困难。因此，低能儿童对学习的理解方面是没有什么活用的能力的。 （2）记忆：在通常的场合之下，低能的记忆力是不及常态的优越，但在低能中也有记忆的天才存在。这种天才对机械的记忆力特别强，但对于通常事物的记忆，却又显得低落了。 （3）注意：低能的"注意"大都停滞在婴儿阶段，他们或者是专门注意面前的某一东西，或者对什么也都不去注意。一般的低能，在有意的"注意"方面，都表现着很大的缺陷，他们甚至根本不能做有意的"注意"，缺乏有意的"注意"，其结果是注意力无法持久。 （4）想象：心理缺陷的儿童，在图画、积木及制造模型的学习上，只能按原有的样式模仿，却不能别出心裁来创造。低能儿童的想象能力与联想能力均不如常态儿童。 （5）推理和判断：下愚与无能大都缺乏这种能力，白痴儿几乎是完全不可能有这种活动。 （6）说话：说话与智力的关系非常密切。低能儿童的说话，不仅发展较迟，而且发音不正确。有些低能儿童只会说污秽的话。 （7）白痴学者：有一类白痴在某一方面可说是"天才"的学者，具有特异的机械记忆能力或记忆很长的数目。白痴天才，不仅发现于记忆方面，甚至从图画、雕刻等方面也往往能够发现，其成绩表现得非常优良，但是却没有加入任何思考的成分。同时，他们又只能限于一定的环境之下工作，否则就无法适应。
低能的情绪	低能的情绪不如常态的稳定。最下级的白痴似乎没什么情绪的与情感的反应，在高级的白痴，才有快与不快的情感。无能在情绪方面则较为复杂，他们有怕、怒、忧愁、惊讶、情爱、厌恶等情绪的表现。下愚则更加繁复，但多半是暂时性的。
低能的社会性	低能在社会性的发展上，一般显示落后，他们对于社会生活的适应能力非常缺乏，日常生活中，处处都需要别人的帮助。一方面他们很易接受别人的暗示，另一方面他们又不敢向别人发问，因此，低能儿童最易听从别人的指挥，自甘屈服。但也有一种"低能"却表现着极恶劣的行为倾向，称为"道德的无能"，具有这种缺陷的"低能"，几乎完全失去了道德心的控制。

［以上表格为著者整理，可参见《低能儿童之研究》（1948年），见《陈鹤琴全集》第一卷，江苏教育出版社2008年版，第504—518页］

第四节　特殊儿童教师需具备的条件

陈鹤琴认为，从事特殊儿童教育的教师不仅要具有慈爱、同情的精神，像爱护自己儿女一般以爱以德来温暖、呵护特殊儿童，"使他们在心灵深处获得人们的同情，因而安于自己的生活与学习"。[1]同时，由于教学对象特殊性，特殊教育教师还应该具备科学家与医生的专业素质。无论是教材或教学方法都应适应特殊儿童心智发育特点。从事特殊儿童教育教师在选择职业时"不能不先有缜密的考虑"。（陈鹤琴语）

由于特殊儿童在学习、交流与创造自动能力等方面较弱，因此对于教材与教师及教学方法的依赖性更强。由于特殊儿童认知能力限制，要求相关教材应符合下列原则：（1）教材是简易具体的；（2）教材是实际切用的；（3）教材是适合个性的；（4）教材是生动有趣的。他认为，特殊（低能）儿童创造自动能力有限，其学习完全依赖教师优良的教法。最常用的四种教法：

1. 启发教授法。主要是根据儿童已知与未知的事物，引导其观察、分析、比较诸事物间的关系，并使其用自己的文字符号或动作表现自己的知识及思想。

2. 渐进教授法。这是根据儿童的程度由浅易渐进于艰深，由小渐进于大，由近渐于远，使儿童的知识逐渐丰富，逐渐扩大。

3. 实物教授法。是教学过程多多利用实物的观察与实地的考查。例如实物、过程、活动、设计、实例、表演、图画、影片、实物教课、

---

[1] 参见《低能儿童之研究》，载《陈鹤琴全集》第一卷，江苏教育出版社，2008年8月，第550页。

实地考察及旅行等法教授儿童，而不应专重文字、标记、规则、程序或原则等。

4. 设计教授法。所谓设计教授法，在普通教学中应用很普遍。其方法就是在生活环境中用具体材料从事建设活动。其主要的观念，就是把各科教学集中于一个中心活动，儿童可以从中广泛地学习知识，练习技能。[1]

陈鹤琴强调，在特殊（低能）儿童施教过程中应注意四个基本原则：（1）以"做"为中心，积极启发、鼓励儿童自动自发地去做，同时教师也在"做中教""做中学"；（2）从观察入手，引导儿童从事于实际的观察，一方面可以增进教学的兴趣，一方面可以学习一些直接的知识，使儿童易于接受；（3）利用特殊（低能）儿童对暗示感受强烈的心理特点进行教育，可以解除儿童不良的习惯与态度，还可以养成儿童优良的倾向。"所以利用暗示方法，在低能教育的过程中可说是非常重要的一点"（陈鹤琴语）；（4）交替方面的运用，引起积极反应，对养成低能儿童生理及心理习惯更为重要。[2]

陈鹤琴指出，特殊儿童学校教师需具备高尚的人格与情操、温良的性格、亲切的态度，还应掌握娴熟的教学技术，做到"心灵手巧""无所不能"。他为特殊儿童学校教师制定以下20项标准：（1）言语要清楚；（2）语言要庄重；（3）态度要和善；（4）说话要多反复；（5）态度要快乐；（6）态度要真诚；（7）对儿童要亲切；（8）对儿童要多鼓励；（9）对儿童的成绩勿奢望；（10）要有忍耐性；（11）要有音乐才能；（12）要有劳作才能；（13）要有看护本领；（14）要有高尚人格；（15）要会讲生动的故事；（16）要会做有趣的游戏；（17）要会做精巧

---

[1] 参见《低能儿童之研究》(1948年)，见《陈鹤琴全集》第一卷，江苏教育出版社2008年版，第548页。
[2] 参见《低能儿童之研究》(1948年)，见《陈鹤琴全集》第一卷，江苏教育出版社2008年版，第548页。

的玩具；（18）要有敏锐的目光；（19）要有会意的本领；（20）要存同情的心理。[1]

陈鹤琴从以上各项标准中提取了5项作为从事特殊教育教师应具备的基本条件予以强调：

1. 曾有专业训练。凡从事特殊儿童的教育者应有专业的训练。有关特殊儿童的基本问题，均先有概略的认识，然后，才知如何着手进行教育，低能儿童的教师亦然。

2. 要有学者的态度。低能教育是要求很高的工作，教师须具备学者的态度，把教育作为不断研究的过程，随时发现问题，随时解决问题。他是研究者，同时也是科学家。他可以用最大的努力来发掘新的方法。因为，低能教育在今日还不曾有轨道可循。

3. 要有医生的精神。医生对病者是无微不至、无微不察的。低能儿童教育，一方面固然说是教育的过程，同时，也正如医生对病者一样兼具医疗的过程。低能心理的停滞现象至为细微，教师对儿童的观察，须有这种医生精神。

4. 要有事业的意志。从事于低能教育的教师，不能视这种工作为寻常的职业。他应明了自己的任务，把这种教育工作作为自身终生的事业，为低能教育，亦即为自己的事业前途，亦即为全社会的进步而努力。具有事业的意志，我们才能以最大的坚忍与效率来推动这种教育的发展。

5. 要有慈母的心肠。低能儿童需要我们去同情、去感化。一个低能儿童的教师，对儿童尤应视同自己的子女，以爱、以德来温暖儿童，使他们在心灵的深处获得人们的同情，因而安于自己的生活与学习。[2]

---

[1] 参见《低能儿童之研究》(1948年)，见《陈鹤琴全集》第一卷，江苏教育出版社2008年版，第549页。
[2] 参见《低能儿童之研究》(1948年)，见《陈鹤琴全集》第一卷，江苏教育出版社2008年版，第549—550页。

第五节 创办特殊儿童学校

抗战胜利后,陈鹤琴回到上海继续为宣传、呼吁、推广包括特殊儿童教育在内的儿童教育事业不停奔波、呼号。他提出,儿童教育应从三方面积极着手:(1)幼儿教育;(2)国民教育;(3)特殊教育。关于特殊教育,他提出"分别施教",即将特殊儿童与普通儿童分开,"依据生理或生理的研究,对他们施以适合其需要的特殊教育",实现"因材施教,各得其宜"。[1] 自近代以来,中国一些城市出现由传教士开办的聋哑或盲童学校,数量很少,只能作为社会的点缀。据陈鹤琴的推算,当时中国的特殊儿童数量应在2700多万,相当于欧洲比利时、瑞士等6国人口总和。怎样才能将这些儿童从不幸的境地中解救出来?国家与社会都应尽到自己的责任,使各类特殊儿童都能得到由政府提供的适宜教育。陈鹤琴向政府当局提出关于发展儿童教育的四个建议,包括将教育部国民教育司改称儿童教育司,下设幼儿教育、国民教育、特殊教育各科,从而将特殊儿童教育提高至国家层面。同时建立专门的国立儿童教育师范学院,下设幼儿教育系、国民教育系和特殊教育系。在特殊教育系中附设特教师范学校,下设盲童学校、聋哑学校、残废儿童学校、神经病儿童学校、天才儿童学校、低能儿童学校。他认为,特殊儿童教育一定要特别分开,依据生理或心理的研究,对他们施以适合其需要的特殊教育。譬如聋、哑、盲、手脚残废、患肺病、白喉、疯狂的孩子,这些都是特殊儿童。如果聋哑儿童或患肺病的儿童和一般正常的儿童一起读书,固然不行。就是常态分配中的天才和低能的儿童在普通学校读书也不大合适。必须让天才儿童进天才儿童学校,来培养一些杰出人才,不要让环境把他们平白埋没了。把低能儿童送到低能儿童学校,聋哑的

---

[1] 参见《中国儿童教育之路》(1947年),见《陈鹤琴全集》第四卷,江苏教育出版社2008年版,第316页。

送到聋哑学校读书，这样因材施教，各得其宜。他主张，特殊儿童教育必须由国家承办；由于特殊儿童在各地区分布并不平均，因而特殊儿童教育机构在国内的散布应当是网状的；为推广特殊教育，必须立即着手特教师资的培养。

1947年春天，陈鹤琴在上海筹办全国第一所特殊儿童研究机构——上海市特殊儿童辅导院，计划招收盲、聋哑、伤残、低能、天才类特殊儿童，研究特殊儿童心理与教学方法。他怀有一个信念："我们应当在可能范围内尽量去努力用后天的力量去弥补先天或后天的不足，使那些一向被人忽略、被人遗忘掉的特殊儿童得到教育与治疗，他们将会和常儿一样愉快地、健康地生活，成长！"[1] 当时，国民党政府风雨飘摇，社会动荡，民不聊生，办学经费十分困难。陈鹤琴与助手们将筹备处设在位于大西路（现延安西路）649号英军遗留下来的三排破旧木板搭成的营房里，聘请留美回国的特殊儿童教育专家陈咏声女士，领衔领导由12位分别来自圣约翰大学、金陵大学、重庆女子师大、中央大学等知名高等院校教育系毕业生组成的辅导组开展研究，拟定课程方案；同时成立生活组，聘请营养专家负责学生的伙食营养。陈鹤琴经常与教师们座谈特殊儿童教育问题，组织大家参观学习，翻译国外特殊儿童教育资料。从1948年开始，第一批（数名）伤残儿童入院就读，不久后又招入数名聋哑儿童"走读生"作为教学研究对象，目的是总结经验，研究特殊儿童教育规律，逐渐推广至盲童、低能儿、天才等各类特殊儿童。不久后，辅导院在闸北柳营路新辟校园，搭建校舍，计划将各类特殊儿童集中在一校之内。1949年春天，上海解放在即，国民党机构和官员仓皇撤退，陈鹤琴创办的特殊儿童辅导院将伤残儿童班扩招，并迁入柳营路新校区；聋哑班则增加招生名额，分班教学，仍留在延安西路本校。据

---

[1] 参见《特殊儿童教育在美国》（1949年），见《陈鹤琴全集》第四卷，江苏教育出版社2008年版，第322页。

亲历者回忆：此时，陈先生对特殊儿童教育更加坚定。解放大军兵临城下，炮声隆隆，教学也未曾中断。陈先生经常来校，反复论述中国几十万残疾人的处境，不教育他们，将成社会沉重负担，教育他们后，可变"废"为宝，成为社会有用人才。他语重心长，鼓励大家坚守岗位，迎接曙光。[1]

  上海解放后，人民政府接管了这所辅导院，按照当时通常做法，特殊儿童辅导院属于福利、慈善机构，归于民政部门主管，为此陈鹤琴不辞劳苦亲自向军管会和人民政府说明辅导院的特殊性，它不属于任何一个区，应由上海市教育局接管。他的努力终于奏效，市教育局接管了辅导院，将原伤残班与徐汇区的伤残学校合并。聋哑班扩大招生，仍留在延安西路，1951年迁入闸北柳营路校区，招收住读生，正式更名为上海市聋哑学校。1952年学校在原设专业基础上，招收美术、花布图案、木工三个技术专业班，校名改为上海市聋哑青年技术学校。在很长一段时间里，学校里的聋哑学生一直以"仙鹤"手势代表自己所在学校的校名。

---

[1] 参见曾德翘：《陈鹤琴先生与特殊儿童教育》，见《我所知道的陈鹤琴》，金城出版社2012年版，第272页。

第十章
"活教育"历程

> "活教育"是对中国现代教育产生过重要影响的教育思想,其精神至今都未过时,不少观点对当今的教育改革仍富有启发。[1]
>
> ——孙培青

"活教育"学说是由陈鹤琴于20世纪40年代在江西办学时期提出并推行的教育学说体系,反映了中国教育家对于现代教育思想的本质、精神、发展路径与趋向等的深入认识、理解,它结合本国国情进行改造、实验、实践,目的在于建立一种区别于传统教育,符合现代社会发展特点、适合中国实际的新型教育制度,以确立"中国化""科学化""大众化"教育发展方向,被誉为"中国新教育创造过程中的一种新的力量"。[2]

20世纪初叶,中国社会一直处于动荡、变革、洗礼之中,随着"民主""科学"思想日益深入人心,教育事业被赋予唤起公民意识、实行社会变革、建设现代国家的使命。在"新教育"倡导者看来,以"教死书""读死书"为主要特征的"死教育"是中国传统教育的弊端;而"全盘西化""拉洋车"又因"水土不服""不合时宜"不能解决中国教育存在的问题。如何在"科学化"基础上实现"中国化",打破以书本知识为中心的传统教育的"固陋"与"偏枯",关系到中国教育改造的前途、方向。为此,许多教育家在"全盘引进"基础上对国外教育思想、

---

[1] 孙培青主编:《中国教育史》,华东师范大学出版社2000年版,第467页。
[2] 引自张文郁:《"活教育"的理论体系》,原载《活教育的创造——理论与实施》,上海华华书店印行,1948年4月。

主张与课程、教学方法进行深入研究、试验、筛选，用科学精神研究教育，提出许多"中国化"方案，其中以陶行知主张"生活教育"学说最具时代感召力。"让知识和文化普遍发展，需要教育的都得受教育，要受什么教育的就有什么教育"（陈鹤琴语），使教育真正走向生活与广大民众。延续"生活教育"主张，陈鹤琴提出："我们希望中国人民的教育是在生活上获得知识，以丰富的知识来提高生活，失去了生活的意义也就失去了教育。"在他的观念中，教育的真正目的在于由于世界与中国社会现实与发展趋势日益复杂而多变化，人们的意识与生活方式多元、多样，因此，读书人"闭门读书"或"把教育的意义停留在书本或学校圈子里"显然不合时宜。[1] 所有教育主张都应以社会为基础，针对社会现实并符合人民大众需要；教育改革应与社会发展方向相一致。

20世纪40年代初，抗战经过了相持阶段，许多有识之士已经预见到战争结束后，国家面临百废待兴的重建大业与对大量具有现代素质人才的巨大需求，这些人才必须从儿童时期开始训练。然而中国陈旧的学校制度，包括课程、教法、教材、教师素质却不能满足此种需求，学校教育仍停留在注重知识灌输而忽视能力培养、知行脱节的水平，与西方发达国家教育发展水平与世界进步教育发展趋向对比尚有较大差距，因此必须尽快加以改造，以适应急剧变革的时代与社会发展需要。为此，陈鹤琴构想建立一整套新型学校制度与教学改革方案，力求使教育境界进一步升华，将哲学与科学、艺术完美结合，为教育注入新的"活力"，使其成为推动社会进步的力量。陈鹤琴强调："活教育"学说的目标"不是立异，想自外于一般教育的主张，而是不满于旧的

---

[1] 参见《〈活教育的创造——理论与实施〉前记》，见《陈鹤琴全集》第五卷，江苏教育出版社2008年版，第112—113页。

传统教育的固陋、呆板，以谋推动全民幸福的一种教育运动"，适合时代需要与符合民族精神，教人做人、做中国人、做现代中国人。"活教育"方法是通过"做中学，做中教，做中求进步"方法，使理论走入实践，由个别试验逐渐推广。

陈鹤琴意识到，中国社会进步的根本因素在于培养"活"的人，创造"活"的环境与"活"的社会，建设新国家。因此，改造"死教育"，倡导"活教育"，需要一种顺应世界进步发展潮流、适合中国国情的教育理论，同时还要有生机勃勃的良田、土壤。他始终怀有坚定信念：教育推动社会进步！

第一节 "新教育"困惑

20世纪20年代，经过"五四"新文化运动洗礼，中国教育界兴起了"新教育"热潮，其中"科学态度"与"科学工具"被作为"新教育"与"旧教育"区别之处，一些人甚至将"新教育"作为"紊乱如故，腐败如故"国家的起死回生"妙药"（王卓然语）。1921年9月至12月应实际调查社邀请，美国教育家孟禄（Paul Monroe，1869—1947）再次来华进行教育考察，发起人包括黄炎培、范源濂、严修、梁启超、张謇、郭秉文、张伯苓等16位知名人士，此次考察目的有二，其一是教育调查，指明中国教育存在的优劣之处，如同请一位"有声望的外国大夫"诊治"我们教育上的毛病"；其二由于中国社会军阀当道、横行无忌，根本不会理会民众对于教育的需求，也不会理睬教育家发出"改良教育"的呼声，因此教育家们期待以洋人出面以提高教育的地位。教育家王卓然（1893—1975）记述："孟禄既是天下闻名的大教育家，我们的督军巡阅，当然也竭诚招待。孟禄便可把我们的小民呼号不生效的话随便谈谈，使这一班武人的脑筋里，稍稍念一念教育，这是最可能的一项好处。"[1] 由此可见，身处动荡社会环境中"新教育"的尴尬处境。

据记载，1912年由上海商务印书馆印行《教育杂志》第四卷第7号发表署名为谢天恩的文章《美国幼儿园简述》，文中介绍了福禄贝尔倡导自然教育原则，主张教育儿童应"顺应儿童心理的自然发展，发挥儿童内在因素的作用"。此后经过教育家宣传、推广，"幼儿园""游戏""工作""恩物"等概念与训练儿童方法逐渐被社会普遍接受。1913年《教育杂志》第五卷第1号发表文章《蒙台梭利女史之教育法》，叙述了蒙台梭利于1907年在意大利罗马创办"儿童之家"的经过，以及蒙台梭利教育法的心理学依据。同年该杂志第五卷第5号刊登署名为惎生的文章《蒙台梭利新教育之措施》，详细介绍了蒙台梭利教育法特色，以及蒙台梭利教具、教学法，强调蒙台梭利注重儿童早期感觉训练，希望在中国的幼儿园、小学推行蒙台梭利教具及教学法。1914年翻译家但焘翻译日本人今西嘉藏所著《蒙台梭利教育法》并出版，1914年至1915年期间，《蒙台梭利教育之儿童》（顾树森、王维尹合著）、《蒙台梭利女史新教育法》（顾树森著）出版。同期，江苏省教育会设立蒙台梭利教育法研究会。[2] 由此，福禄贝尔、蒙台梭利及其教育学说、教育法成为中国幼稚园教学方式、课程、教学法的"法典"，受到许多教育界人士推崇。在这一时期，许多来自欧洲、美国的教育制度、学说陆续被引入，受到教育家的热捧，不仅成为"一时之热"，而且对中国教育发展趋势产生深远影响。陈鹤琴对于福禄贝尔、蒙台梭利各自教育学说进行研究，分析其中的合理性、科学性，指出福禄贝尔最大的贡献在于"开幼儿园之纪元，做幼儿教育的鼻祖，这是他的第一

---

[1] 参见《中国教育之一瞥录》（1923年），见《王卓然史料录》（续集），中国文史出版社1998年版，第11页。
[2] 参见何晓夏主编：《简明中国学前教育史》，北京师范大学出版集团2014年版，第132—133页。

个大贡献。其功绩之伟大，与夸美纽斯差不多"。同时，"蒙台梭利之教育学，可算是融合卢梭、裴斯泰洛齐、福禄贝尔于一炉"，将其与杜威学说相比较尚显"所走的路太窄了"。[1] 他表达了自己的担忧："……所有的幼稚园都是宗法西洋成法，不是直抄福禄贝尔，就是直抄蒙台梭利，不肯自己加以变化，也不管儿童是否受纳，是否适合儿童的脾胃，最可笑的就是舍弃近而易得的，苦心地削足适履去求合于古法。福、蒙诸氏的方法，在当时当地有他们的特殊地位，相当价值，我们现在是中国的幼稚园，似乎不便来抄用。"[2]

1922年6月，《教育杂志》发表署名鲍德征的文章《道尔顿实验室计划》，详细介绍由美国教育家帕克赫斯特于1920年在美国马萨诸塞州道尔顿中学进行的教学改革试验。11月该杂志出版"道尔顿制专号"。同年10月，在教育家舒新城（1893—1960）的主持下，中国公学中学部（现上海市吴淞中学前身）开始试行"道尔顿制"，其主要措施包括，对国文与社会常识两科教学形式进行改革，废除课堂教学制，将教室改称"作业室"兼具自修室、实验室、图书馆功能；教师改称"指导员"，不再进行系统的课堂讲授，而是由指导员根据学科学习内容制定周、月"作业大纲"，规定需完成作业。学生可以按照自己兴趣与指导员商量后选定各自学习内容，制订出学习进度表（学习公约），并在规定时间内到作业室进行学习和研究问题，并把学习进程及所费时间记录在进度表上；指导员负责咨询、指导、检查和核定学生的学习成绩是否达到要求。不久后，舒新城出版专著《道尔顿制概况》，系统阐述"道尔顿制"的历史、原则、方法、设备，以及与中小学教育的关系等问题。书中将"道尔顿制"优点概括为"自由和合作"；纠正

---

[1] 参见《幼稚教育》(1926年)，见《陈鹤琴全集》第二卷，江苏教育出版社2008年版，第48—63页。
[2] 引自《一年来南京鼓楼幼稚园试验概况》(1926年)，见《陈鹤琴全集》第二卷，江苏教育出版社2008年版，第5页。

教师单向传授的弊端,能使师生之间产生双向交流等。同时"精神可取,方法不一定完全照搬"。[1]

"道尔顿制"推出后,许多学校纷纷效仿开展教学试验,一些教育专家全国教育联合会提出议案,号召更多学校试行"道尔顿制"。当时在"南高师"附中主持校务的教育家廖世承经过实际应用试验后,一方面肯定"道尔顿制"倡导"自由与合作"原则的积极意义,另一方面对于以"道尔顿制"取代"班级授课制"可行性表示怀疑。廖世承写道:"提倡道尔顿制的人,在理论上常过于夸张,说得有百利而无一弊,其实我们相信无论什么制度,都有他的限度和缺点,挨守一种制度是不成功的。"[2] 一向主张改革班级教学形式,倡导学生自主学习的陶行知对"道尔顿制"在学校中全面实施也持谨慎态度。因为自"五四"新文化运动以来,国内开展的新教育制度、新教学法试验真正取得成功的并不多见。陶行知指出:"我承认道尔顿制是实现'自得教育'最好的制度、方法,但率尔尝试,怕是要做道尔顿制的罪人的。"[3] 教育家邱椿(1897—1966)对于教育界有些人将道尔顿制视为"万应灵丹",而对意见相左者便斥为"开倒车"的做法不以为然。在他看来,道尔顿制所主张"自由"与"合作"原则并不可行,其对课程与班级授课形式的漠视、破坏违反了教育规律,"中国教育界主张以道尔顿制补救机械化讲演法,不但是缘木求鱼,简直是以暴易暴了"。[4] 他写道:"道尔顿制比较中国旧式的班级制实在有余,但和西洋进步的班级制比较则觉不足;道尔顿制不过许多教授法中之一种,和设计教学、社会化教学、

---

[1] 参见陈科美主编、金林祥副主编:《上海近代教育史》,上海教育出版社出版2003年版,第307页。
[2] 引自《东大附中实施道尔顿制概况》(1924年),原载《教育汇刊》(1924年第二卷第1期),见汤才伯主编:《廖世承教育论著选》,人民教育出版社1992年版,第131页。
[3] 引自《〈柏克赫斯特女士与道尔顿制〉序》(1925年),见《陶行知全集》第二卷,四川教育出版社1991年版,第235页。
[4] 引自邱椿:《评道尔顿制——破坏的批评》,原载《新教育评论》1926年第二卷第四期。

直接教学等各有利弊而都有同等的价值；我们办学不必拘泥某种教授法，应以改良的班级制为主而以设计教学、社会化教学、道尔顿制等辅之。"[1]

继"道尔顿制"提出后，由美国教育家华虚朋（C.W.Washbume，1889—1968）倡导"文纳特卡制"也被引进中国，这种起初在芝加哥文纳特卡镇公立中学创建的新型教学组织形式，旨在打破传统班级授课制，倡导学生通过"自主学习"（包括规定教学单元内容与自学教材，自行练习、自行改错、诊断测验、教师个别指导等）与"团体活动"，使学生"自由发展"并培养"社会意识"。《西方教育思想史》认为，"文纳特卡计划的实施试图使学校的功课适应儿童的个性，激发儿童的特殊兴趣和能力，帮助儿童内心情绪的适应，培养儿童的社会意识"。[2]

陶行知在《试验主义与新教育》一文中将教育革新目标对准"五旧"：（1）依赖天工；（2）沿袭陈法；（3）率任己意；（4）仪型他国；（5）偶尔尝试。[3] 他主张以试验与有无发明能力作为判断"新""旧"教育合理性的手段、标准。1925年12月4日《新教育评论》第一卷第一期刊载署名为赵洒传的一篇文章《科学的态度与新教育》，文中写道："科学的态度，是人们受了科学的洗礼，经过长时间的研究和试验而后养成的。现在的教育学科所应用的他项学科，范围一天广似一天。除了哲学、心理学以外，生物学、生理学、社会学、经济学等等，都在应用之列。最近欧美各国教育上之科学的运动，日见发达，大战以后，更有长足的进步。调查、实验、测验、统计等等，无不分途并进，精益求精。凡此种种，都是教育上科学的态度之重要条件。这种态度，

---

[1] 引自邱椿：《再评道尔顿制——答高罗二先生》，载《新教育评论》1926年第二卷第十期。
[2] 参见单中惠主编：《西方教育思想史》，教育科学出版社出版2007年版，第441页。
[3] 参见《试验主义与新教育》(1919年)，见《陶行知全集》第一卷，四川教育出版社1991年版，第5页。

一经养成,到了讨论教育的时候,自有客观的标准可供参考。"[1] 当时《新教育评论》刊载一篇署名为王希曾的文章——《新教育应得的待遇》,将经过30年的"新教育"发展历程形容为"折磨"与"熟烂不堪的名词",其理由是"不仅一般人没有明了它的意义,就连教育自身也多半把它当作'口头禅'——却还不自觉"。作者在文中批评道:"'新教育'不是运用'教育'做手术,而求'新'以制胜;也不是只在已具有的经验或议程的环境中翻转,而望它能在无为中自然'生长'。"作者强调:"'新教育'的'新'不但是形容词,也是动词……"意思是教育家们应该行动起来。文章结尾处,作者写道:"末后,我要单独贡献给教育界两句话,毋炫'新'以为高;毋殉'旧'以千誉。只要你真的有所独立,社会自然不会菲薄你。"[2]

第二节 "中国化"教育改造

1932年1月美国哥伦比亚大学师范学院教授、儿童教育专家罗格(Doc.Rugg)博士应邀来华讲学,他在讲演中将20世纪"新教育"称为"另一种新教育",即"系本国文化的结晶,根据本国文化而建设的教育"。他专门提到自己于1925年在菲律宾调查教育后的感想,该国几乎所有学校的教学方法,都是"划一的、呆板的,完全是注入式、机械式的"。其主要原因是美国自1901年占领菲律宾后,将全套"美式"教育方法整个地输入,由于一味模仿,不适合当地的文化状况,因而造成了"水土不服"结果。罗格进一步分析:"这种教育乃根据美国国家的状态而发生的,如菲律宾本为农业国,当有农业化的教育,而其所行的教育,

---

[1] 原载《新教育评论》1925年第一卷第一期。
[2] 参见《新教育评论》1926年第一卷第六期。

却是美国工业化的教育,因此不适应菲律宾的环境了。"他提醒中国教育界:"我到贵国并没有带什么好的东西来,我很希望各位在贵国教育改进的状况中,发现新教育的原则,不要抄袭不适合于贵国的别国旧教育。"

罗格在讲演中提到,即使在美国也有新、旧教育区别,二者不同之处有二:一是在内容方面,新教育尊重儿童个性,以儿童生活的需要为转移;旧教育注重知识灌输,不问儿童能否接受,总要强迫儿童学习。二是在课程组织方面,强调"根据儿童生活的需要而组织",教学场所并不限于教室,大都是教室外的活动。"儿童从各种实际活动中学得各种知识、技能与经验"。学习步骤可分为5种:(1)观察调查(增进丰富的经验,了解事实);(2)报告讨论(整理经验使成有系统的知识);(3)手的活动(如做纸船等技能的练习);(4)练习(培养作文、写字等技巧和良好习惯);(5)创造(发表和表演)。[1]

罗格阐述东、西方文化在"做人"内涵的理解、特点、产生过程等方面存在差异,强调中国教育应该根据自己国家历史、文化环境找寻发展路径与方向。他对东西方文化差异的评价:西方的文化溯源于创造的艺术,是战胜自然,却不是享受自然;东方文化溯源于哲学,是享受自然,却不是控制自然,两种文化与教育的精神各有特点、不可偏废。他进一步阐释道:现在新教育的精神,一方面要能控制自然,一方面还要享受自然。以前的学校,不仅是小学,就是中学、师范学校,都是从功课中学得死知识。现在要请专家指导,暗示人生的意义,使儿童从环境中获得这两方面的经验,这才算尽了教育的责任。所以新教育,不仅是在获得知识,同时要学得怎样做人的方法。罗格认为,中国教育可以根据本国固有的文化与社会环境,使科学和哲学调和,

---

[1] 参见《新教育的精神》(1932年),见《陈鹤琴全集》第六卷,江苏教育出版社2008年版,第247页。

使儿童获得圆满的生活，有丰富的经验、优美的做人方法。[1]

罗格夫人也是一位教育家，她也是杜威教育学说的崇拜者、追随者。她在演讲中，以自己曾在纽约将一所旧式学校改造成为一所新型学校亲身经历作为实例，对"儿童中心教育"学说进行阐释。她认为：旧式学校过于注重形式与机械式教学，新式学校根据儿童的兴趣，给儿童以选择的机会，由儿童自己选择学习的材料，然后教师用合于儿童心理的方法，指导儿童学习。她指出，美国为工业化的社会，因此儿童应适应工业化环境，如街道的建筑、商店的设施、交通器具的构造、衣料和食物的来源等各种社会生活的状况，使儿童了解社会生活的状况，同时要使儿童有实际社会生活的经验。她提出，儿童知识的进步与能力发展之间密切相关。学校教学活动要适合儿童的能力与心理状态，不是由教师提出来，使儿童无从解答，更不是由教师代替，而是由学生在教师参与、指导下提出解决办法后实行。她的意思很清楚，一方面儿童需要"自由活动"与"自动""自主"性学习；另一方面，教师的参与、指导应选择"良好的机会"，使儿童"自知设法进行"，以取得"良好的结果"。[2]

1935年4月、11月陈鹤琴先后在上海市教育局和宝山县教育局举办的演讲会上，畅谈他于半年多以前对欧洲11国教育考察后的感想，着重介绍世界进步教育潮流与欧洲各国小学教育新趋势。他主要谈了四方面问题：（1）欧洲各国的学校很注意健康教育，也可以说对体育很重视。他指出，我们的民族要复兴，国家要富强，第一惟有先把国民的身体强壮起来，身体是重要的基础，身体如不好，知识道德都不容易建筑；（2）各国的教育注重"做"字，注意培养儿童动手的能力

---

[1] 参见《新教育的精神》(1932年)，见《陈鹤琴全集》第六卷，江苏教育出版社2008年版，第271—275页。
[2] 参见《儿童中心教育的一个实例》(1932年)，见《陈鹤琴全集》第六卷，江苏教育出版社2008年版，第277页。

和创造的精神。他列举了欧洲各国学校注重儿童实地去"做",重视"劳作课"。在社会主义苏联,两大儿童教育机构:儿童科学研究所、儿童美术研究所,使他感到非常羡慕;(3)各国的教育都很普及,各类儿童都能分别享受教育;(4)教师的教法好,有专业研究的精神。

陈鹤琴指出:"陶行知先生的话很对,我们的教育亦要用手把中国固有的好的文化、好的艺术保存之,发扬光大之,这才是我们的责任。中国原来的陶、漆、窑器等工业很好,我们都应当学,我们要建设中国自己的文化。"[1]

陈鹤琴认为,中国的教育进步要解决两个问题:一是教育普及,二是教育改造。关于教育普及,陈鹤琴举了四个例子,其中三个正面例子,可称"活的榜样",显示教育是促进社会进步的动力;一个负面例子作为警示与借鉴,说明国力孱弱与教育落后紧密相关。第一个例子是曾被西方人嘲讽为"世界两大病夫"之一的土耳其(另一"病夫"指中国),继"凯末尔革命"(注:指1919年至1922年土耳其发生由凯末尔·阿塔图尔克及其支持者发动、领导的革命,废除"苏丹制",1923年10月29日宣告成立土耳其共和国,史称"凯末尔革命")以后,首先开展扫除文盲、普及教育工作,使90%人口接受教育,"到了今日,土耳其在近东的势力是多么大,确是依靠教育的力量来形成的"。第二个例子是社会主义苏联,1917年以前80%以上人民无法接受教育,"十月革命"胜利后苏维埃政权发动了全国的知识分子开展扫除文盲、普及教育运动,"20年工夫,使80%以上不识字的儿童和成人都受了教育,到现在,他们国内已有90%以上的人民是有知识的,你看今天苏联的力量是多么强大,不但可以虎视远东,即使在欧洲也是举足轻重了"。第三个例子,波兰自18世纪被俄罗斯、普鲁士、奥地利三国瓜分150

---

[1] 引自《欧洲各国小学教育新趋势》(1935年),见《陈鹤琴全集》第四卷,江苏教育出版社2008年版,第147页。

年后依然能够复兴，波兰本国的语言、文字仍未灭绝，其中最大的力量是教师与母亲。第四个例子是爪哇（现称印度尼西亚）与印度，爪哇的地域面积比荷兰大4倍，共6000万人口，在当地仅有20万人口的荷兰人却成为"驾驭者"；印度拥有3亿人口，当时只有1/10人口受过教育。"由此看来，不读书、不识字的国民，真是谈不到什么国家民族观念，人口再多也没有什么用处。"[1] 在他看来，教育不普及、文盲众多是中国社会落后的主要原因，因此"普及教育"是中国教育进步的第一个目标。

关于教育改造，陈鹤琴写道："谈到中国的教育，真是可怜！我们办学校快40年，到了今天，一切的一切仍是停滞在几十年以前的状态中，少改进少创造。我们看了世界各国的新教育的发展和进步的迅速，真是令人敬佩！"而在中国，许多人"只晓得高唱抵制外货，可是却很少有人研究用什么来代替外货"。[2] 他认为，教育不能因循守旧，也不应墨守成规、停滞不前。因此"我们要研究所有的教材，是否适合儿童的需要。我们要研究所用的教法，是否能够引起儿童的兴趣，启发儿童的思想，培养儿童创造的能力。我们要研究种种教学上的设施，是否合于儿童的心理。我们要检讨既往，策励将来，把所有的教材重新估量，把所用的教法重新研讨"。[3] 陈鹤琴举例，瓦特见到水壶的水沸腾将壶盖冲起来便产生了研究其中原因的欲望，从而成为后来蒸汽机发明的源头。由此他感叹道："我们是否曾如此教导我们的小孩子去注重发现？鼓励过小孩去发问，去研究，去创造？"中国的学校实行"死的教育"，即"书本主义"教育。"教师只管站在讲台上讲，不管儿童懂不懂，好似皮球打气，只管拼命打，塞鸭子似的拼命塞。儿童不

---

[1] 参见《什么叫做"活的教育"》（1940年），见《陈鹤琴全集》第五卷，江苏教育出版社2008年版，第16页。
[2] 参见《什么叫做"活的教育"》（1940年），见《陈鹤琴全集》第五卷，江苏教育出版社2008年版，第17页。
[3] 引自《〈活教育〉发刊词》，见《陈鹤琴全集》第五卷，江苏教育出版社2008年版，第1页。

是皮球，更不是鸭子，而是一个有生命力和生长力的好动的小孩。"他进一步指出："我们所需要的教育，不是打气或者塞鸭子，我们是要小孩动，时刻地自动，上国语课固然要动，上算术也要动。"[1]陈鹤琴指出，"五四"新文化运动以后，一些来自于外国的教育制度、教学法曾在中国的学校中试验；中国的一些教育家也开展许多新试验，"但是严格的说，一般的教育，仍多半是移植欧美各国学者所研究出来的方法制度。这种方法制度，有时未尽适合于我们本国的国情与需要，所以我们应当另辟蹊径，从事于一种新的教育方法之探求……"[2]他又写道："新教育的实践，需要新的工作者，需要能摆脱旧思想奴役、熟悉过去科学艺术的成就而拥有人类集体工作技能的工作者。实验学校，一方面固然是进步的教育工作者实验的场所，另一方面也是铸造进步的教育工作者的熔炉。"[3]

第三节 杜威、德可乐利、陶行知

可以说，杜威、德可乐利、陶行知三位"大教育家"及其学说与实践对于"活教育"理论体系的形成产生深刻影响。"活教育"与世界进步教育潮流趋向一致。在陈鹤琴看来，"五四"新文化运动以来，在中国国内传播并兴起的"新教育"思潮，如蒙台梭利学说、道尔顿制、文纳特卡制等，都与杜威学说倡导的进步主义教育精神存在某种联系。杜威教育学说主张"教育即生长""教育即生活""即社会""从做中学"；德可乐利倡导"从生活，为生活"办学方向；陶行知倡导"生活教育"理论，这三者的教育学说共同代表了世界性教育进步潮流和发展趋势，

---

[1] 参见《什么叫做"活的教育"》(1940年)，见《陈鹤琴全集》第五卷，江苏教育出版社2008年版，第17页。
[2] 引自《活教育要怎样实施的》(1944年)，见《陈鹤琴全集》第四卷，江苏教育出版社2008年版，第274页。
[3] 引自《杜威为什么办实验学校》(1947年)，见《陈鹤琴全集》第五卷，江苏教育出版社2008年版，第116页。

同时，这些主张、学说、思想成为若干年后陈鹤琴建立"活教育"理论体系的源泉与动力。陈鹤琴认为，"活教育"是理论与方法结合的产物，其目的在于发动一场新的教育改革运动。

对于杜威及其进步主义教育学说，陈鹤琴从未掩饰自己的敬佩。在他心目中，杜威教育学说"既创造理论，也创造方法"，可说是打开中国"新教育"困惑之门的"钥匙"。陈鹤琴不是杜威的直接弟子，而是受教于杜威的学生克伯屈、孟禄、桑代克、伍德沃斯等美国进步主义教育思想代表性教授、学者。1917年夏天陈鹤琴进入"哥大"师范学院深造时，杜威已经退休，不再登台授课。然而，克伯屈的"设计教学法"、孟禄组织的"南方黑人教育考察团"与桑代克的心理学理论等进步主义教育思想精髓深深地印刻在陈鹤琴的心灵深处，并成为支撑他的教育信念、学说与实践、衡量标准的基础与依据。

陈鹤琴现代儿童教育学说接受了杜威提出的"以儿童为中心"教育观，以及"教育即生长""从做中学"思想，同时强调"传统教育"与"现代教育"在教学重心方面的区别。传统教育特点以课堂教学与知识为中心，"消极地对待儿童，机械地使儿童集合在一起，课程和教法的划一"。[1]现代教育则强调教育重心向儿童转移。杜威写道："这是一种变革，这是一种革命，这是和哥白尼把天文学的中心从地球转到太阳一样的那种革命。这里，儿童变成了太阳，而教育的一切措施则围绕着他们转动，儿童是中心，教育的措施便围绕他们而组织起来。"[2]杜威实验学校提出教学原则：（1）教育即生长，主张儿童在团体环境中自动成长；（2）团体生活，从学校生活中培养儿童的团体生活习惯与"社会性"；（3）课程条件：适应儿童需要与兴趣的团体学习；（4）学

---

[1] 参见杜威：《学校与社会》，见赵祥麟、王承绪编译：《杜威教育名篇》，教育科学出版社2006年版，第27页。
[2] 参见杜威：《学校与社会》，见赵祥麟、王承绪编译：《杜威教育名篇》，教育科学出版社2006年版，第27页。

习方法：从做中学；经验丰富，常与社会接触；学校生活和家庭生活打成一片。学习"从儿童熟悉的环境开始，从儿童衣、食、住三点日常生活出发"。陈鹤琴将杜威学校特点总结为3项：（1）学校与家庭的联系；（2）历史和科学在儿童日常生活中教学；（3）读、写、算是研究自然和社会的副产品。

陈鹤琴领悟杜威将自己创办实验学校（laboratory School）称为"laboratory"（英译"实验室"）的真实意图："……当他在哲学上与心理学上已获得了特殊的理解之后，他迫切希望有这样一个场所，使他的理论和原则得以经受实际应用上的考验。这一希望，并非属于杜威个人的，其实，这个希望却正是杜威的哲学与心理学理论极自然的涌现。因为他认为必须在实际的过程中来研究人类知识、理解和品格的发展，这样的研究，才是挖掘真知识的道路。"[1] 他对于杜威"教育即成长"观点进行解读："儿童的成熟与否，不能用成人的标准来衡量，我们应当用儿童的成熟阶段来衡量儿童。就儿童的立场来说，未成熟便是一种生长之力，积极的力，以往人们每以为教育在引发儿童的能力。现在，杜威提出，儿童自身的力亦即教育之力，儿童生活之所在，也就是儿童能动的生长之所在。"[2]

20世纪20年代，欧洲兴起"教育生活化"热潮，出现了注重自由活动、注重户外生活、厘定课程、规定标准、研究幼稚生心理、幼稚园与一年级之联络、蒙养园运动等教育新趋势。[3] 教育家们在教育目标与方式问题上达成共识，即"教育的目的，不在知识的传授，而在全人格的发展"。在教育方法方面"不能对十几岁的学生，灌输系统的、伦理

---

[1] 引自《杜威为什么办实验学校》(1947年)，见《陈鹤琴全集》第五卷，江苏教育出版社2008年版，第114—115页。
[2] 引自《杜威为什么办实验学校》(1947年)，见《陈鹤琴全集》第五卷，江苏教育出版社2008年版，第115页。
[3] 参见《欧洲教育之新趋势》(1927年)，见《陈鹤琴全集》第二卷，江苏教育出版社2008年版，第98—104页。

的知识,而要能依据他们心理的需要,组织教材,叫他能由'行'而'知',由活动里去学习"。当时,德国继一些学校开展"劳作教育",在教学计划中增加手工劳动课程以后,相继出现"活动学校""乡村学园""社会学校""工作学校"等新型学校组织形式,倡导"活动教学""以筋肉的活动为学习的起点,心的活动为学习的成功"。[1]1934 年 7 月至 1935 年 3 月陈鹤琴前往欧洲 11 国感受"新教育"潮流,他在考察结束后撰写的《欧洲教育考察报告》中记载:"布鲁塞尔的德克罗利学校(the Decroly School)看来是我访问过的新的、先进的学校中最好的一所。这所学校的教学方法的基本原则是'通过生活,为了生活'。每个儿童通过自己或在他人的合作下,经过观察、联想和表达三个连贯的活动进行学习。我发现儿童在接受这种教育方式时,对所学的东西注意力非常集中,兴趣也特别高。"[2]

据资料记载,比利时教育家德可乐利(Ovide Decroly,1871—1932)曾获医学博士学位,后赴德国柏林大学、法国巴黎大学进修。1899 年回到比利时在一所医院当医生。1901 年他在自己位于布鲁塞尔的住宅中开设了一所特殊儿童学校,两年后他被任命为布鲁塞尔市的特殊儿童教育督学。1907 年,他在布鲁塞尔市近郊开设一所生活学校,学校制定两条宗旨:一是"使儿童在生活中为生活而准备";二是"组织适宜儿童发展倾向的环境并提供适当的刺激"。她将这所学校称为"隐身学校",采用训练身心缺陷儿童的方法进行正常儿童教育。[3]

1936 年 3 月陈鹤琴在《儿童教育》第七期第三卷发表的文章《参观德可乐利学校报告》中,将这所学校教学方针概括为"从生活,为生活",意思是"将儿童放在适当的环境里去发展他的生活,儿童必须

---

[1] 参见孟宪承:《最近德国教育的趋势》,见《新教育评论》1923 年第一卷第四期。
[2] 引自《欧洲教育考察报告》(1935 年),见《陈鹤琴全集》第六卷,江苏教育出版社 2008 年版,第 187 页。
[3] 参见单中惠主编:《西方教育思想史》,教育科学出版社 2007 年版,第 364—365 页。

从直接经验中，去学习，去求知识，去求技能，去做人"。要达到此种目的，"儿童必须要有空气和日光，要有空地可以活动，要有充分的设施可以自动"。学校在实施教学方面规定了三个步骤：(1)直接观察；(2)间接联想；(3)自由发表。学校课程根据"以儿童为中心"原则分为四个中心：(1)营养食物；(2)抵御寒暑；(3)自卫御敌；(4)工作。实施方式为每年集中活动，实施一个中心，然后依次轮流实施下去。陈鹤琴对学校情形记述道：

  参观的时候，我们看见儿童正在分组做各种活动。有的喂鸡鸭，有的在菜园里做工作，有的在奶牛棚里喂牛、挤牛奶，有的在运动场做游戏。据说教师们时常带儿童到外边去参观或实地考察。每个儿童有一本考察记录簿。在记录簿中有他自己做的文章，有图画，等等。他们没有教科书，只有参考书。关于国语科的材料，由儿童自己编印。他们有一所小小的印刷所，可以自己学印刷。

  在低年级的教室里，只看见儿童三五成群，或者个别的在那里静静的工作。有的在做泥工、做木工，有的在画图，有的做算术，有的在印刷房里印书。教师不过在旁边担任指导而已。不像普通学校里的教师，那是一个主要人物，没有他，课务就只好停顿了。但是在那里，他们的教室就好像是一个实验室、工作室，主动权完全在儿童们自己，而不是在教师。[1]

  然而，对"活教育"理论产生最深刻、最直接的影响来自于陶行知（1891—1946）和其"生活教育"学说和实践。陶行知于1927年所创办的"晓庄师范"对于陈鹤琴于1940年创办的中国第一所公立幼稚师范学校——江西省立幼师（全称：江西省立实验幼稚师范学校，1944年

---

[1] 参见《参观德可乐利学校报告》(1936年)，见《陈鹤琴全集》第四卷，江苏教育出版社2008年版，第148—150页。

增设国立幼稚专科），产生了巨大的激励作用。"生活教育"理论与"教学做合一"原则成为"活教育"理论主要来源之一。先后担任陶行知、陈鹤琴助手的教育家张文郁（1915—1990）认为，"活教育"理论"导源于杜威的'教育即生活'和'从做中学'，也受影响于陶行知的'生活即教育'和'教学做合一'。"[1]陈鹤琴是"生活教育运动"的参与者、推动者，也是参加晓庄师范开学典礼为数很少的嘉宾之一，亲身感受陶行知手指青天为屋顶，手指脚下土地为地板所表现出的伟大气魄。他在自己主持的上海工部局所属小学推行"小先生制"，并对陶行知先生发起的"教育下乡运动""工学团运动""国难教育运动"给予全力支持。在陈鹤琴心目中，陶行知所倡导"即知即行""能知能行"的实践精神与他自己很少空谈理论，喜欢实干的个性是"其他教育家所不及的"。"小先生制""教学做合一""学校与社会打成一片"等主张反映出陶行知先生具有的伟大创造力与"特异"精神。他赞同陶行知倡导"普及大众教育"思想，认同将民众学校学生培养成"把教育送上门"的"快递先生"和将"将教材与生活打成一片"的主张。1940年陈鹤琴离开上海来到重庆，专程前往合川古圣寺参观陶行知创办的育才学校，又一次受到鼓舞。他对陶行知先生改编的"十字口诀"[2]评价为："指导我们青年如何求学的，实际说来，称它是指导我们做人做事的，亦未尝不可；因为这口诀里面，每一句都包含着一种很深刻的意义，我们如能照它去做人做事做学问，必可获益不少。"[3]陈鹤琴记述自己在20世纪三四十年

---

[1] 引自张文郁：《"活教育"的理论体系》（原载《活教育的创造——理论与实施》，上海华华书店印行，1948年4月），见陈秀云、柯小卫编选：《陈鹤琴教育思想读本——活教育》，南京师范大学出版社2012年版，第2页。

[2] 注1：十字口诀，一个大脑；两只壮手；三圈连环（三圈：个人、国家、世界，三者息息相关，不可或分）；四把钥匙（四把钥匙：国文、数学、科学、英文）；五路探讨（五路：体验、看书、访友、求师、思考）；六组学习（六组：文学、音乐、图画、社会、自然、劳作）；集（七）体创造；八个顾问（注2）；九九难关；誓（十）必克服。
注2：八个顾问，（1）什么（what）；（2）怎样（how）；（3）何时（when）；（4）谁（who）；（5）为什么（why）；（6）哪里（where）；（7）到哪里去（whither）；（8）多少（much）。

[3] 引自《八个学术顾问》（1945年），见《陈鹤琴全集》第五卷，江苏教育出版社2008年版，第211页。

代与北京大学知名教授尚仲衣的一次谈话,内容是关于近百年来的中外教育家。当时,他提出:"陶先生要算伟大教育家中的一个。"尚仲衣曾与陶行知有过一场论战,因此听完此番评价后显出愕然的表情:"你们这个话不会过分吗?"当时陈鹤琴说道:"你不相信,我们就来讨论讨论看……"接着,他举出了许多具体事例。数十年后,陈鹤琴仍然坚定地相信:"陶行知先生是近百年来一个伟大的教育家。"[1]

陈鹤琴写道:实际上"活教育"并不是一项新的发明,它的理论曾被世界上不同的教育界权威创导过。当作者从1914年到1919年在美国接受教育时,最知名的教育家之一杜威博士所提倡的美国进步教育,对形成中国的活教育运动起了相当的影响。1927年,中国产生了"生活教育"运动,这是已故的中国人民教育家陶行知博士在南京近郊晓庄办了一个师范学校而提出来的,这个学校的确是独特无比的,强调了教学做合一。这的确是教育上的一个新的实验,作者对此产生了极大的兴趣。1934年作者赴欧洲考察那里的教育情况,遍历了11个国家,与许多著名的教育家们讨论了教育问题;参观了许多新型的非传统的学校,这些使作者对欧洲有关进步教育的实验留下了很深刻的印象,这促使他确立了在中国实施活教育运动的方向。[2]

第四节 "死教育"与"活教育"

在陈鹤琴理想中,现代社会进步与发展的动力来自于儿童教育,包括注重培养儿童在自由的状态下,养成良好的日常生活习惯与自我管理能力,发展其社会性,以适应现代社会生活环境。陈鹤琴力求在"解放

---

[1] 参见《近百年来的大教育家》(1947年),见《陈鹤琴全集》第六卷,江苏教育出版社2008年版,第303页。
[2] 引自《活教育》(1947年),见《陈鹤琴全集》第六卷,江苏教育出版社2008年版,第239页。

旧式幼儿园的束缚"与"矫正儿童院的放任"之间找到一种既可以使儿童"自由工作""自由集合",以释放"天性",又可以得到教师指导的有效方法。[1]因为,儿童的"个性解放"与"自由工作""自由集合"与培养儿童"自动""自觉""自主"能力密切相关。当时,在陈鹤琴的亲自指导下,鼓楼幼稚园制定《幼稚生应有的习惯和技能表》,其中包括卫生习惯计18条;做人的习惯(个人的)计14条;做人的习惯(社会性的)计10条;游戏和工作的习惯计45条;智力上的习惯计16条。他认为,儿童发展离不开生活环境,身体、智力、德性是儿童教育必须重视的三个方面。幼稚教育"四大目标"是幼稚教育的主要目的,也是培养儿童"社会性"与实施公民素质训练的基础,通过"科学化"课程、教学法、环境,以及家庭教育等各项原则,形成幼稚园教育完整体系。陈鹤琴写道:"幼稚生时期是儿童最可受教育的时期,我们负有教育责任的人应该重视这个时期,好好地去施教……"[2]他主张"幼稚园第一要注意的是儿童的健康",因为,要使国家强大,首先要"强种""强身";"要强身首先要注意儿童的身体",儿童的智力、行为都与健康有关。儿童不仅应具有观察、研究自然界的兴趣、能力、经验,还应培养在现实生活环境中生存、生活的能力,即"社会性"。儿童的"社会性",即与他人相处能力来自于良好行为习惯的培养;审美观念、艺术性生活,尤其是音乐对于儿童性情、情感陶冶产生的作用与影响。"所以为满足儿童个人的欲望需要计,为唤起团体爱国的精神计,我们不得不特别注重音乐这一科。"[3]

1939年,陈鹤琴、陈选善共同主编的《小学教育》杂志正式创刊,

---

[1] 参见《幼稚教育之新趋势》(1927年),见《陈鹤琴全集》第二卷,江苏教育出版社2008年版,第79页。
[2] 引自《一年来南京鼓楼幼稚园试验概况》(1926年),见《陈鹤琴全集》第二卷,江苏教育出版社2008年版,第4页。
[3] 参见《我们的主张》(1927年),见《陈鹤琴全集》第二卷,江苏教育出版社2008年版,第75—84页。

陈鹤琴撰写的《发刊词》中写道：

"教死书，死教书，教书死。读死书，死读书，读书死。"这两句话，是陶行知先生在10年前描写中国教育腐化的情形。这种死气沉沉的教育，到今天恐怕还是如此，或许更糟一些。

我们应当怎样使得这种腐化的教育，变为前进的、自动的、活泼的、有生气的教育？我们怎样使教师：

教活书，活教书，教书活？

我们怎样使儿童：

读活书，活读书，读书活？

这个问题，实在很重要！这个使命，实在很重大！本刊发行的唯一宗旨，就是要想负起这个使命一部分的责任。我们不愿墨守旧规，去贻误子弟。我们要研究所用的教材，是否适合儿童的需要。我们要研究教法，是否能够引起儿童的兴趣，启发儿童的思想，培养儿童的创造能力。我们要研究种种教学上的设施，是否合于儿童的心理。我们更要检讨以往，策励将来，把所有的教材重新估量，把所用的教法重新研讨。我们要教活书，使儿童读活书，要使儿童对于事物发生兴趣，自动学习。[1]

陈鹤琴将教育分为两类：一类称"非正式的教育"，包括家庭教育与社会教育；一类称"正式教育"，亦称"有形式的教育"，主要指学校教育。对于学校教育而言，"活教育"与"死教育"在教育主体、目的性、教学方式、课程设置、儿童学习状态、教师作用以及学校社会化等学理方面存在根本性区别。"活教育"强调"以儿童为中心"；重视培养做人态度，养成优良习惯，发现内在的兴趣，获得求知的方法，训练人生的基本技能。而"死教育"仍停留在以教师（校长）为中心，学校里所有活动几乎都是教师活动；教学内容以灌输知识为主。在学习方式方

---

[1] 引自《〈小学教师〉发刊词》(1939年)，见《陈鹤琴全集》第四卷，江苏教育出版社2008年版，第245页。

面,"活教育"提倡运用直接经验开展以"做"为主要特点的学习,不仅"做中学",而且要"做中教"与"做中求进步",分组学习,共同研讨。陈鹤琴相信,只有"做",教育才能充满活力。而"死教育"将教学过程局限在以"学生听""教师讲"为主要特征的课堂授课单一方式,个人学习,班级教授。"活教育"主张"以爱以德来感化儿童""儿童自定义法则来管理自己",培养儿童自觉、自动、自主的意识与能力;"死教育"使教师与儿童界限分明,仅凭教师个人主见,以"威"以"畏"对儿童进行约束。"活教育"课程、教材根据儿童心理与社会需要进行编订、选定,因而具有"伸缩性""活动性",可以因时因地进行更改。"死教育"的课程与教材一成不变、循规蹈矩,显得"固定"而"呆板","只是一节一节地上,一课一课地教"。"活教育"重视学校与社会的密切联系,将"改造社会,服务社会"作为教育所担负的基本责任。"死教育"则"校墙高筑,学校与社会毫无联系"。(参见附表1、附表2)陈鹤琴认为,"活教育"教材主要来自于自然与社会,课本仅作为参考,打通学习内容、时间、空间的各种隔阂,以户外活动教学取代单一课堂教学方式,通过"直接经验"获取"活知识";采取启发、诱导方式,培养具有自主学习、管理能力的"活学生"。

据亲历者回忆,20世纪40年代初陈鹤琴在江西创办"幼师"时,开学的第一课是劳动,包括筑路、编草苫盖屋顶,开荒种菜,同时将劳动列入正式课程。学校内的炊事、清洁等工作大都由学生担任,并形成一项传统,"……同学们很快学会了焖大锅饭的本领,同学们在菜园的辛勤劳动很快得到报偿,新鲜蔬菜终年不断;半年以后,还每月杀一口猪以改善生活。通过一系列的劳动实践,同学们不仅学到很多生活、生产知识,并且培养了爱劳动的美德"。[1]同时,学校开办了农场和工厂,

---

[1] 参见邢舜田:《谦谦君子,白发童心》,见陈秀云编选:《我所知道的陈鹤琴》,金城出版社2012年版,第133页。

推行"做中学,做中教,做中求进步""手脑并用"的教学原则。"幼师"课堂形式不同于一般学校,"教室内摆几张长方桌,六七个学生围坐一桌,每桌有一个小组长。老师讲课后,学生分小组讨论"。[1] 显然,陈鹤琴在办学理念方面深受陶行知的精神、风格影响;而在课堂教学方面借鉴了"道尔顿制",以及"文纳特卡制"新型制度,力求使"自由活动"与"合作学习"相结合。

陈鹤琴写道:"根据上述,我们很清楚地看到在传统的学校里的儿童,真是一些小可怜虫,他们机械地、被动地被灌输以有限的所谓知识食粮,而实际上他们却难以消化。不管他们认为多枯燥乏味,除了埋头读书外,别无他法,在教室四壁的梦坑、囚笼里,没有机会去接触大自然。只要他们读和写,而从不要求他们自己去想去做。就是在这样的背景下,活教育植下种子,生根发芽,开出花朵。"[2]

附表1 "活教育"与"死教育"十大区别[3]

活教育	死教育
(1)一切设施,一切活动以儿童做中心做主体,学校里一切活动差不多都是儿童的活动。 (2)教育的目的在培养做人的态度,养成优良的习惯,发现内在的兴趣,获得求知的方法,训练人生的基本技能。 (3)一切教学集中在"做",做中学,做中教,做中求进步。	(1)一切设施、一切活动,教师(包括校长)是中心是主体。学校里一切活动差不多都是教师的活动。 (2)教育的目的,在灌输许多无意义的零星知识,养成许多无关重要的零星技能。 (3)一切教学,集中在"听",教师口里讲,儿童用耳听。

---

[1] 参见雷洁琼:《教育家陈鹤琴先生》(1990年),见陈秀云编选:《我所知道的陈鹤琴》,金城出版社2012年版,第133页。

[2] 引自《活教育》(1947年),见《陈鹤琴全集》第六卷,江苏教育出版社2008年版,第240页。

[3] 引自《活教育与死教育》(1941年),见《陈鹤琴全集》第五卷,江苏教育出版社2008年版,第21页。

续 表

活教育	死教育
（4）分组学习，共同研讨。 （5）以爱以德来感化儿童。 （6）儿童自定义法则来管理自己。 （7）课程是根据儿童的心理和社会的需要来编订的，教材也是根据儿童的心理和社会的需要来选定的，所以课程是有伸缩性，教材是有活动性而可随时更改的。 （8）儿童天真烂漫，活泼可爱，工作时很静很忙，游戏时很起劲很高兴。 （9）师生共同生活，教学相长。 （10）学校是社会的中心，师生集中力量，改造社会，服务社会。	（4）个人学习，班级教授。 （5）以威以畏来约束儿童。 （6）教师以个人主见来约束儿童。 （7）固定的课程，呆板的教材，不问儿童能否了解，不管时令是否适合，只是一节一节地上，一课一课地教。 （8）儿童呆板板、暮气沉沉，不好动、不好问，俨然是个小老人。 （9）师生界限分明，隔膜横生。 （10）校墙高筑，学校与社会毫无联系。

附表2　"活教育"与"死教育"的详细对照[1]

活教育	死教育
1．课程。 （1）以大自然大社会做主要的教材，以课本做参考数据，这是直接的活知识，是直接的经验。 （2）各科混合或互相关联。 （3）不受时间的限制，没有分节的时间表，时间倒为功课所支配。 （4）内容丰富。 （5）生气勃勃。 （6）儿童自己做。 （7）整个的，有目标。 （8）有意义。 （9）儿童了解。	1．课程。 （1）以课本做主要教材，是间接的死知识，是间接的经验。 （2）各科独立而不相联络。 （3）功课受时间限制，一节授一课，不管科目的长短，时间一到，即须停课。 （4）内容简单。 （5）枯燥无味。 （6）现成的，由教师代做。 （7）片段的，没有系统。 （8）无意义。 （9）儿童不了解。

---

[1]　引自《活教育与死教育》(1941年)，见《陈鹤琴全集》第五卷，江苏教育出版社2008年版，第22页。

续 表

活教育	死教育
2. 教学。 （1）多在户外。 （2）领导学生自动研讨。 （3）启发式、诱导式。 （4）自动的。 （5）教儿童。 3. 教师。 （1）笑嘻嘻的，和蔼可亲。 （2）声音悦耳。 （3）说话有礼，多鼓励。 （4）低音清晰。 （5）行动轻快。 （6）立得笔正，坐得挺直。 （7）衣履整洁，面目清楚。 （8）态度从容。 （9）精神饱满。 （10）创造能力。 （11）健身。 （12）快乐、乐观。 （13）研究精神。 （14）乐业。 （15）互助合作。 （16）慈爱。 （17）负责。 （18）教学有技能。 （19）了解儿童心理。 4. 儿童。 （1）活泼天真，独出心裁。 （2）自己找材料。 （3）兴趣浓厚。 （4）身体健康。 （5）好问好奇。 （6）知道求知的方法而活用知识。	2. 教学。 （1）整天在室内。 （2）只会照着课本呆讲，学生不懂不问。 （3）注入式、填鸭式。 （4）被动的。 （5）教书。 3. 教师。 （1）板着脸孔，威严可怕。 （2）声音粗糙。 （3）随便谩骂。 （4）大声喊叫。 （5）走路拖地。 （6）立起倾斜，坐下驼背。 （7）衣冠不整，头发蓬松。 （8）脾气暴躁。 （9）没精打采。 （10）模仿。 （11）多病。 （12）忧愁悲观。 （13）苟且因循。 （14）思迁。 （15）孤独利己。 （16）冷酷。 （17）敷衍。 （18）教学呆板。 （19）不明了儿童心理。 4. 儿童。 （1）呆板，不活动的，死读书。 （2）模仿。 （3）做事读书毫无兴趣。 （4）身体软弱。 （5）唯唯诺诺。 （6）学了许多死的书本知识而不会应用。

续 表

活教育	死教育
5. 行政。 （1）学生自己管理。 （2）考核成绩在活动。 （3）教学目的，在培养做人优良习惯和服务合作的精神。 （4）尊重儿童的人格，训导的方式是友谊式的。 （5）师生共同生活。 （6）教师直接参加各种活动。 （7）有组织有力量。 （8）学校与学生站在同一战线上，向学业上进攻。	5. 行政。 （1）学生由教师管理。 （2）考核成绩在纸片。 （3）教学目的在灌输知识、养成技能。 （4）训导的方式是防贼式的。 （5）师生界限分得很严。 （6）对于各种活动，教师站在指挥的地位。 （7）学生是一盘散沙，毫无组织的。 （8）学校怕学生有组织而与学校对抗。
6. 设备。 （1）课桌椅分开，可以移动。 （2）座位（讨论式的）一组一组排列着。 （3）图书教具很丰富。 （4）学校环境整齐美丽。 （5）校内的布置是学生做的。 （6）布置的材料，利用自然物和儿童的成绩。	6. 设备。 （1）课桌椅是两根相连死钉在地板上的。 （2）座位（听讲式的）一排一排向着教师排列。 （3）图书教具很简陋。 （4）学校的环境杂乱肮脏。 （5）校内的布置是教师做的。 （6）布置的材料是花钱买来的。

第五节 "活教育"理论体系

1923年创办鼓楼幼稚园，试验"中国化""科学化""大众化"课程与教学法，1929年创办中国最早的全国性儿童教育研究团体——中华儿童教育社，在上海执掌租界华人教育事务，创办与指导小学教育，1940年在江西泰和创办中国最早的公立幼稚师范学校——江西省立实验幼稚师范学校和国立幼稚师范专科学校。在办学过程中，陈鹤琴始终将"中国自己的文化与精神协调起来"，注重教育目标与教学过程（包括课程、教法、设施、标准等）相统一、协调；与此同时，在他的观念中，教育既应该有对于性质、功能、责任等理论层面的阐述，还应该有具体的设计与实施方案；教育不仅是哲学、伦理、理想，还是科学与艺术。与许多教育家不同，陈鹤琴对于传统教育与"旧学校"制度抨击、批判的同时，着手建设一种新型教育制度，以适应中国国情与社会需要。

20世纪40年代初陈鹤琴在江西泰和创办《活教育》杂志，正式提出"活教育"理论，构建起以"三大纲领"（亦称"三大目标"）为核心和以包括"教学原则""学习步骤""五指活动""'活教育'十个特点"等方法为基本内容的框架系统，其目的在于推广与普及"活教育"思想。在他的设想里，"活教育"不仅有理论，还要有方法，以满足办学过程中的实际需要。他为省立"幼师"及国立"幼专"制定的校训为：（1）发展学生个性，锻炼学生健康体魄，激发学生的创造能力，培养合作、坚忍和热心为公众服务的精神；（2）从接触大自然和大社会中获取第一手知识和经验；（3）使用"做中学"的办法。学校校徽是一头活泼的"小狮子"，喻义"幼师"。在学校创办过程中，"活教育"理论中各项内容逐渐孕育、积累。陈鹤琴回忆："那时候我们的热情都非常高昂，尤其我自己是这样，不但是为幼师创办的筹划在忙，同时，还忙于应各学校机关的邀请去做些演讲，于是开始了'活教育'的思想传播。"[1] 他为"活教育"学说确定性质：（1）发展基础是中国社会；（2）发展过程针对社会实情，适合大众需要；（3）产生深厚影响原因是中国社会的道地产物。[2] 他将"活教育"阐释为"不满于旧的传统教育的固陋、呆板，以谋推动全民幸福的一种教育运动……"[3]

据亲历者回忆：陈鹤琴在创办"幼师"及"幼专"和开展教学

---

[1] 参见《创办幼师的动机和经过》（1947年），见《陈鹤琴全集》第五卷，江苏教育出版社2008年版，第38页。
[2] 参见《〈活教育的理论与实施〉再版卷头语》（1946年），见《陈鹤琴全集》第五卷，江苏教育出版社2008年版，第111页。
[3] 参见《女师是活教育理论的实验场所》（1946年），见《陈鹤琴全集》第五卷，江苏教育出版社2008年版，第122页。

活动的同时，还成立研究机构，着重于学校设施、幼儿玩具及设备研究、开发，大力扩大幼教范围，当时，省立"幼师"及国立"幼专"建立包括专科学校、师范学校、小学、幼稚园、婴儿院等五部分的学校组织体系，其中师范学校实行三年学制，招收初中毕业女生，专科学校招收师范学校和普通高中毕业生。学习课程包括公民学、体育、卫生、语文、社会学、数学、自然、农业、工业（工艺学）、家政、儿童保育、美术、音乐、教育原理、儿童心理（包括儿童发育、测验和测量，以及心理学在日常生活的应用等）。长期担任陈鹤琴助手的教育家雷震清（1904—1984）记述在战争阴霾中被迫四处转移的"幼师"及"幼专"教学情形：

第一，成立研究机构。一般的研究机构，为研究室实验仪器或参考标本，幼专的研究工作，是从人生中体验，从人群活动中研究，因为着重于幼师及幼小儿童的设施，故即以幼师的一切生活资料及教导工作为主，连接小学及幼稚园，每迁一处，幼师固然是大本营，必设法成立小学，成立幼稚园。泰和文江村的幼稚园，有专门设计的园舍和完善的设备。赣县天竺公园幼稚园，园舍甫经落成，敌寇来侵，计用不到半月，殊为可惜，至饶家堡后，以经费关系，将一久闭不用的祠堂，修改成功为适用美化的幼稚园，乡民对比，甚为称赞。又在文江时，以基础稳固，并成立婴儿园，教授二岁至五岁的幼儿，幼儿住在里面，教养兼施。专科师生，对此研究机构，或作详密的观察，或作实验的设计，或作实际的试教，或作专题的讨论，教室讲解不明，即继以实际工作；实际状况既悉，即作理论的探讨，理论和事实打成一片，生活和教学融为一体。第二，扩大幼教范围。一方面是一般谈幼稚教育的人，只限于四岁到六岁小孩的工作，拿幼稚园成为小学的附带，有人竟称为幼稚班，大赞其幼稚生算术国语常识，这是小学预备班，不是幼稚教育。我们拿幼稚教育正名为幼儿教育，觉得幼儿自有他们整个个性生活，教育事业对着某一阶段的说法,应该称为对象,而不宜称其形态,或按其程度,而不必形其差异,用幼儿比用幼稚为好。同时,我以为幼儿教育,不必向上伸头,去做小学的工作,而要向下发展,将语儿(四—六岁)、步儿(二—三岁)、乳儿(生出—一岁)的教养活动,从家庭的大门走出来,到社会上去;从父母的肩膀上扩大起来,到国家的事业中去;从张家李家的宝贝育养,到人类的育苗培植上去……[1]

在陈鹤琴指导下,"幼师"及"幼专"还开展三项工作:第一项工作是着眼于幼儿时期全部的教养内容,并不仅限于走圆圈、唱摇篮歌、讲故事、做马跑等简单游戏,而是幼儿的活动分为四大类,(1)观察:观察幼儿的生活和身体中的各项发育。(2)引导:引导幼儿的活动和工作中所需的能力。(3)保护:保护幼儿的行动和环境中必须的刺激。(4)滋养:滋养幼儿的身体和生长中应有的活力。他们认为,惟有扩大范围、充实内容,才能使幼儿教育独立存在,产生效果。第二项工作是进行专题研究,包括:(1)幼儿的生理发育;(2)幼儿的心理发展;(3)幼儿的营养;(4)幼儿的衣服;(5)幼儿的健康;(6)幼儿园的设施教导;(7)幼儿园的行政组织;(8)幼儿园的玩具设备;(9)幼儿园的师资培养;(10)父母及兄姊教育。第三项工作拟定专科课程,一方面注重专业修养,一方面注重人生活动,发自人生,归至人生……[2]陈鹤琴通过脚踏实地的"做"与"实践",开展教学、技术与学习心理研究,将学术理论应用于研究与实践,并不断修正、完善,使"活教育"成为可以推行的"体系化"新型教育理论,以实现自己的教育理想与追求。

---

[1] 引自雷震清:《幼专初期》,见陈鹤琴编者:《活教育的创造——理论与实施》,上海华华书店印行,1948年版,第109页。

[2] 参见雷震清:《幼专初期》,见陈鹤琴编者:《活教育的创造——理论与实施》,上海华华书店印行,1948年版,第110页。

附1:"活教育"理论体系

1. 三大纲领(亦称"三大目标")。

(1)目的论:做人,做中国人,做现代中国人。

(2)课程论:大自然大社会都是活教材。

(3)方法论:做中学,做中教,做中求进步。

2. 做现代中国人具备条件。

(1)健全的身体。

(2)建设和创造的能力。

(3)服务的精神。

(4)合作的态度。

(5)世界的眼光。

3. 十七条教学原则。

4. 学习的四个步骤。

5. "五指活动"计划。

6. "活教育"十个特点。

7. 训育的十三条原则。

8. 国立幼师课程标准。

(1)幼稚教育课程标准草案。

(2)家庭教育课程标准草案。

(3)幼稚园行政课程标准草案。

> 所以，教育最根本的基础是在儿童活动的能力，这种能力正沿着现代文明所由来的同一的、总的建设路线而活动的。
>
> ——约翰·杜威

第十一章
"活教育"教学理论

"活教育"学说教学论包括"目的论""课程论""方法论""十七条教学原则""五指活动""学习四步骤""十三条训育原则"等，注重教育实施过程，形成了完整、系统的教育学说。其中"目的论"强调"做人"是教育最起码的任务，包括"人性"与"民族性""人的活动""人与自然的关系""人与社会的关系""人生的目的"；"做中国人"与"做现代中国人"注重"民族性""时代性"培养。"课程论""方法论"倡导培养儿童适应环境、利用环境的能力与社会性发展；"十七条教学原则""五指活动""学习四步骤"对"活教育"各项原则、实施过程及方法予以"具体化"与"可操作性"阐释，力求"把重大的教育心理原则，用流利的言语、生动的文字叙述出来"（陈鹤琴语）。"十三条训育原则"强调使儿童从小养成良好习惯、行为和发展儿童的"社会性""法律精神""秩序感"，目的是使儿童了解自己对国家、社会所负的责任，唤起儿童的"自爱""自觉"，发展儿童的"主动"能力，建立朋友式、合作式的新型师生关系；同时，消除学校与社会、家庭的隔阂等。

陈鹤琴强调杜威所倡导的美国进步教育思想对于"活教育"学说产生的影响。他认为，杜威将自己学校冠以"实验室"（laboratory），目的有二，其一，对某种理论（theory）、陈述（statement）、原则（principles）

予以说明（toexhibit）、试验（test）、证实（verify）及批判（criticize）；其二，在特定的路线之内，做某些事实和具体原则的量的补充，使路线本身更加完备丰满。[1]他认为，"新教育"实践需要能够摆脱旧思想奴役、熟悉过去科学艺术的成就而拥有人类集体工作技能的工作者。"活教育"学说与杜威学说在出发点、途径与方向、所用的方法"有相似之处"。[2]推行新教育实验、实践，不仅需要有改革旧教育勇气，还需要具备丰富的科学、艺术素质与宽广的视野、胸怀。同时，在这一进程中，要保持清醒头脑，在"崭新的旗帜之前，提高警惕"。[3]

陈鹤琴提出，要对教材、教法，以及教学上的种种措施进行研究，以"适合儿童的需要""合于儿童的心理""引起儿童的兴趣、启发儿童的思想、培养儿童创造的能力"。同时，所有教育教学改革应该建立在研究与试验基础上；理论、研究的归宿与落脚点是实践，即"做"。在他看来，"直接经验"与"做"被认为是儿童认知与学习的根本方法，不仅沿用陶行知"教学做合一"教学论精神提出的"做中学、做中教"，并且将其内容延伸为"做中求进步"。在他看来，理论与实践的距离可以因"做"而缩短，知识与技能也由于"做"而联接。"做中学"使学的兴趣浓厚，"做中教"使教的内容不会落空。惟有"'教'与'学'有了真切的联接，教学才有确实的效果"。[4]在陈鹤琴看来，"活教育"最重要的特点是理论与实施的结合，从而摆脱传统教育"为教育而教育"的固陋与偏枯，让知识和文化普遍发展，"需要教育的都受到教育，要受什么教育的就有什么教育"，从而实现"为全民幸福的一种教育运动"目标，引领更多中国人"在生活上获得知识，以丰富的知识来提高生活"，

---

[1] 参见《杜威为什么办实验学校》(1947年)，见《陈鹤琴全集》第五卷，江苏教育出版社2008年版，第114页。
[2] 参见《活教育——中国新教育的幼苗》(1946年)，见《陈鹤琴全集》第四卷，江苏教育出版社2008年版，第270—271页。
[3] 参见《杜威为什么办实验学校》(1947年)，见《陈鹤琴全集》第五卷，江苏教育出版社2008年版，第117页。
[4] 见陈秀云、柯小卫编：《活教育》，南京师范大学出版社2012年版，第4页。

因为"失去了生活的意义也就失去了教育"。[1]可以说,"活教育"学说集中体现陈鹤琴对于现代儿童教育本质、过程及其发展趋势的理解、认识、审美,反映出中国教育家对于建立新型教育制度的期待、追求与努力。

第一节 "做人"——教育的首要目标

在陈鹤琴看来,中国与外国在"新教育"形式,包括学校制度、课程及教材编制、教学方式等基本相同,唯一的区别,亦是中国教育区别于外国教育的唯一特点,"不苟同于其他各国的教育目的"在于教育目标,"做人,做中国人,做现代中国人"。陈鹤琴相信:"现在的儿童,就是将来的国民。"[2]在他看来,中国近代国力孱弱、受人欺凌、社会落后的重要原因是陈腐的学校教育与人才培养观念、方式。要使国家复兴、强大,要从训练儿童开始做起。陈鹤琴对学生说:"我希望我们全体同人,抱定这样一种信念,我在这里不是教书,而是教孩子们怎样做人,这是今天天经地义的第一条。"[3]

1940年陈鹤琴倡导"活教育"学说,将"做人"作为教育的根本目标,同时也是教育家对于时代、国家应承担的责任,尤其在全民抗战的高潮中,"训练儿童、训练青年,造就许多富有国家民族意识的新国民"(陈鹤琴语)这一使命不仅神圣、伟大,并且急迫、现实。陈鹤琴在自传《我的半生》中描述自己1919年夏天回国后产生的九种感想:第一种感想是我国的科学不及人;第二种感想是我国人多驼背;第三种感想是我国

---

[1] 参见《〈活教育的创造—理论与实施〉前记》(1948年),见《陈鹤琴全集》第五卷,江苏教育出版社2008年版,第112—113页。
[2] 引自《在儿童节告全国成人们》,原载《申报》1932年4月4日儿童节特刊。
[3] 参见《在上海女师全体教职员会上的一次讲话》(1948年),见《陈鹤琴全集》第五卷,江苏教育出版社2008年版,第123页。

人自私心太重；第四种感想是人们到处吐痰，不讲卫生；第五种感想是文盲太多；第六种感想是穷困重重；第七种感想是我国人给疾病包围着；第八种感想是死一般的教育；第九种感想是知行脱节。[1]他对许多中国人因体质孱弱被外国人讥为"东亚病夫"深感痛楚；同时立志改造包括"倚老卖老""因循守旧""故步自封""自私""一盘散沙""心胸狭隘"等在内的落后"国民性"，因而提出"做现代中国人"口号，并作为训练儿童的内容与目标，最初包含的五项条件为：（1）要有健全的身体；（2）要有建设的能力；（3）要有创造的能力；（4）要能够合作；（5）要服务。[2]其中，"服务"作为一种崇高的德性被陈鹤琴称为"教育的目的"，也是人与动物的区别所在。他写道："人如果也不知道助人，不知道为大众服务，那么就一定变做一个自私自利，只知有我不知有他的市侩，与禽兽也就相去不远了。如果人人如此，那么民族的生存极堪忧虑，国家的前途也万分危险了。"[3]1946年陈鹤琴从江西回到上海后，对"活教育"学说进行整理、充实，将儿童"社会性"发展的目的诠释为"人与人之间相互发生关系"，不仅"正确而完好地建立"，而且"通过这个关系参与共同生活，通力合作"，其目的"以谋控制自然、改进社会，使个人及全人类得到幸福……"[4]由此将"做现代中国人"必须具备的条件重新定义为：（1）要有健全的身体；（2）要有创造的能力；（3）要有服务的精神；（4）要有合作的态度；（5）要有世界的眼光。[5]他指出，中国是世界大家庭一部分，不仅要培养儿童热爱自己国家的情感，还要使儿童对于世界有正确的观念、看法，了解世界的事物与大自然的规律、社会发展趋势。只有认识了解世界，才能使眼光远大，"不斤斤于个人

---

[1] 参见《我的半生》(1941年)，见《陈鹤琴全集》第六卷，江苏教育出版社2008年版，第552—558页。
[2] 参见《活教育要怎样实施的》(1944年)，见《陈鹤琴全集》第四卷，江苏教育出版社2008年版，第274—276页。
[3] 参见《活教育要怎样实施的》(1944年)，见《陈鹤琴全集》第四卷，江苏教育出版社2008年版，第276页。
[4] 参见《活教育的目的论》(1948年)，见《陈鹤琴全集》第五卷，江苏教育出版社2008年版，第59页。
[5] 参见《活教育的目的论》(1948年)，见《陈鹤琴全集》第五卷，江苏教育出版社2008年版，第60—61页。

的利害得失",不仅爱国家,还爱人类,爱真理。因此,陈鹤琴于1948年将"做现代中国人"定义延伸为"做世界人"与"做现代世界人"。他写道:"我们要爱国家,爱人类,爱真理,便要为国家服务,为全世界的人类服务,为真理服务,如果我们只有知识和技能却不服务于社会,只知自私自利,就失去了教育的目的。"[1]

1947年陈鹤琴在用英文撰写介绍"活教育"内容的文章中,将"十个经常"(见附1)、"一个假如"(即"假如我是你")与"三个当"(见附2)概括为"生活的哲学",作为"活教育"学说组成部分。在他看来,"做现代中国人"的基础是中国人适应现代社会生活应具备各项基本"素质",包括"情感"、人们相互之间共处、交往的正确方式与青年担负"社会责任"等方面。其中,从儿童时期开始,不仅培养"爱"的基本情感,爱亲人、爱国家、爱人类,还应建立人与人之间正常相处、交往的基本态度与正确方式,这是社会均衡发展、互惠平等的基础与前提。同时,树立"责任感","的确,我们从青年本身讲,他不仅是要负起继往开来的责任,并且要把全人类的责任扛在自己的肩上,而去谋大众的利益、幸福!所以绝不是限于个人的发展以为发展的"。[2]同年4月陈鹤琴倡导开展"儿童互助运动",提出"四互"(互谅、互信、互尊、互爱),意图是利用儿童互助心理倾向,将儿童的"社会性"范围延伸、扩大,引导至对于全人类的关注、关爱境界。儿童在团体生活中,培养自治能力是其成为"社会健全的分子"的重要方式,陈鹤琴对自己曾经读过的一篇报道念念不忘:在全国抗战初期,菲律宾一位华侨儿童希望用实际行动为抗战出一分力量,他拿出自己的积蓄,全部零用钱买了面包,再将这些面包"义卖",一是唤起更多华侨对祖国抗战的

---

[1] 引自《活教育的目的论》(1948年),见《陈鹤琴全集》第五卷,江苏教育出版社2008年版,第61页。
[2] 参见《青年的人生观》(1948年),见《陈鹤琴全集》第六卷,江苏教育出版社2008年版,第258页。

关注，二是希望此举能筹集更多钱来支持抗战。这说明"全世界的儿童，能够在一种伟大的爱的驱使之下，掀起儿童互助的浪潮"。

陈鹤琴写道："儿童求助与助人的行为，说明即使在生长的初期，儿童的互助态度也已开始发展。这种发展，或者就是儿童心理发展过程中的一个必然倾向。因为儿童自从离开母体之后，他首先所接触到的，便是一个'人'的社会。他开始与母体接触，与父体接触，与自己的兄弟姐妹们接触，与邻居及同学乃至于整个人群接触。每一个接触的机会，都给儿童以适宜的刺激，而促使儿童的不断发展。从求助与助人的经验之中，一种生活必须依存于社会的意识，才逐渐地建立起来，丰富起来，构成一股互助的巨流。"[1]

附1：十个"经常"

1. 经常记住别人可能是对的。
2. 经常保持乐观。
3. 经常善于运用你拥有的东西。
4. 经常注意去交好朋友。
5. 经常保持满足。
6. 随时准备为人服务。
7. 经常注意鼓励。
8. 要尽其职责。
9. 经常要自我克制。
10. 经常以礼待人。[2]

附2：三个"当"

1. 当你发怒时，请对着镜子看看。

---

[1] 参见《世界儿童互助运动》(1947年)，见《陈鹤琴全集》第四卷，江苏教育出版社2008年版，第333—334页。
[2] 参见《活教育》(1947年)，见《陈鹤琴全集》第六卷，江苏教育出版社2008年版，第249页。

2. 当你对待别人要注意公正不偏，像天平秤一样。
3. 当别人需要帮助时，应尽力帮助之。[1]

第二节 大自然、大社会都是活教材

陈鹤琴与陶行知共同认为，中国传统学校"死教育"埋没了大量人才，其中的主要原因一是"书本主义"；二是"知行脱节"。前者忽视"自然"与"社会"等客观存在的"活教材"，造成儿童学习无味、知识枯燥、视野狭隘；后者则强调"知识"灌输、课业学习和"功名"，而对"实验""操作""劳动"等动手能力采取鄙视态度，所谓"劳心者治人，劳力者治于人""学而优则仕"。陶行知曾批评许多教师拿着一本死书，把自然的、活的教材都遮没了。因此，"我们要把书本抛在旁边，张大眼睛去看看世界"。[2]陈鹤琴也指出："把一本教科书摊开来，遮住了儿童的两只眼睛，儿童所看见的世界，不过是一本6寸高、8寸阔的书本世界而已，一天到晚要儿童在这个渺小的书本世界里面去求知识，去求学问，去学做人，岂不是等于梦想吗？"[3]他们提倡新型教学观，强调以"生活"与"做"为中心，通过实地观察与"做"，将教学内容由学校、教室延伸至广阔的大自然、大社会，目的在于发展儿童"社会性"与培养儿童解决实际问题的能力。与欧、美倡导"自然教育"与"儿童天性"教育家的主张不同，陈鹤琴在强调儿童在"大自然"中陶冶精神、丰富经验、发现与创造的同时，注重儿童的适应、改造环境能力的培养，以及儿童对于国家、民族文化的学习、传承，从而建立平等、互助的社会。

陈鹤琴从杜威学校的办学风格与教材、教法中总结出三点：(1) 学

---

[1] 参见《活教育》(1947年)，见《陈鹤琴全集》第六卷，江苏教育出版社2008年版，第249页。
[2] 参见《怎样做一个理想的教师》(1939年)，见《陈鹤琴全集》第四卷，江苏教育出版社2008年版，第244页。
[3] 参见《活教育的教学原则》(1948年)，见《陈鹤琴全集》第五卷，江苏教育出版社2008年版，第70页。

校和家庭的联系；（2）历史及科学在儿童日常生活中教学，在日常生活中教历史，教科学，比较深刻实用；（3）读、写、算是研究自然和社会的副产品。儿童在学习过程中不仅要用动手"做"，即"实践"，同时还要用眼"看"，即"观察"。杜威学校开设烹饪、木工、缝纫等生活课程，同时鼓励儿童从家庭日常生活研究社会经济生活，譬如6岁的儿童研究家庭生活，7岁可以研究工业，或研究"住"，就从树居人到现住宅的进化过程。科学课程的目的是引起儿童的好奇心、培养儿童研究的兴趣，使儿童明了科学的道理，而不仅仅是获得知识；文学课程的目的是为了表现社会，而不仅是为了发表。[1]

  1944年《活教育》杂志第二卷第七、八期发表《活教育要怎样实施的》一文时，陈鹤琴将"把大自然、大社会做出发点，让学生直接向大自然、大社会去学习"作为"活教育"课程的第一原则。他认为，"书呆子"形成原因并不是因为读书，而是因为"他们只晓得一味读书，而不去和真正的书——大自然、大社会接触，才会变成呆子的"。[2]陈鹤琴提出应抛弃"书本主义"观念向活的、直接的"知识宝库"探讨研究；书本知识是间接知识，可以作为学习的"副工具"即参考数据，并加以"活用"。1947年9月陈鹤琴在英文版《活教育》中，对"活教育"理论"三大目标"进行诠释，重申"大自然、大社会是知识的主要源泉"观点，同时强调："这样我们并不是说在学习过程中要摒弃一切书本。如果恰当地用作参考材料，书本是有用的，但不应像过去那样，把书本作为学校学习的惟一材料。"[3]由此可以感到，陈鹤琴试图在自己倡导的"活教育"学说中并不彻底否定"书本教育"，而是将其与崇尚自然的新教

---

[1] 参见《活教育——中国新教育的幼苗》(1943年)，见《陈鹤琴全集》第四卷，江苏教育出版社2008年版，第271页。

[2] 参见《活教育要怎样实施的》(1944年)，见《陈鹤琴全集》第四卷，江苏教育出版社2008年版，第279页。

[3] 参见《活教育》(1947年)，见《陈鹤琴全集》第六卷，江苏教育出版社2008年版，第244页。

育主张之间建立起某种关联。他指出，过去许多人对于教育的理解并不正确，如将学生在学校学习称为读"书"，教师教授学科称为教"书"，从而"书"成为唯一的教育资料，却忽视了大自然、大社会这本"真正的书"，同时也是"活"的课堂。

陈鹤琴记述："有一天，我在上海参观一个小学。还没有走进教室，就听见小朋友齐声朗诵，什么'嗡嗡嗡，嗡嗡嗡，飞到西，飞到东，一天到晚忙做工'。我就进去，问小朋友说：'哪个看见过蜜蜂，请举手！'四十来个小朋友之中，只有两个举起手来。这种知识，有什么用呢？这种书本的教学，真是害人，小孩对于蜜蜂，完全没有经验，读了一课《蜜蜂》，不知道蜜蜂是什么东西，蜜蜂怎样工作？怎样生活？对于人有什么关系？这种种重要的事实，小孩子茫然不知。小孩子所知道的，只是会飞会叫的飞虫而已。我们为什么不教小孩子去研究真的蜜蜂呢？我们为什么不向大自然领教呢？"[1]

陈鹤琴认为，儿童在大自然、大社会中学习、进步的最好方式是"做"，不仅"做中学"，还要"做中教""做中求进步"，在他看来，儿童只有"做"，与事物直接接触，教育才能"活"，"做"是"活"的前提，"活"是"做"的结果。他赞同德可乐利、华虚朋等欧、美教育家采取试验方式，组织儿童根据各自对于自然界现象或社会事件的观察、研究，自己编写教科书，其目的是要儿童直接去接触各种知识。对此，他表现出了极大的热忱与兴致。在他的理想中，"活教育"过程充满自主、自动学习与研究的快乐，其特征是"活"的。他写道：比如讲到鱼，就要让小孩子看到真正的鱼，让他们观察鱼怎样呼吸，怎样转弯，怎样浮沉，让他们自己来解剖鱼体，研究鱼的各部分。比如说讲到蜘蛛结出的网（称蜘蛛网）是不是如同教科书上画的那样"八卦形"，还是层数更多，如"九卦""十卦"

---

[1] 参见《活教育的教学原则》(1948年)，见《陈鹤琴全集》第五卷，江苏教育出版社2008年版，第72页。

或"十一卦"。在他看来,儿童通过"直接地"学习、研究,即"做中学"才能获得"真知识",其"结果收获当然要比只靠书本大得多"。[1] 陈鹤琴举例,有一个儿童在父亲鼓励下,出门时总是带着一本图画本,看到一个挑馄饨担的,他就画一张;看到抬轿子的,他也画一张;看到乡下人挑着幼童进城,他再画一张。他将自己在生活中的所见所闻,作为绘画的素材,日积月累,兴趣愈来愈浓厚,绘画技术愈来愈高,绘画作品愈来愈丰富。

在陈鹤琴看来,直接的经验是使人进步的最大动力,儿童利用直接经验进行学习的重要性不言而喻,同时"书本"与"知识"教育不可被摒弃。他指出:教师不应"只命令儿童去记些对他们毫无用处的知识,或者命令他们去学习一些在他们长远的将来才偶然有些用处的技能",而应注重"真知",即"实践"与"经验"的获得。"经验是知识的源泉,必须让儿童在实际活动中来发现其创造与发明之路"。[2]

第三节 "活教育"教学组织

显然,陈鹤琴考虑到了"活教育"理念的"可实施性",采取循序渐进的"兼容""改善"方式,体现"建设性"特点。在"活教育"教学组织中,儿童因能力、体力、智力、年龄等方面互有差异,因此校具、教具、教材、教法应该"适宜"而不能混用。陈鹤琴举了一个例子,如五六年级的儿童可以做空气压力试验,而一二年级儿童却对此种研究不感兴趣。因此,陈鹤琴将从幼儿园到小学六年级分为三个阶段:第一阶段自幼儿园至一年级;第二阶段自二年级至三年级;第三阶段

---

[1] 参见《活教育要怎样实施的》(1944 年),见《陈鹤琴全集》第四卷,江苏教育出版社 2008 年版,第 279—280 页。
[2] 参见《杜威为什么办实验学校》(1947 年),见《陈鹤琴全集》第五卷,江苏教育出版社 2008 年版,第 117 页。

自四年级至六年级。他认为,由于幼儿园与一年级的儿童在年龄、体格、智力上都相差不远,因此在课程上明显分隔是不适宜的,幼儿园大班与小学一年级学段儿童可以相互衔接,如美国早已实行了"低年级幼儿园化",英国 Infance School 也是把幼儿园年龄的小朋友与低年级年龄的小朋友打成一片。陈鹤琴写道:"……这些既然都是很合理的措置,我们中国自然也应当效法,所以我们把幼儿园与一年级编作一阶段,是很妥当的。至于二、三年级编作一阶段,四、五、六年级编作一阶段,都是根据儿童的智力、体力和学习兴趣而编配,这种编制并不是一成不变,可以有伸缩有弹性……"[1]

陈鹤琴在编制"活教育"课程过程中,强调了两条原则:(1)根据《部颁新课程标准》编制;(2)根据当地儿童与环境实际需要情形编制。在他的设计中,这一过程按照儿童年龄也分为三个阶段,第一阶段采用大单元编制;第二阶段除国语、算术外,采用大单元及活动中心编制;第三阶段除国语、算术外,采用活动中心编制,从而将教学从室内逐步引向室外,由课堂与书本中"被动性"知识学习,到室外与活动中"主动性"能力培养,从而完成"活教育"学习过程。

"活教育"课程包括两大部分,一部分是普通学校开设课程,包括公民训练、国语、社会自然(常识)、算术、体育、音乐;一部分是"活教育"专设课程,包括公民训练(做人)、国语(用书报语文发表)、社会与自然研究(常识)、算术用数、生产活动、健康活动与艺术活动。前者偏重于学校知识教育,后者偏重于技能培养。他的意图是将"活教育"与传统学校教育课程体系相"渗透""相融"。在这一课程体系中,"做中学,做中教,做中求进步"原则得到充分体现,几乎无处不在。

陈鹤琴阐释杜威教育学说观点:"儿童社会性的发展,是儿童适应

---

[1] 引自《活教育要怎样实施的》(1944年),见《陈鹤琴全集》第四卷,江苏教育出版社2008年版,第278页。

群体关系的主要因素。教材的选择，必须要顾到社会性的条件，给儿童团体行为以充分自由的活动，同时，要指导儿童如何在社会的目的之下来表现自己的兴趣。这种指导并非站在成人的标准上来说话，而是从日常社会行为中发展出儿童自己的标准来，使任何一个人，不管他年龄的大小，都能在跟别人共同工作或活动的过程中来完成某一事件；并且还要学会如何顺应其周围的环境；如何适应其自己的社会关系。"[1] 或许是借鉴20世纪二三十年代曾在中国一些大城市推广的美国"道尔顿制"与"文卡特纳制"班级活动组织方式，陈鹤琴将学校的教室改称为"工作室"或"活动场所"，他认为前者注重"工作"，体现出"做"；后者不但包含了"做"，而且还有"教"与"学"，由此不但打破"教"和"学"的界限，而且可以将教室的活动场所延伸至大自然、大社会，从而使教育的境界与意义得到升华。儿童在集体学习环境中受到"刺激"，激发思想与热情，不断取得进步。他设想，儿童活动分为三阶段：第一阶段是小动物园、小花园、小游艺场、小工场、小图书馆；第二阶段是小工场、小农场、小社会、小美术馆、小游戏场；第三阶段是儿童工场、儿童农场、儿童科学馆、儿童世界、儿童艺术馆、儿童运动场、儿童服务团。或许是出于"服务"意识与精神的树立对于儿童教育的重要性。他提出在儿童活动各阶段都应设立"儿童服务团"组织；他还提出可以设置小警察局，让儿童轮流做"小警察"，由"律人"到"律己"，以达到培养儿童"自治"的效果，实现"社会化"目标。[2] 陈鹤琴认为，随着儿童身体、认知能力的发展，儿童活动的范围、内容相应扩大，活动性质由个人兴致、游戏乐趣逐渐向劳作技能、团体活动转移，再升华至更高一级的认知、审美与社会性活动。儿童在参加这些活动时应实现的目标：一是均衡的

---

[1] 引自《杜威为什么办实验学校》(1947年)，见《陈鹤琴全集》第五卷，江苏教育出版社2008年版，第116—117页。

[2] 参见《活教育要怎样实施的》(1944年)，见《陈鹤琴全集》第四卷，江苏教育出版社2008年版，第278页。

发展；二是自动的研究。陈鹤琴写道："最宝贵的是儿童们自动研究的精神，这种精神是小朋友们本已潜在的，不过因为种种的限制，使它不能流露出来罢了。我们现在最要紧的，就是启发他们这种自动研究的精神。"[1]"活教育"教学场所将原有教室分别改造为各种活动场所；校具（即教学设施）将固定课桌椅、黑板改为"活动式"；教具注重户外活动教学所需活教具及各种仪器。教材分为两类：一类是大自然、大社会；一类是图书、杂志、报章等参考书籍。

第四节　五指活动

陈鹤琴将"五指活动"作为实施"活教育"课程的载体与主要方式，其目标是摆脱传统课堂"学科教学"对于儿童发展的束缚，开展"活动教学"，激发儿童热情与学习主体性、主动性，引导儿童社会性发展。杜威倡导，生长必须在工作（occupation）和集体创造（collective creation）的过程中，才能继续实现；克伯屈主张，将建立在儿童兴趣与需要之上的"有目的的活动"作为教育过程的核心。新教育倡导者将教学方法分为"狭义的"与"广义的"两种，狭义的教学方法是以书本为中心，只考虑抽象的书本生活；广义的教学方法是把教育当成是与整个生活相关的整体的教学方法。[2]陈鹤琴借鉴杜威"中心活动"与克伯屈学说，将"儿童完整的生活"作为"活教育"核心内容，教学形式以室外活动为主，着重于生活的体验，以实物作研究对象，以书籍作辅佐参考。[3]"活教育"学说本质与杜威学校的一致，即"研究儿童在生长过程

---

[1] 引自《活教育要怎样实施的》(1944年)，见《陈鹤琴全集》第四卷，江苏教育出版社2008年版，第280页。
[2] 参见单中惠主编：《西方教育思想史》，教育科学出版社2007年版，第463—464页。
[3] 引自《活教育要怎样实施的》(1944年)，见《陈鹤琴全集》第四卷，江苏教育出版社2008年版，第280页。

中与环境之间的关系,并探求促进儿童生长的有利条件与方法",[1]延续了"整个教学法"思路。同时,将"活教育"教学活动建立在儿童自身生活基础上,其主体是儿童,包括儿童自己的生活,在科学、合理的组织设计教学基础上,充分利用儿童直接经验,以"大单元"方式组织课程,实现"有目的"教学。儿童活动的设计与组织应站在儿童立场上,"从儿童生活出发完成儿童的完整生活"。[2]组织儿童活动应依据两个原则:(1)根据儿童的生活需要;(2)根据儿童的学习兴趣。前者着重于教学内容的完整性;后者着重于教学过程的有效性。

活教育"五指活动"即儿童五类活动:儿童健康活动(包括游戏、早操、户外生活、整洁与健康检查、午睡、餐点、静息等);儿童科学活动(包括自然研究、种植、饲养、填气候图等);儿童社会活动(包括升旗、早会、社会研究等活动);儿童艺术活动(包括唱歌、律动、表演、布置、工作、记日记图、玩乐器等);儿童文学活动(包括故事、读法、歌谣、谜语、看图画书等)。这些活动来自于儿童生活本身并与儿童的生活融为一体,体现儿童实际的工作、儿童能力的表现、儿童集体的创造、儿童活动的联合、儿童工作的检讨。与西方现代教育思潮提出"儿童自然生长""教育无目的"主张不同,陈鹤琴提出"要求儿童有能力和带着对公共服务的兴趣去参加社会活动,懂得个人与国家的关系,国家与世界的关系,以此来激励儿童的爱国心与爱人类之心"。[3]陈鹤琴分别为各类活动设定了明确目标与范围(见附1),强调这些活动以儿童与儿童生活为主,性质是"由儿童自发、自动、自主组织,是儿童抒发知、情、意的一个工具";以"培养儿童健全的生活为最高理想"。[4]在

---

[1] 引自《杜威为什么办实验学校》(1947年),见《陈鹤琴全集》第五卷,江苏教育出版社2008年版,第115页。
[2] 参见《五指活动实施大纲》(1944年),见《陈鹤琴全集》第四卷,江苏教育出版社2008年版,第286页。
[3] 参见《活教育》(1947年),见《陈鹤琴全集》第六卷,江苏教育出版社2008年版,第245页。
[4] 参见《怎样编排幼稚园的日课表》(1948年),见《陈鹤琴全集》第二卷,江苏教育出版社2008年版,第427页。

他看来，幼稚园、小学的教学是全面性的，包括智育、德育、体育、美育四方面，而这四方面的教育，是要在儿童整个生活上和每一件细小的事情中进行的。[1]

陈鹤琴强调"五指活动"是一个整体，反映在儿童理想生活的五个方面，"……正像一只手的五个指头，各个指头相互联结构成一个整体。五个中缺少一个就会破坏这个活动的目标"。[2]他坚信：儿童的情绪是热烈的，有力量的；同时，儿童的学习是集体的、互助的，因此儿童应该建立属于自己的生活，社会也应为儿童提供有利于儿童发现、创造、发展的设施。

陈鹤琴亲自参与制定《五指活动实施大纲》，并作为由他指导的国民教育实验区教学实验内容。他要求将各组活动编成教学单元，采取集体教学、集体创作方式，废除科目名称，将原有科目归并至"五指活动"中相应类别；所有活动只分室内、室外，不分课内、课外，原有集体活动按性质分配在五指活动中施行；原有的算术仍以原来名称排入课表；习字则作为每日"功课"；国语、常识以及高级自然社会教材尽量与各组活动单元配合，作为参考数据；所有活动或课程计划均有各校师生共同拟定。他认为，儿童发展应是全面、均衡的，不仅应具备身体、心理健康，包括基本情绪、情感与社会性活动能力，还应具备科学与艺术、文学素质，要培养科学态度与研究兴趣；同时，儿童艺术审美、欣赏与发表能力也是"儿童理想生活"不可或缺的部分。张文郁先生解读："人是情感动物，要生活有情趣，要生活达于美化的境地，这在于艺术兴趣的培养。艺术的兴趣，一面是欣赏，一面是发表。欣赏些什么？音和色以及肌肉的有规律的活动。发表些什么？正和欣赏相同。但艺术的欣赏

---

[1] 参见《如何利用故事教学对幼稚生进行爱国主义教育》(1951年)，见《陈鹤琴全集》第二卷，江苏教育出版社2008年版，第481页。
[2] 引自《活教育》(1947年)，见《陈鹤琴全集》第六卷，江苏教育出版社2008年版，第245页。

或许人人都会，发表却不一定有这天禀，以艺术的活动来培养一般的欣赏能力，是含有一种整理和保藏作用。对于语文的训练和写作的技术，是文学活动的任务。"[1]

陈鹤琴写道："我们现在来研究一下，到底儿童教育的意义是怎样的？它的范围又是怎样的？关于教育的意义，杜威曾说过'教育即生长'；我国的陶行知说'生活即教育'，这是为一般教育工作者所承认的比较正确的说法。虽然这不是专为儿童教育下的定义，但是儿童教育既然是整个教育的一部分，那当然也可以说是儿童教育的意义了。我们说，儿童教育是不能够和生活脱离的。教育的目的，在于改进生活，充实生活；教育的本身是一种生活，而生活的本身也是一种教育。人在教育中生长，这一生长一方面是指个人道德行为、智力的发展过程，一方面是指整个人类向更高的道德和文化生活发展。"[2]

据记载，1945年9月日本宣告无条件投降，全国人民欢欣鼓舞。由陈鹤琴主持的上海市立幼稚师范学校（简称上海幼师，1947年改为"女师"）附属小学根据"活教育"中"五指活动"步骤举行了若干次时事座谈会，主题是开展对日合约研究，200多位教师围坐在礼堂中，64位小学高年级学生在活泼、热烈与真挚的气氛中开展讨论，主持人由学生担任。当时，对日合约问题是全中国人民最关切的问题，学校将这一问题作为社会活动中心，组织学生参与研究、讨论。会场内，学生们围坐着，前面放着一张大桌子，大黑板上钉着一幅中国地图，黑板左边有一个挂图架，上边挂满了相关图表。在活动前，学生们分组进行剪贴报纸、收集杂志、访问《大公报》社资料室、听专家演讲等各种相关准备工作。学校与教师提供中国地图、日本地图、日本侵略中国大事年表、十四年

---

[1] 参见张文郁：《活教育的理论体系》，原载《活教育的创造——理论与实施》，上海华华书店印行，1948年4月。
[2] 引自《中国儿童教育之路》(1947年)，见《陈鹤琴全集》第四卷，江苏教育出版社2008年版，第310页。

抗战大事年表等教具或资料。各组设由学生担任的组长1名和由教师担任的导师1名。在教师指导下，学生将"对日合约"中心问题分为四个小问题：（1）日本为什么要侵略中国？（2）十四年抗战中，我国所受的损失怎样？（3）美国对日本的管制怎样？我们完全赞同吗？（4）对日合约应该怎样签订。学生们在讨论中踊跃发表意见，会场气氛热烈。在活动举行过程中，教师面临三个问题：（1）由于许多当地学生在日常交流中经常讲当地方言，因此教师需要鼓励学生使用标准国语发言，结果许多学生养成了讲国语的习惯。（2）有一些学生不善于表达意见，有的学生站姿不好，还有一些学生不能用目光扫视全场，怕难为情，说话声音很低等。每当这些情况发生时，教师只要及时指导，学生马上就会有进步。（3）主持者的训练。教师通过活动可以发现具有才华的学生，"假使仅仅在室内上课，多少人才被埋没了"。陈鹤琴指出，在此类活动中，教学重点并不是学生记忆、了解知识类的内容、数字，而是考查、培养学生参加活动时的态度，如是否能完成指定工作？是否热心搜集材料？是否能够分工合作？是否能够接受大家意见，修正自己的观点等。他进一步阐释："假使儿童对于知识的记忆和了解非常好，而学习的态度和精神不好的话，那末教育还只是顾到一半。"在他看来，随着时代前进，以个别学习与安分守己、不吵闹作为评判好学生标准已不合时宜。现代社会进入了一个集体创作的时代，所有的一切成就都是靠集体的力量才能取得。"因此在儿童的学习过程中，也应强调集体的学习。"[1]

附1："五指活动"目标、范围

儿童健康活动

目标：培养儿童健全的身心。

范围：体育活动、个人卫生、公共卫生、心理卫生、安全教育。

---

[1] 参见《时事座谈会的教学过程》(1945年)，见《陈鹤琴全集》第四卷，江苏教育出版社2008年版，第307页。

儿童社会活动

目标：（1）使儿童明了个人和社会的关系；（2）使儿童参加社会活动，培养其服务团体的知能和兴趣；（3）使儿童了解乡、镇、县、省和全国的关系及中国与世界的相互影响，激发其爱国爱群及民族精神的发展；（4）根据时事的演变探求今后世界的新趋势。

范围：包括公民、历史、地理、时事。

儿童科学活动

目标：（1）增进儿童科学知识；（2）培养儿童实验兴趣；（3）启迪儿童创造能力。

范围：生物、理化、工业及生产劳动。

儿童艺术活动

目标：（1）陶冶儿童的热情绪；（2）启迪儿童的审美感；（3）发展儿童的欣赏力；（4）培养儿童的创造力。

范围：音乐、美术、工艺、戏剧。

儿童文学活动

目标：（1）培养儿童对于文学的欣赏能力和发表能力；（2）培养儿童对中国文字的认识和运用；（3）培养儿童对于文法修辞的研究兴趣；（4）培养儿童对于文学的创造能力。

范围：童话、诗歌、谜语、故事、剧本、演说、辩论、儿童应用、书法。[1]

第五节 "活教育"教学原则

1942年《活教育的教学原则》由桂林华华书店印行，陈鹤琴首次将自己的教学经验与主张归纳为10条教学原则，以实现"心理学具体

---

[1] 参见《活教育要怎样实施的》，见《陈鹤琴全集》第四卷，江苏教育出版社2008年版，第289—297页。

化，教学法大众化"目的，并使广大教师、家长了解、应用。10条教学原则分别为：（1）凡是儿童自己能够做的，应当让他自己做；（2）凡是儿童自己能够想的，应当让他自己想；（3）你要儿童怎样做，就应当教儿童怎样学；（4）鼓励儿童去发现他自己的世界；（5）积极的鼓励胜于消极的制裁；（6）大自然大社会是我们的活教材；（7）比较教学法；（8）用比赛的办法来增进学习的效率；（9）积极的暗示胜于消极的命令；（10）替代教学法。其中，前4条充分体现"做中学,做中教,做中求进步"理念；后6条着重于教学法。1943年陈鹤琴在国民教育实验会上发表演讲《活教育——中国新教育的幼苗》，将"活教育"教学原则在10条的基础上增加了"注意环境,利用环境"与"分组游戏,共同研究"，形成"活教育"12条教学原则。他强调："我们基本主张是在做，我们的新教育实验特别着重在创造。"[1]

陈鹤琴相信，"做"是教学的基本原则。一切学习，不论是肌肉的，不论是感觉的，不论是神经的，都要靠"做"。所以，凡是学生能够自己做的，应当让他自己做。与此同时，一切教学，不仅着眼于"做"，还要学会"思想"。他警告道：在传统学校采用"注入式"教学法，教师在教室里对学生讲，学生望着教师竖着耳朵听，学生没有思想的机会，从而使行动流于盲动、妄动。陈鹤琴写道："举凡在学校里面各种的活动，各种的教学，你都不应该直接去告诉他种种的结果，应当让儿童自己去实验，去思想，去求结果。"[2] 当年，鼓楼幼稚园的小朋友对于自然界的植物、昆虫、石头等产生极大兴趣，经常到野外搜集并进行研究。有一位小学生在自己家里开了一个小型"博物展览会"，展品是平日搜集的铜币、贝壳、矿物、鸟蛋、邮票、石子、碎玻璃片等。在这个

---

[1] 引自《活教育——中国新教育的幼苗》(1943年)，见《陈鹤琴全集》第四卷，江苏教育出版社2008年版，第272页。

[2] 参见《活教育的教学原则》(1948年)，见《陈鹤琴全集》第五卷，江苏教育出版社2008年版，第69页。

小小的博物世界中，充满儿童自己的发现与创造。由此，陈鹤琴提出第三、四条教学原则"你要儿童怎样做，就应当教儿童怎样学"和"鼓励儿童去发现他自己的世界"。他指出："儿童的世界，是儿童自己去探讨，去发现的。他自己所求来的知识，才是真知识，他自己所发现的世界，才是他的真世界。"[1]

陈鹤琴举了自己在创办鼓楼幼稚园期间将麻将牌改造为教具的具体事例，说明在平日生活中，可以找到许多活教材、活教具。他写道："……因此在20年前，我在南京办鼓楼幼稚园的时候，我自己向自己说，麻将是一个很有趣的赌具，为什么我们不能把它变成一个好玩的教具呢？假使能变成识字的教具的话，那不是小孩子识起字来很快吗？麻将牌怎样变成教具呢？听起来好像很奇怪，做起来倒很容易。那时候我就跑到夫子庙，叫麻将店的老板，替我刻副活字块，我在儿童用书中选出了200多个字，每个字刻两块。儿童喜欢颜色的，所以我叫他依照部位，着了红、绿、蓝、紫的彩色，比如'鸡''鸭'两个字，'鸟'部用红的颜色，'又''甲'部都用绿的颜色；比如'江''草'两个字，三点水用蓝的颜色，草头用绿的颜色。字块这样一着色，就显得格外鲜艳夺目了。怎样玩呢？有两种玩法，一种是凑对子，一种是拼句子。凑对子是为不识字的儿童玩的，拼句子是为已经识了几个字的儿童玩的。可以让孩子们围坐一张桌上，共同玩耍。"[2]

陈鹤琴举了两个例子，第一个例子是他的大儿子一鸣因为不喜欢算术而受了老师责罚后，对于算术的态度一直未改变。相比之下，他的小儿子一心写毛笔字得到老师的表扬，回到家里埋头练字孜孜不倦，这就是鼓励的结果。第二个例子，他的一位朋友的小孩，有一天在家里弹钢琴，

---

[1] 参见《活教育的教学原则》(1948年)，见《陈鹤琴全集》第五卷，江苏教育出版社2008年版，第71页。
[2] 参见《活教育的教学原则》(1948年)，见《陈鹤琴全集》第五卷，江苏教育出版社2008年版，第88页。

来了一位外国传教士来看望孩子的父亲，看到小孩子在弹琴，就笑着说："你弹得不差的！你要学钢琴吗？"于是，这个从未听到有人称赞的小孩子感到很高兴，学起琴来更加努力。这就是"活教育"第五个原则"积极的鼓励胜于消极的制裁"。

1946年陈鹤琴从江西回到上海继续办学，对于"活教育"学说进行重新整理，并于1947年陆续汇编成集，定名《活教育的教学原则》《活教育的理论与实施》，其中教学原则从10条，充实为15条，以后又增加2条，形成17条教学原则（见附1）。陈鹤琴根据自己在鼓楼幼稚园进行的教学试验，提出原则十三"教学游戏化"、原则十四"教学故事化"。在"教学游戏化"过程中，教师须注意的两个问题：（1）要注意方法与目的的配合，要求教师应当随时考查儿童学习的进度，以达到教学游戏化的要求；（2）要注意多数人活动的机会。原则十四"教学故事化"包括教材故事化与教法故事化。第十五条原则"教师教教师"与第十六条原则"儿童教儿童"体现"做中求进步"总目标。"教师教教师"具体落实为教学演示与巡回教学辅导，目的是解决在职教师如何充实、提高自己的问题。"儿童教儿童"实际上就是陶行知先生倡导"小先生制"。陈鹤琴列举了三个理由说明"儿童教儿童"带来的好处：（1）儿童了解儿童的程度比成人所能了解的更为深刻；（2）儿童鼓励儿童的效果比成人所能获得的更为巨大；（3）儿童教儿童教学相长。第十七条原则"精密观察"。在教学过程中，采用精密观察方法可以通过实际研究培养儿童善用观察的学习态度，以促进教学效果。由于观察所获得的知识是直接知识，可与间接知识互为补充。儿童对直接经验印象最为深刻，指导儿童观察与动手"做"，对于儿童知识的扩展大有裨益。同时，儿童"精密观察"不仅增进教学效能，还可以培养儿童学习的兴趣与求真的态度。陈鹤琴认为，观察的教学，不仅能促进教学兴趣，而且儿童的人生态度，亦将因此而得到健全地发展。观察所依据的是客观事实，失去事实的支持，则附会造作都将产生，儿童养成观察习惯后，一种尊重事实，求真求是的态度，很自然地会建立起来。他对观察的方式总结为：（1）全面的观察；（2）比较的观察；（3）系统的观察；（4）五官俱到的观察，用眼去看，用耳去听，用舌去尝，用鼻去嗅，用手去摸。

陈鹤琴写道："观察是人类获得知识的基本方法，而精密观察则是开启真理宝藏的钥匙，握着这把钥匙，我们便能够接近科学的真理。假使要教学能获得宏大的效果，则精密观察的方法，便不能不予以正确的运用。"[1]

附1：十七条教学原则

原则一　凡是儿童自己能够做的，应当让他自己做

原则二　凡是儿童自己能够想的，应当让他自己想

原则三　你要儿童怎样做，就应当教儿童怎样学

原则四　鼓励儿童去发现他自己的世界

原则五　积极的鼓励胜于消极的制裁

原则六　大自然大社会是我们的活教材

原则七　比较教学法

原则八　用比赛的办法来增进学习的效率

原则九　积极的暗示胜于消极的命令

原则十　替代教学法

原则十一　注意环境，利用环境

原则十二　分组游戏，共同研究

原则十三　教学游戏化

原则十四　教学故事化

原则十五　教师教教师

---

[1] 参见《活教育的教学原则》(1948年)，见《陈鹤琴全集》第五卷，江苏教育出版社2008年版，第102页。

原则十六　儿童教儿童

原则十七　精密观察

第六节　"活教育"教学过程

陈鹤琴将"活教育"方法论立足于"儿童直接经验""自我学习"与"教师指导",即"直接经验"与"思维认知""学"与"教"之间的平衡,以实现儿童"全面性""均衡性"发展的目标。陈鹤琴将"活教育"教学活动性质确定为"儿童活动应从儿童生活出发完成儿童的完整生活",可以理解为不应从成人生活或社会意志、概念出发规定、局限儿童活动内容并使其生活不完整与发展失衡。"活教育"教学活动组织原则:(1)根据儿童的生活需要;(2)根据儿童的学习兴趣,从而使教学活动能够唤起儿童思维与学习兴趣。"活教育"教学过程"四步骤"将克伯屈"设计教学法"教学四步骤(见附1)进行改造,形成"活教育"学习四步骤:(1)实验;(2)参考;(3)发表;(4)检讨。在《活教育实施方案》中,陈鹤琴对"活教育"方法进行概括:(1)直接的经验;(2)均衡的发展;(3)自动的研究;(4)积极的鼓励;(5)具体的比较;(6)分组的研究;(7)集体的竞赛。[1]从而使儿童的学习过程与教师应有的责任、工作、任务、态度相衔接。陈鹤琴认为,儿童学习的最高境界是"自动的研究",儿童通过"直接的经验"进行学习,产生学习与进步的兴趣、动力。他写道:"观宝贵的是儿童自动研究的精神,这种精神是小朋友们本已潜在的,不过因为种种的限制,使它不能流露出来罢了。我们现在最要紧的,就是启发他们这种自动研究的精神。"[2]同

---

[1] 参见《活教育要怎样实施的》(1944年),见《陈鹤琴全集》第四卷,江苏教育出版社2008年版,第285页。

[2] 引自《活教育要怎样实施的》(1944年),见《陈鹤琴全集》第四卷,江苏教育出版社2008年版,第280页。

时，陈鹤琴倡导"经验是知识的源泉",促使儿童在实际活动中获得"真知"并发现自己的创造与发明之路,"在发展儿童的知识与技能的时候，必须广泛地研究大自然中各种现象,并且必须和儿童的本身生活联系起来",[1] 其目的在于冲破来自旧学校制度及观念的种种阻挠,改造传统教育的种种积弊。

1947年陈鹤琴进一步阐释"活教育"学说中"学习的四步骤"内涵：

（1）实验与观察,这是说,告诉孩子通过实验来学习,从观察实验的过程中得到活的知识。

（2）广泛阅读和运用参考材料。这是说,要求孩子阅读他准备阅读的主题的有关书本,必要时参考一些有用的资料,这将说明他了解得更充分、更好。

（3）发表与创作。孩子有了从直接与间接经验得到的一切知识,应鼓励他发表自己的思想,如有可能,应该创作些新东西。

（4）批评与研讨。有时孩子从学习中得到的结论可能是不正确的,所以最后的第四步是要集体评论和研究成果。小组讨论与共同研究可以相互启发、相互鼓励来达到完善。[2]

陈鹤琴描述自己理想中"活学校"情形：（1）课桌椅分开,可以移动；（2）座位（讨论式的）一组一组排列着；（3）图书教具很丰富；（4）学校环境整齐美丽；（5）校内的布置是学生做的；（6）布置的材料,利用自然物和儿童的成绩。通过"活教育"培养的儿童的状态与受传统学校"灌输式"教育的迥然不同,表现为：（1）活泼天真,独出心裁；（2）自己找材料；（3）兴趣浓厚；（4）身体健康；（5）好问好奇；（6）知道求知的方法而活用知识。[3] 在陈鹤琴倡导与鼓励下,幼稚园教

---

[1] 引自《夸美纽斯的教育理论》(1955年),见《陈鹤琴全集》第五卷,江苏教育出版社2008年版,第266页。
[2] 引自《活教育》(英文版,1947年),见《陈鹤琴全集》第六卷,江苏教育出版社2008年版,第245页。
[3] 参见《活教育与死教育》(1941年),见《陈鹤琴全集》第五卷,江苏教育出版社2008年版,第23页。

师指导儿童利用日常生活中的材料动手制作玩具，如用菱角外皮制作风车；萝卜可以做娃娃；蚕壳可以做花卉；厚纸盒可以做七巧板等，即便是一根木棒、一根竹片、一块木板都可以成为制作玩具的材料。如能给儿童提供一些简单的工具，如小锯子、小铁锤等，儿童就能做出许多有趣的玩具来。

陈鹤琴相信，传统教育观念与学校制度下，儿童的热烈情绪与创造性受到压抑；儿童所有工作都是在被动情境下"还债式"进行，生活变得枯燥，情绪变得冷淡，致使儿童的力量被埋没，儿童的创造力被摧毁。他将在旧教育制度下机械、被动地被灌输难以消化"知识食粮"的儿童称为"小可怜虫"；将"教室"四壁形容为"梦坑""囚笼"。他认为，儿童的社会性是在社会实际生活中形成并发展的；儿童只有在自由和独立的情境中，对于工作才能热烈，并有力量完成自己的计划。[1] 在"活教育"制度下，儿童的自主、自动、自尊、自爱，将儿童所具有的"主体性""主动性""创造性"以及各项"天赋"能力充分释放，使儿童不仅成为知识的主人，也成为生活，乃至未来社会的主人。

附1："设计教学法"教学四步骤

1. 确定目的，即在疑难情境中产生解决疑难的动机，并由动机引出明确的目的。

2. 拟定计划，即在明确的目的指导下，制定解决疑难的计划。

3. 实行计划，即将计划付诸实践。

4. 评定结果，即对实践的结果进行评定，并判断获得了什么样的经验。[2]

---

[1] 参见《重视儿童的力量》(1947年)，见《陈鹤琴全集》第四卷，江苏教育出版社2008年版，第339页。
[2] 引自单中惠主编：《西方教育思想史》，教育科学出版社2007年版，第465页。

第七节 "活教育"教师

陈鹤琴认为,在"活教育"过程中,教师处于指导地位,其作用不可或缺。"活教育"要求师生应站在同一战线或立场上,相互之间的关系是"共同求进步",教学相长;同时,"活教育"倡导"集体教,集体学,集体创造",其中包括教师、家长和儿童之间的共同学习。在陈鹤琴的观念中,儿童教育一方面应认识并解放儿童自身的天赋力量,另一方面不可否认儿童是不成熟的,需要教师的指导。教师对于儿童的指导,不能是像监工一样监督或强迫命令、灌输知识或包办代替;也不能对儿童的行为采取随其自然、放纵态度,仅做旁观者;尤其当儿童遇到困难时,教师应提供必要的辅导与指导。他指出,教师在指导儿童学习或活动时应遵循两个原则:(1)凡是儿童自己能够想的,让他自己想;儿童能够做的,让他自己做,必要时,才给予指导;(2)指导的目的是发扬儿童的才能,不是抑制儿童的活动。[1]

陈鹤琴指出,从事"活教育"教学的教师应具备的基本条件,首先是爱护儿童、了解儿童;同时要有积极的态度、研究的精神、改造环境的能力,并且除具有国语修养外,须有一种专门学科的特长,以及健全的体格。[2] 其工作主要包括四项:创造环境;提供材料;指导儿童活动、学习过程;欣赏、鼓励儿童学习结果。"活教育"教师应该善于引起儿童学习动机的责任感与能力,不仅在教学与工作方面,而且在形象、表情、性格、行为、精神状态等方面都应该具备"活"的特质,表现为:在外表形象方面,和蔼可亲、声音悦耳、低音清晰;在精神面貌方面,衣履整洁,面目清楚,态度从容,精神饱满,健身、快乐、乐观;在待人接

---

[1] 参见《重视儿童的力量》(1947年),见《陈鹤琴全集》第四卷,江苏教育出版社2008年版,第340页。
[2] 参见《活教育要怎样实施的》(1944年),见《陈鹤琴全集》第四卷,江苏教育出版社2008年版,第282页。

物方面，说话有礼貌，多鼓励；在行为举止方面，慈爱，行动轻快，立得笔正，坐得挺直；在职业素养方面，创造能力，研究精神，乐业，互助合作，负责，教学有技能，了解儿童心理。陈鹤琴举了一个例子：有一名新生，说话经常口吃，想说的话却说不出，教师不明白口吃形成的原因，开口讽刺道"你这样大的年纪，说话都说不清楚，你好好地说"！学生经这样一番讽刺后内心感到紧张，原本想说的话竟一句也说不出来了。这说明，教师态度对于学生来说何等重要。正如一位美国教育家所说，教师在儿童学习过程中的作用是帮助儿童自己去努力度过他的缺陷，决不能把儿童驮在背上，飞过他的缺陷。[1]如何对待犯错误或做错事的儿童，可以检验出教师的素质。陈鹤琴举例，对于儿童偷窃现象，应该考查其原因，或许由于某种需求使然。遇到此种情况，教师或家长一方面应满足儿童的正当欲望，一方面要告诉儿童应尊重他人的权利，同时可以将爱惜公家东西的儿童作为榜样。陈鹤琴写道："不过有一点你要注意的，不要直接对他说'你不要拿人家的东西，你从前是这样的，现在你要看某人的榜样'。这种话是多讲的，一讲反而引起他的反感，你只要暗示他，要他模仿就够了。"[2]

"活教育"学校与传统学校在管理及考核、教学方式、训导方式、教学目的、师生关系、学生状态等方面应有明显区别，表现为：（1）管理重心由教室管理转向为学生自我管理；（2）考核方式以及成绩由单一书面考试转向为团体活动；（3）教学目的由灌输知识、养成技能转向为培养做人优良习惯和服务合作的精神；（4）教师训导方式由"防贼式的"转向尊重儿童的人格与"友谊式"训导方式；（5）师生关系由界限分明、"教师站在指挥的地位"转向"师生共同生活""教师直接参加各种活动"；

---

[1] 参见《师范教育的根本问题》，见《陈鹤琴全集》第五卷，江苏教育出版社2008年版，第27页。
[2] 引自《活教育的教学原则》（1948年），见《陈鹤琴全集》第五卷，江苏教育出版社2008年版，第84页。

（6）学生状态，由"一盘散沙，毫无组织的"转向"有组织有力量"；（7）学校管理由"怕学生有组织而与学校对抗"转向"学校与学生站在同一战线上，向学业上进攻"。

陈鹤琴将"训育的十三条基本原则"纳入"活教育"学说体系，并进行重新诠释，以使其更能体现自己对于儿童道德与教师素质的各项要求。在他看来，儿童道德、秩序感等社会性应在教师对儿童心理充分了解、教师与儿童之间协调关系、老师与学校员工之间合作、学校与家庭联络等基础上形成。这些原则包括：（1）在儿童时期要有良好的开端；（2）遵守法律的精神；（3）对儿童心理的研究；（4）教师与儿童之间的协调关系；（5）自觉；（6）主动性；（7）互相帮助；（8）知道了就要做；（9）废除形式主义；（10）员工之间的合作；（11）学校与家庭的联络；（12）积极消除事故；（13）以身作则胜于口头训诲。[1]

1946年陈鹤琴在上海创办幼稚师范专科学校（简称上海幼师），次年，该校改为"女子师范学校"（简称"女师"），继续开展"活教育"学说整理、研究工作。陈鹤琴在向学校教职员发表的一次讲话中，又一次阐释了自己的教育主张："教师决不能自己做，一定要让孩子做，否则只有失败的一条路！教师不能守旧，一定要改变态度，接受新的教育理论并加以实施。"在他看来，师范学校的教学内容应以实际需要为主，不仅要在深度上学习，而且其重心应放在学以致用的原则上。理论与实际脱节，学生毕业后不会上课是大多数中国师范学校的"通病"，因此，"幼师"一定不能走"学非所用"老路。他期待自己的学生都能成为中国幼儿教育的播种者、活教育运动的开拓者，无愧于教育工作者的称谓，"教不倦，学不厌"。

---

[1] 参见《活教育》（英文版，1947年），见《陈鹤琴全集》第六卷，江苏教育出版社2008年版，第246—248页。

尾　声

一

据《南京师范大学志》记载：1952年7月，教育部根据"以培养工业建设人才和师资为重点，发展专门学院，整顿和加强综合大学"的方针，进行全国高等院校院系调整。按照华东区的院系调整方案，南京大学、金陵大学两校校务委员会举行联席会议，分别组织南京大学、南京工学院、南京农学院和南京师范学院建校筹备委员会。南京师范学院以南京大学师范学院和金陵大学教育系、儿童福利系等系科为基础，与上海震旦大学托儿专修科、广州岭南大学社会福利系儿童福利组、南京师范专科学校数理班合并改编而成，院址设于原金陵女子文理学院……[1]

1952年12月陈鹤琴接受中央人民政府教育部任命，正式出任南京师范学院首任院长。两年前他在全国第一次高等教育会议上发言，提出三项建议：（1）有计划地进行教育改革，研究学制问题；（2）师范教育问题，师资的培养与学制密切相关，国家应予特别重视；（3）吸引更多海外优秀人才回国为新中国建设服务。[2] 这时，他已经感受到新中国对

---

[1] 引自冯世昌主编：《南京师范大学志》，南京师范大学出版社2002年版，第33页。
[2] 参见《在第一次全国高等教育会议上的发言》(1950年)，见《陈鹤琴全集》第五卷，江苏教育出版社2008年版，第224页。

于教育、教师的急迫需求，以培养师资为主要目标的师范大学或师范学院、专科学校将大量涌现，教师的社会地位与物质条件将会得到提高。他甚至预测：新中国的教师也能像社会主义苏联那样不仅得到国家颁发荣誉勋章，还能得到如住宅等福利待遇。他激动地写道："在人民革命事业取得基本胜利的今天，为迎接即将来临的文化建设高潮，我们的师范教育应朝着新的方向负起伟大的任务。在中国共产党和伟大的中国人民领袖毛主席'为教育新后代而努力'的号召下，全国师范教育工作者应热烈地积极地为迎接这一伟大任务而奋斗。"[1]

陈鹤琴深知，师范教育，尤其是高等师范教育对于国家建设事业与整个教育格局形成所占的重要地位。因为"高等师范学校办得多和少，办得好和坏，直接影响着中等学校，间接影响着高等学校的发展和提高，也就影响着国家培养建设干部，也就影响到国家建设计划的完成，因而高等师范学校在国家工业化建设事业中，就成为培养建设人才的重要环节。同时，为了满足广大人民对初等教育的需要，就必须相应地发展中等师范学校。高等师范学校也负有培养中等师范学校师资的光荣任务"。[2]他提出师范教育应重视三方面问题：一是教师在向儿童传授知识、技能、技巧的同时，培养青年正确的信仰与世界观，实现"全面发展"目标，因此教师自身的修养、专业素质与责任感十分重要。二是教师的成长与进步不仅取决于课堂学业，更需要在实践中"深造"与"提高""……学校只能给你一些理论基础，一些专门科学知识，并给你一些求知的方法，给你一把开知识宝库的钥匙。你可以拿这把钥匙通过劳动锻炼，通过实际努力去开知识的宝库"。三是教师不仅应具备觉悟、道德与理论方面素质，还需要具备高级文化科学水平、教育专门知识与技术，包括"除

---

[1] 引自《师范教育的新方向》(1951年)，见《陈鹤琴全集》第五卷，江苏教育出版社2008年版，第231页。
[2] 引自《同学们！祖国召唤你们投考高等师范学校（写给全国高中毕业同学们的一封公开信）》，见《陈鹤琴全集》第五卷，江苏教育出版社2008年版，第233页。

具备关于教育学、心理学专门知识与技术之外，还必须具备关于专业课程的高级文化科学水平"。因为"生活在前进，人类知识是在不断地增进，科学技术在不断地发展"，所以，教师应该不断学习，如果"你们只顾输送知识，不管吸收，那装满了的盘子也会变成空的了"。[1]

"南师"（南京师范学院简称，下同）开学后，陈鹤琴于1955年2月代表学校提出"三大中心工作"：（1）改进组织领导，深入领导教学；（2）认真改革教学内容，相应地改进教学方法，以提高教学质量；（3）大力进行共产主义道德品质教育。他特别提出，教材内容必须有明确的教育目的，应研究课程的总要求与章节要求，"反对只凭主观意图不管教学目的的主观主义的教学态度"；注重"理论联系实际"。同时，重点改进讲授方法，"不仅要有明确的目的，严密的系统，而且要注意语言精炼，运用直观原则，适应学生接受水平"；经常通过习题课、课堂讨论、实验等教学过程，了解和分析学生学习情况。"教师要多启发学生独立思考，独立工作；同学们要克服依赖教师的思想"。[2]

二

陈鹤琴担任"南师"院长后，仍然作为教授亲自登上讲台，为幼教系学生讲授《儿童心理学》《世界教育史》两门课程。他对这两门课程钟情有加，不仅是因为其中所包含教育发展规律、特性与未来趋向，还在于他自己的教育学说与实践也是由此而出发。关于前者，研究的对象是儿童及其心理发展规律，内容包括儿童的感觉、动作发展程序与儿童的情绪、认知、思想、情感发生、成熟的条件。因此"我们要了解儿童，

---

[1] 参见《同学们！祖国召唤你们投考高等师范学校（写给全国高中毕业同学们的一封公开信）》，见《陈鹤琴全集》第五卷，江苏教育出版社2008年版，第235页。
[2] 参见《统一思想　整齐步伐　保证本学期中心工作的胜利完成（在南京师范学院开学典礼上的讲话）》(1955年)，见《陈鹤琴全集》第五卷，江苏教育出版社2008年版，第238页。

要教育儿童就要老老实实地来研究儿童心理学"。[1] 关于后者，主要研究世界教育学发展历程、教育思想体系与教育实践。在他看来，教育是一种社会现象，在各个历史发展阶段中，教育总是随着社会历史的发展，随着社会基础的改变而发展着、改变着。"社会生活发展的法则和规律性，决定着教育和教养的实践规律性，同时也决定着教育理论的本身"。[2] 对于学前教育来说，不仅应从世界范围了解学前教育的历史，包括各种学说、理论产生的背景与影响、作用，还应该研究中国近、现代学前教育演变、发展过程与经验，吸取有益的经验、营养，而不是因为时代变迁简单、粗暴地予以否定、割断。陈鹤琴指出："新中国的教育史和苏维埃教育史一样，并不把过去的教育中进步的、有价值的东西抛弃，而是批判地来改造这种文化遗产……"[3] "今天新中国教育史也像教育学和其他学科一样，力求从过去的经验中，吸取那种与为了全体劳动人民的利益而创造出来的先进的民族文化有关的东西。"[4] 他认为，应该依据历史唯物主义的立场、观点"来说明各个时代教育理论与教育实际的发展及其规律"。[5]

在陈鹤琴讲授《世界教育史》课程中，捷克教育家夸美纽斯的生平经历与教育思想占有重要篇章，这位以创建独立学科的教育科学与教育理论享誉世界的17世纪"伟大的斯拉夫教育家"（陈鹤琴语）所倡导的"泛智论"与"教育适应自然"理论，以及将教师比喻为全世界的太阳，能同时对所有的学生普照教学的光芒，而且能发出同样的光，均匀地照亮每一个学生[6]，他不仅成为教育"民主化""科学化"先驱，同时也使教

---

[1] 引自《儿童心理学》（1952年），见《陈鹤琴全集》第一卷，江苏教育出版社2008年版，第408页。
[2] 参见《教育史导言》（1955年），见《陈鹤琴全集》第五卷，江苏教育出版社2008年版，第252页。
[3] 参见《教育史导言》（1955年），见《陈鹤琴全集》第五卷，江苏教育出版社2008年版，第244页。
[4] 参见《教育史导言》（1955年），见《陈鹤琴全集》第五卷，江苏教育出版社2008年版，第245页。
[5] 参见《教育史导言》（1955年），见《陈鹤琴全集》第五卷，江苏教育出版社2008年版，第246页。
[6] 参见单中惠主编：《西方教育思想史》，教育科学出版社2007年版，第121页。

师的职责与使命被赋予了神圣意义。1914年陈鹤琴在美国约翰·霍普金斯大学求学时首次读到夸美纽斯的著作,《世界图解》是世界上最早的插图教科书,34年后他应邀前往捷克首都布拉格,在参加联合国教科文组织举办的儿童教育会议期间受赠该书,他感到激动不已。

陈鹤琴在讲义中,对夸美纽斯的生平、世界观、教育观及主张进行全面介绍。他首先介绍夸美纽斯的民族情怀与爱国主义精神。在当时残酷的宗教战争时代中,夸美纽斯倡导文化、教育要成为反对异国、异族侵略、压迫的武器,并曾费尽心血收集了捷克的民间诗歌,编成捷克语言集,教育本国同胞保存捷克语文,爱好捷克语文。陈鹤琴写道:"他的一生是热爱祖国,为祖国忠诚服务的一生。在各国从事国民教育科学研究和有组织的活动时,他总希望这些国家的政府能援助捷克,使他们从德国征服者手中解放出来,并恢复捷克的民族独立。"因此,夸美纽斯被人们誉为"伟大的斯拉夫教育家"。[1]

夸美纽斯写过两本对世界教育发展具有"里程碑"意义的著作《母育学校》《大教学论》(又译《大教授学》),对教育的基础、本质、作用进行系统、全面论述,"后代的人们便仍可以把它做个基础,重新建立教育的科学"。(陈鹤琴语)夸美纽斯提出:"实际上,只有受过一种合适的教育之后,人才能成为一个人。"同时,他竭力证明自己的观点:(1)人若是不受教育,没有在人类社会生长,就会变成与动物一样;(2)行动如动物而不能说话的人,也可以受教育而能说话;(3)教育对儿童、人类能起巨大的作用。他相信,人人须受教育;教育确实可以改变人性。[2]

在夸美纽斯的教育学说中,"自然适应性"原则与儿童教育观引起

---

[1] 参见《夸美纽斯的教育理论》(1955年),见《陈鹤琴全集》第五卷,江苏教育出版社2008年版,第254—256页。
[2] 参见《夸美纽斯的教育理论》(1955年),见《陈鹤琴全集》第五卷,江苏教育出版社2008年版,第262页。

陈鹤琴共鸣,其中夸美纽斯对于教育作用持有积极态度和"儿童"的"可教性"与陈鹤琴的教育追求、审美高度契合。夸美纽斯认为,从一定意义上说,教师的素质决定儿童未来命运。古代马其顿国王,被誉为欧洲历史上著名军事家、政治家的亚历山大(公元前356年—前323年)见到其父亲欲将一匹不受羁勒、不让人骑的烈马舍弃时说道:"这些人在糟蹋一匹何等雄俊的马啊。他们没有本事,不知道怎样去对待它!"说罢,他立刻用钱收了那匹烈马,挥起从未使用过的马鞭,飞驰而去。有一位哲人普卢塔(Plutarck)讲述这个故事时评论道:"这个故事使我们想到,有许多富有天分的人统统是给他们的教师毁了的,他们没有能力去管理或者指导那些才气奔放的人,他们不是把他们当做马儿看待,而是把他们当做驴子看待。"[1]

陈鹤琴赞誉夸美纽斯"真不愧为儿童的导师",他主张儿童要从小教起。他将不同种类儿童进行划分并对应适宜的教育方法,与中国古代倡导"因材施教"观念不谋而合。

夸美纽斯将儿童划分为六类:第一类儿童容易教导,但教师要遵守一件事情,就是不要让他们走得太快、负担过重,以致他们在到达目的地以前就自己把自己弄疲倦了,弄凋枯了。第二类儿童,虽然聪明,但倾向于迟钝懒惰,我们应该加以督促,使其前进不懈。第三类儿童又伶俐,又倔强。这种儿童常是学校里所遇到的困难的大根源,他们多半被人看为没有希望的儿童。其实,假如能够正确地对待他们,他们常常可以成为伟人。第四类儿童是柔顺的,渴于求知的,但是迂缓迟钝。这种儿童是跟在后面走的,教师应当在中途去迎接他们的脆弱天性,不应该把重大的负担加在他们的身上。不应该向他们要求任何过分的事情,应当耐心地帮助他们,应当给他们力量,应当教他们走上正轨,使他们不

---

[1] 参见《夸美纽斯的教育理论》(1955年),见《陈鹤琴全集》第五卷,江苏教育出版社2008年版,第265页。

要灰心。这种学生虽则成熟较迟，但是他们也许能够耐久，如同成熟较晚的果实一样。第五类儿童心理脆弱，同时又很急惰，这种人只要顽强，也可以看到很大的进步，不过需要更大的技巧与耐心而已。第六类儿童才智低弱，同时性情又倔强邪恶。这种人很少能有什么用处，但是"自然"对于有毒的事物，总是预备了解毒剂的，不结果实的树木如果适当地加以移植之后，也能结出果实来。[1]

陈鹤琴总结夸美纽斯教学理论特点：(1) 直观性教学法；(2) 掌握科学知识，要学习各种事物，而不是仅限于文字，同时学习要从具体事物开始，而不是从文字开始，要研究实际的科学；(3) 渐进性教学原则，为了使儿童容易接受知识，夸美纽斯建议应由简单到复杂，由具体到抽象，由事实到结论，由易到难，由近及远。他又劝告说，实例应先于规则；(4) 连贯性教学原则；(5) 巩固性教学原则；(6) 可接受性教学原则。[2]

三

1956年12月在全国掀起"向科学进军"热潮中，南京师范学院举办第一次科学讨论会，陈鹤琴提交长篇论文《从一个儿童的图画发展过程看儿童心理之发展》不仅成为这次讨论会最重要的科学研究成果，与他的成名作《儿童心理之研究》一道，成为陈鹤琴教育著作中最具"科学性"特征的研究性著作，它们使儿童心理学研究成为陈鹤琴与同时代其他儿童教育家相比最明显的特点与区别所在。据亲历者回忆，在报告会当日，会场内的墙壁、过道陈列着陈鹤琴珍藏的一鸣从幼年到16岁期间561幅画作中的205幅。他希望，这些画作能够说明儿童学习绘画的过程，能够从儿童学习绘画过程中反映出儿童某些知觉和概

---

[1] 参见《夸美纽斯的教育理论》(1955年)，见《陈鹤琴全集》第五卷，江苏教育出版社2008年版，第264—265页。
[2] 参见《夸美纽斯的教育理论》(1955年)，见《陈鹤琴全集》第五卷，江苏教育出版社2008年版，第275—276页。

念的发展情况。了解儿童学习图画的发展过程与阶段,可以说明儿童绘画与其生活经验和教育实践之间的关系,即儿童受到外界环境影响,其生活经验通过语言予以抽象化、概括化,形成知觉、思维或思想力,其观察力、辨别力、组织力逐渐发展。他写道:"绘画可以依据儿童第一、第二信号系统[1]的相互的作用来促进儿童思维的发展,儿童能在绘画中反映他所看见的,以及叫出名字的东西,并用言语来说出东西的名字。通过绘画这种手和眼的联合动作,儿童还可以更好地理解周围的事物,并巩固所得的观念,通过绘画还可以培养儿童良好的情感和道德质量……"[2] 同时,图画是儿童表达思想与情感的方式,因为儿童的词汇很少,不能用语言进行充分表达,但是儿童受到外界环境的刺激所产生反应,包括思想与情感需要通过图画进行表达、交流。这就是儿童喜欢画图的主要原因。[3]

陈鹤琴对儿童绘画价值与性质进行归纳:(1)儿童图画的本质是"一种表情达意,反映客观现实的有效工具"。从一鸣涂鸦期到写实期的十年中所画的图画,就可以知道一鸣的认识在开始时是模糊的,随着生活经验的积累,他的空间观念和时间观念等就逐渐发展起来,通过与周围环境的接触,他的语言也丰富起来了,他的思维能力包括一切的高级神经活动也相应地得到了发展。[4](2)儿童的图画发展体现了由量变到质变的过程。(3)儿童先会画线,后会画圆,然后才会画点。儿童绘画技巧合乎其生理发展。原因是"从生理发展的观点看,儿童的大肌肉比

---

[1] 第一信号系统指大脑皮层生理机能系统,将来自环境的直接刺激传递并反应为身体器官各种活动的信号;第二信号系统指对语言、文字发生反应的辨识与思维机能系统,由第一信号系统的单纯生理刺激转变为抽象意义的语言、词汇、思维等信号,并对第一信号系统发生影响,支配、校正第一信号系统。人类的高级神经活动是两个信号系统共同相互作用的结果。
[2] 引自《从一个儿童的图画发展过程看儿童心理之发展》(1956年),见《陈鹤琴全集》第一卷,江苏教育出版社2008年版,第560页。
[3] 参见《谈谈儿童的绘画》(1951年),见《陈鹤琴全集》第一卷,江苏教育出版社2008年版,第556页。
[4] 引自《从一个儿童的图画发展过程看儿童心理之发展》(1956年),见《陈鹤琴全集》第一卷,江苏教育出版社2008年版,第595页。

小肌肉先发达,因此对儿童来说用手臂的大肌肉来画线比用小肌肉来画点容易得多。这可从儿童用线穿针的困难情况得到证明"。[1](4)儿童绘画技能的增进,落后于他的感知认识。随着年龄的增大,经验不断丰富,其技术水准与认识水平逐渐接近,到最后二者之间的距离就更加缩短了。(5)儿童图画是反映他印象最深的客观现实的。(6)儿童绘画技能与他的生活经验和教育实践是分不开的。一鸣的绘画技能进步迅速,得到了相当程度的提高,生活经验和教育实践以及教师的具体指导在这一过程中起到关键作用。[2]

在这篇论文中,陈鹤琴力图通过对一鸣学习绘画过程的具体分析,证实自己对于儿童心理与认知能力发展阶段的基本观点,即"儿童的心理是在遗传的影响下,通过生活经验和教育实践,由简到繁逐渐发展的"。[3]他认为,感觉是儿童心理活动的基础,也是人类认识的最初阶段。在感觉的基础上,儿童的经验逐步积累、充分,其知觉不断丰富。通过儿童实际生活经验,儿童大脑皮质的各种暂时联系就形成起来,儿童与周围世界的关系愈复杂,其"分析器"的活动愈完善,"感受性"与"差异感受性"也愈为发达。陈鹤琴认为,人类通过"第一信号系统"(包括视觉、触觉、运动感觉等)逐渐建立起知觉(包括空间知觉、时间知觉)。也就是说,"儿童在生活经验中从第一信号系统所感受的无数信号,通过语言达到了抽象化和概括化的地步,因此儿童的思想也就有条件发展了。他的观察力、辨别力、组织力也就逐渐地发展起来"。

---

[1] 引自《从一个儿童的图画发展过程看儿童心理之发展》(1956年),见《陈鹤琴全集》第一卷,江苏教育出版社2008年版,第597页。
[2] 引自《从一个儿童的图画发展过程看儿童心理之发展》(1956年),见《陈鹤琴全集》第一卷,江苏教育出版社2008年版,第598页。
[3] 引自《从一个儿童的图画发展过程看儿童心理之发展》(1956年),见《陈鹤琴全集》第一卷,江苏教育出版社2008年版,第562页。

四

1979年3月全国教育科学规划会议召开在即,作为中国"五四"新教育运动亲历者与国内最知名的现代儿童教育专家,陈鹤琴在沉寂了20多年以后重新回到人们的视野中。这时他已经87岁高龄了,却不顾自己健康状况提出希望参加盛会的要求,但最终由于腰部扭伤无法远行。他提笔给这次大会写了一封信。

在这封信中,陈鹤琴提出与切实开展教育科学研究相关的五项建议:

(1)设立儿童教育玩具、教具、设备研究室和实验工厂。

(2)为提高教育质量,开展科学研究,建议全国各省市设立实验幼儿园和实验小学作为进行科学实验、取得系统经验的场所。

(3)建议恢复学前教育和小学教育杂志,重点是交流实践经验和科学研究成果,以满足广大幼教和儿童教育工作者的需要,提高他们的水平。

(4)建议全面、系统地整理与总结我国"五四"以来幼儿教育和儿童教育的实践和经验(包括具体课程、读物、方法、措施),作出科学的分析和评价,吸收其中有益的成果,包括利用各种生动活泼的形式并推陈出新,为社会主义四化服务。

(5)最后,一个很重要的课题,是对伟大的人民教育家陶行知先生的研究。建议对他的教育实践和思想加以全面、系统的整理和科学总结。对他的著作,如人民喜爱的《行知诗歌集》予以再版。陶行知是我的挚友,他对我的帮助、教育影响极大。从创办晓庄乡村师范起,他为人民服务的崇高精神和创造力就一直鼓舞着我……[1]

1982年12月上旬,陈鹤琴病重期间,电催出差在上海的三女儿秀

---

[1] 参见《给全国教育科学规划会议的信》(1979年),见《陈鹤琴全集》第六卷,江苏教育出版社2008年版,第292—296页。

云速往南京，见到女儿后，他焦急地询问是否已经发排《陈鹤琴教育文集》印制进程。他深情地说道："我年纪已大，身患重病，不可能再写东西了，这些著作要留给教育工作者，也是我对四化建设的最后一份贡献……"数日后，他的两位老友潘菽、高觉敷前来探视，他用颤抖的手在纸上写下了歪歪扭扭的一行字：

"我爱儿童，儿童也爱我。"

一切为儿童

——陈鹤琴

主要参考书目

1. 陈秀云、陈一飞编：《陈鹤琴全集》(1—6卷)，江苏教育出版社2008年版。

2.《陶行知全集》(1—12卷)，四川教育出版社1991年版。

3. 单中惠主编：《西方教育思想史》，教育科学出版社2007年版。

4. 赵祥麟、王承绪编译：《杜威教育名篇》，教育科学出版社2006年版。

5. 孙培青主编：《中国教育史》，华东师范大学出版社2000年版。

6. 陈科美主编、金林祥副主编：《近代上海教育史》，上海教育出版社2003年版。

7. 何晓夏主编：《简明中国学前教育史》，北京师范大学出版社2014年版。

8. 朱智贤、林崇德著：《儿童心理学史》，北京师范大学出版社2002年版。

9. 张宗麟著：《幼稚园的演变史》，海豚出版社2012年版。

10. 张宗麟著：《幼稚园的社会》，海豚出版社2012年版。

11. 雷震清编：《幼稚园的自然》，海豚出版社2012年版。

12. 陶行知著：《中国教育改造》，商务印书馆2016年版。

13. 汤才伯主编：《廖世承教育论著选》，人民教育出版社1992年版。

14. 唐钺、朱经农、高觉敷主编：《教育大辞书》，商务印书馆1930年七月初版。

15. 陈秀云编选：《我所知道的陈鹤琴》，金城出版社2012年版。

16. 陈秀云著：《陈秀云教育文集》，金城出版社2012年版。

17. 陈秀云、柯小卫选编：《活教育》，南京师范大学出版社2012年版。

18. 舒新城编：《中国近代教育史资料》，人民教育出版社1962年版。

19. 陈鹤琴编著：《活教育的创造——理论与实施》，华华书店印行，1948年版。

20. 王文岭撰：《陶行知年谱长编》，四川教育出版社2012年版。

21. 冯世昌主编：《南京师范大学志》，南京师范大学出版社2002年版。

陈鹤琴的著作和主编的刊物、丛书目录（1919—1982）

一、陈鹤琴著作

1919 年

1.《学生自治之结果种种》原载《新教育》第二卷第二期。收入《陈鹤琴全集》[1]第六卷第1页。

2.《男女同学问题》原载《云南教育杂志》第八卷第十二号。

1921 年

1.《学生婚姻问题之研究》原载《东方杂志》第十八卷第四、五、六号。收入《陈鹤琴全集》六卷第7页。

2.《智力测验法》（高等师范学校丛书第二种，与廖世承合著）由商务印书馆出版。收入《陈鹤琴全集》第五卷第278页。

3.《儿童心理及教育儿童之方法》原载《新教育》第三卷第二期。收入《陈鹤琴全集》第一卷第1页。

4.《科学的考试法》原载《新教育》第三卷第五期。收入《陈鹤琴全集》第五卷第419页。

---

[1] 注：《陈鹤琴全集》共六卷，由陈秀云和陈一飞编，江苏教育出版社2008年版。

5.《儿童之好问心与教育》原载《教育汇刊》(南高)第一集。

6.《编译儿童用书与儿童心理》原载《教育汇刊》(南高)第一集。收入《陈鹤琴全集》第四卷第 1 页。

7.《研究两岁以内儿童之方法》(编译,西蒙著)原载《教育汇刊》(南高)第二集。选载《陈鹤琴全集》第一卷第 361 页。

8.《心理测验》原载《教育杂志》第十三卷第十一号。收入《陈鹤琴全集》第五卷第 411 页。

1922 年

1.《比奈 – 西蒙智力测验法》(与廖世承合编)在 1922 年—1924 年由商务印书馆出版。

2.《比奈 – 西蒙智力测验材料》(与廖世承合编)其中《小学默字测验说明书》收入《陈鹤琴全集》第五卷第 425 页。

3.《小学默读测验五类》

4.《初小默读测验两类》

5.《小学文法测验一类》

6.《小学默字测验说明书》

7.《小学常识测验两类》

8.《小学图形智力测验说明书》

9.《图形智力测验》

10.《中学默读测验两类》

11.《我对于儿童的惧怕心之研究》原载《教育汇刊》(南高)第三集。

12.《智力测验的用处》原载《心理》第一卷第一号。收入《陈鹤琴全集》第五卷第 285 页。

13.《研究儿童知识之方法》原载《心理》第一卷第一号。

14.《理解性之学习法》原载《心理》第一卷第二号。收入《陈鹤琴全集》第一卷第 257 页。

15.《镜画试验》原载《心理》第一卷第一号。收入《陈鹤琴全集》第一卷第 249 页。

16.《一个算学测验》原载《新教育》第四卷第三期。收入《陈鹤琴全集》第五卷第 466 页。

17.《一种国文测验：词句重组》原载《新教育》第四卷第五期。

18.《语体文应用字汇》原载《新教育》第五卷第五期。收入《陈鹤琴全集》第六卷第 55 页。

19.《志愿书》收入《陈鹤琴全集》第六卷第 52 页。

1923 年

1.《老年人的学习能力》原载《心理》第二卷第一号。以篇名《老年人和儿童学习能力之比较》收入《陈鹤琴全集》第一卷第 394 页。

2.《矫正机遇错误的公式》原载《教育汇刊》（东大）第二卷第二期。收入《陈鹤琴全集》第五卷第 683 页。

1924 年

1.《儿童研究纲要》，在东南大学及江苏第一女子师范的讲稿，由公孚印刷所印行。

2.《图表式的统计报告法》原载《新教育》第八卷第一期。收入《陈鹤琴全集》第五卷第 625 页。

3.《现今幼稚教育之弊病》原载《新教育》第八卷第二期。收入《陈鹤琴全集》第二卷第 1 页。

4.《初小默读测验编造程序》原载《新教育》第八卷第三期。收入《陈鹤琴全集》第五卷第444页。

5.《在中华教育改进社第三届年会上对测验工作的提案》原载《新教育：中华教育改进社第三届年会报告专号》第九卷第三期。收入《陈鹤琴全集》第五卷第476页。

6.《幼稚教育组报告——全国教育展览会工作报告》原载《新教育》第九卷第五期。

7.《儿童玩具组报告——全国教育展览会工作报告》原载《新教育》第九卷第五期。

8.《小学常识测验》原载《心理》第三卷第一号。

9.《小学常识测验编造程序》原载《心理》第三卷第一号。

10.《儿童的暗示性》原载《心理》第三卷第二号。以篇名《暗示感受性》收入《陈鹤琴全集》第一卷第143页。

11.《中小学默读测验编造程序》原载《教育杂志》第十六卷第五号。

12.《调查小学之方法》原载《中华教育界》第十四卷第二期。收入《陈鹤琴全集》第四卷第4页。

1925年

1.《儿童心理之研究》（大学丛书，上、下册）由商务印书馆出版。收入《陈鹤琴全集》第一卷第8页。

2.《家庭教育》（大学丛书）由商务印书馆出版。收入《陈鹤琴全集》第二卷第508页。

3.《测验概要》（高师丛书，与廖世承合著）由商务印书馆出版。收入《陈鹤琴全集》第五卷第479页。

4.《幼稚生应有的习惯和技能表》(与张宗麟、俞选清共同拟订)原载《幼稚教育论文集》(1932年)。收入《陈鹤琴全集》第二卷第90页。

1926年

1.《幼稚教育》(在安徽省教育厅暑期学校的讲稿)收入《陈鹤琴全集》第二卷第12页。

2.《未达学龄的儿童之研究》原载《教育杂志》第十八卷第七号。收入《陈鹤琴全集》第一卷第372页。

3.《一个儿童的人形画之研究》原载《教育杂志》第十八卷第八号。

4.《关于感动性的学习之两个试验》(与张宗麟合写),原载《教育杂志》第十八卷第八号。收入《陈鹤琴全集》第一卷第386页。

5.《一年来南京鼓楼幼稚园试验概况》(与张宗麟合写),原载《新教育评论》第三十四期。收入《陈鹤琴全集》第二卷第4页。

6.《英文是否应当这样教的》原载《教育汇刊》第二卷第三、四期。收入《陈鹤琴全集》第五卷第201页。

1927年

1.《〈幼稚教育〉发刊词》原载《幼稚教育》第一卷第一期。收入《陈鹤琴全集》第二卷第72页。

2.《我们的主张》(附《调查江浙幼稚教育后的感想》)原载《幼稚教育》第一卷第一期。收入《陈鹤琴全集》第二卷第75页。

3.《幼稚教育之新趋势》原载《教育杂志》第十九卷第二期。收入《陈鹤琴全集》第二卷第98页。

4.《幼稚生的图画》(与俞选清合写)原载《教育杂志》第十九卷第二期。收入《陈鹤琴全集》第二卷第169页

5.《年老公公（歌谣）》原载《幼稚教育》第一卷第一期。收入《陈鹤琴全集》第三卷第 650 页。

6.《清洁检查》原载《幼稚教育》第一卷第一期。收入《陈鹤琴全集》第二卷第 69 页。

7.《拔萝卜》原载《幼稚教育》第一卷第二期。收入《陈鹤琴全集》第三卷第 406 页。

8.《家庭教育之原则》原载《幼稚教育》第一卷第二期。

9.《南京市小学目标》原载《教育月刊》（南京）第一卷第一期。

10.《南京特别市教育局学校教育课计划大纲》原载《教育月刊》（南京）第一卷第三期。收入《陈鹤琴全集》第四卷第 27 页。

11.《课椅课桌之研究》原载《教育月刊》（南京）第一卷第三期。收入《陈鹤琴全集》第四卷第 51 页。

12.《南京市教育情况和实验区情况介绍》原载《教育月刊》（南京）第一卷第四期。

1928 年

1.《语体文应用字汇》（中华教育改进社丛刊第五种）由商务印书馆出版。收入《陈鹤琴全集》第六卷第 55 页。

2.《注重幼稚教育案》（与陶行知联合提案）《全国教育会议报告》，由商务印书馆出版。收入《陈鹤琴全集》第二卷第 219 页。

3.《幼稚园的读法》（幼稚教育丛刊第一种，与张宗麟合写）原载《幼稚教育论文集》。收入《陈鹤琴全集》第二卷第 175 页。

4.《幼稚园的故事》（幼稚教育丛刊第二种，与张宗麟合写）原载《幼稚教育论文集》。收入《陈鹤琴全集》第二卷第 188 页。

5.《幼稚园的课程》（幼稚教育丛刊第三种，与张宗麟合写）（附

《课程试验报告（一）》；《教育部颁发幼稚园课程暂行标准（1929年8月）》）南京鼓楼幼稚园。载《幼稚教育论文集》。收入《陈鹤琴全集》第二卷第105页。

6.《幼稚园的设备》（幼稚教育丛刊第四种，与张宗麟合写）南京鼓楼幼稚园。载《幼稚教育论文集》。收入《陈鹤琴全集》第二卷第201页。

7.《整个教学法》原载《儿童教育》第一卷第三期。收入《陈鹤琴全集》第二卷第165页。

8.《滑板·鸭子》原载《儿童教育》第一卷第三期。

9.《对于教授图画的一点小意见》原载《儿童教育》第一卷第四期。

10.《介绍两种新教材——设计球和设计图》原载《儿童教育》第一卷第五期。

11.《几条重要的教学原则》原载《儿童教育》第一卷第五期。收入《陈鹤琴全集》第四卷第37页。

12.《师范教育的根本问题》原载《教育月刊》（南京）第一卷第五期。收入《陈鹤琴全集》第五卷第26页。

13.《一种新式小学户外运动器具》原载《儿童教育》第一卷第五期。

14.《最低限度户外活动设备》原载《教育月刊》（南京）第一卷第六期。

15.《数学观念怎样发展的》原载《教育月刊》（南京）第一卷第七期。收入《陈鹤琴全集》第四卷第58页。

16.《一个理想的小学校》原载《儿童教育》第一卷第七期。收入《陈鹤琴全集》第四卷第32页。

17.《和做父母的谈几句话》原载《儿童教育》第一卷第七期。收入

《陈鹤琴全集》第二卷第 644 页。

18.《设计球的字汇》原载《儿童教育》第一卷第七期。

1929 年

1.《〈一个中小幼合办的实验学校〉序二》。收入《陈鹤琴全集》第五卷第 207 页。

2.《工部局小学校歌》(陈鹤琴作词，胡周淑安作曲)《陈鹤琴全集》第四卷第 114 页。

3.《与小学教师随便谈谈》原载《儿童教育》第一卷第八期。

4.《介绍两种新的日记画》原载《儿童教育》第一卷第八期。

5.《介绍两种教学游戏教具》原载《儿童教育》第一卷第八期。

6.《习惯图表》原载《儿童教育》第一卷第九、十期。收入《陈鹤琴全集》第二卷第 225 页。

7.《介绍一种手工教材——纸浆》原载《儿童教育》第一卷第九、十期。

8.《儿童每日生活的程序》原载《教育与人生》第七期。

9.《祝〈儿童教育〉诞生一周年》原载《儿童教育》第二卷第一期。收入《陈鹤琴全集》第四卷第 40 页。

10.《儿童初期教育》原载《儿童教育》第二卷第一期。

11.《颜色的故事》(译)原载《儿童教育》第二卷第一期。

12.《图画故事》原载《儿童教育》第二卷第一期。

13.《笔要怎么执的》原载《儿童教育》第二卷第一、五期。收入《陈鹤琴全集》第四卷第 69 页。

14.《幼稚园和低年级识数教具》原载《儿童教育》第二卷第二期。

15.《中华儿童教育社社章》收入《陈鹤琴全集》第六卷第 265 页。

1930 年

1.《教育测验（Educational Tests）》原载《教育大辞书》下册，由商务印书馆出版。收入《陈鹤琴全集》第五卷第 692 页。

2.《〈儿童教育〉二卷三期卷头语》原载《儿童教育》第二卷第三期。收入《陈鹤琴全集》第四卷第 43 页。

3.《故事要怎样编的》原载《儿童教育》第二卷第三期。

4.《〈儿童教育〉卷头语》原载《儿童教育》第二卷第四期。

5.《英文字要怎样写的》原载《儿童教育》第二卷第四期。收入《陈鹤琴全集》第四卷第 66 页。

6.《旧式教育与新式教育的分别》原载《儿童教育》第二卷第四期。收入《陈鹤琴全集》第四卷第 42 页。

7.《日内瓦儿童权利宣言》原载《儿童教育》第二卷第五期。收入《陈鹤琴全集》第四卷第 44 页。

8.《毛笔要怎样执的》原载《儿童教育》第二卷第五期。选载《陈鹤琴全集》第四卷第 71 页。

9.《又介绍一种新读法》原载《儿童教育》第二卷第五期。

10.《创造的艺术》原载《儿童教育》第二卷第六期。收入《陈鹤琴全集》第四卷第 85 页。

11.《课桌椅高低的标准》原载《儿童教育》第三卷第一期。

12.《幼稚生新谜语》（与潘抑强合写）原载《儿童教育》第三卷第一期。

13.《算数游戏片》原载《儿童教育》第三卷第一期。

14.《幼稚生的新加法》原载《儿童教育》第三卷第一期。

15.《木偶戏》原载《儿童教育》第三卷第二期。

16.《小学生读的诗》原载《儿童教育》第三卷第二期。

17.《介绍一种新的图画教材》原载《儿童教育》第三卷第二期。

18.《再和小学教师谈谈》原载《儿童教育》第三卷第三期。收入《陈鹤琴全集》第四卷第 108 页。

19.《介绍两种幼稚生与低年级的读法教具》原载《儿童教育》第三卷第三期。

20.《小学教育问题》原载《儿童教育》第三卷第四期。收入《陈鹤琴全集》第四卷第 45 页。

21.《为儿童造良好的环境》原载《儿童教育》第三卷第四期。收入《陈鹤琴全集》第二卷第 636 页。

1931 年

1.《好朋友》(共 14 册：小豆儿、小猫、小鸡、蚕宝宝、松鼠变色、找姑娘、水果、飞禽、昆虫、家禽、野兽、加法算书歌、减法算数歌、谜语，潘抑强、沈善芝助编）由儿童书局出版。选载《陈鹤琴全集》第三卷第 450 页。

2.《文纳特卡制中的读法》(编译，沃什伯恩著）原载《儿童教育》第三卷第五期。收入《陈鹤琴全集》第四卷第 94 页。

3.《五十年的婴儿教育》(介绍英国儿童）原载《儿童教育》第三卷第六期。

4.《介绍一种幼稚园与低年级的教具》原载《儿童教育》第三卷第六期。收入《陈鹤琴全集》第二卷第 228 页。

5.《眼睛的卫生》原载《儿童教育》第三卷第七期。收入《陈鹤琴全集》第四卷第 104 页。

6.《四年来之中国幼稚教育》原载《儿童教育》第三卷第八期。收入《陈鹤琴全集》第二卷第 234 页。

7.《幼稚园教室和小学教室》原载《儿童教育》第三卷第八期。

8.《"鸟言兽语的读物"应当打破吗》原载《儿童教育》第三卷第八期。收入《陈鹤琴全集》第四卷第98页。

9.《低年级国语教科书要怎样编的（上、中）》原载《儿童教育》第三卷第九、十期。

10.《新式的课椅课桌》原载《儿童教育》第三卷第九期。

11.《低年级国语教科书的形式应当怎样的》原载《儿童教育》第四卷第一期。

12.《欢迎新同学》（与胡周淑安合编）原载《儿童教育》第四卷第四期。

13.《分年儿童图画诗歌》（共12册，与宋文秉、宋振寰合编）原载儿童书局。收入《陈鹤琴全集》第四卷第603页。

1932年

1.《幼稚教育论文集》（晓庄丛书，与陶行知、张宗麟合编）由儿童书局出版。

2.《幼稚园课本》（共16册）由儿童书局出版。

3.《儿童游戏新法》（小学体育用书、与屠哲梅等合编）由儿童书局出版。

4.《研究儿童颜色美感之方法》原载《心理杂志选序》。

5.《幼稚生自己点名的方法》原载《儿童教育》第四卷第五期。收入《陈鹤琴全集》第二卷第232页。

6.《学校事务应当怎样处理》原载《儿童教育》第四卷第五期。收入《陈鹤琴全集》第四卷第129页。

7.《新教育的精神》（译文）原载《儿童教育》第四卷第五期。收入

《陈鹤琴全集》第六卷 271 页。

8.《儿童中心教育的一个实例》(译文)原载《儿童教育》第四卷第五期。收入《陈鹤琴全集》第六卷第 276 页。

9.《新教育与新艺术(译文)》原载《儿童教育》第四卷第六期。

10.《图画要怎样教的》原载《儿童教育》第四卷第六期。

11.《音乐故事》原载《儿童教育》第四卷第五期。

12.《写字应当怎样教的》原载《儿童教育》第四卷第六期。收入《陈鹤琴全集》第四卷第 72 页。

13.《折纸手工・粉的工艺・十一月手工图》(与虞哲光等合编)原载《儿童教育》第四卷第六、九期。

14.《心理与心理卫生(提要)》原载《儿童教育》第四卷第十期。

15.《中华儿童教育社概况(1932)》原载《儿童教育》第四卷第六期。收入《陈鹤琴全集》第六卷第 259 页。

16.《在儿童节告全国成人们》原载《申报》1932 年儿童节特刊。

17.《音乐要为儿童谋福利为民族争光荣——〈儿童歌曲集〉序》原载《儿童歌曲集》胡周淑安编著。

1933 年

1.《青年的婚姻问题》,1933 年 2 月 21 日《上虞声三日报》转载《申报》二卷一号《今日青年的烦闷与出路》一文,文中摘登此文(年份不详)。收入《陈鹤琴全集》第六卷第 51 页。

2.《〈现代父母〉发刊词》原载《现代父母》第一卷第一期。

3.《儿童活页手工教材》(全 4 套,每套 12 幅)由儿童书局出版。

4.《小学生应用图表》(整洁图、气候图、日记图、课程图,全套 22 张)由儿童书局出版。

5.《儿童算术练习片》(教师用)由儿童书局出版。

6.《谈谈做父母的条件》原载《儿童教育》第五卷第一期。

7.《写字教学中的各项问题》(与陈选善合写)原载《儿童教育》第五卷第八期。收入《陈鹤琴全集》第四卷第 75 页。

8.《为〈我们的旅行记〉题词》收入《陈鹤琴全集》第六卷第 406 页。

1934 年

1.《〈鼓楼幼稚园十周年纪念刊〉序言》收入《陈鹤琴全集》第二卷第 238 页。

2.《谈谈学校里的惩罚》原载《儿童教育》第六卷第一期。收入《陈鹤琴全集》第四卷第 116 页。

3.《儿童国语课本》(南、中、北三部,每部 8 册。与梁士杰共同主编,北部与陈剑恒共同主编)收入《陈鹤琴全集》第四卷第 633 页。最初由儿童书局出版。

4.《小学毛笔习字帖》(全 4 册,与陈选善合编)由儿童书局出版。

5.《小学小字习字帖》(全 6 册,与庞任公合编)由儿童书局出版。

6.《儿童教育的根本问题》原载 1934 年 4 月 4 日上海《时事新报》。收入《陈鹤琴全集》第二卷第 645 页。

7.《四季故事唱歌集》(陈鹤琴主编,屠哲梅、陈尧圣编译,陈一鸣绘图)由儿童书局出版。

8.《〈四季故事唱歌集〉序言》收入《陈鹤琴全集》第四卷第 347 页。

9.《为新编儿童国语教科书出版给采用者的一封信》原载《生活教育》杂志第一卷第十二期。收入《陈鹤琴全集》第四卷第 162 页。

10.《中华儿童教育社主席陈鹤琴在第五届年会上致开幕词(1934)》

原载《儿童教育》第六卷第三期。收入《陈鹤琴全集》第六卷第261页。

11.《儿童时代是一生的黄金时代》原载《工部局小学业纪念刊》。收入《陈鹤琴全集》第四卷第159页。

1935年

1.《欧洲各国小学教育新趋势》原载1935年4月《晨报》、11月《新闻报》。收入《陈鹤琴全集》第四卷第144页。

2.《欧洲教育考察报告》(陈一飞译)收入《陈鹤琴全集》第六卷第178页。

3.《欧洲教育考察笔记（摘选）》(陈秀煐译)收入《陈鹤琴全集》第六卷第189页。

4.《对于儿童年实施后的宏愿》原载1935年8月1日《新闻报》,收入《陈鹤琴全集》第四卷第330页。

5.《儿童年的创始者——美国儿童年的缘起及其成绩》原载1935年8月1日《新闻报》,收入《陈鹤琴全集》第四卷第331页。

6.《世界儿童歌曲第一集》(与屠哲梅共同编译)由商务印书馆出版,收入《陈鹤琴全集》第三卷第269页。

7.《小学生应当读经么》原载《教育杂志》第二十五卷第五号（本期杂志专题为《全国专家对于读经问题的意见》),收入《陈鹤琴全集》第四卷第103页。

8.《怎样做父母（1935）》原载《教育杂志》第二十五卷第十二号,收入《陈鹤琴全集》第二卷第649页。

9.《关于汉字注音问题（一)(二)(三）》原载上海《申报》和《晨报》1935年3月24日、4月11日、4月24日。

1936年

1.《新实习》(与阴景曙合编)由儿童书局出版。收入《陈鹤琴全集》第五卷第 126 页。

2.《最新英文习字帖》(全 5 册)由中华书局出版。

3.《儿童作文课本》(全 12 册,5-12 册由顾误春、马静轩助编)由儿童书局出版,选载《陈鹤琴全集》第四卷第 681 页。

4.《参观德可乐利学校报告》原载《儿童教育》第七卷第三期,收入《陈鹤琴全集》第四卷第 148 页。

5.《一个儿童的人形画发展》原载《儿童教育》第七卷第六、七期。

6.《最新英文读本》(全 4 册)由中华书局出版。

1937年

1.《怎样教小孩子(1937)》原载《播音教育》月刊第一卷第五期,收入《陈鹤琴全集》第二卷第 658 页。

2.《怎样做父母(1937)》原载《播音教育》月刊第一卷第五期,收入《陈鹤琴全集》第二卷第 653 页。

3.《家庭娱乐》原载《现代家庭》周刊 1937 年第 8 期。

4.《非常时期的儿童教育》原载 1937 年 10 月 16 日《大公报》,收入《陈鹤琴全集》第四卷第 152 页。

5.《在国际联盟远东禁贩妇孺会议上的发言(摘要)》(唐绣君、陈秀霞合译)摘自《国际联盟远东禁贩妇孺会议纪要》,收入《陈鹤琴全集》第六卷第 201 页。

6.《Education of the Refugees in Shanghai》(《上海难民教育》)原载《The China Press China Quarterly》(《中国季刊》),收入《陈鹤琴全集》第六卷第 206 页。

1938 年

1.《我的工作簿》(上、下册，中华儿童教育社丛书，与屠哲梅、丁光燮合编）由商务印书馆出版，收入《陈鹤琴全集》第三卷第 42 页。

2.《儿童生活写真》(中华儿童教育社丛书，与钟昭华合编）由商务印书馆出版。收入《陈鹤琴全集》第二卷第 239 页。

3.《民众课本》(新文字课本，第一、二册），两册分别由上海国际红十字会教育委员会和世界书局出版。第一册收入《陈鹤琴全集》第六卷第 139 页。

4.《新文字和汉字对照连环画》(共 16 册，邢舜田画）由世界书局出版。

5.《中国历史故事》(与陈选善共同主编，共 40 册，其中第一、三、四、五、六、八、九、十、十二册与朱泽甫合编）由民众书店印行。其中《夏禹治水》《封建制度》《卧薪尝胆》《秦始皇统一中国》《黄河》收入《陈鹤琴全集》第四卷第 485 页。

6.《〈中国历史故事〉编辑大意》原载《中国历史故事》，由民众书店印行。收入《陈鹤琴全集》第四卷第 485 页。

7.《〈小学自然故事〉编辑大意》由民众书店印行。收入《陈鹤琴全集》第四卷 160 页。

8.《拉丁化国音字母表》由民众书店印行。

9.《汉字拉丁化》(中英文）原载《民族公论》第 4 期（中）、《中国季刊》(英），收入《陈鹤琴全集》第六卷第 119 页。

10.《新文字与难民教育》原载 1938 年 3 月 14 日《每日译报》"难民问题特刊"第一期。收入《陈鹤琴全集》第六卷第 131 页。

11.《小朋友！大家起来，扫除文盲》原载 1938 年 4 月 4 日《每日译报》"儿童节特刊"收入《陈鹤琴全集》第六卷第 135 页。

12.《新文字与妇女》原载《上海妇女》第一卷第二期,收入《陈鹤琴全集》第六卷第 136 页。

13.《收容所新文字教育草案》。

14.《保育民族幼苗——为儿童保育会成立题词》原载《每日译报》,1992 年收入《为中华儿童尽瘁的教育家陈鹤琴》画册,第 46 页。

15.《在孤岛上怎样做个好青年》原载 1938 年 10 月 22 日至 24 日《申报》"教育新闻",收入《陈鹤琴全集》第六卷第 224 页。

16.《一年来的上海难民教育》原载《救济月刊》。

1939 年

1.《世界儿童节奏集》(上、下册,与钟昭华、屠哲梅合编)(附《〈儿童韵律曲及歌曲集〉序言》)由世界书局出版。收入《陈鹤琴全集》第三卷第 290 页。

2.《一年中幼稚园教学单元》(与钟昭华等合编)由商务印书馆出版。收入《陈鹤琴全集》第二卷第 287 页。

3.《〈小学教师〉发刊词》原载《小学教师》第一卷第一期,收入《陈鹤琴全集》第四卷第 245 页。

4.《怎样训练学生的礼貌》原载《小学教师》第一卷第一期,收入《陈鹤琴全集》第四卷第 121 页。

5.《怎样矫正学生的过失》原载《小学教师》第一卷第一期,收入《陈鹤琴全集》第四卷第 119 页。

6.《儿童玩具与教育》原载《小学教师》第一卷第二期,收入《陈鹤琴全集》第二卷第 409 页。

7.《学校与家庭怎样联络》原载《小学教师》第一卷第三期,收入《陈鹤琴全集》第四卷第 127 页。

8.《中华现阶段之父母教育——在中华星期学术讲座上演讲》原载《现代家庭》月刊1939年第二卷第十二期。

9.《怎样做一个理想的教师》原载《小学教育》第一卷第四期，收入《陈鹤琴全集》第四卷第242页。

10.《怎样训练校工》原载《小学教师》第一卷第五期，收入《陈鹤琴全集》第四卷第138页。

11.《小学低年级常识教学纲要经过》原载《小学教师》第一卷第六期，收入《陈鹤琴全集》第四卷第196页。

12.《少年英文诗歌》（共43首）由世界书局出版。其中13首收入《陈鹤琴全集》第四卷第549页。

13.《穷儿苦狗》（拉丁化新文字小说，译自楼适夷中译本，奥维达著，陈一鸣绘图）由世界书局出版。选载《陈鹤琴全集》第六卷第155页。

1940年

1.《小学各科心理学（译著）》（与陈尧昶合译，弗利曼原著）由商务印书馆出版。收入《陈鹤琴全集》第四卷第386页。

2.《什么叫做"活的教育"》是在江西遂川儿童教育座谈会上的演讲。收入《陈鹤琴全集》第五卷第15页。

3.《哑巴会说话》由江西省教育用品厂印行。收入《陈鹤琴全集》第一卷第552页。

4.《煨粥也有科学吗》由江西省教育用品厂印行。收入《陈鹤琴全集》第四卷第154页。

5.《手足怎样会成残疾的》由江西省教育用品厂印行。收入《陈鹤琴全集》第四卷第156页。

1941年

1.《我的半生》(第一章至第七章) 原由江西省教育用品厂、世界书局印行,第八、九章(1947年—1948年)一并收入《陈鹤琴全集》第六卷第464页。

2.《写给青年》由华华书店(桂林)印行。收入《陈鹤琴全集》第六卷第427页。

3.《〈活教育〉发刊词》原载《活教育》第一卷第一期,收入《陈鹤琴全集》第五卷第1页。

4.《小学标准课桌椅》原载《活教育》第一卷第二期,收入《陈鹤琴全集》第四卷第55页。

5.《儿童的姿势》原载《活教育》第一卷第三期,收入《陈鹤琴全集》第四卷第106页。

6.《儿童训育应该怎样实施的》原载《活教育》第一卷第三期,收入《陈鹤琴全集》第四卷第123页。

7.《一个活的林间学校产生了》原载《小学教师》第二卷第六期,收入《陈鹤琴全集》第四卷第246页。

8.《松林中新生的幼师》原载《小学教师》第二卷第十期,收入《陈鹤琴全集》第五卷第2页。

9.《活教育与死教育》原载《小学教师》第三卷第一期,收入《陈鹤琴全集》第五卷第21页。

10.《活教育的教学原则》原载《小学教育》第三卷第二期,收入《陈鹤琴全集》第五卷第65页。

1942年

1.《小学标准校舍设计》原载《活教育》第二卷第一期,收入《陈鹤琴全集》第四卷第 250 页。

2.《为什么小孩子不喜欢算学》原载《活教育》第二卷第一期,收入《陈鹤琴全集》第四卷第 61 页。

3.《师范教育为什么要实验》原载《活教育》第二卷第二、三期,收入《陈鹤琴全集》第五卷第 28 页。

4.《从幼稚教育说到幼稚师范教育》原载《活教育》第二、三卷,收入《陈鹤琴全集》第五卷第 32 页。

5.《活教育要怎样实施的》原载《活教育》第二卷第七、八期,收入《陈鹤琴全集》第四卷第 273 页。

6.《岳飞》(木偶剧剧本)由华华书店(桂林)印行。

7.《儿童游戏》(与钟昭华合编)由江西教育用品厂印行。收入《陈鹤琴全集》第三卷第 652 页。

1943 年

1.《怎样做一个优良的教师》原载《活教育》第三卷第二期。

2.《奥国儿童画家》原载《活教育》第三卷第二期,收入《陈鹤琴全集》第四卷第 91 页。

3.《训育的基本问题——确立训导原则》原载《活教育:训育问题专刊》,收入《陈鹤琴全集》第五卷第 103 页。

4.《〈国民学校设备丛书〉卷头语》载《陈鹤琴全集》第四卷第 256 页。

5.《标准课桌椅》原载《国民学校设备丛书》第一种。

6.《儿童歌曲》(钟昭华编,陈鹤琴校)由江西教育用品厂印行(1947 年上海华华书店再版)。

7.《〈儿童歌曲〉介绍语》收入《陈鹤琴全集》第四卷第 348 页。

8.《怎样做父母（1943）》原载《活教育》第三卷第八期，收入《陈鹤琴全集》第二卷第663页。

1944年

1.《为人的人生观》原载中华职业教育社刊物《国讯》（重庆）第358期。1944年1月1日，收入《陈鹤琴全集》第六卷第252页。

2.《国语教科书要怎样编的》原载《活教育》第三卷第四、五期，收入《陈鹤琴全集》第四卷第166页。

3.《活教育——中国新教育的幼苗》原载《活教育》第三卷第六、七合期。

1945年

1.《八个学术顾问》原载《活教育》第三卷第八期，收入《陈鹤琴全集》第五卷第211页。

2.《我从内地来——在小学教师联合进修会欢迎会上演讲词》原载《教师生活》（上海）创刊号。

3.《给留在江西的国立幼师全体同学的公开信》收入《陈鹤琴全集》第六卷第333页。

4.《国立幼师的三个课程标准草案》收入《陈鹤琴全集》第五卷第44页。

1946年

1.《活教育的理论与实施》（主编）由立达图书服务社（上海）印行。

2.《怎样管理教室》收入《陈鹤琴全集》第四卷第258页。

3.《怎样布置教室》收入《陈鹤琴全集》第四卷第261页。

4.《标准活动黑板》收入《陈鹤琴全集》第四卷第 266 页。

5.《传统教育与活教育》原载《福利消息》(上海)第五期,收入《陈鹤琴全集》第五卷第 57 页。

6.《我们必须要努力推进新的教育理想》原载《新知识讲座》(上海)第一讲。

7.《儿童故事》(与钟昭华合编)由华华书店(上海)印行,选载《陈鹤琴全集》第三卷第 403 页。

8.《〈儿童故事〉卷头语》。

9.《苏联的托儿所》原载《妇女》杂志(上海)第七期,收入《陈鹤琴全集》第二卷第 433 页。

10.《陶行知、陈鹤琴致山东同乡会函》收入《陈鹤琴全集》第六卷第 330 页。

1947 年

1.《〈活教育〉复刊词》原载《活教育》第四卷第一期。

2.《〈活教育的理论与实施〉再版卷头语》收入《陈鹤琴全集》第五卷第 111 页。

3.《〈活教育的创造——理论与实施〉前记》收入《陈鹤琴全集》第五卷第 112 页。

4.《战后的中国幼稚教育》原载《教育杂志》第三十二卷第二号。收入《陈鹤琴全集》第二卷第 412 页。

5.《我的半生》(第八、九章)原载《活教育》第四卷第一、三、四、五、六、七、八期,第五卷第一期(1947 年—1948 年),与前面七章(1947 年)一并收入《陈鹤琴全集》第六卷第 464 页。

6.《现代课本编排的新趋势》原载《活教育》第四卷第二期。收入

《陈鹤琴全集》第四卷第 191 页。

7.《杜威为什么办实验学校》原载《活教育》第四卷第三、四期。收入《陈鹤琴全集》第五卷第 114 页。

8.《民众教育要怎样普及》原载《活教育》第四卷第五、六期。收入《陈鹤琴全集》第五卷第 214 页。

9.《近百年来的大教育家》原载《活教育：人民教育家陶行知特辑》第四卷第七、八期。收入《陈鹤琴全集》第六卷第 303 页。

10.《中国儿童教育之路》原载《活教育》第四卷第七、八期。收入《陈鹤琴全集》第四卷第 309 页。

11.《创办幼师的动机和经过》原载《活教育》第四卷第九、十期。收入《陈鹤琴全集》第五卷第 34 页。

12.《怎样做个好国民》（共 5 册，邢舜田绘画）原载《活教育》第四、五卷。收入《陈鹤琴全集》第四卷第 563 页。

13.《国语教科书编辑问题》原载 1947 年 4 月 6 日《大公报》。收入《陈鹤琴全集》第四卷第 189 页。

14.《Living Education（活教育）》（唐绣君、陈秀焕译）原载英文版《活教育》。译文收入《陈鹤琴全集》第六卷第 238 页。

15.《世界儿童互助运动——从儿童互助说到师范教育运动》原载《福利消息》（上海）第八期。收入《陈鹤琴全集》第四卷第 333 页。

16.《重视儿童的力量》原载《福利消息》（上海）第八期。收入《陈鹤琴全集》第四卷第 339 页。

17.《〈婴儿园教育〉序》收入《陈鹤琴全集》第二卷第 426 页。

18.《怎样做父母（1947）》收入《陈鹤琴全集》第二卷第 670 页。

19.《〈最新英文读本〉新版自序》收入《陈鹤琴全集》第四卷第 568 页。

20.《私立育才学校顾问委员会主席陈鹤琴关于育才学校由渝迁沪给上海教育局局长的报告》收入《陈鹤琴全集》第六卷第 311 页。

21.《私立育才学校为在沪建筑校舍充实基金设备募缘启》原载《生活教育通讯》第四、五、六、七期,1947 年 7 月 15 日收入《陈鹤琴全集》第六卷第 312 页。

22.《〈女师是活教育理论的实验场所〉前言》收入《陈鹤琴全集》第五卷第 122 页。

23.《儿童故事》在 1947 年至 1949 年 5 月分篇连载在《儿童故事》月刊,其中前 7 篇收入《陈鹤琴全集》第四卷第 535 页。

24.《中华儿童教育社概况（1947）》收入《陈鹤琴全集》第六卷第 268 页。

25.《印度的教育》(译文)收入《陈鹤琴全集》第六卷第 280 页。

26.《幼稚生工作簿》(共 12 册,朱铭新、邢舜田绘画)由儿童书局出版,收入《陈鹤琴全集》第三卷第 470 页。

1948 年

1.《怎样促进心理健康》原载于开明书店《中学生》总 195 期。

2.《青年的人生观》原载《现代教学丛刊》第一卷第一辑,由华华书店印行;收入《陈鹤琴全集》第六卷,第 253 页。

3.《学校环境布置与儿童学习心理》原载《上海教育》(1948)。

4.《活教育的创造——理论与实施》(主编)由华华书店印行。

5.《活教育的教学原则》由华华书店印行。收入《陈鹤琴全集》第五卷第 65 页。

6.《怎么样做父母（1948）》由华华书店印行。收入《陈鹤琴全集》第二卷第 679 页。

7.《低能儿童之研究》是在上海国立幼稚师范专修科讲义（1948—1949），收入《陈鹤琴全集》第一卷第491页。

8.《钻进儿童圈子里去才能写出好的作品》原载1948年4月5日《大公报》。收入《陈鹤琴全集》第四卷第102页。

9.《时事座谈会的教学过程》原载《活教育》第五卷第一期。收入《陈鹤琴全集》第四卷第298页。

10.《活教育的目的论》原载《活教育》第五卷第二期。收入《陈鹤琴全集》第五卷第59页。

11."益智盘"原载《活教育》第五卷第二期。收入《陈鹤琴全集》第三卷第18页。

12.《教育工作者的修养》原载《活教育》第五卷第三、四期。收入《陈鹤琴全集》第四卷第326页。

13.《从师范生实习谈师范教育上的几个问题》原载《活教育》第五卷第三、四期。收入《陈鹤琴全集》第五卷第118页。

14.《儿童的年龄》原载《活教育》第五卷第三、四期。收入《陈鹤琴全集》第一卷第405页。

15.《怎样编排幼稚园的日课表》原载《活教育》第五卷第三、四期。收入《陈鹤琴全集》第二卷第427页。

16.《一点感想》原载《今日的教师：上海市立学校教师福利促进会两周年纪念特刊》。收入《陈鹤琴全集》第五卷第209页。

17.《上海市校教师福利促进会会歌（歌词）》原载《今日的教师：上海市立学校教师福利促进会两周年纪念特刊》。收入《陈鹤琴全集》第五卷第208页。

18.《〈国立幼专第四届毕业纪念册〉序》收入《陈鹤琴全集》第五卷第125页。

19.《在上海女师全体教职员会上的一次讲话》收入《陈鹤琴全集》第五卷第 123 页。

20.《读〈世界图解〉》收入《陈鹤琴全集》第六卷第 421 页。

1949 年

1.《特殊儿童教育在美国》原载中央大学教育系《系友通讯》。收入《陈鹤琴全集》第四卷第 320 页。

2.《欧美教育的新趋势》原载《教育丛刊》（上海）第六期。收入《陈鹤琴全集》第四卷第 341 页。

3.《谁是成功的教师》原载 1949 年 5 月上海《教师进修》创刊号。收入《怎样做小学教师》，华东师范大学出版社 2013 年版第 24 页。

4.《愿竭志尽忠为人民服务，为儿童尽瘁——参加政协第一届全国委员会第一次会议有感》收入《陈鹤琴全集》第六卷第 407 页。

5.《音乐在儿童生活中的重要性》原载《活教育》第五卷第五、六期。收入《陈鹤琴全集》1991 年版第四卷第 457 页。

6.《让儿童生活音乐化》收入《陈鹤琴全集》第四卷第 345 页。

7.《对于拉丁化中国字的意见》原载《中国语文的新生》。

8.《为幼教事业作出新成绩》收入《陈鹤琴全集》第六卷第 408 页。

1950 年

1.《儿童教育的新方向》原载《活教育》第六卷第一期。

2.《悼女人民教育家俞庆棠先生》原载《活教育》第六卷第一期。收入《陈鹤琴全集》第五卷第 222 页。

3.《汉字拉丁化》原载《活教育》第六卷第一期。

4.《介绍〈古庙敲钟录〉》原载《活教育》第六卷第二期。收入

《陈鹤琴全集》第五卷第 217 页。

5.《人形画怎样发展的》原载《活教育》第六卷第二期。

6.《一个问题儿童》原载《活教育》第六卷第二期。收入《陈鹤琴全集》第四卷第 350 页。

7.《一年级的儿童应当有课外作业吗》原载《活教育》第六卷第二期。收入《陈鹤琴全集》第四卷第 352 页。

8.《〈活教育——特殊教育研究专号〉卷头语》原载《活教育：特殊教育专号》第六卷第三期。收入《陈鹤琴全集》第四卷第 324 页。

9.《小孩子应当在群众中在集体中成长起来》原载《活教育》第六卷第四期。收入《陈鹤琴全集》第四卷第 354 页。

10.《迎首届国际儿童节》原载《活教育》第六卷第四期。收入《陈鹤琴全集》第四卷第 359 页。

11.《苏联的幼儿教育》原载《活教育》第六卷第五期。收入《陈鹤琴全集》第二卷第 429 页。

12.《苏联的儿童教育》原载《活教育》第六卷第六期。收入《陈鹤琴全集》第四卷第 363 页。

13.《我们的今后工作方向》原载《新儿童教育》第六卷第七期。收入《陈鹤琴全集》第五卷第 226 页。

14.《介绍一种新的幼稚园设备——摇船》原载《新儿童教育》第六卷第七期。

15.《修改儿童读物实例》原载《新儿童教育》第六卷第七期。

16.《怎么样做人民的幼稚园教师》原载《新儿童教育》第六卷第八、九期（1950-1951）。收入《陈鹤琴全集》第二卷第 435 页。

17.《在第一次全国高等教育会议上的发言》收入《陈鹤琴全集》第五卷第 224 页。

18.《关于扫除文盲的提案》收入《陈鹤琴全集》第六卷第 283 页。

19.《关于成立中央教育科学研究所的提案》收入《陈鹤琴全集》第六卷第 284 页。

20.《送一飞上党校的赠言》收入《陈鹤琴全集》第六卷第 409 页。

21.《活教育——理论与实践》由华华书店印行。

1951 年

1.《怎么样锻炼小孩子》(《儿童玩具、教具、设备小丛书》之一) 由民丰印书馆印行 (南京)。收入《陈鹤琴全集》第三卷第 32 页。

2.《教孩子们玩什么》(《儿童玩具、教具、设备小丛书》之二) 由民丰印书馆印行 (南京)。收入《陈鹤琴全集》第三卷第 1 页。

3.《如何使幼稚生适应新环境》原载《新儿童教育》第六卷第十期。收入《陈鹤琴全集》第二卷第 449 页。

4.《幼儿园的课程》原载《新儿童教育》第六卷第十期。收入《陈鹤琴全集》第二卷第 456 页。

5.《关于类似白痴天才的儿童答林士骧、陈淑贞》原载《新儿童教育》第六卷第十期。收入《陈鹤琴全集》第四卷第 356 页。

6.《论幼儿园的环境布置》原载《新儿童教育》第六卷第十一期，收入《陈鹤琴全集》第二卷第 475 页。

7."识字计数转图盘"原载《新儿童教育》第六卷第十一期。收入《陈鹤琴全集》第三卷第 17 页。

8.《如何利用故事教学法对幼稚生进行爱国主义教育》原载《新儿童教育》第六卷第十二期。收入《陈鹤琴全集》第二卷第 479 页。

9.《谈谈儿童绘画》原载《新儿童教育》第七卷第一期。收入《陈鹤琴全集》第一卷第 555 页。

10.《师范教育的新方向》原载《新儿童教育》第七卷第二期。收入《陈鹤琴全集》第五卷第 230 页。

11.《关于修改"老牛歌"答吴戒吉同志》原载《新儿童教育》第七卷第二期。

12.《新学制的基本精神》原载《新儿童教育》第七卷第三期。

13.《儿童新恩物——基本图案木戳》(与吴澄奇合写)原载《新儿童教育》第七卷第三期。

14.《美国儿童犯罪原因分析》原载《新儿童教育》第七卷第三期。收入《陈鹤琴全集》第四卷第 369 页。

15.《幼儿教育的新动向》原载《新儿童教育》第七卷第五期。收入《陈鹤琴全集》第二卷第 445 页。

16.《幼稚生也可以订爱国公约吗》原载《新儿童教育》第七卷第六期，幼儿工作簿（共 12 册，朱铭新、邢舜田绘图），由民丰印书馆印行。

1952 年

《儿童心理学》(南京师范学院讲稿)收入《陈鹤琴全集》第一卷第 407 页。

1953 年

1.《几句介绍语》[此文为《汉语字音常用次数表》(江南出版社)的序]，收入《陈鹤琴全集》第六卷第 167 页。

2.《设置教育研究室加强幼教研究工作》(附《南京师范学院设置教育研究室说明书草案》) 收入《陈鹤琴全集》第六卷第 334 页。

3.《玩具在幼儿教育中的重要地位》收入《陈鹤琴全集》第二卷第 483 页。

4.《关于在工部局小学升中国国旗事》收入《陈鹤琴全集》第四卷第 115 页。

5.《我学成回国一定要为人民服务》收入《陈鹤琴全集》第六卷第 390 页。

1954 年

1.《同学们！祖国召唤你们投考高等师范学校——写给全国高中毕业同学们的一封公开信》原载《南师校刊》1954 年 7 月号。收入《陈鹤琴全集》第五卷第 232 页。

2.《保证以更大的信心和勇气来培养人民教师》原载 1954 年 7 月 9 日《新华日报》。收入《陈鹤琴全集》第六卷第 285 页。

3.《新中国大学教授的光辉前途》原载《中国新闻社对外广播稿》。

1955 年

1.《教育史导言》（南京师范学院讲义）收入《陈鹤琴全集》第五卷第 243 页。

2.《夸美纽斯的教育理论》（南京师范学院讲义）收入《陈鹤琴全集》第五卷第 254 页。

3.《读〈幼儿园的语言课程〉》（读书笔记）收入《陈鹤琴全集》第六卷第 422 页。

4.《统一思想　整齐步伐　保证本学期中心工作的胜利完成——在南京师范学院开学典礼上的讲话》原载《南师校刊》。收入《陈鹤琴全集》第五卷第 238 页。

5.《在全国文字改革会议上的发言》原载《全国文字改革会议文件

汇编》。收入《陈鹤琴全集》第六卷第 169 页。

6.《为促进汉字简化，推广普通话，实现文字改革，走向拼音化而奋斗》原载《南师校刊》1955 年 11 月号。

7.《学校怎样重视普通话教学》收入《陈鹤琴全集》第六卷第 172 页。

8.《怎样对儿童和青年进行共产主义道德品质教育的》原载《江苏省政协第一届委员会第一次全体会议汇刊》。

9.《加强对儿童和青年共产主义道德品质教育的几点建议》收入《陈鹤琴全集》第四卷第 374 页。

1956 年

1.《从一个儿童的图画发展过程看儿童心理之发展》（南京师范学院科学讨论会报告）收入《陈鹤琴全集》第一卷第 560 页。

2.《一个心愿》原载 1956 年 2 月 5 日《人民日报》。收入《陈鹤琴全集》第六卷第 297 页。

3.《对于幼儿教养工作也必须全面规划加强领导》原载《南师校刊》1956 年 1 月号。收入《陈鹤琴全集》第二卷第 491 页。

4.《第二次全国高等师范教育会议传达报告》原载《南师校刊》1956 年 4、5 月号。

5.《幼儿园应该进行识字教育吗？》原载《南师校刊》1956 年 6、7 月号。收入《陈鹤琴全集》第二卷第 485 页。

6.《读〈列宁全集〉第一卷笔记》收入《陈鹤琴全集》第六卷第 423 页。

1957 年

1.《建议创办幼儿教育刊物——〈学前教育〉案》收入《陈鹤琴全集》第二卷第 495 页。

2.《普及小学义务教育和提高小学教学质量的关键性问题》原载 1957 年 3 月 23 日《人民日报》,收入《陈鹤琴全集》第四卷第 378 页。

3.《国民义务教育的年限应该如何规定》原载 1957 年 3 月 24 日《人民日报》,收入《陈鹤琴全集》第四卷第 381 页。

4.《关于编写中国学前教育史》(附《中国学前教育史编写计划草案》)收入《陈鹤琴全集》第六卷第 339 页。

1958 年

《陈鹤琴谈天才儿童教育问题》收入《陈鹤琴全集》第四卷第 358 页。

1961 年

《报国有心再四十》收入《陈鹤琴全集》第六卷第 412 页。

1963 年

1.《黄河故道出奇迹》(中国新闻社向海外发表的 1963 年元旦稿)收入《陈鹤琴全集》第六卷第 395 页。

2.《建议成立儿童教育研究室以研究我国儿童教育的历史和现状》(附《成立儿童教育研究室计划大纲草案》)收入《陈鹤琴全集》第六卷第 342 页。

3.《建议普遍开展先学前期教育,推广"婴儿之家"办法,充实教育内涵,提高教育效率案》收入《陈鹤琴全集》第二卷第 497 页。

4.《建议根据专业学习,让幼教干部归队,加强科学技术研究,提高工作效率案》收入《陈鹤琴全集》第二卷第 496 页。

1964 年

1.《关于编写中华儿童教育社史》收入《陈鹤琴全集》第六卷第 345 页。

2.《关于尊师运动情况的补充》(附《学生募捐运动》) 收入《陈鹤琴全集》第六卷第 347 页。

3.《幼儿园进行汉语拼音和注音识字教学问题》原载《文字改革》1964 年 8 月号。收入《陈鹤琴全集》第二卷第 488 页。

4.《怎样试验幼稚园课程》[附《鼓楼幼稚园对幼儿进行教育与教学的情况（1945 年 10 月至 1951 年秋）》] 收入《陈鹤琴全集》第二卷第 463 页。

1973 年

1.《百闻不如一见》收入《陈鹤琴全集》第六卷第 374 页。

2.《喜看祖国少年儿童茁壮成长》原载 1973 年 5 月 28 日《中国新闻》第 6807 期。收入《陈鹤琴全集》第六卷第 403 页。

1974 年

1.《勉柯欣好好学习》收入《陈鹤琴全集》第六卷第 376 页。

2.《老骥伏枥，志在千里》收入《陈鹤琴全集》第六卷第 377 页。

1976 年

1.《祝木偶皮影戏创新》收入《陈鹤琴全集》第六卷第 356 页。

2.《世上无难事，只要肯登攀》收入《陈鹤琴全集》第六卷第 379 页。

3.《一定要继承毛主席的遗志》收入《陈鹤琴全集》第六卷第 380 页。

1977 年

《纪念陶行知创办晓庄五十周年》收入《陈鹤琴全集》第六卷第 357 页。

1978 年

1.《准备全国心理学会年会发言》收入《陈鹤琴全集》第六卷第 382 页。

2.《关于设立全国儿童玩具研究促进会的建议》收入《陈鹤琴全集》第二卷第 499 页。

3.《在江苏省心理学会分会第二届年会上的发言稿》收入《陈鹤琴全集》第六卷第 286 页。

4.《给孙岩的复信》收入《陈鹤琴全集》第六卷第 386 页。

5.《给李楚材的复信》收入《陈鹤琴全集》第六卷第 358 页。

1979 年

1.《给全国教育科学规划会议的信》原载《全国教育科学规划会议简报》第 21 期，收入《陈鹤琴全集》第六卷第 292 页。

2.《切实开展对幼儿教育的科学实验》原载《中国教育学会简报》第 8 期。收入《陈鹤琴全集》第二卷第 503 页。

3.《我学习的好榜样》收入《陈鹤琴全集》第六卷第 353 页。

4. 儿童科普读物：《水珠儿》(杨辅京绘图)、《火孩子》(王道珍、保彬绘图)、《石油宝》(蔡志坚绘图) 由江苏人民出版社出版。分别收入《陈鹤琴全集》第三卷第 672、682、692 页。

5.《从猿到人》(儿童故事)收入《陈鹤琴全集》第四卷第 545 页。

6.《为儿童万代幸福尽余年——返园迎佳节》收入《陈鹤琴全集》第六卷第 416 页。

7.《周总理的教导鞭策我卅年来的实践》收入《陈鹤琴全集》第六卷第 288 页。

8.《要为儿童教育事业更加努力奋斗》收入《陈鹤琴全集》第六卷第 384 页。

9.《我的同志与楷模——庆祝行知中学建校四十周年纪念》(附《陶行知谈陈鹤琴》)收入《陈鹤琴全集》第六卷第 313 页。

10.《老骥的心愿》原载《人民教育》1979 年第 8 期。收入《陈鹤琴全集》第六卷第 290 页。

11.《致斋藤秋男先生的两封信》收入《陈鹤琴全集》第六卷第 362 页。

12.《在晓庄师范幼师班成立会上的讲话》收入《陈鹤琴全集》第六卷第 327 页。

13.《老骥伏枥,志在千里》[在江苏省心理学会第二届学术年会暨会员代表大会上的讲话(12 月 15 日)]。

14.《文字改革是科学实践和人民群众自己解放自己的事业——回忆五四以来从事文字改革工作二三事》原载《文字改革通讯》1979 年第 5 期。收入《陈鹤琴全集》第六卷第 175 页。

15.《祝小勇光荣入党》收入《陈鹤琴全集》第六卷第 383 页。

16.《感谢对文章提出修改意见》收入《陈鹤琴全集》第六卷第 385 页。

17.《感谢曲弘为鼓楼幼儿园谱歌曲》收入《陈鹤琴全集》第六卷第 387 页。

18.《统战部长的关怀》收入《陈鹤琴全集》第六卷第388页。

19.《年逾八十不算奇》收入《陈鹤琴全集》第六卷第417页。

20.《喜相迎》收入《陈鹤琴全集》第六卷第418页。

1980年

1.《男同志照样能当幼儿教师》收入《陈鹤琴全集》第六卷第359页。

2.《〈一对孪生姐妹〉序》收入《陈鹤琴全集》第二卷第424页。

3.《生活教育社的发展》原载《〈行知研究〉创刊号》,收入《陈鹤琴全集》第六卷第331页。

4.《为儿童着想》原载1980年9月24日《文汇报》。收入《陈鹤琴全集》第二卷第507页。

5.《申请加入中国共产党的报告》收入《陈鹤琴全集》第六卷第300页。

6.《给邹文贵的信》收入《陈鹤琴全集》第六卷第389页。

1981年

1.《在人民教育家陶行知展览会开幕式上的贺词》收入《陈鹤琴全集》第六卷第329页。

2.《一切为儿童——清华七旬大庆有感》收入《陈鹤琴全集》第六卷第419页。

3.《给夏威夷大学约翰·德弗朗西斯教授的信》(附约翰·德弗朗西斯教授给陈鹤琴的信)收入《陈鹤琴全集》第六卷第364页。

4.《陶行知先生的精神鼓舞我前进》原载1981年10月18日《光明日报》。收入《陈鹤琴全集》第六卷第305页。

5.《要继承陶行知先生未完成的事业》原载《行知研究》第三期,

收入《陈鹤琴全集》第六卷第 308 页。

6.《致山东济南幼师回函》收入《陈鹤琴全集》第六卷第 361 页。

1982 年

《怎样教好孩子》原载《为了孩子》杂志（上海）第三期。

二、陈鹤琴主编的刊物

1.《幼稚教育》（月刊），第一卷第一、二期（自第三期起改名《儿童教育》），1927—1928 年，南京鼓楼幼稚园。

2.《儿童教育》（月刊），第一卷至第四卷（编辑第五卷至第七卷），1928—1937 年，中华儿童教育社。

3.《小学教师》（月刊，与陈选善共同主编至 1941 年 5 月）第一卷至第三卷，1939—1941 年，上海工部局小学教职员进修会，民众书店。

4.《活教育》（月刊），第一卷至第六卷（第七期起改名《新儿童教育》），1941—1945 年（江西），1947—1950 年（上海），活教育月刊社。

5.《新儿童教育》（月刊），第六卷第七期至第七卷，1950—1951 年，新儿童教育社·中华儿童教育社·中国幼稚教育社·儿童书局。

6.《儿童故事》（月刊，与胡叔异、杨振华合编），第一卷至第三卷，1946—1949 年儿童书局。

7.《儿童知识》（月刊，自第五期起任主编），1946—1949 年，儿童编译所儿童书局。

三、陈鹤琴主编的丛书（注：丛书目录与著作目录有部分重复）

1.《幼稚教育丛刊》（与张宗麟合编）共 4 种，1928 年，南京鼓楼幼稚园。

2.《好朋友》(谜语画)共 14 册，1931 年，儿童书局。

3.《分年儿童图画诗歌》(与宋文秉、宋震寰合编)共 12 册，1931 年，儿童书局。

4.《好故事》共 16 册，1931 年，儿童书局。

5.《儿童科学丛书》(与丁柱中共同主编，陶行知校订)共 101 册，1931—1932 年，儿童书局。

6.《幼稚教育论文集》(晓庄丛书，与陶行知、张宗麟合编)1932 年，儿童书局。

7.《幼稚园课本》共 16 册，1932 年，儿童书局。

8.《儿童活页手工教材》全 4 套，1933 年，儿童书局。

9.《小学生应用图表》全套 22 张，1933 年，儿童书局。

10.《儿童算术练习片》1933 年，儿童书局。

11.《新编儿童国语教科书》(与梁士杰、陈剑恒共同主编一部分)共 24 册，1934 年，儿童书局。

12.《小学毛笔习字帖》(与陈选善合编)全 4 册，1934 年，儿童书局。

13.《小学小字习字帖》(与庞任公合编)全 6 册，1934 年，儿童书局。

14.《四季故事唱歌集》(屠哲梅、陈尧圣编译，陈一鸣绘图)1934 年，儿童书局。

15.《世界儿童歌曲》(与屠哲梅合编译)1935 年，商务印书馆。

16.《儿童国语课本》共 8 册，1936 年，儿童书局。

17.《最新英文习字帖》全 5 册，1936 年，中华书局。

18.《儿童作文课本》(顾误春、马靖轩助编)全 12 册，1936 年，儿童书局。

19.《最新英文读本》全 4 册，1937 年，世界书局。

20.《我的工作簿》上、下册（中华儿童教育社丛书，与屠哲梅、丁光燮合编）1938年，商务印书馆。

21.《南京鼓楼幼稚园儿童生活写真》（中华儿童教育社丛书，与钟昭华合编）1938年，商务印书馆。

22.《民众课本》一、二册（新文字课本，陈一鸣绘图），1938年，上海国际红十字会教育委员会、世界书局。

23.《中国历史故事》（与陈选善共同主编，部分与朱泽甫合编）共40册，1938年，民众书店。

24.《小学自然故事》（与陈选善共同主编）共40册，1938年，民众书店。

25.《新文字与汉字对照连环画》共16册，1938—1939年，世界书局。

26.《世界儿童节奏集》（与钟昭华、屠哲梅共同选辑）上、下册，1939年，世界书局。

27.《少年英文诗歌》，1939年，世界书局。

28.《国民学校设备丛书》（与雷震清共同主编）共10册，1943年，江西教育用品厂。

29.《儿童故事》（与钟昭华合编），1946年，华华书店。

30.《怎样做个好公民》（邢舜田绘画）共5册，1947年，在《活教育》月刊上连载。

31.《最新英文读本》（新版），1947年，世界书局。

32.《幼稚生工作簿》（再版，朱铭新、邢舜田绘图）共12册，1947年，儿童书局。

33.《幼儿工作簿》（《幼稚生工作簿》改正版）共12册，1951年，民丰印书馆。

34.《儿童玩具、教具、设备小丛书》共 2 册，1951 年，民丰印书馆。

35. 儿童科普读物：《水珠儿》《火孩子》《石油宝》《从猿到人》(杨辅京、王道珍、保彬、蔡志坚绘图)，共 4 册，1979 年，江苏人民出版社。

（本目录由陈一飞于 2009 年 3 月整理，收入本书时由束菱舟辑录、陈庆校核）

后　记

　　两年多以前，我产生了写作一本全面介绍陈鹤琴现代儿童教育学说的理论性书籍的冲动，一是因为十年前《陈鹤琴传》出版后，我相继编选了十多本陈鹤琴著作读本，阅读了大量陈鹤琴著作或相关资料，越来越感到其中包含深刻见解与系统学理，加上我近年来学习了《西方教育思想史》（单中惠主编）、《中国教育史》（孙培青主编）、《儿童心理学史》（朱智贤、林崇德著）、《简明中国学前教育史》（何晓夏主编）等方面的著作，汲取了大量营养，受到了许多启发。二是因为近年来我经常应邀到各地讲座，系统阐释陈鹤琴教育学说，同时参与指导基层幼儿园、学校运用"活教育"理论开展教学活动实践，经常被广大基层教师、学生所表现出的热情与活力深深感染。因此我常常思考一个问题，陈鹤琴教育学说在沉寂多年以后受到人们普遍认可的原因究竟何在？我想，一方面是因为，自"五四"以来中国教育家及其思想、理论的学术研究专著并不多见，而来自于国外的各种教育理论却接踵而来，形成一阵阵风潮，受到热捧。另一方面是因为，我在编书与讲座过程中感悟到陈鹤琴教育学说所具有的三个特征：（1）原理性；（2）实践性；（3）体系化。这或许就是陈鹤琴教育学说所具有的独特魅力与生命力所在。

　　2009年，教育部将正在制定中的《国家中长期教育改革和发展规划纲要》公开，并向全社会征求意见。由陈一鸣（时年89岁）、陈秀云（时年82岁）、陈一飞（时年80岁）共同署名给党中央、国务院写了一份《对〈国家中长期教育改革和发展规划纲要〉的建议》（以下简称《建议》），其中的第一条提出，"建议在教育规划纲要中列入：珍视我国自己民族的现代杰出的教育家，学习和弘扬他们留下的珍贵精神财富，结合时代的新内涵，运用于新的历史时期的教育改革和发展，为我国社会主义的大业，增添力量和光彩"。《建议》写道：在我国百年以来的近现代史中，一部教育现代化改革和发展的历史，是众多的仁人志士，怀着热爱祖国、服务人民、贡献人类的崇高志向，献身教育事业，用自己的心血谱写而成的。他们培育了一代代的儿童、青少年和成人，为中华民族伟大的变革和现代化的探索输送了优秀的人才、民族的新生命。在"五四"新教育运动的大潮中，涌现出一批融汇中西教育思想精华，怀抱救国、爱民、奉献和民主、科学的理想和志向的杰出教育家，开展了大量研究、实践，为中国现代教育的建立与发展奠定了基础，留下了丰富的教育宝藏……[1]

我记得，在这封《建议》起草的过程中，我的两位舅舅陈一鸣、陈一飞与我的母亲陈秀云不断交流，字斟句酌以至到了夜不能寐的程度，他们兄妹三人经反复讨论、研究，最后提出五位著名教育家：蔡元培（1868—1940）、黄炎培（1878—1965）、陶行知（1891—1946）、陈鹤琴（1892—1982）、俞庆棠（1897—1949）。不久后，他们就收到由教育部转来的国务院温家宝总理的亲笔批示："请教育部研究，并转达我对三位老教育家的敬意！"三位老人家看到批示后很欣慰，在他们日后分别编选的个人文集中都收入这封《建议》，以作为他们近30年来进行陈鹤琴研

---

[1] 参见陈一鸣、陈秀云、陈一飞：《〈对国家中长期教育改革和发展规划纲要〉的建议》，载《陈秀云教育文集》，金城出版社2012年版，第176页。

究工作所取得成就的鼓励。可以说，自20世纪80年代以来，陈鹤琴的七位子女连同家人为了收集、整理陈鹤琴资料，整理出版《陈鹤琴全集》（共六卷）等著作，以及搭建、组织陈鹤琴研究平台等，耗尽了精力，甚至于自己的生活、生命。他们将这份工作珍视为对于国家与社会的责任。现在回想起来，如果不是由于他们的坚持、拼搏、奉献、牺牲，陈鹤琴教育思想或将继续被遗忘、淹没，或被扭曲、肢解。不久前，我同我的母亲陈秀云有过一次讨论。我问母亲："陈鹤琴的伟大之处在哪里？"母亲毫不犹豫地回答："爱，爱儿童。"我又问道："哪个教育家不爱儿童呢？因此，陈鹤琴应该还有不同于其他教育家之处！"母亲仍坚持她的看法，又说了一次："爱，爱儿童！为了一切儿童！"十几天后，母亲猝然离世。我在悲痛之余，母亲的音容笑貌在我眼前浮现，我和母亲的那次对话深深地印刻在我的内心深处。我终于领悟到，在母亲看来，"爱"是一切教育的源泉，超越所有的教育技术。30多年前陈鹤琴逝世后，七位子女向有关部门提出两个要求，第一个要求是将陈鹤琴夫人，我的外婆俞雅琴女士（1897—1987）与陈鹤琴同穴安葬，另一个要求是将陈鹤琴于1935年8月发表的《对于儿童年实施后的宏愿》（简称《宏愿》）镌刻在墓碑上，其中第一条是"愿全国儿童从今日起，不论贫富、不论智愚，一律享受相当教育，达到身心两方面最充分的可能发展"；第二条是"愿全国盲哑及其他残废儿童，都能够享受到特殊教育，尽量地发展他们的天赋才能，成为社会上有用的分子，同时使他们本身能享受到人类应有的幸福……"[1]

2017年10月我这本书的初稿写完，有一天带着沉甸甸的打印稿送交母亲审阅，母亲一只眼睛几乎失明，仅有一只眼睛尚存微弱视力，母亲将打印稿放在书桌上。过了几天，母亲打来电话叫我过去一趟，我到了

---

[1] 参见《对于儿童年实施后的宏愿》(1935年)，见《陈鹤琴全集》第四卷，江苏教育出版社2008年版，第330页。

以后，母亲将打印稿放在我的面前说道："我看了目录和前面部分，字体太小，实在看不动了。"接着她拿过一张纸递给我，上面写了几行字。母亲说："这本书写出来，很有必要，一定要写好，我觉得前面还应有一个'帽子'，做一些概括，要有高度……"母亲说这番话时，脸上流露出倦容，她强忍着病痛坚持审阅书稿。我永远都会记得最后一次见到母亲时的情形，她老人家强忍着病痛站起身来，对我说："这几天，我写了30多封信，都寄出去了。我病了，感觉身体非常累。"接着她递给我两篇陈鹤琴研究文章，向我交代说："你好好读读，现在写得这样深刻的文章不多见。"最后，她还说，十分记挂远在汕头的陶行知研究前辈陈仲豪先生，嘱咐我如有机会要去看望老人家。她又将知名教育专家梅汝莉教授的一篇关于陈鹤琴教育思想研究文章交给我，嘱咐我说"一定要好好读一读"。母亲说完这两件事情就回房间休息了。我万万想不到，这竟是我与母亲的诀别。当日下午，母亲猝然辞世，使我受到极大打击。因为我原想将这本书作为献给母亲90大寿的贺礼，也是对自己60岁生日时的自勉，但是母亲没能等到这本书问世。可以说，我的母亲陈秀云与舅舅一鸣、一飞等亲人们一道前赴后继，用自己的生命点燃火炬，照亮陈鹤琴教育思想研究未来的道路，同时也为中国教育留下了一份宝贵财富。现在回想起来，我内心所感到的不仅是割舍不断的绵绵情感，还有一份神圣的责任、使命。尽管我的母亲陈秀云、父亲柯在铄与两位舅舅陈一鸣、陈一飞、姨嬛陈婉箴、舅妈蔡怡曾等，以及许多陈鹤琴研究前辈已经离我们而去，但是由他们点燃起的陈鹤琴研究与实践的火把仍在传递，我们这一辈兄弟姐妹将延续他们的事业，继续奋斗前行。知名学者、原北京开放大学副校长张铁道教授曾经评价说，陈鹤琴子女及后代以整个家族力量传承、延续陈鹤琴教育思想，在教育史上并不多见。有三句中国古人名句可以成为陈鹤琴研究前辈的精神与人格风范写照：第一句是"春蚕到死丝方尽，蜡炬成灰泪始干"；第二句是"鞠躬尽瘁，死而后已"，第三句是"人生自古谁无死，留取丹心照汗青"。

当我的这本新书即将付梓之际，我由衷感谢著名教育史专家金林祥教授、著名西方教育史专家单中惠教授、著名儿童教育家王振宇教授。金林祥教授10年前曾为《陈鹤琴传》撰写书评，向社会热情推荐，此次又亲自为本书作序，对我这个"新人"给予莫大鼓励，体现了前辈学者的"宏量"与提携。在本书初稿完成后，单中惠教授对于全书结构与学术规范性提出了十分有益的建议，对于本书的修改提供了宝贵的指引。王振宇教授多次在学术活动中提出中国幼教应"重归陈鹤琴"，使我深受鼓舞，当我将本书的绪论与目录发去请他指教时，他的评价给我增添了新的动力。著名学者、教育专家、原中央教科所所长朱小蔓教授给予我许多鼓励，知名陶行知研究专家、中央教育科学研究院储朝晖研究员审看了本书绪论，提出了中肯建议。我的好友、香港知名书法家梁君度先生为本书题写书名。我的另一位好友、知名陶行知研究专家、南京晓庄学院《生活教育》杂志社王文岭老师为本书写作提供帮助。在本书写作过程中，我还得到许多知名专家、教授所给予各种形式的鼓励、帮助，恕不逐一列举。我的两位表姐陈虹、陈庆，她们的鼓励、支持与建设性意见使我的写作受益良多。本书所附《陈鹤琴的著作和主编的刊物、丛书目录》系陈鹤琴次子陈一飞先生于生前整理，收入本书前又由陈鹤琴孙女陈庆女士修订、补充，为研究者与读者查阅、学习、研究陈鹤琴著作提供指引。我更应该向本书策划人、南京师范大学出版社幼教分社万斌总编辑及出版社其他领导、同人致敬，他们给予作者始终不渝的信任、专业审视与全力推动是本书得以出版问世的根本原因，我感恩于"南师"这片陈鹤琴先生曾经开辟、垦殖的沃土给予我更多写作的"灵感"与勇气。最后，我想表达对于与我相濡以沫、患难与共的夫人束菱舟女士的感谢，由于她的默默付出与无微不至的照顾，并参与本书资料的收集、整理，使我集中精力完成这本书写作，实现了我继 50 岁完成《陈鹤琴传》后，到 60 岁时的又一个人生目标。由于本人学识浅陋，书中难免会有不准确之处，恳望专家、读者指正。当我完成这本书校核时，正值第 34 个教师节，这让本书多了一层特殊意义。

我在少年时喜欢读英国伟大诗人雪莱（Percy Bysshe Shelley，1792—1822）的诗，这位活了 30 岁的年轻诗人有一首代表作《致云雀》被广为传扬，其中有两小节使我难以忘怀：

……
向上，再向高处飞翔，
从地面你一跃而上，
像一片烈火的轻云，
掠过蔚蓝的天心，
永远歌唱着飞翔，
飞翔着歌唱。
……
教给我一半，你的心
必定熟知的欢欣，
和谐、炽热的激情
就会流出我的双唇，
全世界就会像此刻的我
——侧耳倾听。[1]

2018 年 9 月 10 日
教师节

---

[1] 摘引自《雪莱诗选》(江枫译)，湖南人民出版社 1980 年版。